울산지역 산업론

장병익 지음

UUP

울산지역산업론

2012년 2월 27일 초판 인쇄 · 2012년 3월 2일 초판 발행 · 지은이 장병익 · 펴낸이 이 철
· 펴낸곳 UUP(울산대학교출판부) 680-749 울산광역시 남구 대학로 93(무거동) 울산대학교 출판부
· 전화 (052)259-2488 팩스 (052)277-3011 · 홈페이지 http://uup.ulsan.ac.kr
· 출판등록 제370-1996-000001호(1996.3.13)
· ₩ 17,000

ISBN 978.89.7868.270.1 (93320)

서 문

울산은 1960년대 초부터 국가공업단지로 개발된 이후 한국의 산업수도, 세계적인 중화학공업도시로 발전하였다. 울산의 산업구조를 보면, 2차산업의 비중이 압도적으로 높고, 1차산업과 3차산업은 매우 저조하다. 울산의 대표적인 산업은 석유화학산업, 자동차산업, 조선산업, 비철금속산업으로 모두 중화학공업에 속한다. 최근들어 울산지역 제조업의 부가가치율이 점점 떨어지고 있다.

최근 세계 산업동향의 두드러진 특징은 산업경쟁력이 빠르게 이행되고 있다는 점이다. 과학과 기술이 접목되어 진행 중인 대규모의 기술혁신이 가속화됨에 따라 기술수명주기는 빠르게 단축되고 있으며, 정보화의 흐름은 기존 산업의 정보화를 통하여 생산구조 자체를 변화시키고 있다. 세계화 현상에 따라 국내외 시장경쟁이 한층 격화되고 있고, 디지털 혁명에 의한 지식경제사회가 형성되고 있으며, 정보통신기술(IT), 생명공학기술(BT), 나노기술(NT), 환경기술(ET), 문화기술(CT) 등 신기술혁명에 의한 새로운 고부가가치산업들이 등장하고 있다.

이에 따라 생산체계면에서도 규모의 경제에 의한 규격화된 대량생산체제는 더 이상 압도적인 경쟁력을 가지기 힘들어졌으며, 다품종 소량생산체제가 주도적 생산체제로 등장하고 있다. 한편 환경측면에 대한 관심이 고조되면서 에너지 다소비형 대형기술로부터 인간의 생존조건을 개선하고 생활의 질을 향상시키는데 기여할 수 있는 기술의 중요성이 빠르게 부각되고 있다. 산업의 중심도 기존의 환경파괴적, 환경소모적인 산업으로부터 환경친화적, 환경보호적 산업으로 빠르게 이행되고 있다.

이러한 추세 속에서 울산지역이 보유하고 있는 대부분의 전통적인 중화학공업은 대규모 설비와 대형기술 의존적, 표준화된 기술에 의한 대량생산 지향적, 에너지다소비적, 하드웨어 중심적이며, 비교적 낮은 부가가치의 환경파괴적 특징을 지니고 있기 때문에 기술수명주기의 단축과 산업경쟁력의 신속한 이행, 다품종 소량생산 지향적, 환경친화적, 고부가가치 산업화의 지향이라는 세계산업계의 동향과는 거리가 있다. 따라서 울산지역의 제조업은 지금 중대한 전환점에 놓여 있으며, 변화를 추구하지 않고서는 이전과 같은 높은 경쟁력을 유지하기 힘들 것으로 전망된다.

본서는 울산이 1962년 국가공업단지로 선포된 이후 1차산업, 2차산업, 3차산업의 발전과정과 현황, 그리고 지역산업발전을 위한 과제와 울산이 금후 도입·육성해야 할 미래첨단산업에 대해 다루었다. 울산지역 산업경제 문제에 관심을 갖는 학생과 일반 독자들에게 도움을 주고자 집필하였다. 이 책을 통하여 지역산업경제 발전에 관한 이론과 정책을 익혀 실제로 지역산업경제 발전에 크게 기여는데 도움이 되기를 진심으로 바란다. 산업경제에 대한 특별한 지식이 없더라도 이 책을 통해 지역산업경제 발전에 관한 유익한 정보를 얻을 수 있을 것으로 확신한다.

앞으로 지역산업경제 발전을 위한 경험이 축적되면 이러한 경험을 모아 이 책을 보완하고자 한다. 지역발전을 담당하는 지역 지도자들이 생생한 정보를 제공해주기를 바란다. 그리고 이 책의 출판을 위해 많은 관심을 보여준 동료교수들과 울산대학교 출판부에 고마움을 표한다.

2012년 2월

목 차

_제1편

이론

제 1 장

산업연관분석

제1절 산업연관분석의 개념

레온티에프(W. W. Leontief)가 산업연관론을 처음 발표한 것은 그의 논문 「미국경제의 수량적 투입-산출관계」(*Quantitative Input and Output Relations in the Economic System of the United States*, 1963)에서이다. 그 후 이 이론은 많은 발전을 가져와서 현재는 산업연관분석(interindustry relations analysis), 투입- 산출분석(input- output analysis) 또는 산업연관론(interindustry economics)등으로 불리우면서 응용경제학의 가장 중요한 부분의 하나로 되어 있다.

산업연관분석은 계량적으로 작성된 산업연관표(interindustrial relation table)를 이용하여 국민경제의 구조를 명백히 할 뿐만 아니라 경제계획, 경제예측 등에 유용하게 이용될 수 있으므로 여러 가지 경제정책적 목적에 사용된다.

다시 말하면 통계자료에 의해서 산업연관표를 작성하고 여기서 얻어진 투입계수표와 역행렬계수표를 이용하여 각 산업간의 기술적 연관관계를 확정하고, 이것을 기초로 하여 수요변동에 따른 각 산업의 균형 산출량의 계산과 여러 가지 경제예측 및 계획을 수립하게 된다.

국민소득론이 국민순생산물 또는 국민부가가치만을 분석대상으로 하는데 반하여 산업연관분석은 중산생산물의 흐름을 세밀히 분석함과 동시에 국민순생산물도 분석한다.

제2절 산업연관표

산업연관분석은 산업연관표의 작성으로부터 시작된다. 산업연관표란 한 나라의 경제 전체를 수십개의 산업부문과 몇 개의 최종수요부문 및 몇 개의 부가가치 부문으로 나누어 그들 부문간의 어떤 연도의 연간 거래액을 상관표의 형식으로 작성한 것이다. 대상연도로서는 어떤 격변이나 특수한 변동 없이 경제가 비교적 안정되었던 연도를 택한다.

산업부문은 상품의 성질별로 분류된다. 예를 들면 어떤 기업이 석탄과 철강을 생산하고 있다면, 그 기업은 석탄부문과 철강부문으로 분리되어 취급된다. 부문수는 너무 적어도 효과가 없고, 너무 많아도 취급하기 어렵기 때문에 분석의 목적에 알맞게 결정되어야 한다.

<표1-1>의 산업연관표는 설명의 편의상 단순화하여 농업·공업·서비스업 등 단지 3부문으로 분류하였다. 3개 부문 중 실제의 산업연관표에 나타나 있는 농업만 예를 들어 세분류하면 미맥류·임업·수산업·기타의 농업 등이 포함되어 있다.

산업연관표는 내생부문과 외생부문으로 구성되어 있다. <표1-1>에서 농업·공업·서비스업이 내생부문이고, 그 외의 부문을 외생부문이라 한다. 외생부문은 표의 하부에 있는 피용자보수·기타부가가치·자본소모충당금·간접세에서 보조금을 뺀 것 등 부가가치부문과 표의 상부 우측에 있는 민간소비지출·정부소비지출·고정자본형성·재고증가·수출 등 최종수요부문으로 구성되어 있다. 부가가치 부문은 GDP에 해당하고, 최종수요부문은 GDP에 대한 지출에 해당한다. 최종수요의 크기는 표에서 $Y_1+Y_2+Y_3+Y_4+Y_5$로 나타나 있다.

〈표1-1〉 단순화된 산업연관표

판매부문 \ 구입부문	농업	공업	서비스업	민간소비	정부소비	고정자본형성	재고증가	수출	총산출액
농 업	x_{11}	x_{12}	x_{13}	y_{11}	y_{12}	y_{13}	y_{14}	y_{15}	X_1
공 업	x_{21}	x_{22}	x_{23}	y_{21}	y_{22}	y_{23}	y_{24}	y_{25}	X_2
서비스업	x_{31}	x_{32}	x_{33}	y_{31}	y_{32}	y_{33}	y_{34}	y_{35}	X_3
피용자보수	x_{41}	x_{42}	x_{43}	–	–	–	–	–	X_4
기타부가가치	x_{51}	x_{52}	x_{53}	–	–	–	–	–	X_5
자본소모충당금	x_{61}	x_{62}	x_{63}	–	–	–	–	–	X_6
간접세-보조금	x_{71}	x_{72}	x_{73}	–	–	–	–	–	X_7
총투입액	X_1	X_2	X_3	Y_1	Y_2	Y_3	Y_4	Y_5	

각 산업부문은 자기산업 및 타산업부문으로부터 원료·반제품·기계 등을 구입하고, 가계에서 노동·토지·자본 및 기업가 용역을 구입하여 생산을 하게 된다. <표 1-1>에서 예를 들면, 농업은 내생부문인 농업에서 x_{11}, 공업에서 x_{21}, 서비스업에서 x_{31}의 원료 및 반제품을 구입하고 외생부문에 대해서는 임금을 x_{41}, 지대 및 이윤을 x_{51}, 감가상각비를 x_{61}, 간접세를 x_{71} 지불하여 총 X_1을 생산하였다는 것을 표시하고 있다.

한편 농업은 자기부문에서 생산한 X_1을 원료 및 반제품의 형태로 내생부문인 농업에 x_{11}, 공업에 x_{12}, 서비스업에 x_{13}을 판매하고, 나머지는 최종수요부문인 민간소비에 y_{11}, 정부소비에 y_{12}, 고정자본형성에 y_{13}, 재고증가에 y_{14}, 수출에 y_{15}를 각각 판매하였다는 것을 표시하고 있다. 그래서 농업의 총판매액은 총산출액과 같이 X_1이 된다.

공업부문과 서비스부문도 농업과 똑같은 방법으로 표시되어 있다. 이상이 산업연관표의 기본형식이다. 이것을 분석목적에 따라 국내경제만을 대상으로 하는 폐쇄경제형과 해외무역을 고려한 개방경제형으로 만들 수 있고, 또 개방경제형을 경쟁수입형과 비경쟁수입형으로 만들 수도 있으며, 경쟁 및 비경쟁혼합형으로 만들 수도 있다.

제3절 투입계수표 및 역행렬 계수표

산업연관표를 분석하기 위해서는 투입계수표 및 역행렬계수표를 계산해야 한다. 실제의 계산에는 컴퓨터가 동원되어야 하지만, 여기서는 필산으로 가능한 아주 간단한 예를 들어 설명한다.

<표1-2>는 내생부문이 농업과 공업뿐인 가상적인 산업연관표이다. (a)표의 각 칸(cell)에는 실수치로서 기입되어 있는데, 그것을 설명의 편의상 (b)표에서 기호로 기입하였다.

농업의 경우를 예를 들어 설명하여보자. 농업은 원료 및 반제품을 농업에서 3억원, 공업에서 2억원 구입하고. 가계에서 노동·토지·자본 등을 5억원 구입(투입)하여 총 10억원의 생산을 하게 되었다. 이것을 원료 및 반제품으로 농업에 3억원, 공업에 2억원 판매하고, 최종제품(최종수요)으로 5억원 상당의 농산물을 최종수요부문에 판매한다. 그러므로 총판매액은 총생산액과 같이 10억원이 된다.

〈표1-2-a〉 산업연관표

(단위: 억원)

산출＼투입	농업	공업	최종수요	총산출
농업	3	2	5	10
공업	2	8	10	20
가계	5	10		15
총투입	10	20	15	

〈표1-2-b〉 산업연관표

(단위: 억원)

산출＼투입	농업	공업	최종수요	총산출
농업	x_{11}	x_{12}	y_1	X_1
공업	x_{21}	x_{22}	y_2	X_2
가계	x_{31}	x_{32}		X_3
총투입	X_1	X_2	Y	

각 산업의 생산과 그 생산에 투입되는 원료 및 반제품의 투입관계를 표시하는 투입계수표는 <표1-3> 의 b에서와 같이 계산된다. 그리고 <표1-2>의 산업연관표에

있는 농업의 총판매액과 공업의 총판매액을 수식으로 표시하면

농업의 총판매액= 3+2+5=10 $\quad x_{11}+x_{12}+y_1=X_1$

또는 $\quad$ (1-1)

공업의 총판매액=2+8+10=20 $\quad x_{21}+x_{22}+y_2=X_2$

(1-1)식을 다시 투입계수를 사용하여 표시하면

0.3 x 10 + 0.1 x 20 + 5=10 $\quad a_{11}X_1 + a_{12}X_2 + y_1=X_1$

또는 $\quad$ (1-2)

0.2 x 10 + 0.4 x 20 + 10=20 $\quad a_{21}X_1 + a_{22}X_2 + y_2=X_2$

〈표1-3〉 투입계수표

(a)투입계수표

투입＼산출	농업	공업
농업	0.3	0.1
공업	0.2	0.4

(b) 투입계수표 계산식

투입＼산출	농업	공업
농업	$\frac{x_{11}}{X_1}=a_{11}$	$\frac{x_{12}}{X_2}=a_{12}$
공업	$\frac{x_{21}}{X_1}=a_{21}$	$\frac{x_{22}}{X_2}=a_{22}$

(1-2)식의 기호로 된 투입계수에 투입계수의 실수를 대입하여 보자.

$$0.3X_1 + 0.1X_2 + y_1=X_1$$

(1-3)

$$0.2X_1 + 0.4X_2 + y_2=X_2$$

(1-3)식을 다음과 같이 정리할 수 있다.

$$0.7X_1 - 0.1X_2= y_1$$

(1-4)

$$-0.2X_1 + 0.6X_2= y_2$$

(1-4)식의 연립방정식을 X_1, X_2에 대해 풀면

$$X_1=1.5y_1 + 0.25y_2$$
$$X_2=0.5y_1 + 1.75y_2 \quad (1\text{-}5)$$

여기의 y_1, y_2 앞에 붙은 계수가 역행렬계수이고, 이것을 표로 만들어 둔 것을 역행렬계수표라 한다. 이 역행렬계수표가 계산되어 있으면 최종수요(y_1, y_2)가 얼마쯤 될 때는 각 산업의 생산액(X_1, X_2)이 얼마쯤 된다는 것을 예측할 수 있다.

위의 <표1-2>의 예에서는 최종수요가 각각 농산품에 대해서 $y_1=5$, 공산품에 대해서 $y_2=10$이었다. 이것을 (1-5)식에 대입해 보면 농업생산액은 $X_1=10$, 공업생산액은 $X_2=20$임을 알 수 있다.

만약 최종수요가 2배로 증가하여 농산품이 $y_1=10$, 공산품이 $y_2=20$으로 되었다면, 이것을 (1-5)식에 대입하여 농업생산액은 $X_1=20$, 공업생산액은 $X_2=40$으로 된다는 것을 알 수 있다.

만약 공산품에 대한 최종수요는 일정불변인데 농산품에 대한 최종수요가 2단위 증가($\Delta y_1=2$)하였다면, 농업생산액은 3단위(=1.5 x 2)가 증가하고, 공업생산액은 1(=0.5 x 2)단위가 증가하게 된다.

이와 같이 각 산업의 최종수요변동은 그 산업의 생산액 변동을 가져올 뿐만 아니라 여타 산업의 생산액 변동도 가져온다. 한 산업 또는 여러 산업의 최종수요가 변동할 때 그 산업 또는 여타 산업들의 생산에 어떠한 영향을 주는가를 계산하는 것은 역행렬계수가 계산되어 있으면 쉽게 계산할 수 있다. 그러므로 역행렬계수를 레온티에프승수(Leontief's multiplier)라고 한다.

_제4절 산업연관분석의 응용분야

산업연관분석은 여러 가지 방면에 응용되고 있다. 그 중 중요한 것을 간추려 보면,

① 경제계획작성에 응용된다. 계획기간 내의 연도별 최종수요가 추계되면 각 내생산업의 필요생산액을 예측할 수 있고, 따라서 각 부문별 계획을 수립할 수 있다.

② 경제계획에 대한 적부성 검토에 사용된다. 각 산업부문 간의 균형상 경제계획의 불합리한 점을 밝혀내고 어떤 부문계획량의 실천가능성을 검산할 수 있다.

③ 역행렬계수에 노동계수를 곱하여 줌으로써 최종수요의 증가에 따른 각 산업의 필요노동량을 계산할 수 있다. 따라서 인력수급을 위한 계획을 수립할 수 있다.

④ 역행렬계수에 자본계수를 곱하여 줌으로써 최종수요의 증가에 따른 각 산업의 필요자본량을 계산할 수 있다. 그래서 자본계획을 수립할 수 있다.

⑤ 최종수요의 변화에 따른 각 산업의 반응도를 보아서 투자우선순위를 책정할 수 있다.

⑥ 경제계획에 부수되는 재화별 수입수요를 분석할 수 있다.

⑦ 산업구조를 분석할 수 있다.

입지상 분석

_제1절 입지상(혹은 지역상)

입지상(LQ)은 특정지역의 산업상의 특화정도를 평가하는 기법이다. 지역의 산업구조는 그 지역을 따로 검토하기보다는 다른 지역이나 전체 경제와 비교함으로써 더 잘 이해할 수 있다. 예로서 어느 지역에서 전자공업에 종사하는 노동자의 수가 전체 노동자의 10%라고 하자. 이러한 정보도 유용한 것이지만, 이것만으로는 이 지역에 전자공업이 집중되어 있는지를 판단할 수가 없다. 다른 지역과 비교해 보아야 한다는 것이다.

고용의 입지상은 특정 산업에 종사하는 지역노동자의 구성비를 기준지역 노동자의 구성비로 나눈 값이다. 이 기준지역은 광역지역이나 유사지역이 되기도 하지만, 흔히 경제전체로 한다. 따라서 산업 i 에 대한 입지상은 흔히 다음과 같이 정의된다.

$$LQi=\frac{ei/et}{Ei/Et} \qquad (2\text{-}1)$$

여기서,

LQi: 산업 i의 입지상
ei: 산업 i의 지역의 고용
et: 전산업의 지역의 고용
Ei: 산업 i의 전국의 고용
Et: 전산업의 전국의 고용

어느 특정한 산업에서 LQ=1이라면, 그 지역은 이 산업에 종사하는 노동자의 구성이 전체 경제와 동일하다는 것을 말한다. 또한 LQ<1이면, 그 지역은 이 산업의 노동자 비중이 전국의 비중에 미치지 못하는 것을 나타내고, LQ>1이면, 그 지역은 이 산업의 노동자 비중이 전국의 비중을 상회하고 상대적으로 집중되어 있다는 것을 의미한다.

산업구조는 소비와 생산상의 차이에 따라 지역간 서로 다를 수 있다. 입지상은 어느 지역이 지니는 산업구조상의 특징을 식별하는데 유용한 도구이다. 특정한 산업에서 고용이 집중되는 것은 현재 또는 과거의 입지상의 우위성을 반영한다. 만일 어떤 산업에서 고용이 상대적으로 집중되어 있다면, 이는 그 산업에 상대적으로 유리하다는 것을 의미한다. 그러나 만일 육성하고자 하는 산업의 입지상이 적은 값을 가지면, 그 지역의 정책결정자들은 그 원인을 면밀히 검토할 필요가 있다.

입지상은 산업을 세분화하는 정도에 따라 크게 변할 수 있다. 예로서 전자산업의 입지상이 크더라도 전자산업의 모든 부문이 골고루 클 수는 없기 때문이다. 따라서 일부의 전자산업에서는 매우 작은 입지상을 가질 수가 있다.

입지상의 개념은 여러 방면에 걸쳐 적용될 수 있는 유용한 분석도구이다. 경제적인 집중의 정도를 파악하기 위하여 고용이 가장 흔하게 사용되지만, 부가가치, 판매액 등과 같은 통계를 사용할 수 있다. 식 (2-1)에서는 특화변수로서 산업별 고용을, 기준변수로서 전국의 고용을 사용하였다. 그러나 특화변수와 기준변수를 일치시킬 필요가 없다. 예로서 지역과 전국의 가축사육 두수와 인구 또는 농가수를, 교사수와 인구를, 득표자수와 투표자수를 이용하여 입지상을 구할 수 있다. 그리고 주기적으로 입지상을 산정함으로써 입지상의 시간적 변화를 통해 입지상의 우위성의 변화를 파악하고 그 변화의 원인을 검토해 볼 수 있을 것이다.

제2절 수출활동 고용의 측정

지역의 외부로 수출하는 경제활동과 지역주민에게 공급하는 경제활동 간에는 중요한 차이가 있다. 지역경제발전에 중요한 역할을 하는 수출활동에 종사하는 고용을 추정하는 방법을 검토해보자.

입지상과 수출활동 고용간의 관계를 논의하기 위해서는 다음과 같은 가정들이 필요하다.

① 수출되는 제품은 다른 지역에서 수입되지 않는다.
② 노동의 생산성은 모든 지역에서 동일하다.
③ 소비행태는 전국적으로 동일하다.
④ 각 산업의 산출물은 동일하다.
⑤ 국제간의 무역은 없다.

이러한 전제 하에서는 어느 산업의 입지상인 LQ>1이면, 이는 산업에 종사하는 지역의 고용이 전국에 비하여 상대적으로 많다는 것을 의미하고 또한 전국 평균을 초과하는 고용은 지역 밖으로 수출되는 경제활동에 종사하는 것을 의미한다. 만일 LQ<1이면, 지역의 생산물이 불충분하여 수요의 일부가 수입품으로 충당되어야 함을 뜻한다. 그리고 입지상이 1이면 자급자족의 상태임을 의미한다.

수출활동 고용은 입지상을 이용하여 추정할 수 있다. 만일 LQ=1이면, 정확한 자급자족을 말하므로, 수출활동의 고용은 자급자족을 초과하는 고용을 의미한다. 어느 산업의 자급자족의 고용수준을 Si라 하면, 이는 다음과 같이 정의된다.

$$1=\frac{si/et}{Ei/Et} \text{ 또는 } si=et*(Ei/Et) \qquad (2\text{-}2)$$

식 (2-2)를 이용하여 수출활동 고용(xi)을 실제의 고용(ei)과 자급자족의 고용(si)의 차이로 측정한다.

$$xi= ei-si \quad \text{또는} \quad xi=ei- et*(Ei/Et)$$

그리고 지역에서 수출활동에 종사하는 전체 고용 xi는 각 산업에서 수출활동에 종사하는 고용(xi)의 합이다. 또한 전산업에 걸친 지역의 고용(et)과 수출활동 고용(xi)의 비율도 중요한 의미를 갖는다.

입지상을 이용하여 수출활동 고용을 추정하는데는 여러 가지 문제점들이 내재되어 있다. 즉 실제의 수출활동 고용과 추정된 수출활동 고용간에는 상당한 차이를 보이는 것이 판명되었다. 이러한 문제점들은 그 전제가 되는 가정들이 비현실적이기 때문이다. 즉 실제로는 ①각 산업에서 수출되는 제품이 있더라도 동시에 다른 지역에서 수입되는 품목이 있다. ②노동의 생산성은 지역마다 달라서 상대적으로 적은 고용으로써 많은 제품을 생산하여 수출할 수도 있다. ③소비행태는 전국적으로 서로 달라서 상대적으로 적게 생산되더라도 수출여력이 있을 수 있다. ④각 산업의 산출물은 매우 다양하여 일부의 품목을 수입하는 것이 불가피하다. ⑤국제간 무역이 매우 중요한 역할을 차지하여 다른 지역에 비하여 상대적으로 적게 생산하더라도 외국으로 수출하는 품목이 있다는 것이다. 따라서 입지상을 이용하여 수출활동 고용을 측정하는 것은 매우 제한적인 유용성을 가진다.

실제로 입지상의 개념을 이용하여 추정된 수출활동 고용은 실제에 비하여 현격하게 저평가되고 있다는 것이 대부분의 실증연구에서 나타나고 있다. 그러나 이러한 기법이 계속해서 인기를 누리고 있는데 그 이유로는 다음과 같은 것을 포함한다.

첫째, 입지상은 공표된 통계를 이용하여 간단하고 값싸게 측정할 수 있다. 지역에 관련된 통계가 빈약한 실정에 비추어 입지상은 매우 유익한 지역분석기법이다.

둘째, 입지상의 개념은 간접수출을 측정하는데 도움을 준다. 예로서 전자산업이 발전한 지역에서 그 부품을 지역내에 있는 조립기업에 판매하는 경우에 그 부품 공급자는 지역내에 판매한다고 대답할 것이지만, 실제로는 조립된 제품이 지역 밖으로 수출될 때에 간접적으로 수출되는 것이다.

셋째, 입지상의 기법은 재화 뿐만 아니라 용역의 경우에도 적용될 수 있다. 실제로 용역은 대부분 그 지역에서 판매되는 것이어서 수출로 계상되지 않지만, 관광지역에서와 같이 외부인이 그 지역에서 용역을 구입하면, 수출로 간주되어야 한다는 점이다.

입지상의 개념을 이용하여 추정된 수출활동 고용은 실제에 비하여 현격하게 저평가되고 있기 때문에, 일부 분석가들은 전체 경제를 기준변수로 삼는 대신에 최소필요량을 기준변수로 대용하는 것을 선호한다. 환언하면 여건이 비슷한 여러 지역 중에서 입지상이 가장 낮은 지역이나 하위 4분위 지역 등 입지상의 값을 자급자족 수준으로 대용한다. 이러한 접근방법으로써 수출활동 고용의 측정치를 증대시킬 수 있다.

제3절 입지상의 응용

입지상을 구하는 데는 여러 가지 변수를 사용할 수 있다. 또한 입지상의 용도 역시 다양하여 지역자원의 적정배분과 그 효율성을 측정·분석할 수도 있을 것이며, 잠재적인 수입대체성 산업이나 수출신장 잠재성 산업을 찾아낼 수 있을 뿐만 아니라 산업지수도 이와 같은 방법으로 계산할 수 있다.

입지상은 여러 지역경제 분석기법인 산업연관분석, 경제기반분석 및 전이·할당분석 등과 함께 사용하면 매우 유용하다. 입지상과 유사한 구조분석법으로는 산업의 지방화계수, 특화계수 및 산업다양화 지수(index of diversification) 등이 개발되어 사용되고 있다.

입지상은 쉽게 계산할 수 있으므로 사용방법을 모르고 남용되는 경우가 있다. 사실상 입지상은 아주 단순하여 불확실한 면이 많으며 설명적인 지수이다.

지역간에는 서로 다른 취향 · 욕구 · 소득 · 가족규모 · 자원 · 노동력 정도 및 경제구조가 다르기 때문에 입지상 값만 단순히 계산하여 통계적인 결과를 얻었을지라도 주의 깊은 분석과 요인분석을 병행하여 분석결과에 대해 충분한 설명을 해야 할 것이다. 단순한 입지상만 가지고 지역간 비교를 하였다면, 많은 모순된 결론을 얻을 수 있기 때문이다.

제 3 장

지역전문화 및 집중화 지수

제1절 지역전문화지수

지역은 그 지역이 갖고 있는 자연자원이나 입지환경에 따라서 그 지역에 적절히 적응하여 특성화되어 간다. 어떤 지역은 행정도시로, 어떤 지역은 교육도시로 그리고 또 어떤 지역은 산업도시로 특성화되어가고 있음을 볼 수 있을 것이다. 이러한 현상은 여러 가지 산업 중에서도 어느 특정산업과 기능이 그 지역에 집중화되고 전문화되어 특정부문이 그 집적도를 더해 감으로써 일어난다고 볼 수 있다.

지역산업의 전문화 및 집중화 정도를 측정할 수 있는 도구로서 지역전문화지수(industrial specialization index)를 들 수 있다. 지역전문화지수는 입지상개념을 응용하여 지수화한 것으로 그 원리는 입지상과 유사한 개념이다. 즉 지역경제를 구성하고 있는 그 지역의 부문(sector)구조를 분석함으로써 다른 지역의 같은 부문과 비교하여 그 지역의 산업활동집중 정도를 지수로서 비교할 수 있는 방법이다.

지역전문화지수를 계산하는 공식은 아래와 같다.

$$Is=\frac{\sum_{i=1}^{n}\left|\frac{Eiz}{Ez}-\frac{Ei}{E}\right|}{2} \qquad (3\text{-}1)$$

Is: 지역전문화지수
Eiz: Z지역 i산업의 고용인구
Ez: Z지역 총고용인구
Ei: 전국 i산업의 고용인구
E: 전국 총고용인구

지역전문화지수는 전국 i산업의 고용인구비와 분석지역의 그것과 비율차를 지수화한 수치로서 2로 나눈 이유는 하나의 그림표에 X · Y축을 가로와 세로의 상자 그림에서 특정산업의 지역집중 정도를 누적적으로 그려 넣어 비교하기 위함이다. 위 공식에서 볼 수 있듯이 지역전문화지수는 입지상 개념과 유사하여 한 지역산업 구성비를 전국의 산업고용 인구비와 비교하여 그 지역의 전문화 정도를 측정하는 방법이다. 지역전문화지수를 측정하는데 쓰일 변수로는 고용, 소득, 생산액 등 다양하다.

즉 지역전문화지수가 클수록 그 지역은 조사된 산업이 전국에 비해 더욱 전문화되고 있다고 해석할 수 있다. <표3-1>에서 본 Z지역의 산업전문화지수는 총계인 14.69로서 선험적인 연구에 비하여 비교적 낮다. 상대적으로 볼 때 전국 산업 중 제조업, 서비스업과 무역 등에 비교적 전문적인 분화가 이루어지고 있는 반면, Z지역은 서비스산업, 정부사업 및 무역 등이 많은 비중(전문화)을 차지하고 있음을 볼 수 있다.

이러한 산업전문화지수 역시 산업의 규모, 설립연도, 생산목적(수출 혹은 지역소비)과 총생산액에 따라서 그 해석을 달리한다. <표3-1>에서 계산된 전문화지수는 (3-1)의 공식에서 보듯이 특정산업의 전국적 고용비에서 지역의 고용률을 빼어 계산된다.

〈표3-1〉 Z지역의 고용과 전문화지수(예)

산업	Z지역				전국		
	고용인구	고용(%)	순위	전문화지수	고용인구	고용(%)	순위
농업	12,038	5.08	7	4.82	640,786	9.90	4
임 업	4,296	1,81	11	-0.13	108,580	1.68	11
어 업	7,493	3.16	9	-2.60	36,263	0.56	13
광 업	10,105	4.27	8	-2.39	121,702	1.88	10
제조업	34,081	14.39	4	7.32	1,404,865	21.71	1
건설업	15,524	6.56	6	0.10	143,093	6.66	7
교 통	20,403	8.62	5	-1.04	490,354	7.58	6
에너지	2,427	1.02	13	0.06	70,504	1.08	12
무 역	36,763	15.52	3	-0.20	991,490	15.32	3

재 정	5,652	2.39	10	1.15	228,905	3.54	8
서비스	44,953	18.98	1	0.54	1,263,362	19.52	2
정 부	38,948	16.45	2	-8.33	523,353	8.12	5
기 타	4,236	1.75	12	0.70	158,593	2.45	9
총 계	236,819	100.00		∓14.69	6,471,850	100.00	

예를 들면, Z지역의 농업전문화지수는 전국 농업 백분비인 9.90에서 Z지역의 농업 백분비 5.08을 뺀 4.82가 농업전문화지수가 된다. 이러한 방법으로 계산한 Z지역의 총산업전문화지수는 14.69가 된다. <표3-1>의 負 (-) 전문화지수는 비전문화 정도를 파악하여 단순히 순위를 알기 위함이며 지수로 표시할 때는 負 의 기호를 없애고 해석한다.

제2절 지역집중화지수

지역산업구성을 분석하는 방법으로 지역전문화지수와 같은 개념으로 한 지역의 지역집중화지수를 구하여 다른 지역과 산업규모별 그 집중정도를 비교할 수 있다. 즉 식 (3-1)로 지역집중화지수를 구할 수 있으며, 특정산업의 지역집중화 정도를 측정하기 위하여 표준산업분류만으로는 부족하며, 여러 가지 요인들은 고려하여 몇 개의 규모별 집단으로 나누어 분류할 수도 있다.

예를 들면, 첫째 분류집단으로는 공장설립연도가 오래되고 규모도 크며 유사한 특성을 지닌 집단, 둘째 분류집단은 중소기업으로서 주로 지역수요에 자금충당을 위한 생산활동을 하는 집단, 그리고 셋째 집단으로는 비교적 근래에 설립되었으며, 정부의 지원을 많이 받고 있는 산업시설 등으로 분류·분석하여 도표에 그려 넣을 수도 있을 것이다.

산업의 지역집중화 정도를 측정하기 위하여 <표3-2>와 같이 일정 규모 이상의 고용기업에 대한 고용인구 및 생산액 규모별 산업체를 분류하여 전문화지수를 계산할 수 있다. 표에서 보면, 고용자수는 고용지수에 의한 순위보다 지역산업을 분석하는데 더 큰 의의가 있을 것이다.

〈표3-2〉 산업별 고용인구(예)

산업	전국			Z지역			
	고용자수	%	순위	고용자수	%	순위	전문화지수
식품	227,221	13.80	1	10,651	32.30	1	-18.50
담배	10,177	0.62	20	-	-	-	0.62
고무	27,821	1.69	17	-	-	-	1.69
가죽	32,589	1.98	16	99	0.30	18	1.68
섬유	77,248	4.69	10	504	1.53	12	3.16
편물	23,609	1.43	18	1,329	4.03	8	-2.60
의류	99,708	6.06	7	286	0.87	16	5.19
목재	91,937	5.59	8	2,482	7.53	4	-1.94
가구	43,598	2.65	15	362	1.09	14	1.56
종이	116,840	7.10	5	2,232	6.77	5	0.33
인쇄	81,996	4.98	9	1,467	4.45	7	0.53
금속	113,645	6.90	6	3,176	9.64	3	-2.74
금속가공	143,311	8.72	3	1,969	5.97	6	2.75
기계	75,451	4.58	11	464	1.41	13	3.17
차부속품	146,931	8.93	2	5,117	15.52	2	-6.59
전기제품	124,498	7.56	4	983	2.89	9	4.58
비금속제품	53,189	3.23	14	762	2.31	10	0.92
석유제품	15,403	0.94	19	537	1.63	11	-0.69
화학제품	73,317	4.45	12	292	0.89	15	3.56
기타	67,534	4.10	13	258	0.78	17	3.32
계	1,646,024	100.00		32,970	100.00		33.06

한편 윌리암슨(J. Williamson)은 지역전문화지수와 유사한 개념으로 변이계수(Coefficient of Variation)를 이용하여 지역격차지수를 제시하고 있다. 이러한 지역변이지수는 위에서 설명한 지역전문화지수의 변형으로 아래 식과 같다. 여기에서 수식에 사용된 명칭은 (3-1)식과 같다. 지역격차지수도 어느 특정지역 내 산업고용인구 대신에 지역소득이나 산업생산액을 사용하여 전국 평균에 대한 지역간 측정변수의 차이를 측정하여 지역격차로 해석하고 있다.

$$\mathrm{CV}=\frac{\sqrt{\Sigma\,(Eiz-Ez)^2\left(\frac{Eiz}{E}\right)}}{Ez} \qquad (3\text{-}2)$$

제 4 장

지역경제의 건전성 분석

지역경제의 건전성과 취약성을 분석하기 위해 흔히 B/N비율(또는 N/B비율)이나 경제기반승수의 분석기법이 주로 채택되는데 이를 구체적으로 살펴보면 다음과 같다.

제1절 B/N비율

고용자수를 이용한 B/N비율의 산정식은 다음과 같다.

$$B/N = \frac{\text{기반활동의 고용자수}}{\text{비기반활동의 고용자수}} \qquad (4\text{-}1)$$

B/N비율은 지역경제의 건전성을 측정하기 위하여 특정지역의 시점간 비교, 지역간 비교 그리고 지역내부에서 산업간 비교가 가능하다는 장점이 있다.

_제2절 경제기반승수

지역의 경제활동은 기반활동과 비기반활동으로 구성된다는 경제-기반분석의 기본가정에 의하여 다음 식을 도출할 수 있다.

$$Et = Eb + En$$

단, Et: 어떤 지역의 총고용인구
Eb: 어떤 지역의 기반활동 고용인구
En: 어떤 지역의 비기반활동의 고용인구

이 식으로부터 어떤 지역의 총고용인구와 기반활동 고용인구간의 관계를 다음과 같이 유도할 수 있다.

$$Et = Eb + Et\left(\frac{En}{Et}\right)$$

$$Et\left(1 - \frac{En}{Et}\right) = Eb$$

$$Et = \frac{Eb}{1 - \frac{En}{Et}} = \left(\frac{1}{1 - \frac{En}{Et}}\right)Eb$$

여기서 $\frac{1}{1-(En/Et)}$ 이 바로 경제기반승수(economic -base multiplier)이다. 경제기반승수를 다시 정리하면 다음과 같다.

$$\text{경제기반승수} = \frac{1}{1 - \frac{En}{Et}} = \frac{1}{\frac{Et - En}{Et}} = \frac{1}{\frac{Eb}{Et}} = \frac{Et}{Eb} \qquad (4\text{-}2)$$

앞에서 살펴 본 총고용인구 Et와 기반활동 고용인구 Eb의 관계를 바탕으로 총고용인구의 증가분 ΔEt와 기반활동 고용인구의 증가분 ΔEb와는 다음과 같은 관계가 성립한다.

$$\Delta Et = k(\Delta Eb)$$

단, k: 경제기반승수

총고용인구의 변화와 기반활동 고용인구의 변화에 관한 관계를 이용하여 이제 기반활동 고용인구의 변화가 총고용인구 변화에 어떻게 영향을 미치는지 가상적인 사례를 들어 살펴보자.

어떤 지역의 총고용인구는 50만명이고, 이 가운데 비기반활동 고용인구는 40만명이라고 한다. 그런데 이 지역에 외부지역으로의 수출만을 목적으로 하는 수출산업(기반활동)이 새롭게 입지하여 5,000명의 새로운 수출산업(기반활동) 고용증가(ΔEb)가 예상된다면 이 지역의 총고용인구 증가분(ΔEt)은 얼마나 될까?

우선 경제기반승수 k를 계산하면 다음과 같다.

$$k = \frac{1}{1 - \frac{En}{Et}} = \frac{1}{1 - \frac{400,000}{500,000}} = 5$$

이렇게 계산된 k값을 이용하면 총고용인구의 증가분(ΔEt)은 다음과 같다.

$$\Delta Et = (5) * (5,000) = 25,000$$

따라서 이 지역의 고용인구는 25,000명 증가한다고 볼 수 있다. 이 때 수출산업(기반활동)의 고용증가분 5,000명은 이미 주어졌으므로 비기반활동의 고용증가분은 20,000명에 이를 것이라는 것을 알 수 있다.

제3절 경제-기반분석의 장·단점

경제-기반분석의 장·단점은 다음과 같이 정리할 수 있다.

1. 경제-기반분석의 장점

첫째, 경제-기반분석은 B/N비율이나 경제-기반승수를 이용하여 새로운 산업의 입지나 확장에 따른 승수효과를 쉽게 예측할 수 있다. 지역경제가 침체하여 외부로부터 신규투자를 유인할 경우 예상 승수효과에 따라서 신규투자를 원활하게 할 수 있는 각종 유인혜택(incentive benefits)을 제공할 수 있는데 그 유인혜택의 범위를 결정하는데 도움이 된다.

둘째, 경제-기반분석은 실제 산업간의 산출량의 흐름에 관한 정보가 없는 경우에도 고용예측 등을 이용하여 지역경제의 상태에 대한 예측이 가능하다.

셋째, B/N비율이나 경제기반승수는 계산이 간편하고 이해하기도 쉽기 때문에 정책결정과정의 참여자들이나 기타 실무자들에게 관련 내용을 전달하기가 용이하다.

2. 경제-기반 분석의 단점

첫째, 경제-기반분석은 내재적으로 수출기반이론(경제기반이론)의 이론적 논의를 받아들이고 있다. 그런데 지역경제의 성장과 쇠퇴가 전적으로 외생적 요인이나 승수의 크기에 따라서만 결정된다고 보기는 어렵다. 비기반활동 역시 지역성장에 중요한 역할을 할 수 있다는 것이다.

둘째, 현실의 복잡 다양한 지역경제활동을 기반활동과 비기반활동의 두 가지로 분리·식별하는 것은 기술적으로도 문제가 있고 실제적으로도 과잉 단순화의 오류를 범할 가능성이 있다. 불분명한 영역들이 많이 있기 때문에 무리하게 기반부문과 비기반부문으로 나누려고 시도하는 것은 조잡하고 부정확한 결과를 초래할 수 있다.

셋째, 어떤 지역의 총량적 경제규모의 변동을 예측하는 데도 유용하지만, 그 지역의 경제성장과정을 설명해주는 것은 아니다. 즉 성장요인에 대한 분석을 토대로 하는 것이 아니기 때문에 지역경제활동의 단기변동을 설명하는 데는 유용하겠지만, 장기적인 예측에는 특히 한계가 있다.

넷째, 경제- 기반 분석시 측정지표로서 흔히 고용자수가 이용되고 있는데 이는 노동자 1인당 노동생산성의 증가로 인한 생산량의 증가부분을 설명할 수 없다.

제 5 장

변화- 할당 분석

제1절 변화–할당 분석의 의의

1940년대에 크리머(D.B. Creamer)에 의해 최초로 시도된 변화-할당 분석(shift-share analysis)은 지역경제성장의 구조적 분석, 즉 지역경제성장의 이면에 내재하고 있는 원인을 파악하기 위한 지역경제 분석 모형으로서 계속 발전되어 왔다.

변화-할당 분석은 소도시에서부터 대도시에 이르기까지 다양한 규모의 공간영역이 그 분석대상이 될 수 있다. 다만 변화-할당 분석은 한 공간영역의 일정 기간 동안의 성장의 구조적 원인을 다른 보다 큰 규모의 대상영역과의 상대적 위치를 통해서 파악하는 것이기 때문에 준거로 삼을 수 있는 보다 큰 규모의 대상영역이 필요하다. 따라서 변화- 할당 분석을 실제로 적용하기 위해서는 최소한 연구대상 영역과 준거영역의 두 가지 시점의 경제적 업적자료가 필요하다.

변화-할당 분석의 자료로서는 다양한 경제적 업적자료(예: 부가가치, 투자 등)가 사용될 수 있지만, 실제적으로는 자료획득의 용이성이라는 측면에서 고용자수와 같은 자료가 널리 사용되고 있다.

변화- 할당 분석에서는 한 지역의 특정 산업의 성장을 국가의 모든 산업의 성장, 국가 전체적인 측면에서 그 산업의 성장 그리고 그 지역의 모든 산업의 성장과 관련지어서 보아야 한다. 즉, 변화-할당 분석은 한 지역의 특정산업의 성장은 국가경제성장효과(national growth effect: Ng), 산업구조효과(industrial mix effect: Im), 그리고 지역할당효과(regional share effect: Rs)의 세 가지 요인으로 나눌 수 있다는 점에서 출발한다.

제2절 변화-할당 분석의 기본모형

한 지역의 특정산업이 성장하고 있는지 어떤지를 알아보기 위해서는 분석기간 동안 그 산업의 부가가치, 투자 또는 고용자 수가 증가하고 있는지 또는 쇠퇴하고 있는지를 살펴봄으로써 판단할 수 있다. 변화- 할당 분석에서는 그 성장 또는 쇠퇴가 국가경제성장효과(Ng), 산업구조효과(Im) 그리고 지역할당효과(Rs)의 세 가지 효과의 합으로 나타난다고 보고 있으므로, 이 세 효과의 합이 정(+)인지 또는 부(-)인지에 따라 특정지역의 특정산업의 성장 또는 쇠퇴를 판단할 수 있다.

예컨대 Z지역의 i 산업의 총성장은,

총성장=Viz(t)-Viz(o)= Ng+Im+Rs

단, Viz(t): 대비 연도(t)에 있어 z지역 i산업의 부가가치 또는 고용자수
Viz(o): 기준연도(o)의 z지역 i 산업의 부가가치 또는 고용자수
Ng: 국가경제성장효과
Im: 산업구조효과
Rs: 지역할당효과

국가경제성장효과(Ng), 즉 국가의 모든 산업의 성장효과는 특정지역의 특정산업의 성장효과로 보기는 어렵다. 따라서 총성장에서 국가경제성장효과를 차감한 부분만을 순성장(net growth)으로 본다. 순성장은 국가 전체의 모든 산업의 성장으로 인한 부가가치 또는 고용의 증가분이 배제된 것이기 때문에 문자 그대로 전국적인 차원에서 특정지역의 특정산업이 성장산업인지 또는 쇠퇴산업인지를 판별하는 기준이 된다.

순성장= 총성장-Ng=Im+Rs

세 가지 성장요인을 방정식을 이용해서 보다 구체적으로 살펴보면 다음과 같다.

1. 국가경제성장효과

특정지역 특정산업의 총성장효과 중 국가 전체의 모든 산업의 성장으로부터 유발된 성장효과를 국가경제성장효과라고 한다. 이것은 공간경제의 개방성 등으로 인하여 특정지역 특정산업의 성장이 국가 전체의 산업성장과 상당 부분 연관되어 발생한다는 사실을 근거로 한다.

국가경제성장효과(Ng)의 산정식은 다음과 같다.

$$Ng=Viz(o) * \frac{V(t)-V(o)}{V(o)}$$

단, Viz(o):기준연도(o)에 있어서 z지역 i 산업의 부가가치 또는 고용자수
V(o):기준연도(o)에 있어서 전국 모든 산업의 부가가치 또는 고용자수
V(t):대비 연도(t)에 있어서 전국 모든 산업의 부가가치 또는 고용자수

2. 산업구조효과

특정지역이 전국적으로 고성장 산업을 많이 보유하고 있으면 그 지역은 타지역에 비해 상대적으로 보다 많은 부가가치 또는 고용의 증가가 나타나게 된다. 동일한 맥락에서 산업구조효과는 특정산업의 전국평균성장률에서 전국 모든 산업의 평균성장률을 차감한 후 그 값이 해당지역 특정산업에 미치는 부가가치 또는 고용의 증가 등을 의미한다.

이 값은 특정지역의 특정산업이 모든 산업의 전국적인 평균성장률을 넘어서는 성장산업이면 정(+)의 값을 가지게 되고, 모든 산업의 전국적인 평균성장률에 미달하면 부(-)의 값을 가진다. 따라서 산업구조효과를 통해서 우리는 특정지역의 산업구조를 짐작할 수 있다.

산업구조효과(Im)의 구체적인 계산식은 다음과 같다.

$$Im=Viz(o)*\left[\frac{Vi(t)-Vi(o)}{Vi(o)}-\frac{V(t)-V(o)}{V(o)}\right]$$
$$=Viz(o)*\left[\left(\frac{Vi(t)}{Vi(o)}-1\right)-\left(\frac{V(t)}{V(o)}-1\right)\right]$$

$$=Viz(o)*\left[\frac{Vi(t)}{Vi(o)}-\frac{V(t)}{V(o)}\right]$$

단, Vi(o): 기준연도(o)에 있어서 전국 i 산업의 부가가치 또는 고용자수
Vi(t): 대비연도(t)에 있어서 전국 i 산업의 부가가치 또는 고용자수

3. 지역할당효과

지역할당효과는 특정지역이 가지고 있는 타지역에 대한 상대적 경쟁력을 나타내는 것이다. 개별지역은 그 지역이 가지고 있는 고유한 속성 예컨대 교통의 요충지, 주된 원료산지와의 근접성, 대규모 시장과의 근접성 등 입지적 장점이나 또는 정반대로 입지적 단점을 가지고 있을 수도 있다. 즉 개별지역은 각각 나름대로 타지역에 비해 상대적인 경쟁력이 있을 수도 있고 또는 없을 수도 있다.

특정지역 특정산업이 그 산업의 전국 평균성장률을 초과해서 성장하게 되면 그 때의 지역할당효과는 정(+)의 값을 가지게 되고 반대인 경우에는 부(-)의 값을 가지게 된다. 따라서 지역할당효과를 통해 우리는 특정산업에 대한 그 지역의 경쟁력을 알아볼 수 있다. 지역할당효과(Rs)의 구체적인 계산식은 다음과 같다.

$$Rs=Viz(o)*\left[\frac{Viz(t)-Viz(o)}{Viz(o)}-\frac{Vi(t)-Vi(o)}{Vi(o)}\right]$$

$$=Viz(o)*\left[(\frac{Viz(t)}{Viz(o)}-1)-(\frac{Vi(t)}{Vi(o)}-1)\right]$$

$$=Viz(o)*\left[\frac{Viz(t)}{Viz(o)}-\frac{Vi(t)}{Vi(o)}\right]$$

가상적인 사례를 이용하여 세 가지 성장요인을 검토해 보자. A시에 대한 자동차 산업의 2000년도와 2010년의 고용자료는 <표5-1>과 같다.

〈표5-1〉 A시의 자동차산업 고용자수 변화

단위: 만명

구분	2000년	2010년
전국 모든산업의 고용자수	1,000	1,300
전국 자동차산업의 고용자수	150	170
A시의 자동차산업 고용자수	30	55

여기서 국가경제성장효과(Ng)=Viz(o)* $\left[\frac{V(t)-V(o)}{V(o)}\right]$

$$Ng=30*(\frac{1,300-1,000}{1,000})=9\text{만명}$$

산업구조효과(Im)=Viz(o)* $\left[\frac{Vi(t)}{Vi(o)}-\frac{V(t)}{V(o)}\right]$

$$Im=30*(\frac{170}{150}-\frac{1,300}{1,000})=-5\text{만명}$$

지역할당효과(Rs)=Viz(o)* $\left[\frac{Viz(t)}{ViZ(o)}-\frac{Vi(t)}{Vu(o)}\right]$

$$Rs=30*(\frac{55}{30}-\frac{170}{150})=21\text{만명}$$

A시의 자동차산업의 총성장=Ng+Im+Rs=9-5+21=25만명

A시의 자동차산업의 순성장=Im+Rs=-5+21=16만명

4. 변화-할당 분석의 장·단점

1) 변화-할당 분석의 장점

첫째, 모형을 이용한 변화-할당분석은 지역경제성장의 횡적 차원과 종적 차원을 동시에 파악할 수 있다. 횡적 측면은 산업간 또는 지역간과 같이 수평적인 관계에서의 우위와 열위에 대한 논의를 가능하게 한다는 측면이고, 종적 측면은 국가에서

지역에 이르기까지 수직적인 관계에서의 상호관계를 밝혀준다는 측면이다.

둘째, 변화-할당분석은 아주 간결하고 이해하기 쉬운 분석기법으로서 시간과 자료가 제약되어 있는 경우에도 무리없이 사용될 수 있는 지역경제의 분석모형이다. 시계열 분석을 사용하기 위해서는 적어도 분석기간에 대한 다양한 자료가 구비되어 있어야 하는데 반해 변화-할당 분석은 분석기간 중 처음과 끝의 자료만 있으면 분석이 가능하다.

셋째, 변화-할당 분석은 분석 자체가 간편할 뿐만 아니라 분석결과 자체가 이해하기 쉽기 때문에 지역경제정책 관련자는 물론이고, 일반시민들에게도 정책의 영향을 쉽게 전달할 수 있다.

2)변화-할당 분석의 단점

첫째, 변화-할당 분석은 지역 내부에 존재하고 있는 다양한 산업들 간의 상호 연관관계에 대한 설명을 제공하지 못한다.

둘째, 변화-할당 분석은 특정산업이 성장하였으면, 왜 성장하였고, 쇠퇴했으면 왜 쇠퇴하였는지에 대한 구체적인 원인을 밝혀주지 못한다.

셋째, 변화-할당 분석은 이론적으로는 특정 지역의 경제적 성취를 나타낼 수 있는 자료(예: 부가가치, 투자, 고용자수 등)이면 무엇이든지 사용할 수 있지만, 실제 분석과정에서는 자료획득의 용이성 등으로 대개 고용자수를 이용하고 있다. 그런데 고용자수는 자료획득은 용이하지만, 노동생산성의 차이 내지 변화를 제대로 고려할 수 없기 때문에 현대사회에서의 적용성이 떨어지고 있다.

넷째, 변화-할당 분석의 결함을 보완하기 위한 다양한 개발모형이 시도되고 있지만, 기본적으로 지역경제의 과거 실적분석으로서는 몰라도 미래예측수단으로서의 기능이 결여되어 있다.

제 6 장

비용-편익 분석

개별 자치단체의 자원배분(resource allocation) 결정은 그 자치단체의 생산성은 물론이고, 인근지역 더 나아가서 국가 전체적인 생산성과 삶의 질에 영향을 미치게 된다. 지역문제의 다면성과 이해관계의 복잡성이 증폭됨에 따라 지역 내 또는 지역 간의 자원배분과정에 대한 정확한 이해가 최근 더욱 긴요해지고 있다. 여기서는 개별 자치단체의 자원배분 결정과정을 밝혀주는 주요한 분석기법인 비용- 편익분석에 대해 살펴본다.

비용-편익 분석을 이용한 프로젝트의 선택은 흔히 현재가치로 환산된 비용흐름과 편익흐름 간의 비교를 이용한다. 일반적으로 이들 비교는 다음 3가지 기준(순현재가치, 내부수익률, 또는 편익- 비용비) 중의 하나를 이용한다.

_제1절 순현재가치 비교방법

순현재가치(net present value: NPV) 비교방법은 지역정책 대안의 집행에 따르는 편익과 비용의 연도별 흐름으로부터 순편익(net benefit)을 구한 다음 그 순편익의 흐름을 합산한 것이다. 이와 같이 편익과 비용의 흐름을 현재가치로 환산함으로써 우리는 다양한 시점의 편익과 비용을 단일한 기준으로 통일할 수 있다.

$$NPV=\frac{B_0-C_0}{(1+d)^0}+\frac{B_1-C_1}{(1+d)^1}+\text{--------}+\frac{B_t-C_t}{(1+d)^t}+\text{---}+\frac{B_T-C_T}{(1+d)^T}$$

$$=\sum_{t=0}^{T}\frac{(B_t-C_t)}{(1+d)^t}$$

단, B_t : t년의 편익

C_t: t년의 비용

(B_t-C_t): t기의 순편익

d: 할인률

할인율(d)은 사람들의 시간선호(time preference)를 반영하여 편익과 비용을 조정하기 위해 적용하는 비율이다. 흔히 사회의 평균이자율 또는 평균투자수익률을 사용하고 있으나, 적정할인률의 결정문제가 순현재가치 비교방법의 적용과정에서 문제점으로 지적된다.

제2절 내부수익률 비교방법

내부수익률(internal rate of return: IRR)은 어떤 대안에서 발생하는 편익의 현재가치의 합계와 비용의 현재가치의 합계를 동일하게 만드는 할인률을 말한다. 다시 말하면, 편익과 비용의 비율을 1로 만드는 할인률이다. 순현재가치 비교방법을 사용하는 데는 할인률(d)의 결정이 어려운 문제 중의 하나였으나, 여기서는 그와 같은 고민을 할 필요가 없다. 어떤 투자대안의 채택여부 결정과정에서 내부수익률이 외부적으로 설정된 기준값(예: 시장이자율)보다 높을 경우에는 일단 그 대안은 긍정적으로 고려된다. 그리고 투자 대안 중에서는 당연히 내부수익률이 높은 것이 선호된다.

$$\sum_{t=0}^{T}\frac{(B_t-C_t)}{(1+d)^t}=\sum_{t=0}^{T}\frac{N_t}{(1+d)^t}=0$$

혹은 $$\frac{\sum_{t=0}^{T}\frac{B_t}{(1+d)^t}}{\sum_{t=0}^{T}\frac{C_t}{(1+d)^t}}=1$$

여기서 위 식을 만족시키는 d가 내부수익률(IRR)이 된다.

제3절 편익- 비용비 비교방법

편익- 비용비(benefit- cost ratio: B/C)는 총편익흐름의 현재가치를 총비용흐름의 현재가치로 나눈 값이다.

$$편익\text{- }비용비(B/C)=\frac{\sum_{t=0}^{T}\frac{B_t}{(1+d)^t}}{\sum_{t=0}^{T}\frac{C_t}{(1+d)^t}}$$

편익- 비용비 비교방법에 의하면 편익- 비용비가 1 이상이면 그 대안은 일단 투자의 고려대상이 되고 편익-비용비가 클수록 우선순위가 높게 된다.

_제2편

울산의 1차산업의 변화

1962년 우리나라의 경제개발 5개년 계획이 시작되고 공업화가 진전됨에 따라 우리나라는 공업화에 성공하여 비교적 단기간에 큰 경제성장을 이루었다. 그러나 우리나라의 농림수산업 및 광업은 공업화의 진전과는 반대로 사양산업화 되었다. 울산도 1962년 국가공업단지로 지정된 이래 지속적으로 기업체가 입주하면서 인구가 급증하는 가운데 산업화 · 도시화가 이루어지면서 급격히 성장하였다. 그리하여 1인당 GRDP가 전국 1위를 차지하면서 울산은 한국 산업화의 상징이 되었으며, 한국 경제성장의 견인차 역할을 수행해 오고 있다. 반면 농림수산업과 광업은 산업화가 시작되면서 전국 평균 수준보다 훨씬 빠른 속도로 사양산업화 되었다. UR의 WTO체제 하에서 이제 모든 산업이 개방되었는데, 울산의 농림수산업 및 광업의 국제경쟁력은 매우 저조한 실정이다.

따라서 21세기에는 첨단공업화도 중요하지만, 취약한 농림수산업을 진흥시켜 지역산업의 균형발전을 추구해야 할 것으로 사료된다.

울산은 1962년 국가공업단지 지정·선포이후 우리나라 제일의 산업도시로서 발전하였기 때문에 산업별 지역내 총부가가치 생산액을 기준으로 한 농림수산·광업의 비중이 전국 평균에 비해 매우 낮다.

먼저 1962년부터 2009년까지 울산의 농업의 변화를 보면, 농가호수가 가구수에 차지하는 비중, 농가인구가 울산의 총인구에 차지하는 비중 모두 감소하였으며, 경작지는 1995년 울산시와 울주군의 도농통합 이전까지는 감소해 오다가 도농통합 이후 증가하였다. 경지규모별 농가호수를 보면 영세농의 비중이 감소하고 중농과 대농의 비중이 높아졌다.

성별 농업취업자를 보면 여성의 비중이 남성보다 다소 높다. 연령별 농업취업자는 20세 미만과 핵심 경제활동인구인 20세- 49세의 비중이 크게 감소한 반면 50세 이상의 비중이 크게 늘어나 농촌의 부녀화 · 노령화 현상이 뚜렷이 나타나고 있다. 연령구조의 변동은 어느 정도 불가피한 일이지만, 이것이 장기화·고착화될 때 나타날 수 있는 농업노동력의 질적 저하문제는 농업생산력 자체 발전에 악영향을 끼칠 우려가 크다.

경지면적은 1995년 울산시와 울주군의 도농통합이 이루어지기 이전에는 감소하였으나 도농통합으로 크게 증가하였으며, 그 이후 다시 감소하고 있다. 경작지 중 논의 비중이 밭보다 훨씬 크고, 가구당 경지면적은 도농통합 이전에는 큰 변화가 없었으나, 도농통합으로 증가하였으며 그 후 다시 감소추세를 보이고 있다. 경지율(=농경지/울산시 총면적)은 지속적으로 감소하고 있다. 경지율 감소에 따른 농산물 생산의 감소, 농가소득 감소 문제 등을 해결하기 위해서는 기계화를 통한 농업생산성 제고, 고부가가치의 친환경농산물 재배 확대, 과실류 및 화훼류 재배 등을 통한 농경지의 집약적 이용방안을 강구하여야 한다.

식량작물은 도농통합 이전에는 감소추세를 보이다가 도농통합으로 크게 증가하였으나 최근 다시 감소하고 있다. 그러나 울산은 품질좋은 쌀과 밀생산에서 타지역과 차별화를 시도하고 있다. 먼저 쌀의 경우를 보면, 황우쌀은 황우의 배설물로 만든 퇴비로 생산한 쌀로서 미질이 우수하며 농산물 품질관리원에서 품질인증을 받은 질 좋은 쌀이다.

오리쌀은 오리를 논에 방사하여 키우는 친환경농법으로 농약은 사용하지 않고, 미생물을 이용하여 화학비료 사용을 줄이며 오리의 배설물 등으로 재배한 안전한 쌀로서 인기가 있다.

친정 청결미는 오염이 안 된 청정수로 재배하여 생산된 품질인증을 받은 양질미로서 4-H 중앙경진대회에서 최우수상을 받은 청결미이다.

흑미는 오염이 전혀 없는 자연수로 재배한 흑찰벼를 조곡상태로 보관하였다가 판매시에 도정하므로 청결도가 뛰어난 쌀로 알려져 있다.

복조리 찰메쌀은 일반벼와 찰벼를 파종에서부터 혼합 재배한 쌀로서 밥의 찰기와 윤기가 높아 밥맛이 으뜸이다.

한편 우리밀은 방부제나 표백제를 전혀 사용하지 않는 천연 그대로의 밀가루이다.

채소류생산을 보면, 1995년 도농통합 이전에는 1975년에 피크를 이루었으나, 그 후 감소하다가 2000년에 다시 피크를 이루었으나 최근 다시 감소하고 있다. 그러나 울산의 특산물인 딸기는 중구 장현마을 및 농소 지역에서 생산되고 있고, 무공해로 재배하여 주로 일본에 수출하고 있다.

또한 울산의 특산물인 방울토마토는 언양 반천리에 주산단지를 형성하여 최첨단 시설을 갖춘 재배농법으로 농약을 거의 사용하지 않으며, 품질이 우수하여 2000년부터 일본에 수출하고 있다.

엽채류 생산면적과 생산을 보면, 도농통합 이전에는 면적과 생산량이 감소추세를 보였으나, 도농통합을 계기로 면적과 생산량이 크게 증가였고, 2000년에 피크를 이루었으나 최근에는 감소추세를 보이고 있다.

근채류 생산면적과 생산량을 보면 1995년 도농통합 이전에는 감소추세를 보이다가 도농통합으로 면적과 생산량이 증가하였으나 2000년 이후 감소추세를 나타내고 있다.

조미채소 생산면적과 생산을 보면 1970년까지는 증가하였으나, 1970년부터 1995년 도농통합 때가지 감소하다가 도농통합 이후 2005년 피크를 기록하였으며 그 후 감소하고 있다.

과실류 생산면적과 생산을 보면, 1965년 이후 도농통합시까지 감소하다가 도농통합 이후 생산면적과 생산량이 증가하였고, 2000년 피크에 달한 후 최근에는 다소 감소추세를 보이고 있다. 과실류 중 지역 특산품인 울산배는 전국 2위의 생산량을 자랑하는 작물로서 울산은 배의 생육에 천혜의 조건을 갖추어 시원하고 당도가 높은 신고 배를 생산하여 인기리에 국내외에 판매해 오고 있다.

울주 단감은 해양성기후로 인한 천혜의 자연조건과 유기질 퇴비로 재배하여 당도가 높고, 모든 영양소가 골고루 함유되어 있으며, 국립농산물 품질관리원이 인증한 농산물 품질인증품으로 알려져 있다.

친환경농산물은 2000년대 들어 저농약, 무농약 및 유기농산물에 대한 수요증가로 인증건수, 농가수 및 생산면적이 매년 크게 증가하고 있다. 화훼류 재배는 2006년부터 활발히 이루어지고 있다. 울산은 타지역에 비해 기후·일조량 등 서양난의 재배환경이 좋아 전국 최고 품질의 호접난, 신비디움 등을 생산하고 있으며, 울주군 서생지역의 호접란과 신비디움은 중국에 수출하고, 농소 화훼수출단지에서 재배되는 호접난, 초화류, 관엽류, 국화 등은 주로 미국에 수출하여 농가소득 증대에 도움이 되고 있다.

또한 상기 이외의 울산의 특산물로서 조선시대 때부터 궁중에 진상하던 언양 미나리, 북구지역의 시설 하우스에서 생산되는 최상급 부추, 알로에 등이 있다.

농기계 보유 추이를 보면, 트랙터, 콤바인, 건조기 및 관리기는 증가추세에 있으나, 경운기, 이앙기, 바인더 및 살분무기는 최근 증가세 둔화되고 있다. 농산물 수급 실태를 보면, 1962년 이래 산업도시로 발전함에 따라 각종 기업의 유치 및 택지조성으로 농경지가 축소되고, 외지로부터 많은 노동력의 유입에 따른 인구급증으로 지역에서 생산되는 농산물의 생산량이 지역수요에 절대적으로 미치지 못하여 부족한 농산물이 외지로부터 반입되게 되었다. 따라서 운송비 및 농업종사자 부족에 의한 인건비 상승부담으로 울산의 농산물 가격은 매우 불안정하게 되었다.

농업의 육성을 위해서는 지역의 토양에 적합하고 경쟁력이 강한 농산물 및 종묘개발, 무공해농법의 지속적 연구·개발, 농산물 가공업 육성, 특용작물 재배, 특산물을 대상으로 하는 이벤트 행사 개최 및 농촌지역 특성의 먹거리 개발 등을 통한 농촌수입원 증대, 농산물의 국제경쟁력 강화와 전문적 가족단위의 전업농가 육성, 지역특산품 개발과 농산물의 비가격경쟁력 강화, 농외소득원개발, 산지유통의 혁신 등의 방안을 강구할 필요가 있다.

다음에는 1962년부터 2009년까지 울산의 축산업의 변화를 보면, 한우는 1995년 도농통합 이전까지 사육가구수와 사육두수가 감소추세를 보이다가 1995년 도농통합으로 크게 증가하였으며, 사육가구는 감소하고 있으나, 사육두수는 증가추세를 보이고 있다. 돼지의 경우는 사육가구수가 지속적으로 감소하고 있으나, 사육두수는 도농통합 이전에는 감소추세를 보였으나, 도동통합을 계기로 증가하였고, 2005년 피크를 이루었으나 최근에 다시 감소하고 있다. 닭의 경우 사육가구수는 1970년을 피크로 감소하고 있으나, 사육두수는 도농통합 이전에는 증가와 감소가 반복되다가 1995년 도농통합을 계기로 증가하여 2000년에는 피크를 이루었으나 그 이후 감소하고 있다. 오리의 경우 사육가구수는1995년 도농통합 이전에는 감소추세였으나, 도농통합을 계기로 증가하였고 2000년에는 피크를 이루다가 그 이후 감소하고 있다. 사육두수는 1995년 도농통합 이전에는 1975년 피크를 이루었으나 그 이후 감소하다가 도농통합 이후 2000년에 다시 피크를 이루었으나 그 후 크게 감소하고 있다.

울산의 특산물로서 1500여년 전 신라 법흥왕 때부터 왕실에 진상되었던 언양·봉계 한우 불고기, 울주군 삼동면 300m 고지대 출강 사슴마을의 녹용, 항생제를 사용하지 않는 곡물사료에 의해 생산된 알로에 계란 등이 있다.

가구당 가축사육두수는 도농통합 이후 대체로 증가하였으며, 울산의 인구증가, 시민소득 증가 및 식생활의 서구화 등으로 육류수요가 크게 증가하고 있다. 배합사료생산을 보면, 배합사료의 대부분이 축우용이며, 1995년 피크를 기록하였으나 그 후 감소하고 있다.

축산업이 국제경쟁력을 가지기 위해서는 농가가구당 500두 이상 되어야 한다는 주장에 따른다면, 한유와 젖소는 경영규모를 대폭 확대하여야 하고, 돼지와 닭은 시설현대화를 통해 충분히 국제경쟁력을 가질 수 있을 것으로 예상된다. 따라서 축산을 대규모로 경영하는 양돈·양계 전업농가로 육성해 나가야 하며, 배합사료 생산의 증가 및 가축 예방접종사업 등을 적극적으로 추진해 나가야 한다.

다음에는 1962년부터 2009년에 이르는 기간 동안 수산업의 변화를 살펴보면, 가구수와 가구당 인구수는 큰 변화가 없으나, 인구는 1995년 도농통합을 계기로 피크를 이루었으나 그 후 다소 감소하고 있다.

울산의 어선 현대화(무동력선에서 동력선으로)는 1980년대 초반부터이며, 어선 보유 척수와 톤수는 1995년 도농통합시 피크를 이루었으나, 그 후 감소하고 있다. 울산의 어선 톤수의 변화를 보면, 어선은 소형선 위주이며, 매우 영세적이다.

수산물 어획고(생산량과 금액)는 1995년 도농통합으로 어획고가 크게 늘어나 2000년에는 피크를 이루었으나 그 후 감소하고 있다. 수산물 판매액은 지속적으로 증가하고 있다.

울산의 특산물로서 동해안의 청정해역에서 생산되는 싱싱한 생멸치로 만들어진 강동의 멸치액젓, 강동의 청정해역의 돌에서 채취한 순수 자연산인 강동의 돌미역 등이 있다. 또한 100년의 역사를 지니고 있는 장생포의 포경업은 1986년 포경업이 금지되기까지 포경업은 성업을 이루었으며, 고래고기는 주로 일본으로 수출되어 어민들의 큰 수입원이었다.

울산시민의 전체 동물성 단백질 수요의 46%를 공급하는 수산업의 진흥을 위해서는 우량어가·어민후계자 및 지도자육성, 어구와 어선의 현대화를 추진하며, 수산종묘 배양장, 어항, 양식장 등을 위한 연구개발이 이루어지고, 수산기술의 지속적인 지원이 있어야 한다. 또한 수산물 가공과 수산물 유통시설을 확충하여야 하며, 해양관광산업을 활성화 시켜야 한다.

1962년부터 2009년까지 임업의 변화과정을 보면, 울산의 총임야면적은 1995년 도농통합 이전에는 감소하였으나, 도농통합을 계기로 크게 증가하였다. 울산의 임야는 시 전체면적의 66%를 차지하며, 사유림이 대부분을 차지한다.

임상별 삼림면적은 임목지가 무임목지에 비해 압도적으로 큰 비중을 차지하고 있으며, 임목지는 주로 침엽수, 혼효림, 활엽수로 되어 있다. 임산물 생산은 약용, 종실, 산나물이 중심이 되고 있으나, 전반적으로 보아 울산의 임산물 생산은 과거에 비해 매우 저조한 실정이다.

임산물 생산의 전반적인 부진에도 불구하고 울산은 지속적으로 특산물을 생산해오고 있다. 울산의 특산물로서 해발 650m에서 생산되는 저온성 천황산 표고버섯, 소나무 비늘버섯과에 속하는 상황버섯은 황제의 버섯으로 불리고 있다. 또한 1997년 제2회 농업인의 날 농림부 주최 전국 주류 품평회에 출품하여 민속주 부문에서 은상을 수상한 송엽주 등이 있다.

울산의 삼림피해를 보면, 건수면에서는 2009년, 피해면적은 1995년, 피해액은 2005년에 가장 높게 나타나고 있다. 대체로 산림피해면적이 매년 크게 증가하는 추세이다. 산림피해는 산불에 의한 피해가 가장 크기 때문에 산불방지예방 대책이 적극적으로 강구되어야 하며, 아울러 조림 및 사방사업, 무허가 벌채, 도벌, 삼림훼손 방지 등에 노력해야 한다.

1962년부터 2009년 동안 울산광업의 변화를 보면, 전반적으로 광업이 사양화되었다. 과거 울산에는 철광을 비롯하여 금, 은, 동, 아연, 사금, 고령토, 자수정 등 다양한 광물이 생산되었으나, 현재는 고령토, 남석과 일부 자수정만 채광하고 있다. 특히 울산철장은 조선시대 현종때 발견되어 역사가 매우 깊고, 품질이 매우 뛰어난 것으로 알려져 있다. 또한 울산의 특산품인 세계 5대 보석 중 하나인 울산의 자수정은 외국 자수정에 비해 색상, 광택, 투명도 등이 매우 뛰어난 것으로 알려져 일본으로 많이 수출되었다.

울산 광업의 사업체수는 9개업체이며, 종업원은 207명, 생산액은 1,013억원 정도이며, 41개 총광구중 가행광구수는 29개에 불과하여 대체로 광업이 사양화되고 있다. 광산물 생산을 보면, 1995년 도농통합시 피크를 이루었으나, 그 후 크게 감소하고 있으며, 최근에는 고령토를 주로 생산하고 있다.

울산의 광업과 관련한 특산물로서 동충하초가 있다. 동충하초는 겨울에는 곤충이고 여름에는 풀잎처럼 돋아난다는 신비로운 버섯으로 인공적인 재배조건이 아닌 자수정 광산의 수정광맥 동굴 속에서 생산되며 약재로서 효능이 있는 것으로 알려져 있다.

이와 함께 울산의 특산물로서 외고산 옹기는 옛날 전통방식 그대로 제조공정으로 옹기 자체에서 외부공기와 내부공기의 자유로운 통기성으로 인해 음식물의 신선도 유지에 탁월한 효과가 있다.

제 7 장

농업

제1절 공업화와 1차산업의 상대적 지위

경제활동의 주체인 인구 및 취업자 측면으로 본 농업의 비중은 농업생산액과 마찬가지로 점점 감소하는 추세를 보여 왔다. 울산시의 농가호수가 울산의 가구수에서 차지하는 비중은 1965년 45.0%에서 2009년 3.3%로 감소하였다. 또한 울산의 농가인구가 울산의 총인구에 차지하는 비중도 1965년 52.2%에서 2009년 3.3%로 감소하였다. 울산은 1995년 농가호수와 농가인구가 1990년에 비해 크게 증가한 것으로 나타나고 있는데, 이는 시·군 통합으로 도농통합형 도시로 되었기 때문이다.

2009년 현재 산업별 지역내 총부가가치 생산액을 기준으로 한 농림수산·광업의 비중은 전국이 3.3% 수준이지만, 울산은 0.8%에 불과한 실정이다. 한편 울산의 비농림수산·광업의 비중은 99.2%로 전국 평균인 96.7%를 크게 상회하고 있다. 특히 울산의 제조업 부문의 비중은 66.1%로 전국의 28.5%에 비해 매우 높고 반면 SOC, 건설업 및 서비스업의 비중은 33.1%로 전국 평균 68.2%에 비해 매우 낮은 수준이다.

제2절 농가 및 취업자 구성의 변화

1. 농가호수 및 계층 구성의 변동

<표7-1>을 보면 울산의 농가호수는 1963년 7,963호에서 1974년에는 6,295호로 감소하다가 1995년 도농통합형 도시로 승격됨에 따라 농가호수는 1990년에 비해 2.9배 증가한 11,918호로 증가하였고, 2000년에는 12,307호, 2009년에는 13,004호로 증가하였다. 농가호수의 변동을 경지규모별로 나누어 보면, 0.5ha 미만의 영세농가수는 1963년 4,916호(61.7%), 1974년 2,440호(35.6%)로 감소하다가, 1995년 도농통합으로 3,651호(29.9%)로 증가하였고, 2000년에는 4,768호(38.8%), 2005년에는 6,030호(50.3%), 2009년에는 7,000호(53.8%)로 나타나고 있다.

반면 0.5- 2.0ha의 중농층은 1963년 2,821호(35.4%)에서 1971년 3,344호로 증가하였다가, 1974년 3,252호로 다소 감소하였다. 도농통합으로 1995년에는 6,939호(57.5%)로 급격히 증가하였으나, 2000년에는 6,226호(50.5%), 2005년에는 4,970호(41.5%), 2009년에는 5,036호(38.7%)로 1995년 이후 감소하고 있다.

2.0ha 이상의 대농은 1963년 226호에서 1971년 191호로 감소하다가 1974년에는 486호로 급격히 증가하였다. 울산시와 울주군의 도농통합으로 1995년에는 1,246호(10.5%)로 증가하였으나, 2000년에는 1,179호, 2005년에는 970호, 2009년에는 735호(5.6%)로 감소하고 있다.

이를 경지규모별 농가호수의 구성비에 의해 파악해 보면 0.5ha 이하의 영세농가는 1963년의 61.7%에서 2009년 53.8%로 감소한 반면, 0.5- 2.0ha의 중농층 농가는 동 기간 중 34.4%에서 38.7%로 증가하였다. 2.0ha 이상의 대농도 동기간 2.8%에서 5.6%로 증가하였다. 경지없는 농가는 1995년 1.4%에서 2009년 1.8%로 다소 증가하였다.

이렇게 볼 때 울산의 농가구조변동의 가장 뚜렷한 특징은 영세농층의 대폭적인 감소와 중농층 이상의 비중이 증대되었음을 알 수 있다. 2009년의 농가계층별 구성비는 0.5ha 미만(경지없는 농가 포함)의 영세농이 55.6%이며 0.5ha 이상 중농층과 대농층이 44.4%를 차지하고 있다.

〈표7-1〉 경지규모별 농가호수

단위: 호, %

연도	계	경지없는농가	-0.5ha	0.5-1.0ha	1.0-2.0ha	2.0ha-
1963	7,963 (100.0)	-	4,916 (61.7)	1,824 (22.9)	997 (12.5)	226 (2.8)
1971	7,315 (100.0)	-	3,780 (51.7)	2,233 (30.5)	1,111 (15.2)	191 (2.6)
1974	6,295	-	2,440 (35.6)	2,035 (32.3)	1,217 (19.3)	486 (7.7)
1980	-	-	-	-	-	-
1990	-	-	-	-	-	-
1995	11,918 (100.0)	172 (1.4)	3,651 (29.9)	3,654 (29.9)	3,285 (27.6)	1,246 (10.5)
2000	12,307 (100.0)	134 (1.1)	4,768 (38.8)	3,477 (28.2)	2,749 (22.3)	1,179 (9.6)
2005	11,980 (100.0)	161 (1.3)	6,030 (50.3)	2,914 (24.3)	2,056 (17.2)	970 (8.1)
2009	13,004 (100.0)	233 (1.8)	7,000 (53.8)	2,686 (20.6)	2,350 (18.1)	735 (5.6)

자료: 울산시, 『울산통계연보』, 각년

2. 농업취업자 구성의 변동

<표7-2>에서 울산의 농업취업자 총수는 1970년 31,842명에서 2009년에는 3,7632명으로 증가하였으나 1995년 울산시와 울주군의 도농통합형 도시 승격시 41,151명에 비하면 줄어들었다. 1970년- 2009년 기간 중 큰 특징은 50세 미만의 인구 비중이 감소하고, 50세 이상 인구비중이 증가했다는 사실이다.

<표7-2> 성별·연령별 농업취업자

단위: 명, %

연도	총 계			- 14	15-19	20-49	50-59	60-
	계	남	여					
1970	31,842 (100.0)	15,628 (49.1)	16,214 (50.9)	5,391 (16.9)	5,391 (16.9)	12,978 (40.8)	4,564 (14.3)	3,518 (11.0)
1985	-	-	-	-	-	-	-	-

1990	8,976	4,527	4,349	1,268	1,092	3,710	1,373	1,433
	(100.0)	(50.4)	(49.6)	(14.1)	(12.2)	(41.3)	(15.3)	(16.0)
1995	41,151	20,434	20,717	4.419	3,665	16,016	6,873	10,178
	(100.0)	(49.7)	(50.3)	(10.7)	(8.9)	(38.9)	(16.7)	(24.7)
2000	38,021	18,706	19,315	3,877	2,465	13,587	6,083	12,009
	(100.0)	(49.1)	(50.9)	(10.2)	(6.5)	(35.7)	(16.0)	(31.6)
2005	34,597	17,055	17,542	3,027	1,732	11,518	6,159	12,161
	(100.0)	(49.3)	(50.7)	(8.7)	(5.0)	(33.3)	(17.8)	(35.1)
2009	37,632	18,714	18,918	3,231	1,350	11,238	5,720	16,093
	(100.0)	(49.7)	(50.3)	(8.5)	(3.5)	(29.8)	(15.2)	(42.8)

자료: 울산시, 『울산통계연보』, 각년

취업자의 연령 구성비에서도 1970년부터 2009년까지 15세 미만은 16.9%에서 8.5%로, 15- 19세는 16.9%에서 3.5%로 각각 감소하였다. 핵심 경제활동인구인 20-49세는 40.8%에서 29.8%로 크게 감소함으로써 농업취업자의 노령화 현상이 두드러지게 나타나고 있다. 그 결과 50세 이상 연령층이 1970년 25.3%였던 것이 2009년에는 58.0%로 증가하여 울산의 농촌지역은 노년층 인구가 과거에 비해 크게 증가하였다.

한편 농업취업자의 성별 구성을 보면 여성이 남성보다 많아 이는 노령화와 동시에 농업취업자의 부녀화가 진전되어 왔음을 알 수 있다. 이와 같은 연령구조의 변동은 어느 정도 불가피한 일이지만, 이것이 장기화·고착화될 때 나타날 농업노동력의 질적 저하문제는 농업생산력 자체의 발전에 악영향을 끼칠 우려가 크다는 점에서 경계하지 않을 수 없다.

3. 농가가구당 인구수 및 경지면적의 변동

울산의 공업화에 따른 농가가구수와 농가인구수의 지속적인 감소로 1965년에는 가구당 인구수가 6.5명에서 2000년 3.1명, 그리고 2009년에는 2.9명으로 감소하였다. <표7-3>을 보면 울산의 경지면적은 1965년- 1994년까지는 계속 감소하다가 1995년 울산시와 울주군이 도농통합형 도시로 승격함에 따라 경지면적이 증가하게 되었다.

논과 밭의 점유율을 보면 2009년 현재 논의 비율은 62.1%, 밭의 비율은 37.9%이다. 농가 호당 경지면적은 1965년 0.71ha에서 2009년 0.92ha로 증가하고 있다. 1965

년- 1994년까지 농지감소 경향은 울산이 전형적인 공업도시로서 농지가 갈수록 공업용지 및 주택용지화하여 잠식되었기 때문이다.

울산의 경지율(=농경지/울산시 총면적)은 1965년 32.7%에서 2009년 13.3%로 감소하고 있다. 이러한 현상을 타개하기 위해서는 기계화를 통한 농업생산성 제고, 친환경농산물 재배, 과실류 및 화훼류 재배 등을 통한 경지의 집약적 이용 등에 대한 연구와 노력이 지속적으로 이루어져야 한다.

〈표7-3〉 경지면적 및 가구당 경지면적의 변동

단위: ha, %

연도	경 지 면 적			가구당 경지면적			경지율
	계	논	밭	계	논	밭	
1965	5,501	3,332	2,169	0.71	0.43	0.28	32.7
1971	4,649	2,776	1,873	0.64	0.38	0.26	27.4
1975	4,558	2,816	1,742	0.80	0.49	0.31	25.9
1980	3,114	2,035	1,079	0.71	0.46	0.25	23.9
1984	2,805	1,875	930	0.80	0.53	0.27	22.6
1990	1,945	1,368	577	0.81	0.57	0.24	20.3
1995	15,637	11,183	4,454	0.46	0.29	0.17	16.1
2000	14,598	10,204	4,394	1.18	0.83	0.35	13.8
2005	13,321	8,612	4,709	1.11	0.72	0.39	14.3
2009	12,000	7,454	4,546	0.92	0.57	0.35	13.3

자료: 울산상공회의소, 『울산경제현황』, 1993, 울산시, 『울산통계연보』, 각년

제3절 농업생산 및 농기계 보유의 변화

1. 농작물 생산량

1)식량작물

<표7-4>를 보면 식량작물 생산량은 1962년- 1965년 기간 중에는 증가추세를 보이다가 1965년부터 1995년 울산시와 울주군이 도농통합형 도시로 승격되기까지 지속적으로 감소하는 추세에 있다. 식량생산량 면적도 <표7-3>에서 본 바와 같이

1965년부터 1994년까지 감소추세를 보이다가 1995년에는 대폭 증가하였다. 이는 울산시의 인구증가에 따른 울주군 지역으로의 주택증가 및 기업체 증가에 의한 것이다. 1995년 울산시와 울주군이 도농통합 이후 2000년까지 식량작물생산은 증가추세를 보이다가 그 이후 지속적으로 감소하고 있다.

그러나 울산은 품질좋은 쌀과 밀생산에서 타지역과 차별화를 시도하고 있다. 먼저 쌀의 경우를 보면, 황우쌀은 울주군 두동면·두서면에서 대단위로 사육되고 있는 황우의 배설물로 만든 퇴비로 생산한 쌀이다. 산골짜기 자연수를 이용해 농약을 적게 사용하며, 퇴비와 유기질 비료로 재배되어 미질이 우수하며 농산물 품질관리원에서 품질인증을 받은 질 좋은 쌀이다.

오리쌀은 울주군 상북 농협이 오리를 논에 방사하여 키우는 친환경농법으로 농약은 사용하지 않고, 키토산, 천연녹즙, 한방영양제 등 미생물을 이용하여 화학비료 사용을 줄이며 오리의 배설물 등으로 재배한 안전한 쌀로서 밥을 지으면 윤기가 많고 밥맛이 좋다.

친정 청결미는 오염이 안 된 청정수로 재배하여 생산된 벼를 최첨단 자동시설이 완비된 미곡종합처리장에서 가공·포장 과정을 거쳐 품질인증을 받은 양질미로서 친정 엄마의 밥맛 그대로 이며 1999. 11. 10 4-H 중앙경진대회에서 최우수상을 받은 청결미다.

흑미는 오염이 전혀 없는 자연수로 재배한 흑찰벼를 조곡상태로 보관하였다가 판매시에 도정하므로 청결도가 뛰어나고 품질이 우수하며 일반쌀과 20- 30% 섞어서 밥을 지으면 밥색갈이 고운데다가 구수한 향기가 풍기며, 비타민 B, C가 일반쌀보다 풍부하므로 사람 몸에 좋은 검은색 곡물로서 건강식품으로 알려져 있다.

복조리 찰메쌀은 울산 큰 애기의 쌀로 일반벼와 찰벼를 파종에서부터 혼합 재배한 쌀로서 밥의 찰기와 윤기가 높아 밥맛이 으뜸이며, 2002년 쌀 박람회 우수제품 인증서를 받았으며, 친정 청결미에 이어 브랜드화로 각광받고 있다.

한편 양질의 밀생산의 경우를 보면, 우리밀은 우리밀 작목반과 계약 재배한 밀을 농협 자체 제분공장에서 밀가루를 생산하고 있으며, 방부제나 표백제를 전혀 사용하지 않는 천연 그대로의 밀가루이다. 우리밀과 수입밀을 비교 연구한 결과 수입밀보다 면역증강효과는 물론 심장병과 노화를 방지하는 기능이 2배 이상 강하다는 연구결과가 있다.

〈표7-4〉 식량작물 생산량 추이

단위: M/T

연도	계	미곡	맥류	잡곡	두류	서류
1962	10,628.4	6,247.0	4,019.0	91.3	271.1	-
1965	21,387.1	9,642.8	4,578.0	100.7	797.7	6,262.5
1970	17,561.0	8,756.3	4,268.1	19.1	644.9	3,872.6
1975	14,505.6	7,997.3	4,626.4	8.0	834.1	1,439.8
1980	7,291.1	5,434.0	473.0	15.2	426.9	942.0
1985	11,091.4	7,668.0	331.3	11.3	393.2	2,687.6
1990	6,935.7	5,855.0	149.0	-	340.7	591.0
1995	44,026.0	40,630.0	196.0	204.0	862.0	2,134.0
2000	46,334.0	41,397.0	194.0	126.0	398.0	3,257.0
2005	35,955.0	33,795.0	123.0	388.0	638.0	1,010.0
2009	33,095.0	31,180.0	-	308.0	90.0	1,517.0

자료: 울산시, 『울산통계연보』, 각년

2)과채류

<표7-5>의 채소류 생산에서 먼저 과채류의 경우를 보면, 경작지 면적과 생산량이 2000년을 피크로 그 이후부터 감소하고 있다. 생산량에 있어서 최근에는 딸기가 가장 많으며. 그 다음이 호박, 오이의 순으로 나타나고 있다.

딸기는 중구 장현마을 및 농소 지역에서 생산되고 있고, 딸기 주품종은 육보로서 당도가 다른 품종에 비해 높고, 향이 좋아 여성들의 피부미용과 성인병에 좋으며, 농약은 사용하지 않고 무공해로 재배하여 주로 일본에 수출하고 있다.

방울토마토는 수출전문단지 조성을 위해 기존의 흩어진 시설하우스 재배지를 언양 반천리에 주산단지를 형성하여 최첨단시설을 갖춘 재배농법으로 농약을 거의 사용하지 않아 마음 놓고 먹을 수 있으며, 특히 비타민 C 함유량이 많아 피부미용에도 좋고 당도가 높으며 품질이 우수하여 2000년부터 일본에 수출하고 있다.

〈표7-5〉 과채류 생산

단위: ha, M/T

연도	면적	생산량	오이		호박		딸기		참외		수박	
			면적	생산량	면적	생산량	면적	생산량	면적	생산량	면적	생산량
1962	75.4	184.7	90.0	45.5	18.9	58.4	-	-	20.1	5.6	21.5	75.2
1965	138.0	3,220.0	214.5	185.4	51.6	1,304.0	-	-	43.3	684.9	31.8	1,046.0
1970	174.0	6,166.0	47.0	1,900.0	54.7	875.2	-	-	51.5	2,100.0	53.8	1,291.2
1975	270.0	4,350.0	111.4	557.0	89.0	1,420.0	30.4	254.8	62.2	726.7	61.8	1,391.2
1980	26.6	355.6	82.3	78.2	2.1	21.4	7.9	79.0	12.1	157.0	-	-
1985	47.5	1,549.0	74.0	31.5	-	-	3.9	1,356.0	2.0	32.0	5.0	129.0
1990	14.6	332.0	25.7	95.0	1.2	21.0	2.4	31.2	1.0	23.8	6.2	168.8
1995	146.0	4,119.0	238.5	1,917.0	1.0	21.0	30.0	660.0	1.0	2,100.0	60.0	2,500.0
2000	239.0	13,180.0	217.0	5,622.0	41.0	1,258.0	37.0	983.0	-	-	4.0	130.0
2005	181.0	6,429.0	151.0	1,289.0	39.0	1,080.0	54.0	1,199.0	2.0	52.0	3.0	79.0
2009	178.0	5,540.0	150.0	700.0	50.0	940.0	50.0	1,100.0	2.0	50.0	2.0	50.0

자료: 울산시, 울산통계연보, 각년

3) 엽채류

<표7-6>에서 엽채류의 경우를 보면 2009년은 1962년에 비해 생산면적과 생산량이 각각 3.5배, 44.6배 증가하여 면적에 비해 생산량이 큰 폭으로 증가하였다. 그러나 1995년 울산시와 울주군이 도농통합 이후 2009년까지 생산면적과 생산량은 지속적으로 감소하고 있다. 다만 시금치의 경우는 생산량이 다소 증가하는 모습을 보이고 있다.

〈표7-6〉 엽채류 생산

단위: ha, M/T

연도	면적	생산량	배추		양배추		상추		시금치	
			면적	생산량	면적	생산량	면적	생산량	면적	생산량
1962	107.7	402.6	90.0	373.4	-	-	-	-	17.7	29.2
1965	244.1	3,550.9	214.5	3,149.2	29.6	401.7	-	-	-	-
1970	88.1	1,913.2	47.0	1,128.0	14.6	467.2	-	-	26.5	318.0
1975	172.3	2,776.5	111.4	1,592.7	27.9	773.6	-	-	33.0	410.2
1980	97.8	5,665.0	82.3	5,425.0	5.5	130.0	-	-	10.0	110.0

1985	89.0	4,869.5	74.0	4,610.5	3.0	84.0	4.0	70.0	8.0	105.0
1990	40.2	2,580.5	25.7	2,375.0	-	-	4.5	77.0	10.0	128.5
1995	398.5	24,814.0	238.5	18,457.0	6.0	3,900.0	103.0	1,829.0	51.0	628.0
2000	456.0	28,136.0	217.0	17,251.0	33.0	1,895.0	78.0	2,998.0	38.0	669.0
2005	340.0	16,452.0	151.0	11,161.0	1.0	31.0	54.0	1,515.0	44.0	645.0
2009	379.0	17,980.0	150.0	11,320.0	14.0	220.0	30.0	780.0	45.0	660.0

자료: 울산시, 『울산통계연보』, 각년

4)근채류

<표7-7>에서 근채류의 경우를 보면, 2009년은 1962년에 비해 생산면적은 감소하였고, 생산량은 약12배 증가하여 생산면적에 비해 생산량이 큰 폭으로 증가하였다. 1965년부터 1994년까지 생산면적은 감소추세를 보였고, 생산량도 1980년과 1985년을 제외하면 감소경향을 띠고 있다. 2009년에는 1995년 울산시와 울주군의 도농통합 때 보다 면적과 생산량이 대폭 감소하였다. 이는 주로 당근의 재배면적과 생산량이 크게 감소한 것에 기인한다.

〈표7-7〉 근채류 생산

단위: ha, M/T

연도	면적	생산량	당근		무	
			면적	생산량	면적	생산량
1962	111.0	454.6	-	-	111.0	454.6
1965	160.9	1,155.5	-	-	160.9	1,155.5
1970	75.0	2,150.0	-	-	75.0	2,150.0
1975	101.4	1,721.4	-	-	101.4	1,721.4
1980	74.0	3,046.0	-	-	74.0	3,046.0
1985	59.0	2,234.0	2.0	34.0	57.0	2,200.0
1990	25.8	1,104.0	3.8	66.8	22.0	1,037.2
1995	243.9	9,825.0	53.7	945.0	190.2	8,880.0
2000	210.0	10,102.0	13.0	414.0	197.0	9,688.0
2005	109.0	5,696.0	-	-	109.0	5,696.0
2009	96.0	5,480.0	-	-	96.0	5,480.0

자료: 울산시, 『울산통계연보』, 각년

<표7-8>에서 조미채소의 경우를 보면, 2009년은 1962년에 비해 생산면적과 생산량이 각각 5.5배, 62.5배 증가하였으며, 생산면적에 비해 생산량이 큰 폭으로 증가하였다. 그러나 2000년과 2009년을 비교하면 생산면적은 약간 감소하였으나, 생산량은 매우 큰 폭으로 감소하였다. 이는 고추와 마늘의 대폭적인 감소에 기인한 것이다.

〈표7-8〉 조미채소 생산

단위: ha, M/T

연도	면적	생산량	고추		마늘		파		양파	
			면적	생산량	면적	생산량	면적	생산량	면적	생산량
1962	61.1	66.5	36.9	31.2	22.1	27.8	-	-	2.1	7.5
1965	74.6	409.8	29.2	69.9	30.5	156.8	10.3	148.6	4.6	34.5
1970	123.8	2,640.0	25.0	1,054.0	1.8	1,100.0	84.0	161.0	13.0	325.0
1975	153.0	1,265.5	62.0	91.7	51.0	364.6	25.0	368.8	15.0	440.4
1980	80.0	831.0	23.0	20.0	28.0	219.0	-	-	29.0	602.0
1985	110.5	349.1	85.8	99.5	19.4	100.3	2.8	69.1	2.5	80.2
1990	50.9	394.4	28.4	50.9	13.0	126.0	9.5	217.5	-	-
1995	376.2	4,765.4	235.0	399.4	60.0	720.0	66.7	1,466.0	14.5	812.0
2000	372.0	16,564.0	234.0	9,441.0	71.0	4,506.0	49.0	1,528.0	18.0	1,089.0
2005	345.0	4,225.0	220.0	475.0	33.0	260.0	60.0	1,385.0	32.0	2,105.0
2009	334.0	4,160.0	210.0	49.0	41.0	923.0	52.0	1,250.0	31.0	1,940.0

자료: 울산시, 『울산통계연보』, 각년

5) 특용작물

<표7-9>를 보면 특용작물의 경우 2009년도는 1962년에 비해 생산면적은 4.8배, 생산량은 9.0배 각각 증가하여 생산면적에 비해 생산량 증가가 크다. 특용작물은 주로 참깨와 들깨의 경작면적과 생산량 증가에 기인한 것이며, 유채생산은 전무하다. 특용작물 생산에 있어서 큰 특징은 연도별로 경지면적과 생산량이 큰 폭으로 변동하고 있다는 것이다. 이는 결국 농가소득의 불안정을 초래한다고 볼 수 있다.

〈표7-9〉 특용작물생산

단위: ha, M/T

연도	면적	생산량	참깨		들깨	
			면적	생산량	면적	생산량
1962	26.6	10.0	7.6	3.5	19.0	6.5

1965	30.2	52.0	17.6	45.0	12.6	7.0
1970	111.0	80.2	88.0	57.2	23.0	20.7
1975	72.0	43.3	52.0	30.5	20.0	12.8
1980	53.3	12.5	39.5	7.0	13.8	5.6
1985	20.7	12.9	10.5	6.6	10.2	6.3
1990	26.9	16.1	26.9	16.1	-	-
1995	21.0	12.6	21.0	12.6	-	-
2000	42.0	30.0	29.0	20.0	13.0	10.0
2005	165.0	117.0	106.0	78.0	59.0	39.0
2009	129.0	90.0	70.0	50.0	59.0	40.0

자료: 울산시, 『울산통계연보』, 각년

6)과실류

<표7-10>의 과실류 생산의 경우 2009년도는 1962년에 비해 생산면적과 생산량이 각각 8.4배, 88.9배증가하여 면적에 비해 생산량 증가가 매우 크다. 최근 사과는 면적과 생산량이 모두 감소하였고, 울산의 특산품인 배, 그리고 감은 생산면적과 생산량이 모두 증가하였다. 지역 특산품인 울산배는 전국 2위의 생산량을 자랑하는 작물로서 해마다 배꽃이 만개하는 4월에 배꽃 축제를 개최하고, 대도시 홍보 판매 행사와 해외시장 개척 등으로 배의 수요는 점점 늘어나고 있다.

울산은 배의 생육에 천혜의 조건을 갖추어 세계에서 최고로 맛이 좋은 과일이라는 평판이 나 있으며, 시원하고 당도가 높은 신고 배를 생산하여 인기리에 국내외에 판매해 오고 있다.

울주 단감은 해양성기후로 인한 천혜의 자연조건과 유기질 퇴비로 재배하여 당도가 높고 연하여 비타민 C의 함유량이 많고, 모든 영양소가 골고루 함유되어 있으며, 국립농산물 품질관리원이 인증한 농산물 품질인증품으로 알려져 있다. 반면 포도와 복숭아는 생산면적과 생산량이 모두 감소하였다.

한편 귤은 생산이 전무하다. 따라서 과실류 생산의 경우 재배면적의 증가는 배 재배면적의 증가에 기인하는 바가 크고, 생산의 증가는 배, 감의 생산량 증가에 기인하는 바가 크다고 할 수 있다.

〈표7-10〉 과실류 생산

단위: ha, M/T

연도	면적	생산량	사과		배		복숭아		포도		감		기타	
			면적	생산량	면적	생산량	면적	생산량	면적	생산량	면적	생산량	면적	생산량
1962	187	391	41	106	104	216	18	28.7	2.7	5.6	21	34.1	2.1	13.4
1965	203	4,357	31	689	161	3,580	9	71.7	3.3	6.6	3.8	8.8	6	0.9
1970	164	1,609	27	266	106	106	17	156	7.7	86.2	5.4	32.4	1	5.2
1975	245	1,600	3.5	188	197	1,363	13	40.1	21.3	80.5	9	52.8	0.8	2
1980	202	932	-	-	175	843	2.8	11.2	9.7	67.6	12	41	11	40
1985	198	3,851	0.2	2	188	3,679	2	27	4.9	100.8	1.8	25.7	1.1	16.2
1990	110	1,530	-	-	104	1,426	1.6	20.6	1.3	15.5	1.2	12	1.6	13.3
1995	1,801	35,554	15	306	1,350	31,050	4.5	68	4.2	1,400	408	3,871	19	190
2000	2,012	38,864	8	160	1,558	31,160	19	272	18	261	369	6,266	40	745
2005	1,869	30,728	11	264	1,488	26,618	1	11	1	13	363	3,802	5	20
2009	1,579	34,795	8	152	1,223	27,595	-	-	-	-	340	5,200	8	70

자료: 울산시, 『울산통계연보』, 각년

7) 친환경 농산물 및 화훼류 재배

<표7-11>에서 보듯이 지역 주민들의 소득증대와 건강에 대한 관심 증대에 따른 친환경농산물의 수요 증대로 울산지역 농가의 친환경 농산물 재배가 매우 빠른 속도로 증가하고 있다. 친환경농산물 가운데 특히 저농약 농산물과 무농약 농산물의 인증량의 증가가 매우 빠르게 진행되고 있다. 앞으로 친환경농산물에 대한 인증량이 빠르게 증가할 것으로 예상된다.

〈표7-11〉친환경농산물 인증 추이

단위: 건, ha, 톤

연도	건수	농가수	면적	인증량			
				합계	유기농산물	무농약농산물	저농약농산물
2000	2	60	47	205	-	-	205
2001	4	62	51	306	-	-	306
2002	6	82	82	976	-	-	976
2003	9	120	132	2,164	-	-	2,164
2004	12	206	189	2,359	-	195	2,164
2005	22	274	338	4,590	-	1,161	3,429
2006	34	450	360	6,354	-	2,634	3,720
2007	42	609	463	4,233	10	-	4,223
2008	48	625	548	14,219.9	-	7,219	7,000.9
2009	85	771	657	20,423	378.2	8,834.5	11,210.3

자료: 울산시, 『울산통계연보』, 2010.

<표7-12>에서 보듯이 화훼류 재배도 2006년부터 본격적으로 이루어지고 있으며, 울산은 타지역에 비해 기후·일조량 등 서양난의 재배환경이 좋아 전국 최고 품질의 호접난, 신비디움 등을 생산하고 있다. 농소 화훼수출단지는 14만 5,200m²의 집단 시설 하우스 내에 호접난, 초화류, 관엽류, 국화 등을 재배하고 있으며, 미국 플로리다주 아파카시에 호접란 수출전문단지 1만 9,800m²를 조성하여 중간모를 수출하고 있으며, 울주군 서생지역은 호접란 뿐만 아니라 신비디움을 재배하여 중국시장을 공략, 광동성 순덕시에 1만 3,530m², 산동성 교주시에 5,940m²를 조성하여 화훼류를 수출하여 매년 농가소득 증대를 도모하고 국내 가격안정에도 크게 기여하고 있다. 울산시민들의 삶의 질 향상으로 화훼류 재배 농가도 증가할 것으로 예상된다.

〈표7-12〉화훼류 재배현황

단위: ha, 천본

연도	면적	생산량
2006	26	4,929
2007	26	4,918
2008	24	4,413
2009	24	4,440

자료: 울산시, 『울산통계연보』, 2010.

8)기타 특산 농산물

울산의 특산물로서 언양 미나리는 조선시대 때부터 궁중에 진상하던 미나리로 지하 130m의 청정수로 재배하고 있으며, 특히 날 것으로 회무침, 김치 등에 넣어 먹으면, 특유의 향과 청량감을 더해 준다.

부추는 울산 북구지역의 시설 하우스에서 최상급 부추를 생산하여 전량 서울 가락동 시장 등에 큰 애기 황토부추, 산전부추 브랜드로 출하되어 전국으로 유통되고 있고, 그 특유의 맛과 향뿐만 아니라 약효도 뛰어나 인기가 높으며 부추는 건위, 정장, 화상에 사용하고 종자는 구자라 하여 비뇨의 약재로도 사용되고 있다.

알로에는 쓴 맛과 느끼함, 그리고 목넘기기가 거북했던 기존의 알로에와는 달리 맛이 새콤하고 껍질째 복용하므로 약성을 100% 흡수할 수 있어 그 동안 알로에 알레르기 때문에 복용하지 못하는 사람도 복용할 수 있도록 개량하였다.

2. 농업용기구 및 기계보유

<표7-13-a>와 <표7-13-b>에서 농기계 보유현황을 보면, 트랙터, 콤바인, 건조기 및 관리기는 증가추세에 있으나, 경운기, 이앙기 바인더 및 살분무기는 최근 증가세가 둔화되고 있다. 반면 주행식분무기(과수전용, 수도일반용), 분무기, 양수기, 탈곡기 및 파종기는 감소추세에 있다.

〈표7-13-a〉 농업용 기구 및 기계보유

단위: 대

연도	경운기	트랙터	이앙기	수확기		
				계	바인더	콤바인
1962	-	-	-	-	-	-
1965	5	-	-	-	-	-
1970	18	-	-	-	-	-
1975	261	2	-	-	-	-
1980	395	2	-	5	5	-
1985	693	4	5	12	10	2
1990	689	8	72	96	90	6
1995	9,116	577	2,914	3,557	3,207	350
2000	10,199	1,252	3,891	4,363	3,728	635
2005	9,364	1,638	3,897	4,328	3,543	785
2009	7,672	2,113	3,729	3,990	3,151*	839

주: *표는 2008년도 수치임.　　　　자료: 울산시, 『울산통계연보』, 각년

〈표7-13-b〉 농업용 기구 및 기계보유

단위: 대

연도	계	동력방제기				양수기	탈곡기	건조기	파종기	관리기
		주행식 분무기		분무기	살분무기					
		과수전용	수도일반용							
1962	-	-		-	-	-	-	-	-	-
1965	2,217	61		602	-	61	1,491	-	2	-
1970	1,776	62		1,287	49	179	191	-	8	-
1975	398	-		98	171	-	129	-	-	-
1980	503	7		178	208	-	110	-	-	-
1985	611	52		356	203	352	678	-	-	-
1990	653	57		456	140	-	324	1	-	-
1995	7,365	293	116	5,086	1,870	2,162	3,721	53	135	-
2000	4,353	532	396	3,121	796	2,398	2,478	293	401	2,640
2005	-	-	634	-	894	-	-	395	-	2,904
2009	-	-	7	-	808	-	-	480	-	2,757

자료: 울산시, 『울산통계연보』, 각년

제4절 농산물 수급의 문제

당초 소규모 농산물 집산지였던 울산이 1962년 이래 산업도시화 함으로써 각종 기업의 유치 및 택지조성으로 농경지가 축소되고 농민이 기업의 종업원으로 직업을 전환하는 경우가 많았다. 또한 외지로부터 많은 노동력이 유입되어 인구가 급증하여 울산에서 생산되는 농산물의 생산량이 지역수요에 절대적으로 미치지 못하여 농산물 수급의 불균형을 초래하였다. 울산지역의 농산물 자급률을 보면, 2010년 현재 쌀은 35%, 채소는 22%, 과일은 84%로 나타나고 있다. 그 결과 부족한 농산물을 외지로부터 반입하고 있다. 따라서 운송비 및 농업종사자의 부족에 의한 인건비의 상승 부담으로 울산의 농산물 가격은 매우 불안정하게 되었다.

외지로부터 울산으로 유입되는 농산물의 경우, 미곡은 주로 경기 이천, 전남 담양, 전북 김제 등지에서 입하되고, 채소류는 대부분 김해 등시에서 반입되고 있다. 그 외에 경북 영주, 영천, 충북 제천 등지에서 상당량의 농산물 잡곡류와 과일류가 반입되고 있다.

울산광역시의 영향권 조사에서 농산물의 경우 곡물은 주로 울주군 범서, 두서, 언양, 상북과 밀양군 산내면, 산외면, 경주시의 내남면, 외동읍, 양북면, 영일군의 지행면 등 울산의 동북- 남서축의 곡창지대에서 상당량이 입하되고 있다. 채소류는 북구 농소, 강동, 울주군 청량, 웅촌, 온양, 온산, 서생, 양산군의 장안, 정관, 밀양군의 단장, 삼랑진, 상남, 하남, 부북, 무안, 청도군의 청도면, 운문면, 금천면, 경주시의 산내면, 진천면, 그리고 영일군의 중장면에서 입하된다.

제5절 농업 진흥방안

1. 농촌수입원 증대

1) 1차수입원 증대

지역의 토양에 적합하고 경쟁력이 강한 농산물 및 종묘를 개발하고, 무공해 농법을 지속적으로 연구·개발한다. 농업의 효율성을 제고하기 위해 영농방법과 기술을 보급하며, 농민들간 정보교환을 원활하게 하기 위한 공간을 마련하고, 인건비 절감과 노동시간을 단축한다. 그리고 농업노동의 효율화를 위해 농업공정의 기계화를 확산한다.

벼농사의 고품질 생산기술을 지속적으로 연구하고, 시대의 변화에 부응할 수 있는 친환경농업 실천과 농산물의 브랜드화를 유도하여 상품으로서의 농산물의 경쟁력을 제고한다. 아울러 농촌환경을 개선하여 농촌의 정주여건을 재정비한다. 마을길과 농로를 확·포장하고 저수지 수량조절과 수로정비 및 하천 유실대책을 마련한다. 또한 재해방지 및 농산물 병충해 방지대책을 강구한다.

2) 2차 수익원 개발

배, 사과, 감, 김치 등 농산물 가공업을 육성하며, 과수, 과일, 채소, 화훼, 약재, 묘목재배 등 특용작물을 재배하여 농가수익원을 증대시키는 방안을 모색한다. 아울러 농산물 및 가공농산물을 판매하는 유통체계를 확립하고 유통망을 확보한다.

3) 3차 수익원 개발

울산지역 특산물을 대상으로 정기적으로 이벤트 행사를 개최하며, 또한 농촌지역 특성의 먹거리를 개발하여 특산식당 또는 특산가든을 운영한다. 지구별로 적합한 자연농원, 화훼농원, 식물원, 자연체험 수목원 및 동물농장 등을 조성하여 일반에게 자연체험을 통한 학습의 장으로 활용하고, 농촌문화 재현을 위한 민속박물관을 설치·운영한다.

2. 가격경쟁력 강화와 농업구조개선

세계화·개방화로 무한경쟁시대에 진입함에 따라 우리나라 농산물이 국제경쟁력을 갖추지 못하여 농업이 위기에 처해 있다. 우리 농산물은 외국 농산물에 비해 쌀은 6배, 사과는 약2배를 나타내는 등 거의 대부분의 농산물이 외국농산물에 비해 비싼 편이다. 즉 토지이용형 경작작물은 경쟁력이 약한 편이다.

토지이용형 경작작물의 국제경쟁력을 제고시키기 위해서는 경작규모를 확대해야 하는데 이것이 곧 농업구조개선의 핵심이다. 개방경제하에서 농업으로부터 기대되는 핵심적 성과는 국제경쟁력을 갖춘 양질의 농산물을 공급해야 하는 것으로 귀착된다.

그런데 우리나라와 같은 소농 중심의 농업구조하에서 겸업농 체제로서의 생산주체는 국제경쟁력에서 이길 수 있는 양질의 농산물을 생산해 낼 수 있다고 기대하기는 어렵다. 그러므로 이러한 역할을 수행할 수 있는 생산주체를 육성할 수 있도록 농업의 구조개선을 추진해 나가야 한다. 즉 농업의 중추적 역할을 담당할 전문적 가족단위의 전업농가를 육성해야 한다.

3. 지역특산품 개발과 비가격경쟁력 강화

국내산 농산물의 품질을 제고시켜 등급화·규격화하고 소포장하여 상표를 붙여 출하한다면 수입농산물과 차별화 할 수 있고 불리한 가격경쟁도 어느 정도 만회할 수 있다. 품질면에서 우위를 차지하고 소비자가 국내산과 수입품을 구별할 수 있게 해준다면 소비자들은 보다 신선한 국내산을 선호하게 될 것이다.

따라서 수입농산물보다 품질 좋은 농산물을 생산하여 상품을 차별화시키면 가격경쟁에서 다소 불리하더라도 국내산을 지킬 수 있을 것이다. 수입농산물의 원산지 표시제가 잘 지켜지지 못하고 있는 상황에서 반대로 국내 농산물에 대한 원산지 표시를 실시하는 것이 더 효과적일 수 있다.

이와 함께 일본 오이타현의 일촌일품 운동처럼, 한 읍·면 한 명품 갖기 사업을 대대적으로 전개해 나갈 필요가 있다. 울산은 1993년에 강동의 시설채소, 서생 배, 온양 화훼, 삼남 배, 삼동 표고버섯이 읍·면 지정 명품으로 정해졌다. 1994년에는 농소 배, 청량 배, 범서 단감, 두서 한우, 언양 미나리가 명품으로 정해졌으며, 농소의 부추도 조선시대에 이미 궁중에 진상되는 등 명품으로 인정받고 있다. 명품갖기 사업이 성공하기위해서는 물적·경제적 측면 뿐만 아니라 정서적·문화적 측면도 고려되어야 한다. 정서적·문화적 측면을 강조한다면 지역주민의 참여의식은 더욱 높아지고 자발적 참여를 통한 우수한 명품을 생산하게 된다. 이러한 점에서 명품개발과 연계하여 지방문화를 육성한다면 지역의 독특한 문화, 예술도 진흥되며 명품이 갖는 상품의 이미지도 개선할 수 있다.

4. 농외소득원의 개발

우리나라는 경지규모에 비해 비교적 많은 인구가 농업에 종사하기 때문에 농업경영의 영세성에서 탈피하지 못하고 있다. 이를 방치한다면 도농간 소득격차가 더욱 커질 것으로 우려된다. 따라서 농업소득 성장에는 한계가 있다는 점에서도 농외소득원 개발의 필요성을 찾아볼 수 있다. 영세한 농업경영규모는 농업생산의 계절성과 함께 토지, 노동, 자본의 이용수준을 떨어뜨려 농업부문 자원이용에 구조적인 비효율성을 초래하고 있다.

농업종사자의 소득증대는 경영규모의 확대와 자원의 생산성 증대를 통해 가능할 수 있겠지만, 어느 것도 단기적으로 달성하기 어려운 것이 현실이기 때문에 농가경제의 지속적인 유지·발전을 위해서는 농외소득 개발이 필요하다.

5. 산지유통의 혁신

산지유통은 유통과정의 출발점이므로 이 단계에서 유통이 효율적으로 이루어져야만 도매시장 및 소매시장 단계에서도 유통의 효율성을 높이게 된다. 산지시장에서 결정된 가격이 곧바로 농가수취가격이 되며 이 가격수준은 생산자의 소득수준과 직결된다. 또한 가격의 안정성은 소득안정에 영향을 미치고 나아가 농업부문 전체의 안정화에 영향을 미친다.

농가의 농산물의 판매유형은 정부 또는 농협에 의한 매입, 산지판매, 소비지판매 등 세가지 유형으로 나눈다. 산지판매에는 산지 밭떼기 판매, 문전판매, 5일 시장판매, 산지 공판장이나 산지시장 판매 등이 있고 소비지 판매는 소비자 직거래 등이 있다.

소농체제하에서는 시장정보가 부족하고, 생산자인 농민의 교섭력이 약하다. 이 점을 보완할 수 있으며 나아가 규모의 경제가 발휘되도록 협동출하방식이 바람직하다. 그러나 몇 개의 품목을 제외하고는 협동출하수준이 낮다. 산지단계에서 농산물을 선별·등급화하고, 소포장하여 출하함으로써 생산자 수취가격을 높인다. 유통효율을 증대시키기 위해서는 주산지 저온창고시설을 확충하여야 하고, 수확 직후의 홍수출하를 방지하는 등 출하조절로 가격을 안정시켜 농가수취가격을 높이기 위해서는 농가용 소형 저장고에 대한 지원이 수반되어야 한다.

이와 함께 농산물 직판장을 설치·운영하여 중간상인의 마진을 없애고 생산자와 소비자를 보호하여야 한다. 산지유통혁신이 농산물 유통혁신의 핵심인 점을 감안하여 산지유통시설이 부족한 주산지에 품목별 특성에 따라 농산물 포장센터를 설치하여 산지유통의 구심체로 활용하여야 한다. 또 농산물의 수집·세척·선별·예냉·저장·등급화·포장 등 산지에서 할 수 있는 유통기능을 일괄 처리하여야 한다. 이는 부가가치를 증대시켜 지역주민에게 환원하는 효과를 가져온다.

제 8 장

축산업

1962년 시 승격 당시 울산은 1만 5,031 가구 중 농가호수가 8,524 가구로 전체의 55.7%를 차지하고 있었다. 이들 농가는 현재와 같이 과학화된 영농기계가 보급되지 못하고 있었기 때문에 농우를 거의 1-2마리씩 사육하고 있었으며, 부업으로 양돈, 양계를 하는 농가가 많았다. 그러나 울산국가공업단지 건설과 함께 시세(市勢)가 급진적으로 발전되고 도시규모가 확대됨에 따라 농가수는 감소되기 시작하였다. 가축사육도 도심권내에서는 환경·위생을 저해하는 공해요인으로 간주됨에 따라 시민 보건향상을 위해 축우사육을 해오던 농가에서 이제는 축산 전업농으로 전환한 농가가 크게 늘어나고 있다.

제1절 가축사육 가구 수 및 가축사육 추이

<표8-1-a>와 <표8-1-b>에서 1962년과 2009년을 비교하면 한우는 3,861마리에서 32,596마리로 8.4배, 젖소는 1975년 142마리에서 2009년 1,311마리로 9.2배, 말은 52마리에서 72마리로 1.4배, 돼지는 5,743마리에서 34,140마리로 5.9배, 사슴은 1985년 45마리에서 2009년 1,299마리로 28.9배, 개는 3,414마리에서 14,542마리로 4.2배,

산양은 1985년 255마리에서 2009년 3,546마리로 13.9배 증가하였다. 토끼는 2,508마리에서 4,475마리로 1.8배, 닭은 58,086마리에서 568,528마리로 9.8배, 오리는 60마리에서 4,311마리로 71.8배, 칠면조는 1975년 5마리에서 2009년 28마리로 5.6배, 거위는 17마리에서 280마리로 16.5배, 꿀벌은 320군에서 2,5305군으로 79배 각각 증가하였다. 울산지역 농가의 한우, 돼지, 닭의 사육두수는 7대 도시 중 가장 많다.

〈표8-1-a〉 가축사육 가구수 및 두수 추이

단위: 가구, 마리

연도	한우(고기소)		젖소		말		돼지		사슴		개		산양	
	호수	마리	호수	마리	호수	마리	호수	마리	호수	마리	호수	마리	호수	마리
1962	3,961	3,681	-	-	52	52	5,745	5,743	-	-	-	3,414	-	-
1965	3,760	3,760	-	-	42	42	3,456	3,456	-	-	-	1,224	-	-
1970	2,399	2,399	-	-	-	-	1,490	2,120	-	-	-	1,401	-	-
1975	1,631	1,947	-	142	10	10	1,117	4,759	-	-	-	3,095	-	-
1980	1,118	1,567	-	176	-	-	193	3,333	-	-	-	5,962	-	-
1985	-	3,276	-	371	2	2	-	4,656	5	45	1,242	1,989	77	255
1990	468	1,020	8	165	1	8	-	2,015	8	127	2,477	4,908	3	14
1995	5,391	31,480	105	2,420	2	3	182	37,308	37	689	5,715	15,177	163	1,663
2000	3,175	25,123	50	2,118	5	11	119	39,241	58	1,255	5,869	15,848	111	1,234
2005	3,007	26,194	28	1,773	8	22	103	47,607	64	1,356	6,897	26,561	130	3,443
2009	2,560	32,596	21	1,311	12	72	77	34,130	55	1,299	7,164	14,542	118	3,546

자료: 울산시, 『울산통계연보』, 각년.

〈표8-1-b〉 가축사육 가구수 및 두수 추이

단위: 가구, 마리

연도	토끼		닭		오리		칠면조		거위		꿀벌	
	호수	마리	호수	마리	호수	마리	호수	마리	호수	마리	호수	군
1962	-	2,508	-	58,086	-	60	-	-	-	17	-	320
1965	-	1,859	-	35,215	-	45	-	-	-	22	-	149
1970	-	-	1,526	100,504	-	-	-	-	-	-	-	-
1975	-	1,668	764	2,627	-	1,707	-	5	-	6	-	232
1980	-	632	152	107,304	-	598	-	132	-	6	-	282
1985	82	1,324	-	136,685	30	772	13	41	7	521	53	799
1990	15	93	126	58,975	15	542	1	3	1	2	32	537
1995	30	280	551	542,427	104	7,494	12	65	2	10	269	3,789
2000	111	8,740	584	756,505	191	20,339	10	72	13	54	464	15,248
2005	52	3,789	427	681,847	95	9,153	6	513	26	1,087	508	27,376
2009	57	4,475	442	568,528	73	4,311	9	28	21	280	504	25,305

자료: 울산시, 『울산통계연보』, 각년.

여기서 농가 가구당 평균 가축사육두수 (혹은 군)를 울산시의 도농통합이 이루어진 1995년과 2009년을 비교해 보면, 한우는 5.8마리에서 12.7마리로, 젖소는 23.0마리에서 62.4마리로, 말은 1.5마리에서 6.0마리로, 돼지는 205.0마리에서 443.2마리로, 사슴은 18.6마리에서 23.6마리로, 산양은 10.2마리에서 30.0마리로, 토끼는 9.3마리에서 78.5마리로, 닭은 984.4마리에서 1,286.2마리로, 거위는 5.0마리에서 13.3마리로, 꿀벌은 14.1군에서 50.2군으로 각각 증가하였다. 그러나 개는 2.6마리에서 2.0마리로, 오리는 72.0마리에서 59.0마리로, 칠면조는 5.4마리에서 3.1마리로 각각 감소하였다. 울산시와 울주군의 도농통합 이후 전반적으로는 가구당 평균 가축사육 두수가 증가하였다. 그러나 한우, 돼지, 닭의 가구당 평균 사육두수를 보면 울산이 전국에 비해 낮은 수준이다.

울산의 특산물로서 언양·봉계 한우불고기는 1,500여년 전 신라 법흥왕 때부터 왕실에 진상되었으며, 우리나라 10대 음식에 등록될 만큼 명성이 높다. 불고기 맛의 비결은 우수한 품종의 한우를 2- 4년 동안 직접 사육하여 고객의 취향에 따라 최상급의 고기만을 판매한다. 조선시대 진상품인 언양 미나리를 곁들이면 산성인 쇠고기와 알카리성인 미나리의 완벽한 조화로 일상생활에 지친 심신을 회복시켜준다.

녹용은 울주군 삼동면 해발 300m 이상의 중산간 고산지대로 오염 없이 매우 청정하고 사계절 변화가 뚜렷한 출강 사슴마을에서 각종 산야초(삼지구엽초, 칡, 떡갈잎, 옻나무, 쑥 등)로 사슴을 사육하여 생산되며 질이 매우 우수한 것으로 알려져 있다.

알로에 계란은 항생제를 사용하지 않는 곡물사료(알로에, 키토산, 새송이버섯, 한방발효톱밥, 천연녹즙, 맥반석, 황토)를 먹인 닭으로부터 비타민 B, E가 강화된 기능성 계란으로 성분 분석 결과 일반 계란에 비해 42% 정도의 적은 량의 콜레스테롤 수치가 나왔으며 유정란으로 자연 그대로의 맛을 갖고 있다.

제2절 육류수급 추이

울산시민의 소득증대로 생활수준이 향상됨에 따라 육류 수급량은 급진적으로 증가되어 <표8-2>에서 보듯이 1962년- 2009년 기간 동안 소의 경우는 생체량이 258.0배, 지육량은 406.5배 각각 증가하였고, 돼지의 경우는 생체량이 718.4배, 지육량은 1,096.9배 각각 증가하여 돼지고기의 경우가 쇠고기보다 증가량이 훨씬 크다. 이와 같은 육류 공급량의 증가는 울산의 산업경제발전에 따른 인구증가, 시민소득의 증가 및 식생활의 변화, 그리고 서비스업체 등에서의 수요가 대폭적으로 증가하고 있기 때문이다. 그러나 2010년 현재 울산지역의 육류의 자급률을 보면, 쇠고기는 49.8%, 돼지고기는 45.9%로 수요에 비해 공급이 부족한 실정이다.

〈표8-2〉 육류수급 추이

단위: 마리, kg

연도	소			돼지		
	두수	생체량	지육량	두수	생체량	지육량
1962	139	44,480	16,680	152	22,880	10,640
1965	463	148,160	91,340	370	55,500	25,900
1970	2,047	614,000	307,050	2,502	200,160	150,120
1975	4,633	1,390,150	625,568	4,852	406,550	304,913
1980	8,105	3,284,883	1,657,442	19,607	1,700,189	1,176,825
1985	9,750	4,283,397	-	62,592	-	-
1990	12,310	5,265,441	2,609,720	90,782	8,152,672	5,174,574
1995	22,939	10,254,638	5,434,959	113,817	10,243,530	6,453,424
2000	28,921	15,691,132	8,473,571	107,902	11,869,220	7,596,299
2005	14,527	7,263,500	4,881,072	159,615	16,759,575	11,731,703
2009	18,658	11,474,670	6,781,530	150,804	16,437,636	11,670,722

자료: 울산시, 『울산통계연보』, 각년.

제3절 배합사료 생산추이

<표8-3>에서 배합사료 생산의 추이를 보면, 1986년- 2009년 기간 동안 배합사료의 총생산은 1.4배 증가하였다. 이를 보다 구체적으로 보면, 기타가 5.2배로 가장 많이 증가하였고, 축우용으로 3.6배로 증가하였으나, 양돈용은 거의 변화가 없고, 양계용은 크게 감소하였다.

〈표8-3〉 배합사료 생산 추이

단위: 톤

연도	계	양계용	양돈용	축우용	기타
1986	274,487	134,918	64,733	74,269	567
1990	533,154	176,041	160,698	194,937	1,478
1995	661,633	91,821	190,827	99,821	279,164

2000	531,479	80,276	163,692	284,213	3,298
2005	406,082	77,155	121,825	203,041	4,061
2009	373,898	39,184	65,775	265,962	2,977

자료: 울산시, 『울산통계연보』, 각년.

제4절 축산업 진흥방안

생산과 유통에 치우친 울산지역 축산업의 부가가치를 높이기 위해 연구개발능력을 강화하고 생산, 마케팅에서 새로운 시책을 수립하여야 한다. 한우연구기관을 설립하여 한우생산과 연계성을 갖지 못하고 있는 연구개발기능을 강화하여야 하고, 육질과 맛에서 경쟁력을 확보하고 있지만, 브랜드 부재와 유통체계 미비로 제값을 받지 못하고 있는 한계를 극복하기 위해 브랜드 및 새로운 유통시스템을 구축하며, 주요 농작물의 경쟁력 약화로 늘어나는 유휴농지를 활용하면서 축산업의 생산비를 절감하는 친환경 한우생산을 유도하여야 한다.

1. 양돈·양계 전업농가 육성

우루과이 라운드 WTO체제의 출범으로 인한 세계화·개방화에 따라 자유무역이 이루어지고 있다. 농산물 시장도 개방되어 국제경쟁력이 약한 우리 농산물이 매우 어려움에 처해 있다. 한우, 젖소, 돼지, 닭 등의 사육에 있어서 규모의 경제를 실현하여 국제경쟁력을 갖추기 위해서는 농가 가구당 사육두수가 500두 이상이어야 한다는 주장이 있다. <표8-1-a>와 <표8-1-b>에서 본 것처럼 울산의 농가 가구당 한우 사육두수는 12.7마리, 젖소 사육두수는 62.4마리로 나타나 한우와 젖소는 경영규모를 대폭 확대하지 않으면 국제경쟁력이 없는 것으로 나타나고 있다.

반면, 농가 가구당 돼지 사육두수는 433.2마리, 닭 사육두수는 980.4마리로 돼지와 닭은 경영규모의 확대와 시설의 현대화를 통해 충분히 국제경쟁력을 갖출 수 있을 것으로 예상된다. 그러므로 복합경영규모로 사육하는 농가를 대규모로 경영하는 양돈·양계 전업농가로 육성해 나가야 할 것이다.

2. 축산기술연구소 울산지소 설립

축산기술연구소 울산지소를 유치하여 영남권 한우 연구개발의 거점으로 활용하며, 육종개발보다는 응용 및 실용화 기술과 사양, 번식 및 경영개선에 전문화하여 개발하는 것이 바람직하다.

3. 봉계 한우 유통체인 구축

봉계에서 생산되는 한우가 제값에 팔리도록 하고 유통경로를 체계화하고, 봉계지역 한우사육 농가의 한우고기 생산량 대부분을 대상으로 브랜드화 사업을 추진하며, 브랜드를 보유한 대규모 업체는 그대로 두고 소규모 사육농가를 중심으로 추진하여야 한다.

4. 환경친화형 한우산업 육성

한우사육환경을 개선하여 고급육 생산과 환경 친화형 사육기법을 확립하고, 증가될 것으로 전망되는 휴경지를 활용하여 초지확대 및 사료작물 재배 면적을 지속적으로 확대하며, 가축분뇨의 퇴비 및 액비화를 지속하여 일반경작에 활용하는 비율을 높여 나가야 한다.

5. 가축방역사업의 적극적 추진

울산지역은 전국 7대 도시 중 가장 많은 가축을 사육하고 있다. 가축방역사업은 가축 전염병 발생을 사전에 방지하여 양축농가의 경제적 손실을 막기 위한 것으로 울산광역시는 완벽한 가축방역을 통해 구제역과 조류 인플루엔자 등 악성 가축 전염병을 사전에 차단하고, 가축전염병 발생시 신속히 대응할 수 있는 방역추진체계를 운영하여야 한다.

아울러 가축질병 발생 방지를 위해 축산 농가 스스로 적기에 예방접종 실시와 축사 및 농장 출입구 소독 등 차단방역에 노력하여야 한다.

제 9 장

수산업

_제1절 수산업 가구 및 인구 추이

울산의 수산업은 1962년 이전까지는 방어진 및 장생포항을 전진기지로 하여 수산업이 크게 발전되었고, 어획고도 크게 늘어났다. 그러나 수차례에 걸친 경제개발 5개년 계획이 추진되는 동안 공업단지 건설과 더불어 공유수면의 매립 및 이용이 늘어나고 산업도시로 발전함에 따른 환경의 변화 등 제반 여건의 영향으로 1차 산업인 수산업에 비해 부가가치가 높은 2·3차 산업으로의 전업이 늘어나고 있다.

이 때문에 1962년의 수산업의 현황과 오늘날의 상황은 큰 차이를 보이고 있다. 이를 <표9-1>에서 살펴보면, 1962년의 어가 가구수는 3,007가구, 어가 인구는 8,869명, 가구당 인구수는 2.95명이었으나, 2009년 현재 어가 가구수는 3,096가구, 어가 인구는 9,259명으로 1995년 울산시와 울주군이 도농통합형 도시로 승격함에 따라 인구와 가구가 늘어났으나, 최근에는 다시 줄어들고 있다.

〈표9-1〉 어가 가구 및 인구 추이

단위: 가구, 명

연도	가구	인구	가구당 인구
1962	3,007	8,869	2.95
1965	2,194	3,068	1.69
1970	1,765	11,893	6.74
1975	2,391	3,400	1.42
1980	1,568	1,670	1.06
1985	1,091	5,455	5.00
1990	1,173	4,460	3.80
1995	3,234	10,835	3.35
2000	3,291	10,009	3.04
2005	3,340	9,943	2.98
2009	3,096	9,259	2.99

자료: 울산시, 『울산통계연보』, 각년

제2절 어선 보유 추이

<표9-2>에서 어선 보유 추이를 보면 1962년- 2009년 동안 어선의 척수와 톤수가 각각 1.6배, 1.8배 증가하였다. 이 기간 중 동력선은 척수에서 54.6배 증가한 반면 무동력선은 척수가 감소하였다. 2009년 현재 울산의 총어선 보유현황을 보면, 1,257척에 톤수로는 4,660톤에 달한다. 그 중에서 동력선은 69.5%인 874척에 4,086톤이며, 무동력선은 30.5%인 383척에 574톤이다.

〈표9-2〉 어선 보유 추이

연도	계		동력선		무동력선	
	척수	톤수	척수	톤수	척수	톤수
1962	777	2,553	16	-	761	-
1965	836	3,122	-	-	-	-
1970	896	2,868	78	-	818	-
1975	721	3,401	74	-	647	-
1980	805	4,154	478	3,825	327	329
1985	689	5,867	608	5,802	81	65
1990	771	8,123	683	8,058	88	65
1995	1,627	11,407	942	10,417	635	990
2000	1,622	5,476	1,063	4,668	559	808
2005	1,312	4,840	920	4,252	392	588
2009	1,257	4,660	874	4,086	383	574

자료: 울산시, 『울산통계연보』, 각년.

1962년- 2009년 기간 중 무동력선의 동력화도 크게 진전되었다. 동력선의 척수가 무동력선을 능가한 것은 울산시의 경우는 1979년도이고, 울주군의 경우는 1983년도부터이므로 울산의 어선 현대화는 1980년대 초반부터 이루어졌음을 알 수 있다. 그러나 1995년 울산시와 울주군이 통합된 후부터 수산업의 가구, 인구, 선박 척수 및 톤수가 감소하고 있다

<표9-3>에서 어선의 톤수의 변화를 보면, 1톤 미만은 1985년- 2009년 기간 동안 약 2.1배, 1- 5톤 미만은 1977년- 2009년 약 1.8배 각각 증가하였다. 1977년- 2009년 기간 중 5- 10톤 미만은 감소하였고, 10- 20톤 미만은 23배, 20- 39톤 미만은 5배, 30- 50톤 미만은 12배 각각 증가하였다. 50- 100톤 미만은 1977년 42척이었으나, 1985년 56척을 피크로 2009년 20척으로 감소하였다. 5톤 미만의 어선은 1977년 93.6%, 2009년 현재 90.7%를 점유하고 있으므로 울산의 어선은 역시 소형선 위주로 되어 있으며, 어선 보유면에서는 척당 3.7톤으로 영세적임을 알 수 있다.

〈표9-3〉 어선 톤수별 보유 추이

단위: 척

연도	계	- 1톤	1- 5톤	5-10톤	10 - 20톤	20 - 30톤	30 - 50톤	50- 100톤	100톤-
1977	628	-	525	57	1	2	1	42	-
1980	805	-	381	361	4	2	20	37	-
1985	770	99	591	18	2	1	2	56	-
1990	771	165	558	46	10	5	1	34	10
1995	942	463	987	89	23	15	7	31	14
2000	1,622	472	1,021	62	15	12	15	25	-
2005	1,312	277	899	76	17	9	11	22	1
2009	1,257	204	936	52	23	10	12	20	-

자료: 울산시,『울산통계연보』, 각년.

제3절 수산물 어획고 추이

울산의 수산물 생산현황을 보면, 연근해 어업 또는 양식어업이 크게 발전하였으나, 지역에 공업단지가 조성되면서 양식어업은 위축되고 있으며, 또한 생산량에서도 기복이 심하다. 그러나 양식기술의 보급·확대에 따라 생산증대를 위한 어민들의 노력으로 소득증대에 크게 이바지하고 있다.

<표9-4-a>와 <표9-4-b>를 보면, 2009년 어획고는 총 24,312톤으로 금액으로는 650억 3,100만원에 이른다. 그 내역을 보면 어류가 전체 어획고의 50.0%, 총금액의 62.9%를 차지하고, 연체동물(어획고 20.0%, 금액 16.9%), 해조류(어획고 45.1%, 금액 6.8%), 패류(어획고 2.8%, 금액 4.3%), 갑각류(어획고 1.1%, 금액 4.3%), 기타 수산물(어획고 0.3%, 금액 0.5%) 로 나타나고 있다. 어획고를 보면 1962년- 2009년 기간 중 약 6.8배 증가하였고, 금액면으로는 1985년- 2009년 기간 중 약 10.9배 증가하였다.

〈표9-4-a〉수산물 어획고 추이

단위: M/T, 천원

연도	계		어류		갑각류	
	수량	금액	수량	금액	수량	금액
1962	3,576	-	-	-	-	-
1965	6,074	-	-	-	-	-
1970	13,552	-	-	-	-	-
1975	7,965	-	-	-	-	-
1980	12,870	-	-	-	-	-
1985	14,146	5,966,097	12,134	4,319,839	464	252,933
1990	11,372	14,218,652	5,983	7,789,884	53	121,747
1995	35,424	49,429,815	14,240	21,263,935	357	573,215
2000	35,762	77,945,980	18,301	56,143,034	340	945,820
2005	33,178	71,118,000	13,924	38,850,000	787	8,667,000
2009	24,312	65,031,000	12,157	40,924,000	269	2,808,000

자료: 울산시, 『울산통계연보』, 각년.

〈표9-4-b〉수산물 어획고 추이

단위: M/T, 천원

연도	연체동물		패류		해조류		기타	
	수량	금액	수량	금액	수량	금액	수량	금액
1985	772	752,615	-	-	462	135,858	314	504,834
1990	2,748	4,712,707	-	-	2,279	397,466	309	1,196,848
1995	10,131	21,549,289	221	839,029	10,343	3,501,185	132	2,153,162
2000	9,084	13,198,940	189	1,985,676	7,749	3,810,000	99	1,862,510
2005	5,461	15,841,000	590	4,646,000	12,323	4,485,000	93	618,000
2009	4,874	12,760,000	685	2,794,000	10,959	4,446,000	77	331,000

자료: 울산시, 『울산통계연보』, 각년

제4절 수산물 계통판매고

<표9-5>에서 수산물의 판매 추이를 보면, 1962년- 2009년간 1,014.6배 증가를 나타내고 있다. 판매고는 대체적으로 증가하는 추세를 보이고 있다. 2009년 현재 금액면에서는 어류 59.6%, 연체동물 32.4%, 갑각류 4.4%, 패류 3.1%, 기타 수산물 0.5%로 나타나, 어류와 연체동물이 전체 판매고의 92.0%를 이루고 있다.

울산의 특산물로서 강동의 멸치액젓은 동해안의 청정해역에서 생산되는 싱싱한 생멸치로 선도가 좋고 식염 외에는 방부제, 색소, 조미료 등을 전혀 사용하지 않은 천연 조미료로 알려져 있다. 또한 강동의 돌미역은 강동의 청정해역의 돌에서 채취한 순수 자연산 미역이다. 산후조리, 빈혈, 비만 억제, 혈액순환 등에 탁월한 것으로 알려져 있다.

〈표9-5〉 수산물 계통 판매고 추이

단위: 천원

연도	계	어류	갑각류	연체동물	기타수산물	패류	해조류
1962	38,000	-	-	-	-	-	-
1965	88,794	-	-	-	-	-	-
1970	358,667	-	-	-	-	-	-
1975	663,206	-	-	-	-	-	-
1980	2,381,477	-	-	-	-	-	-
1985	5,966,079	-	-	-	-	-	-
1990	14,218,652	-	-	-	-	-	-
1993	25,872,353	11,173,420	65,746	14,633,187	-	-	-
1994	25,763,485	11,228,783	189,494	13,002,045	1,059,908	-	283,255
1995	27,419,937	8,527,608	318,453	16,897,399	1,662,431	-	14,046
1996	28,180,726	10,714,499	532,755	14,865,026	2,068,446	-	-
1997	26,626,757	10,233,983	655,257	13,862,423	1,885,094	-	-
1998	32,416,000	11,327,000	681,000	18,350,000	2,058,000	-	-
1999	31,880,096	13,211,096	554,986	16,398,113	1,723,901	-	-
2000	29,527,134	13,953,063	414,001	12,969,267	2,198,803	-	-
2005	32,341,000	13,482,000	2,717,000	13,827,000	616,000	1,699,000	-
2009	38,554,000	22,968,000	1,717,000	12,490,000	178,000	1,201,000	-

자료: 울산시, 『울산통계연보』, 각년.

제5절 포경수산업

우리나라의 포경업은 1899년 구소련 포경업자들이 우리 정부로부터 울산의 장생포와 강원도 장전포, 함경북도 진포도 등 3곳을 포경기지로 사용할 것을 허가받아 고래를 잡기 시작한 이래 100년의 역사를 지니고 있다. 3면이 바다로 둘러싸여 있는 우리나라는 계절에 따라 동·서해안에 고래가 회유하고 있어 포경업이 크게 성업을 이루었다.

일제 강점기에는 일본의 포경회사들이 고래를 잡아왔으나, 8·15 광복과 더불어 1946년 우리나라 포경업체인 조선포경주식회사가 설립되면서 우리의 손으로 고래를 잡기 시작하였다. 장생포항을 기지로 다시 시작된 울산의 포경업은 크게 발전하여 1947년에는 대동포경(주)의 설립을 비롯하여 1948년에는 동양포경(주)이 설립되는 등 여러 회사가 서로 등장하여 1960년대 들어서는 포경선이 16척에 이르렀다.

고래잡이는 5월- 12월까지는 강원도 동해·죽변 근해를, 12월- 4월까지는 서해의 어청도 근해를 주 어장으로 하였으나, IWC(국제포경위원회)의 의결에 따라 1986년 1월 1일부터 실제적인 포경업은 울산 장생포를 중심으로 전면 중단되게 되었다. 1985년까지 장생포를 포경기지로 하여 포경업자의 권익을 옹호하기 위하여 조직된 근해포경수산업협동조합 산하에는 12개 업자와 16척의 포경선을 보유하고 연평균 900마리 정도 포획하였다.

이와 같이 잡은 고래고기는 일본으로 수출되어 많은 외화를 벌어들였다. 그 가격도 높아 과거 1972년의 경우를 보면, 546톤을 수출하여 48만 598 달러의 외화를 획득하였고, 1984년에는 974톤을 수출하여 약 400만 달러의 외화수입을 올렸으며, 그 나머지 고래는 국내에서 소비되었다.

그러나 1982년 7월 국제포경위원회 제34차 총회에서 세계 고래자원을 보호한다는 이유로 상업적인 포경을 전면 금지한다는 의안을 가결시킴으로써 당시 수산청 고시 제85- 17호(1985년 12월 31일)에 의거하여 1986년 1월 1일부터 포경업이 금지됨에 따라 우리나라의 유일한 장생포의 포경업체들도 고래잡이를 할 수 없게 되었다. 따라서 보유하고 있는 포경선에 대한 보상 또는 전업대책이 수산청에 의해 이루어졌다.

최근에는 고래자원 증가로 인한 상업포경 재추진을 검토하기 위한 자료조사와 더불어 고래를 캐릭터하는 고래축제 및 고래 전시관 설치, 관경사업 등으로 주민참여도를 높여가고 있다.

〈표9-6〉 포경 및 수출 추이

연도	포경현황			수출	
	계(마리)	톤수	금액(천원)	톤수	금액(달러)
1972	1,074	2,919	484,247	546	480,597
1973	907	1,845	368,081	580	844,000
1974	973	2,546	412,970	950	1,137,599
1975	947	1,960	363,207	601	1,062,176
1976	1,016	2,652	768,627	814	1,571,944
1977	1,059	2,254	1,133,268	1,191	2,540,969
1978	1,056	2,740	2,497,232	704	2,386,719
1979	924	2,077	2,444,217	393	1,934,009
1980	932	2,023	2,344,192	819	3,773,213
1981	763	1,687	2,502,047	670	3,173,012
1982	901	2,139	3,132,520	880	3,683,190
1983	485	1,508	2,735,120	658	3,197,000
1984	378	1,478	3,393,489	974	3,919,000

자료: 울산시, 『울산시사』, 1987.

_제6절 수산업의 진흥방안

1. 1차 수익원 증대

울산시민의 전체 동물성 단백질 수요의 46%를 공급하는 수산업을 진흥시키기 위해서는 우량어가·어민 후계자 및 지도자 육성, 어구와 어선의 현대화를 추진하여야 한다. 이와 더불어 수산종묘 배양장, 어항, 양식장 등을 위한 연구개발이 이루어지고 수산기술의 지속적인 지원이 있어야 한다. 수산자원확보에 관한 연구로서 수산증식사업, 마을어장 등 수산자원을 조성하고, 인공어초시설 확충으로 어자원을 육성하여야 하며, 어항수축사업 확대로 선착장, 방파제 호안, 물양장 등 어항기본시설을 보강하고 어촌 어항 관광개발에도 투자하여야 할 것이다.

어민들의 공동체 형성과 원활한 정보교환을 위한 다목적 공간을 마련하고 교통 및 편의시설을 확충한다. 멸치·젓갈·미역 등 울산의 고유 브랜드를 발굴하고, 바다 오염 방지를 위한 대책으로 하수종말처리시설을 확충하여 생활폐수 유입 감소 및 해양오염원의 불법투기를 금지한다. 아울러 양식업주의 폐스티로폼 처리에 대한 감독을 철저히 하고, 매월 1회 주민 바다청소의 날을 정하여 어민 스스로 삶의 터전이 오염되지 않도록 한다.

2. 2차 수익원 증대

수산업의 2차 수익원은 수산물 가공과 수산물 유통을 말한다. 활어·미역·기타어류 및 해산물 직판장을 운영하여 특산물 가공업을 겸할 수 있도록 한다. 냉동시설과 같은 유통시설을 확충하여 적기에 유통할 수 있도록 하여 적정한 가격을 유지하도록 한다.

3. 3차 수익원 개발

어촌과 수산업과 관련한 기존의 3차 수익원은 해양관광산업으로서 해수욕장, 낚시터, 활어회 식당 및 기타 해양관광 서비스업이 있다. 그러나 이러한 수익원은 지금까지 무분별하게 조성되어 체계적이지 못하므로 재정비 하여야 한다. 수산업의 3차 수익원으로 먹을거리, 볼거리를 제공할 수 있도록 활어 및 기타수산물 판매장과 활어회 센터를 운영한다. 특히 특산물 판매장을 개설하여 관광객을 유치하고, 특산품 이벤트 축제를 개최한다. 아울러 해맞이 축제의 대대적인 홍보 및 어촌 풍어제를 개발하여 관광상품화한다.

제 10 장

임업

제1절 임야 추이

<표10-1>을 보면, 울산의 총임야 면적은 시 전체 면적의 약 66%를 차지하며, 이 가운데 국유림이 8.1%, 공유림이 3.4%, 사유림이 88.5%로서 사유림이 대부분을 차지하고 있다. 1962년 울산이 시로 승격되고, 국가공간이 조성되어 산업화가 급속히 이루어지면서 도시계획에 따른 도로·택지조성 등 각종 개발사업이 이루어짐에 따라 임야면적은 그만큼 줄어들었다. 이후 1995년 울산시와 울주군이 통합함에 따라 1995년부터 임야면적이 늘어났다. 1962년- 2009년 기간 동안 총임야 면적은 7만 1,048ha에서 6만 8,840ha로 지난 47년간 2,208ha 줄어들었다.

<표10-2>에서 산림면적은 울산의 산업화·도시화에 따라 1962년부터 1994년까지 계속 감소추세를 보이다가, 울산시와 울주군이 도농통합도시로 승격된 1995년 크게 증가하였다. 그러나 2009년은 1995년에 비해 감소하였다. 2009년 임목지는 96.5%, 무임목지는 3.5%로 임목지가 압도적으로 많다. 임목지 가운데는 침엽수가 36.9%로 가장 많고, 그 다음이 혼효림(32.3%), 활엽수(30.7%), 죽림(0.0%)의 순으로 되어 있다. 무임목지의 경우를 보면 울산시와 울주군의 도농통합과 그 이후 1997년 울산광역시 승격에 따라 도로·주택지 및 각종 개발사업으로 인해 늘어나는 추세에 있다.

〈표10-1〉 소유별 임야면적

단위: ha

연도	임야총면적	국유림	공유림	사유림
1962	9,147	618	86	8,443
1965	9,166	698	304	8,164
1970	9,092	622	267	8,203
1975	8,835	614	265	7,956
1980	8,393	426	426	7,303
1985	7,887	442	442	7,284
1990	7,706	532	532	7,055
1995	69,946	5,426	1,196	62,693
2000	69,689	5,556	2,293	61,840
2005	69,360	5,571	2,305	61,484
2009	68,840	5,601	2,316	60,923

자료: 울산상공회의소, 『울산경제현황』, 1993.
울산시, 『울산통계연보』, 각년.

〈표10-2〉 임상별 삼림면적

단위: ha

연도	계	임목지					무임목지				
		소계	침엽수	활엽수	혼효림	죽림	소계	미임목지	황폐지	개간지	제지
1962	9,147	6,641	6,273	83	54	11	2,506	2,318	-	-	188
1965	9,166	7,183	6,989	83	94	17	1,983	1,761	-	-	222
1970	9,092	7,879	3,276	244	4,342	17	1,213	176	-	273	764
1975	8,835	7,475	2,836	492	4,130	17	1,360	153	-	449	758
1980	8,393	7,546	4,432	592	2,487	35	847	155	-	-	692
1985	7,887	7,849	1,737	841	5,235	36	38	37	-	-	-
1990	7,706	7,679	1,796	814	5,033	36	27	9	-	18	-
1995	69,946	68,822	25,601	18,624	24,106	105	1,251	358	-	107	729
2000	69,689	68,320	25,727	20,421	22,154	18	1,369	792	-	-	577
2005	69,360	67,500	25,258	20,409	21,815	18	1,860	1,111	10	-	739
2009	68,840	66,422	24,513	20,414	21,477	18	2,418	1,663	10	-	745

자료: 울산상공회의소, 『울산경제현황』, 1993, 울산시, 『울산통계연보』, 각년

_제2절 임산물 생산 추이

<표10-3>에서 2009년 임산물 생산을 보면, 약용이 33,000kg으로 가장 많고, 그 다음이 종실 6,350kg, 산나물 4,700kg, 버섯 350kg의 순으로 되어 있다. 전반적으로 보아 울산의 임산물 생산은 과거에 비해 매우 저조한 실정이다.

임산물 생산의 전반적인 부진에도 불구하고 울산은 지속적으로 특산물을 생산해 오고 있다. 울산의 특산물로서 천황산 표고버섯은 해발 650m에서 생산되는 저온성 표고버섯으로 육질이 두껍고, 맛과 향기가 좋은 저지방 저칼로리 식품이다. 비타민과 무기질이 풍부하며, 특히 비타민 D는 구루병 방지, 골다공증 예방, 뼈 및 치아건강에 뛰어난 효능을 보인다.

상황버섯은 소나무 비늘버섯과에 속하는 버섯이며, 진흙 버섯 속에 속하는 흰색 부후균이므로 이 버섯은 주로 뽕나무와 활엽수의 줄기에 자생하며, 고서 봉황록에 "늙은 뽕나무에 달린 황색버섯은 죽은 사람을 살리는 불로초이다"라고 쓰여져 있는 황제의 버섯이다.

송엽주는 무공해 솔잎과 질 좋은 쌀, 누룩에다 화강암층 196cm의 암반 천연수로 오랜 기간 발효시킨 후에 이를 다시 증류하여 빚은 순곡 증류주로 특유의 향취와 음주 후에도 뒷맛이 깨끗하여 숙취가 없는 전통 민속주이다. 송엽주는 십장생 중 하나인 소나무 잎으로 만들어 결혼, 회갑, 제례의 예주로서 널리 쓰여 지고 있다. 또한 영구 보존이 가능하며 시간이 지날수록 그 맛과 향이 더욱 좋아진다고 한다. 송엽주는 1997년 10월 25일 제2회 농업인의 날 농림부 주최 전국 주류 품평회에 출품하여 민속주 부문에서 은상을 수상하였다.

〈표10-3〉 임산물 생산량

연도	용재 (m³)	연료 (M/T)	죽재 (束)	종실(kg)	버섯 (kg)	약용 (kg)	죽순 (kg)	산나물 (kg)
1968	991	-	283.6	-	-	-	-	347.8
1970	238	-	2,798.0	-	-	-	-	749
1975	167	-	713.0	1,350	-	-	-	50
1980	89	-	1,070.0	9,715	-	-	-	10
1985	104	-	-	48,779	-	-	-	1,195
1990	1,391	-	-	54,033	-	-	-	302
1995	1,337	36	-	910,966	960	380	1,670	50,460
2000	204	-	-	291,340	8,600	-	830	46,080
2005	-	-	-	11,670	2,400	-	220	46,200
2009	-	-	-	6,350	350	33,000	-	4,700

자료: 울산시, 『울산통계연보』, 각년.

제3절 산림보호

<표10-4>에서 산림피해를 살펴보면, 전체적으로 보아 산림피해면적은 해마다 크게 증가하고 있어 피해액도 크게 늘어나고 있다. 산림피해는 산불에 의한 피해가 가장 크고, 그 다음이 산림훼손, 무허가 벌채의 순으로 되어 있다.

〈표10-4〉 산림피해

단위: ha, 천원

연도	임목지 합계			무허가 벌채			산림훼손			기타(산불 포함)		
	건수	면적	피해액	건수	면적	피해액	건수	면적	피해액	건수	면적	피해액
1980	9	0.2	39	-	-	-	1	0.20	34	8	-	5
1985	1	3.5	80	1	3.50	80	-	-	-	-	-	-
1990	2	40.0	3	-	-	-	-	-	-	2	40	3
1995	49	61.1	122,433	4	8.00	1,992	20	5.64	77,893	25	47.5	42,548
2000	47	22.4	169,634	6	1.12	7,020	36	3.13	114,430	76	120.45	274,586
2005	92	28.4	280,368	3	0.1	1,523	41	6.40	188,092	48	22	90,753
2009	80	42.7	199,014	2	1.0	1,835	13	1.50	34,735	65	40.2	162,444

주: 산림훼손은 불법산림 형질변경을 의미함.

자료: 울산시, 『울산통계연보』, 각년.

최근들어 산불에 의한 산림 피해가 매우 크므로 이를 예방하기 위해 열감지 무인카메라를 도입하여 산불 감시체계를 강화하고 아울러 산불예방을 위해 현행 산림 인접지 100m 이내인 논·밭두렁 및 농촌 쓰레기 소각 금지 범위를 확대하고, 산림 인접지의 경작지 DB를 구축하여 산불 취약자 관리를 강화하여야 한다.

산불 진화 헬기의 가용능력을 극대화하기 위해 유관기관이 보유한 헬기를 신속히 투입할 수 있도록 '신속지원 양해각서'를 체결하고, 최근 방화 추정 산불이 많이 발생하고 있으므로 산불 기간 중에는 방화범 검거팀을 운영하여 조기 검거하는 한편, 무단 입산·화기소지 등 금지행위 위반자에 대해서도 관련법을 엄격히 적용하여야 한다. 산불의 대부분이 지역주민들의 사소한 부주의로부터 시작되는 만큼 사전적 예방과 감시가 무엇보다 중요하다.

제 11 장

광업

제1절 울산의 광업

일찍이 울산지방에는 철광을 비롯하여 금, 은, 동과 아연, 사금, 고령토, 자수정 등 각종 광물이 생산되었으나, 현재는 고령토, 남석과 일부 자수정만 채광되고 있을뿐 여타 광물은 저품질로 경제성이 낮아 채광을 하지 않고 있다. 울산에서 가동되고 있는 대표적인 광산으로서는 북구 농소읍 달천리에 위치한 삼미특수강(주) 울산광업소이다. 이 광산은 1906년 4월에 일본인에 의해 개발되어 채광에 들어갔다. 1943년 9월 개인에 의한 소극적인 채광작업이 시작되다가 1945년 8·15 광복 이후 다시 휴광상태에 있던 것을 1964년 12월 대한철광개발주식회사가 발족되면서 본격적인 채광시설을 갖추고 가동되기 시작하였다. 현재 이광산은 가채광량이 약 50만톤으로 확인되고 있으며, 자철광으로 품질이 41.72%/F라는 높은 품질의 광상으로 1일 7톤의 광석을 채광·생산하고 있다.

울산철광의 지질 및 광상은 조선계에 속하는 것으로 추측되는 석회암과 신라통의 불국층, 불국사통의 화강암과 퇴적토, 사문암 등을 들 수 있다. 광상은 결정질 석회암이 교대되어 열수교대 광상으로 주광석 광물은 자철광이며, 수반광물은 회

중석 유화철 등이다. 맥석 광물로는 석류석이 많이 나오고 있다. 방해석은 곳곳에 따라 맥상으로 발달하고 있는데 광체의 발달은 타원형의 주상으로서 단경 30-50m, 장경 80- 100m 정도이며 심도는 300여m까지 광채가 발달되어 있다.

동철광은 1966년 12월에 국영이었던 대한광업개발로부터 삼미그룹이 인수하여 운영하면서 중석 선광장을 비롯하여 사문암 선광장의 증설 등 채광시설을 현대화하여 가동하고 있는데 회사의 명칭을 1982년 6월에 삼미광업개발주식회사로 변경하였다.

울산철광의 역사에 관한 고문헌의 기록을 보면 다음과 같다. 『동국여지승람』과 『울산읍지』(1780년, 1899년)에서 울산철광을 요약한 '울산문화재'에 따르면, 조선시대 정종 1년(1399년)에 지울주사(知蔚州事) 이종주에게 내린 왕지(王旨)에 '지울주사가 울산 철장관을 겸임하였다'는 기록이 있다.

울산철장은 달천철광을 의미하는 것으로 추측되며, 지주사가 철장을 관리할 정도로 큰 비중을 차지하였던 것으로 보인다. 그리고 『세종실록지리지』에도 「鐵場 在郡北 達川里 産 白銅鐵, 水鐵, 生鐵, 歲貢生鐵一萬 二千五百斤」이라고 하였다. 이는 달천철광에서 쇠를 생산하여 매년 나라에 제공한 것으로 전해진다. 이 철산을 발견한 사람은 조선 현종때 이의립(李義立)이라는 기록으로 보아 울산철광의 역사는 매우 오래된 것으로 알려지고 있다.

_제2절 울산의 자수정

다이아몬드와 함께 세계 5대 보석 중의 하나로 꼽히는 울산의 자수정은 일제 강점기에 옥돌이라는 이름으로 개발되기 시작하였으나, 채석은 1960년대 초반부터 시작되었으나, 본격적인 채석은 1970년대 후반부터이다. 국내 최대·최고의 자수정 광으로 알려진 울주군 삼남면 가천리와 상북면 등억리 산에서 캐내는 자수정은 그 품질이 우수하고 색상이 뛰어나 국내외에서 큰 인기를 얻고 있다. 1970년대 초반부터 소규모 채광을 해오던 자수정은 1975년 경남토사석채굴업협동조합이 조직된 후 이 일대에서 본격적으로 생산되었으며 가공공장도 설치되었다.

울산의 자수정은 외국의 자수정에 비해 색상, 광택, 투명도 등의 면에서 월등히 뛰어난 것으로 평가받고 있다. 자수정은 경상계, 불국사계, 흑운모, 화강암을 모암으로 하는 정동에서 생산된다. 현재 울주군 삼남, 상북면 일대에는 13만 2,000m²에 8개 광구가 있다. 1981년에는 620kg의 자수정을 일본으로 수출하여 3억여원의 외화를 획득하였으며, 1982년에는 약 5억원의 수익을 올린 바 있다.

‘성실’, ‘평화’, ‘이상’을 상징하는 2월의 탄생석인 자수정은 현재 다양한 가공품으로 생산되어 국내외 관광객들을 비롯하여 애호가들이 크게 늘어나고 있어, 보다 적극적이 개발이 요청되고 있다. 울산지역에서 생산되는 자수정의 가채광량은 정확하지는 않으나 100년은 넘을 것으로 추정되고 있다.

제3절 광업의 현황

2009년 현재 울산 광업의 사업체수는 비금속광물(연료용 제외) 9개 업체이고, 월평균 종업원수는 207명이며, 생산액은 1,013억 8,400만원이다. 이를 다시 종사자 규모별로 보면 먼저 사업체수는 종업원 10- 19인 업체가 4개소, 20- 49인 업체가 5개소이다. 종업원수는 10- 19인 업체에 63명, 20- 49인 업체에 144명으로 나타나고 있다. 생산액은 종업원 10- 19인 업체가 전체 생산액의 16.3%(165억 4,600만원)를 점유하고 있고, 20- 49인 업체는 전체 생산액의 83.7%(848억 3,800만원)를 차지하고 있다.

2009년 광종별 광구수는 총 41개(금속광 2개, 비금속광 39개)이지만, 금속광 2개는 미가행 광구이고, 비금속광 39개 중에 가행 29개, 미가행 10개이다. 따라서 가행광구수는 29개, 미가행 광구수가 12개이다. 대체로 울산의 광업은 사양화되고 있다.

<표11-1>에서 광산물의 생산은 매우 불규칙하게 증감을 반복하고 있으며, 1995년을 피크로 생산이 급격히 감소 추세에 있다. 2009년 현재 울산지역의 광산물 생산은 7만 2,000톤이며, 주로 고령토, 남석을 생산하고 있다.

〈표11-1〉 광산물 생산 추이

단위:M/T

연도	계	규사	고령토	남석	장석	사문석	기타
1970	5,590.0	5,590	-	-	-	-	
1975	-	-	-	-	-	-	
1980	100.0	100	-	-	-	-	
1985	52,920.0	52,920	-	-	-	-	
1990	105,800.0	105,800	-	-	-	-	
1995	324,965.5	46,725	26,225	17,105	-	-	234,910.5
2000	177,804.1	11,855	13,252	5,107	830	146,760	0.1
2005	48,555.0	-	19,050	2,182	223	-	27,100.0
2009	72,000.0	0	27,540	1,040	0	0	43,420.0

자료: 울산상공회의소, 『울산경제현황』, 1993.

울산시, 『울산통계연보』, 각년.

울산의 광업과 관련한 특산물로서 수정광맥 동굴 속에서 생산되는 동충하초와 외고산 옹기를 들 수 있다. 동충하초는 예로부터 중국에서 불로장생의 비약으로 특이한 형태 때문에 3000년에 한번씩 꽃이 핀다는 우담화에 비교할 정도로 길조의 정표로 여겨왔다. 글자 그대로 겨울에는 곤충이고 여름에는 풀잎처럼 돋아난다는 신비로운 버섯으로 인공적인 재배조건이 아닌 자수정 광산의 수정광맥 동굴 속에서 생산되며 약재로서 효능이 있는 것으로 알려져 있다.

외고산 옹기는 옛날 전통방식 그대로 제조공정으로 옹기 자체에서 외부공기와 내부공기의 자유로운 통기성으로 인해 음식물의 신선도 유지에 탁월한 효과가 있으며, 공해가 없는 제품으로 자연 그대로 식품을 보관할 수 있다. 2010년에는 울산세계옹기문화엑스포가 성황리에 개최되어 생명의 그릇인 울산 외고산 옹기의 진가를 세계에 알리는 계기가 되었다.

_제3편

울산지역 주력 제조업의 발전과정

울산이 상공업에 눈을 뜨기 시작한 것은 한일합병 후인 1910년대 초부터이다. 당시 일본인들이 대거 이주해 오면서 이들이 조선, 양조업, 운수업, 포경업, 잡화상, 어업, 과수원 등 다양한 업종을 경영하며, 실질적인 경영권을 장악하기 시작하면서 울산의 상공업은 개화의 눈을 뜨기 시작하였다. 이와 같이 일본인들이 본격적으로 상공업을 시작하면서 매일시장 및 정기시장이 개장되고, 농수산물 가공업을 비롯하여 조선(어선), 어업, 포경업 및 기타 산업이 발달하였으며, 일제 말기에는 약간의 군수산업도 등장하였다.

1945년 8. 15 광복 후 일본인이 철수하자 지역상공업은 일시적으로 쇠퇴상태를 면치 못하다가 한국전쟁을 거치면서 한 때 침체상태에 있던 울산의 상공업은 1954년 삼양사가 울산에 제당·한천공장을 건설하면서 전환기를 맞게 되었다. 삼양사가 1955년 1차로 매암동 해안 39만 6000m²를 매립하여 제당공장을 준공하면서 화학한천 및 인조제빙공장을 건설하여 가동시킴으로써 울산에서는 유사 이래 처음으로 대단위 공장이 세워져 많은 고용창출효과를 가져 왔다. 1962년 울산이 공업지구로 지정되기 직전에는 종업원 3명 이상을 고용하고 있는 제조업체는 약 42개이며, 종업원수는 742명에 불과하였다. 각 공장의 평균 종업원수도 17.7명에 불과하여 매우 영세한 규모였다. 업종으로는 식품이 가장 많은 부분을 차지하고 있었으며, 식품의 경우 삼양사(종업원수 160명)를 제외하고는 대부분이 양조장(종업원 139명)인데, 당시 울산양조합자회사(종업원 71명)와 학성양조장(종업원 55명)은 대규모 양조장이었다.[1)]

그 밖에 연탄공장이나 요업, 인쇄업, 목재업 역시 종업원수로 미루어 보아 근대적인 가공업으로는 보기 어려우며 영세한 가족기업의 형태로 운영되었다. 다만 설탕, 한천, 얼음을 생산하는 삼양사와 선박수리를 하는 방어진철공소가 규모가 큰 편에 속했다. 일제 강점기 울산 방어진에는 연안어업, 무역 등을 위해 많은 일본 선박들이 취항하고 있었다. 이러한 배경으로 방어진철공조선은 우리나라 최초의 조선소로서 1929년 일본인 나까베 이꾸지로(中部幾次郎)에 의해 설립되었으며, 설립당시 자본금은 50만원으로 대규모 공장이었다. 이 때 설립된 방어진 철공소는 일본의 조선기술을 도입하여 강선을 건조하기 시작한 이후 1945년까지 명맥을 유지하였다. 또 1939년 현 INP(구 청구조선) 중공업의 전신인 무라카미(村上)조선소가 일본인 소유로 설립되어 주로 포경선을 비롯한 어선을 건조한 것으로 전해진다.

울산읍이 시로 승격되기 이전에는 울산의 산업은 소도읍 지방의 산업구조와 크게 다르지 않은 미미한 실정이었다. 즉 공업센터로 조성되기 이전 울산의 산업은

---

1) 울산상공회의소, 『울산상의20년사』, 1984. pp. 144- 145.

그 규모나 경영면에서 영세성을 벗어나지 못한 소규모였으며, 생산시설은 대부분 재래 수동식이었다. 생산성 또한 부진하여 삼양사 울산공장을 제외하고는 각종 생산품이 지방시장에서 소비되는 정도에 불과하였다. 또한 인접한 대구와 부산의 중간지점으로서 산업의 발달은 크게 뒤떨어져 있었다.

1962년 당시 울산시와 울주군의 인구는 각각 85,082명과 126,153명이었고, 제조업 생산액은 2억 2,000만원, 수출은 26만 달러였으나, 울산이 1962년 시승격과 더불어 국가공업단지로 지정되면서 정유 및 석유화학공장, 자동차공장, 조선소, 비철금속공장 등 각종 공장이 들어서면서 우리나라 굴지의 산업도시이면서 세계적인 산업도시로 발전함에 따라 2009년 말 현재 인구 113만 명, 제조업생산액 166,149십억원, 수출 608억 4백만 달러로 늘어났다. 그리하여 울산은 제조업 생산액에 있어서 특별시·광역시 중 1위, 수출은 2위를 각각 기록하고 있다. 울산의 산업화는 1962년 우리나라의 경제개발5개년 계획과 맥을 같이 하면서 주로 자동차산업, 조선산업, 정유 및 석유화학산업, 비철금속산업의 발전에 의해 이루어졌다.

이리하여 본 편에서는 울산의 주력산업이 어떠한 과정을 거쳐 생성되었고, 발전되어 왔는가, 지역산업화에 따른 지역경제의 변화, 지역 주력산업의 발전과제 등에 대해서 고찰하고자 한다.

제 12 장

울산 공업단지 설정배경과 발전과정

_제1절 울산공업단지 설정

1. 설정배경

정부는 경제적 후진성과 빈곤의 악순환으로 낙후된 조국을 근대화함으로써 민족중흥과 조국의 발전을 이룩하기 위해 제 1차 경제개발5개년 계획을 수립하고 이를 효과적으로 실천하기 위해 공업입지의 자연적 조건이나 사회경제적 그리고 종합적인 평가를 토대로 하여 1962년 1월 27일 울산을 특정 공업지구로 결정 공포(각령 제 403호)하였다.

따라서 정부는 경제의 공업화를 위한 전진기지로서 산업기반을 조성하고 기술혁신을 수반한 선진국의 최신공업모형을 도입하여 울산을 공업도시로 건설하기로 하고 현대공업의 특징인 단위공업의 경제성과 각종 공업의 유기적 관련성을 높이기 위해 제철, 정유공장 및 비료공장 등 기간산업과 부산물을 효과적으로 이용하는 관련 산업을 발전시켜 신흥공업지대를 건설하기로 하였다.

5.16 이후 정부가 울산을 공업지구로 선정하게 된 것은 울산 앞바다는 조수간만의 차가 0.85m에 불과하여 우리나라의 어느 항만보다 유리하고, 자연적으로 잘 보

호되고 수심이 깊은 항만조건과 교통상 서울-부산간의 남북간선에서 별로 떨어져 있지 않은 철도의 한 지선상에 위치하며, 또한 전국적인 도로망과 연결되어 있는 조건에 있기 때문이다.

울산지역은 아직 개발되지 않은 광범위한 지역을 용이하게 확보할 수 있기 때문에 비교적 염가로 공장부지를 취득할 수 있고, 태화강과 회야강 등의 수원을 과다한 비용을 들이지 않고 충분한 용수공급을 위해 개발할 수 있는 이점이 있으며, 또한 제반 경제적 사회적 조건이 유리하여 장차 대공업지구로서 발전할 소지가 충분할 뿐만 아니라 타 후보지에 비해 휴전선으로부터 원거리에 있다는 사실과 우리나라에서 가장 중요한 국제상항인 부산과도 근접해 있다는 데 있었다.

전술한 바와 같이 울산은 교통상에 있어서 서울-부산간 남북간선에서 가까운 철도의 지선상에 위치할 뿐 아니라, 북으로는 경주와 대구 및 포항, 그리고 남으로는 부산, 서로는 밀양과 양산에 인접해 있으며, 태백산맥의 동해안 마지막 부분으로서 동대산맥이 남북으로 뻗어 방어진 반도를 형성하고 동쪽의 무룡산과 서쪽의 문수산이 서북쪽에서 수원을 이룬 울산의 젖줄인 태화강을 바라보며 평야를 이루고 또한 태화강과 동천강이 합류하여 울산만에 이르는 연변에 있는 광활한 퇴적평원과 분지는 하구에서 발달된 퇴적 삼각주를 이루어 전반적으로 장년기의 산악단구로 형성되어 있으며, 퇴적평야의 표고가 대체로 1- 3m 정도로 저지대에 속하며, 서남부의 잔구는 20m 내외로 되어 있기 때문이다.

시가지는 4면이 산으로 둘러싸여 있기 때문에 겨울에도 따뜻한 편이며 기온도 적당할 뿐만 아니라 항만의 양단은 방어진항과 장생포항이 마주 서 있으며 지각운동으로 이루어진 천연의 울산항은 수심이 16m 이상이고 중앙 협착부에서는 10m 정도이며, 만의 길이가 6.6km에 폭이 2km나 되는 양항을 이루고 있기 때문이다.

또한 지질은 다양한 암반이 형세를 이루고 있으나 그 위에 호묵색 이토가 덮여 있고 곳에 따라 이토층 사이에 엷은 모래와 자갈층이 있다. 그리고 암반은 조립질 선회색 사암 및 흑회색 사암층으로 되어 있고 표토의 2- 3m까지는 연암질로 되어 있어 정지작업에 유리하고 또한 건축용 석재도 풍부한 양이 인근지역에 산재하고 있으며 풍향이 연중 북서 내지 북, 서풍이 부는 관계로 공장지대에서 분출되는 모든 매연을 해상으로 퇴피시킬 수 있어 공업지대로서의 좋은 조건을 구비하고 있었기 때문이다.

공업용수도 태화강과 회야강의 수원을 확보하여 용수공급에 원활을 기할 수 있으며, 공업적지로서 특히 울산만 서안 장생포지구는 완만한 구릉지대로 형성되어 기존시설의 침해없이 공업용지를 확보할 수 있고 해면을 매립해서 공업용지를 늘릴 수 있을 뿐만 아니라 선로 및 박지의 준설토를 투기하여 매립함으로써 이중의 효과를 얻을 수 있어 공업용지 취득상 매우 좋은 조건을 갖추고 있었기 때문이다.

5. 16 이후 정부는 정치적 안정과 함께 무엇보다도 경제정책을 우선시 하여 공업발전을 중심으로 하는 경제개발 5개년 계획(1962- 66년)을 입안하여 공업화를 위한 기반조성과 수입대체산업의 육성에 중점을 두어 정유, 비료, 화학섬유, PVC, 시멘트, 발전 등을 전략부문으로 채택하였다. 그리고 울산을 특정 공업지구로 지정하고 정유, 비료, 화학섬유, PVC 등 업종의 공장건설에 착수하였다.

그러면 여기서 어떻게 해서 울산이 경제개발계획의 핵심인 특정 공업지구로 지정되게 되었는가에 대한 배경을 살펴보면 다음과 같이 요약할 수 있다. 첫째, 전술한 바와 같이 순수 경제적 측면으로 보아 울산지역이 중화학공업에 우수한 입지조건을 갖추고 있었다.

둘째, 정책결정자들의 대부분이 군 출신들이었으므로, 정책입안과정에서 한국전쟁의 경험을 살려 가장 안전한 위치로 울산을 지목하였다고 볼 수 있다. 셋째, 5. 16 이후 자유당 말에 부정축재자로 지목되어 온 경제인들이 재산헌납과 함께 경제인협회 명의로 공업센터 후보지로 울산을 지정해 줄 것을 정식으로 건의하였다.

2. 울산공업센터 기공

울산을 특정 공업지역으로 설정·공포(각령 제 403호)한 군사정부는 1962년 2월 3일 장생포동 납도(구 동양나일론 주식회사 공장부지 내, 현 주식회사 효성 울산공장 부지 내)에서 전국민의 관심 속에 역사적인 울산공업센터 기공식을 거행하였다. 이 날 울산공업센터 기공식에서 행한 당시 국가재건최고회의 박정희 의장은 치사를 통해 「4천년 빈곤의 역사를 씻고 민족숙원의 부귀를 마련하기 위하여 우리는 이곳 울산을 찾아 여기에 신생공업도시를 건설하기로 하였다. 루르의 기적을 초월하고 신라의 영성을 재현하려는 이 민족적 욕구를 이곳 울산에서 실천하려는 것이니 이것은 민족재흥의 터전을 닦는 것이며, 국가 백년대계의 보고를 마련하는 것이고, 자손만대의 번영을 약속하는 민족적 궐기인 것이다. 제 2차 산업의 우렁찬 수레소리가 동해를 진동하고 공업생산의 검은 연기가 대기 속에 뻗어 나가는 그날엔 국가 민족의 희망과 발전이 눈앞에 도래하였음을 알 수 있을 것이다.

빈곤에 허덕이는 겨레 여러분,

5. 16의 진의는 어떤 정권에 대한 야욕이나, 정체의 변조에도 그 목적이 있었던 것은 아니었으며, 오로지 이 겨레로부터 빈곤을 구축하고 자손만대를 위한 영원한

민족적 번영과 복지를 마련할 경제재건을 성취해야겠다는 숭고한 사명감에서 궐기하였던 것이다. 이 울산공업도시의 건설이야말로 혁명정부의 총력을 다 할 상징적 웅도이며 그 성패는 민족부귀의 판가름이 될 것이니 온 국민은 새로운 각성과 분발과 협동으로써 이 세기적 과업의 성공적 완수를 위하여 분기노력해 주시기 바라마지않는다」라고 강조했다.

울산공업센터의 기공은 참으로 우리 겨레의 운명을 걸고 추진하는 경제개발 5개년 계획의 역사적 기점이 되었다. 정부는 1962년 1월 26일 각의에서 울산지구를 특정공업지구로 결정하는 한편, 이 지구의 공업지대 조성을 촉진하기 위하여 「울산지구 종합공업지대 조성추진위원회」를 구성하였다. 새로운 공업도시에 건설될 주요 사업은 종합제철공장, 정유공업과 이에 수반하는 석유화학공업, 비료공장 등 기간산업을 비롯하여 이들의 동력공급을 위한 발전소와 산업도로 개설 및 항만의 축조, 주택건설, 공업용수 저수지 개발 및 도시계획이 또한 주요 사업이었다.

이 날 기공식 경과보고에서 밝힌 사업계획을 좀더 살펴보면, 첫째, 「공장건설에 있어서는 1일 처리능력 3만 배럴의 정유공장을 외화 1천 6백만 달러와 내자 35억원을 투입하여 3년간에 결쳐 건설하고, 이에 부수되는 석유화학산업을 건설할 것이다. 그리고 외자 5천 5백만 달러와 내자 100억원을 들여서 연간 질소비료 9만 5천톤(요소 환산으로 21만톤)의 생산능력을 갖는 비료공장을 3개년간에 결쳐 건설하고, 외자 3천 3백만 달러와 내자 300억원을 투입하여 25만톤의 강괴생산능력을 갖는 제철공장을 앞으로 5년간에 결쳐 건설할 것이며 또한 이와 같은 기간산업에 전력을 공급하기 위해 6만 6천kw의 발전시설용량을 갖는 화력발전소를 건설할 계획이다.

둘째로, 이와 같은 기간산업과 발전소를 비롯하여 도시에 소요되는 용수는 1일 10만톤이 필요하므로 이를 확보하기 위해 수원지를 개발할 것이며, 또한 항만구축과 준설 및 철도시설의 확장이 계획되어 있다. 다음으로 도시계획은 앞으로 5개년간 인구의 이동으로 10만명을 추산하는 새로운 도시를 구상하였고, 장래에는 50만명 규모의 도시를 조성할 계획이다」라고 보고되었다.

3. 온산비철공업단지 조성

정부는 울산공업단지와 인접한 울산군 온산읍 일대를 비철공단으로 조성하여 울산공단과 연계하여 비철금속공업을 육성하기로 하고 1974년 4월 1일 건설부 고시 제 92호와 1981년 4월 1일 동고시 제 100호로 확장 개발된 총면적 약 3,300만m²

규모의 대단위 중화학 임해공업단지로 발전시켰다. 온산항의 연안에 접하고 있는 온산면의 당월, 우봉, 원산, 대정, 이진, 화산, 방도, 학남, 처용리 일대를 공간지역으로 하고 있는 온산공단은 동, 아연, 알루미늄 등 비철금속류의 기초소재와 석유화학제품의 기초원료를 생산하여 자급도를 높이고 수입대체효과를 제고하여 균형적인 산업구조를 도모하기 위해 조성된 것이다.

앞으로 우리나라 비철금속 육성에 새로운 전기를 이룩한 온산공단의 추진상황을 요약하면 1973년 7월 20일 건설부 공고 제 300호에 의해 기준시가가 공시되었고 1974년 4월 1일 건설부 고시 제 92호로 산업기지 개발지역 지정 및 기본계획이 확정되면서 구체화 되었다. 이에 따라 1974년 8월 단지조성을 보다 효과적으로 추진하기 위해 온산공업단지 조성지원사무소가 설치되고 그 해 11월 산업기지개발공사와 울산군이 공단조성용지 매수업무위탁협약을 체결하고 본격적인 매수업무를 추진하였고, 1975년 4월과 1979년 5월에는 온산공단 건설에 따르는 이주민 대책으로 6만여명에 달하는 덕신이주단지조성사업을 확정, 시행하기에 이르렀다. 한편 울산군은 온산공단 배후도시로 개발되는 덕신이주단지는 237만 6,000m² 규모로 인구 5만명을 수용하는 새 도시로 건설한다는 방침이었다.

이렇게 하여 발전을 계속하고 있는 울산공업도시 건설의 의의는 ①현대공업의 특징인 각 업종간의 경제성과 관련성을 높일 수 있으며, ②기간산업과 관련산업을 묶어 하나의 Industrial Complex를 형성하고, 그 파급효과를 기대할 수 있으며, ③산만한 공업건설만으로는 고도의 공업화를 이룩하기 어려우므로, 독일의 루르, 일본의 한신(阪神)공업단지, 게이힌(京浜)공업단지에 버금가는 공업집적지대를 지향할 수 있으며, ④선진국의 최첨단 공업체제와 기술로 최신모형에 의한 공업도시를 건설하여, 능률적으로 부를 창조하고 나아가 국민들에게 공업한국에 대한 새로운 희망과 의욕을 줄 수 있다는 것이다.

4. 울산특별건설국 및 울산개발계획본부 설치

정부는 이러한 계획에서 울산에 정유를 비롯하여 비료·전력·화학·자동차 등 기간산업을 건설함에 있어 건설의 계획화 추진과 부대사업을 효율적으로 추진하기 위해 1962년 3월 7일 각령 제 504호에 의거하여 울산특별건설국을 설치하고 건설에 박차를 가하기 시작하였다. 울산특별건설국은 공업센터에 입주할 각 산업체의 용지조성을 비롯하여 산업도로의 개설, 시가지 도시계획에 따른 도로축조를 비롯하여 공업용수 댐건설, 항만축조 및 항역준설사업, 교량가설, 용수관리사업 등 각종 지원사업을 전개하면서 공업센터 건설에 중추적인 역할을 하였다. 울산특별건설국은 1962년 3월에 시내 성남동 현재 울산소방서 자리에 가청사를 마련하여 업무를 개시하고, 1965년에 야음동에 청사를 새로 건립(현 울산세관)하여 이전하였다가 1976년 6월 특별건설국이 철수될 때까지 14년간에 걸쳐 존재하였다. 울산특별건설국이 수행한 각종 지원사업은 사연댐 축조를 비롯한 울산항 축조사업 등 연 80개 사업을 수행하여 산업활동의 기반을 거의 완성시켰다.

정부는 울산공업지역의 효율적인 개발을 위해 관련 행정부처간의 유기적인 협력과 조정이 절대적으로 필요하였다. 이에 따라 정부는 1962년 1월에 울산지구 종합공업지대조성 추진위원회를 설치하였으며, 이 위원회는 울산지역을 종합공업지역화하는 계획의 수립과 집행을 위해 경제기획원 장관의 자문에 응하는 기구였다. 정부는 또 다시 내각수반 밑에 울산개발위원회와 울산개발계획본부를 설치하고 그 아래에 울산토지조정위원회, 외국기술용역단을 두었으며, 내무부, 상공부, 교통부, 농림부, 건설부 등과 밀접한 협력을 유지하면서 울산공업단지 건설사업을 진행하였다.

5. 초창기 울산산업화에 기여한 중앙과 지방의 인물

울산의 산업화에 기여한 중앙의 인물로는 경제총수라고 할 수 있는 박정희 대통령이 있었고, 그 밑에는 울산의 산업화가 완성되는 1960년대 초부터 70년대 후반에 이르기까지 부총리 겸 경제기획원 장관인 장기영, 박충훈, 김학렬, 태완선, 남덕우 등이 있었으며, 상공부장관에는 박충훈, 김정렴, 이낙선, 장예준 등이 있었다. 특히 김정렴 비서실장의 경우는 박대통령의 신임이 두터워 1960년대 후반부터 70년대 후반까지 경제문제를 일임할 정도였다. 경제총수의 상층부에 위치하는 박대통령, 김정렴, 장기영, 박충훈은 테크노크라트의 범주에 속한다.

박대통령 시대에는 테크노크라트의 조직이 가동되고 있었다고 보아야 한다. 경제문제에 관해서는 소수정예주의로 운영되었으며 이 중 박대통령을 제외하면 모두 문관출신이고 부과된 임무는 기어코 달성하는 책임 완수형 행정관료였다. 그리고 박대통령 시대의 청와대 조직은 특별보좌관과 비서실 기구로 나누어졌으며, 특별보좌관은 학자나 장관으로 구성되고, 비서관은 각 부처의 소속공무원으로 구성되어 있었으며, 청와대와 각 부처간의 의사소통은 완벽하게 이루어졌다. 경제 제2수석비서관실은 일종의 테스크 포스 팀으로 중화학공업건설과 같은 대통령의 특별 관심사업을 주관하였다.

다음으로 울산의 산업화를 위한 지방의 인물을 보면 박정희 대통령과 친분이 두터운 울산 출신의 이후락씨를 들 수 있으며, 공업센터 건설사업을 시정구호 및 방침으로 삼았던 홍승순, 신선열, 최병환, 윤동수 시장 등을 들 수 있다. 이들은 공단건설사업을 추진하기 위해 울산시 전역을 공단지역과 주거지역으로 분리하여 공해를 차단하는 중앙녹지대를 설치하였으며, 공단건설 용지 매수와 주민이주대책, 그리고 지상물 철거와 공사추진에 불철주야 전행정력을 경주하여 공단부지를 건설하고 대소 업체 약 200개 공장이 입주하여, 전국 최초의 공업단지가 형성되어 공업입국의 상징도시로 만드는데 기여하였다.2)

한편 1960년대 초에 설립된 울산상공회의소 고기업 회장을 비롯한 박진연, 박영출 부회장 등 임원들도 공업센터 건설을 지원하는데 최선을 기울였으며, 청와대를 방문하여 공장유치에 따른 지역적 입지여건과 항만 등에 대한 구체적이고 적극적인 유치운동을 진개하였다.3)

제2절 울산공업단지의 발전과정

이처럼 울산의 공업발전은 1962년 공업단지 조성으로 시작하여 국가의 경제발전계획의 공업화 정책에 따라 이루어졌다. 울산의 공업발전은 울산공업단지의 성장에 따라 이루어졌으므로 공업단지의 성장과정에 따른 공업의 발전은 공업단지 지정 이전의 울산의 공업과 경제개발 5개년 계획에 따라 제 1차 경제개발 5개년 계획기간인 1962년부터 1966년까지를 1단계 기간으로 하여 1982년 이후의 5단계로 구분하여 울산의 공업과 울산공업단지의 발전과정을 제시한다.

1. 공업단지 지정 직전의 울산의 공업

<표12-1>을 보면, 울산공업단지 지정 당시인 1962년의 울산의 산업구조는 1차산업종사자가 전체 취업인구의 71.4%인 23,482명으로 울산은 농수산업 중심의 지방소도읍이었음을 알 수 있으며, 다음으로는 3차산업 종사자가 18.4%인 6,012명이었으며 가장 미약한 산업이 2차산업으로 종사자는 4.0%인 1,312명에 불과하였다.

2) 울산시, 『울산시사』, 1987.
3) 울산상공회의소, 『울상상의 30년사』, 1994.

〈표12-1〉 산업별 인구구성(1962)

단위: 인, %

구분	총인구	취업인구		1차산업		2차산업		3차산업		기타	
		인구	비중	인구	비중	인구	비중	인구	비중	인구	비중
직할	35,649	10,693	30.0	5,750	54.2	679	6.4	4,008	37.0	256	2.4
장생포출장소	18,254	8,328	45.6	6,290	75.5	340	4.1	881	10.6	817	9.8
방어진출장소	16,491	6,307	38.2	5,523	87.5	90	1.5	568	9.0	126	2.0
병영출장소	14,688	7,464	50.8	5,865	78.6	203	2.7	555	7.4	841	11.3
합계	85,082	32,792	38.4	23,428	71.4	1,312	4.0	6,012	18.4	2,040	6.2

자료: 울산건설국, 『울산도시계획조사보고서』, 1963, p.27

<표12-2>를 보면, 2차산업 종사자 중에서 종업원 3인 이상을 고용하고 있는 42개 공장에 종사한 종업원은 742명이었으며, 나머지는 1- 2명의 종업원을 둔 가내공업이나 광업에 종사하였음을 알 수 있다. 업종도 식품, 연료, 섬유 등의 소비재 가공단계를 벗어나지 못한 공업발전 초기에 속하는 수준에 머물렀다고 볼 수 있다.

〈표12-2〉 업종별 제조업 현황(1962년)

단위: 인, %

업종	업체수(A)	종업원(B)	B/A	생산품
계	42 100.0	742 100.0	17.7	
식품	8 19.1	177 23.9	22.1	청주, 소주, 탁주, 엿, 설탕. 한천, 얼음
섬유	2 4.8	42 5.6	21.0	면직물
화학	1 2.4	37 5.0	37.0	벤트나이트. 활성백토
기계	6 14.3	27 3.6	4.5	탈곡기, 브록형 건축자재, 농기구 각종 기계 부속품
연료	7 16.7	57 7.7	8.1	19공탄, 기타 연탄
요업	3 7.1	39 5.3	13.0	소주 독, 염산 독, 화분, 연탄화로
인쇄	3 7.1	10 1.4	3.3	각종 인쇄물
목재	3 7.1	20 2.7	6.7	판재 및 각재
기타	9 21.4	333 44.8	37.0	기와, 기관, 브로크, 신조연와, 鯨油, 鯨肥 스트레이트, 연통토관, 鯨內, 성냥, 선체신조

자료: 울산건설국, 『울산도시계획조사보고서』, 1963, pp.40- 41

1962년 당시 울산의 주요 공장은 <표12-3>과 같으며, 당시 가장 큰 공장은 삼양사 울산공장이며, 삼양사 외에 종업원 50명 이상의 공장은 대한석유저장주식회사, 울산양조합자회사, 학성양조장 정도였다.

〈표12-3〉 1962년 당시 울산의 주요 공장

업체	업종	종업원	업체	업종	종업원
(주)삼양사 울산공장	설탕,한천,얼음	160	울광직물공장	면직물	20
대한석유저장회사	유류	86	대동상사합명회사	정미업	13
굴화철공소	농기구수리	15	학성양조장	탁주	55
삼광제과	과자제조	15	동광직조사	생사직조	20
대영철공소	농기구수리제작	5	울산공무사	제재, 토건업	11
한일공업사	제재	6	근역토건사	토건업	7
부래옥제과	과자제조	8	한국생필산업사	성냥	30
대한홍업사	제재	8	방어진철공조선(주)	조선수리, 건조	27
울산상사주식회사	제재	10			
울산양조합자회사	탁주·소주	71			
백화양조합자회사	청주	13			

자료: 울산상공회의소, 『울산상의 30년사』, 1994, p.199

2. 제1단계(1962- 66): 공업기반 조성 및 기간산업건설

전술한 바와 같이 제 1차 경제개발 5개년 계획이 시작되던 1962년에 경제개발사업의 핵심인 울산공업센터 기공식을 1962년 2월 3일 거행하고 울산에 기간산업을 비롯하여 관련 산업의 건설을 위한 공장건설 부지 확보와 더불어 부지정지공사, 도로, 토목사업 등 부대지원시설과 공업용수개발과 항만축조사업 등 공업단지 기반조성을 위해 <표12-4>와 같이 울산공업단지 조성에 집중적으로 투자하였다. 정부가 울산공업센터 건설에 투자한 금액은 제 1차 경제개발 5개년 계획기간 중 총투자액의 7.7%에 달하며, 그 중 광공업 부문 투자총액의 24.8%를 울산공업센터의 공장건설에 투자한 것으로 나타났다.

〈표12-4〉 제 1차 경제개발 5개년 계획기간 중 울산에 대한 정부투자액

단위: 백만원, %

년도	합계	1962	1963	1964	1965	1966
합계	45,316(100.0)	1,597	7,471	2,335	2,954	30,959
공장건설	40,357(89.1)	935	6,527	1,452	2,075	29,959
지원건설						
소계	4,959(10.9)	662	934	883	879	1,601
항만	1,231(3.1)	337	38	146	109	471
공업용수	1,493(3.7)	115	507	337	306	228
도시토목	691(1.7)	60	193	61	74	303
전신	79(0.2)	-	-	-	2	77
기타	1,456(3.6)	120	196	339	288	522

자료: 울산시, 『울산통계연보』, 각년.

울산시 도시계획 총면적 176.04km^{2}를 공업지구로 지정하여 착공된 울산공업센터는 기간산업을 비롯한 관련 산업의 건설이 활발히 추진되어 이 기간 중 건설 또는 지정승인을 받은 업체는 <표12-5>와 같이 정유, 비료, 합섬, 알루미늄 등의 공장이 입지하기 시작하였다.

〈표12-5〉 제1차 경제개발 5개년 계획기간(62- 66) 중 울산의 공장지정승인 현황

단위: 천 달러, 천원, 천m², 인

공장	지정 승인	투자액		부지	고용 계획	단위	생산	
		외자	내자				품명	수량
정유공장	1962. 2	23,019	1,386,000	2,310	700	BbL/일	석유제품	55,000
한국석유	1965. 2	-	10,000	38.2	191	T/년	부론아스팔트	36,000
대한製罐	1965. 5	-	165,000	12.2	54	개/년	空罐	165,000
영남화학	1964. 6	34,200	2,700,000	1,072.5	600	T/년	요소	84,000
한국비료	1965.10	46,861	3,500,000	1,148.4	1,000	T/년	복합비료	180,000
							요소	330,000
울산내연		4,000	327,000	122.1	45	Kw	전력	60,000
공영화학	1966. 1	3,380	350,000	165.0	300	T/년	PVC	6,000
							가성소다	4,400
동양합섬	1964.12	3,800	940,000	597.3	305	LBS/년	폴리아크릴	4,800,000
동양나일론	1964.12	8,490	450,000	396.0	650	T/일	나일론	7.5
인성산업	1965. 1		50,800	59.4	240	개/년	空罐	240,000

한국알루미늄	1966. 2	15,000	1,550,000	617.1	600	T/년	알루미늄인코드	15,000
영남화력	1966.11	46,250	2,070,000	122.1	250	Kw	전력	400,000
동창화학	1966. 3		85,600	15.5	60	T/년	카본블랙	2,000
계		185,000	14,053,400	6,675.8	4,995			

자료: 울산상공회의소, 『울산공업30년사 』, 1992, p.267

3. 제2단계(1967- 71): 중화학공업 기반 조성

2단계 기간 동안에는 석유화학단지 조성, 항만건설사업 등이 활발히 추진되어 이 기간동안 울산공업단지에 투자된 총액은 841억 3천 6백만원으로 이는 제 2차 경제개발 5개년 계획 기간 중 정부의 총투자액 18,207.8억원의 4.6%에 해당하는 금액이다. 공장건설현황을 준공 완료된 공장을 기준으로 살펴보면, 영남화학, 한국비료, 동양나일론, 현대자동차 등 12개 공장이 준공되었으며, 1969년 12월에 석유화학공업단지 정지공사가 완료됨에 따라 한양화학, 대한유화, 삼경화성 등 석유화학 계열공장이 착공되었으며, 삼양특수강 등 여러 공장이 건설 지정승인을 받았다. 이 기간 중 중요 공장 건설현황을 보면 <표12-6>과 같다.

〈표12-6〉 제2차 경제개발 5개년 계획기간 중 울산공업단지에 건설된 주요 공장

설립년월	공장	설립년월	공장
1967. 3	정유공장 11만 5천 B 시설확장공사 착공	1968.11	현대자동차 공장 정식가동
1967. 3	영남화학 준공	1968.11	석유화학공업단지 부지정지공사착공
1967. 4	한국비료 준공	1968.12	태원물산 준공
1967. 6	석유화학 콤비나트 설립지정	1969. 7	한국알루미늄(현 대한알루미늄)공장준공
1967. 1	공영화학(현 한국플라스틱)준공	1970.10	울산비행장 준공
1968. 3	석유화학공업단지 기공식	1970.12	영남화력 2호기 준공
1968. 8	현대조선소 건설 승인	1971. 3	동해전력 2호기 준공
1968.10	대암제 축조공사 기공식	1971.12	제 3 부두 준공

자료: 울산상공회의소, 『울산상의 30년사』, 1994, p.203

4. 제3단계(1972- 76): 중화학공업 성장

이 기간 동안은 기간산업의 확장 및 신설 등 정부에서 울산공업단지에 투자한 금액은 공장건설에 5,449억원, 항만건설사업 및 공업용수 개발사업 등 지원시설에 605억원을 투자하여 총 6,054억원이 투자되었으며, 1973-77년까지 5회에 걸쳐 오우

버 · 론(over loan)현상이 있었다. 2차에 걸친 경제개발 5개년 계획기간 동안 울산공업단지 건설은 거의 완전한 기반을 구축하였으며, 제 3차 경제개발 5개년 계획기간인 제 3단계 기간은 명실상부한 중화학공업을 건설하면서 여타 부대시설을 확충해 나간 기간이었다고 볼 수 있다.

공장건설 현황을 보면, 제 3차 경제개발 5개년 계획 기간 중 4대 핵심공장으로 정책적인 공장이라고 할 수 있는 현대조선소의 준공을 비롯한 선경합섬, 한남화학, 삼양특수강, 동해조선, 진양화학 등 14개 공장이 준공되었고, 코오롱유화, 현대서비스공장 등 8개 공장이 착공되었다. 주요 공장 건설 및 착공현황을 보면 <표12-7> 과 같다.

〈표12-7〉 제 3차 경제개발 5개년 계획기간(72- 76) 중 울산의 공장 준공(기공)현황

준공(기공) 연월	공장	준공(기공) 연월	공장
1972. 2	대한 아스팔트 공장 준공	1974. 5	선경합섬 준공
1972. 3	한성기업 울산공장 준공	1974. 12	제일 폴리머 준공
1972. 3	울산냉동공장 준공	1974. 12	한국 메탄올 준공
1972. 3	현대 울산조선소 준공	1974. 12	한국 카프로락탐 준공
1972. 3	국제탱크터미널 준공	1975. 6	고려화학 준공
1972. 5	삼양특수강(현 삼미종합특수강)준공	1975. 7	영수물산 준공
1972. 10	석유화학 종합준공(8개 공장)	1975. 9	미원상사 준공
1972. 12	제 4부두 준공	1975. 11	한국 폴리올 준공
1973. 3	한국합성고무공장(현 금호석유화학)준공	1975. 12	진양화학 준공
1973. 9	한미유기화학 준공	1976. 6	동해조선 준공
1973. 10	한국비료메라민 공장 준공	1976. 10	대농유화 준공
1973. 12	한남화학공업사 준공	1976. 10	울산석유화학 기공

자료: 울산상공회의소, 『울산상의 30년사』, 1994, p.203

5. 제4단계(1977- 81): 중화학 공업의 성숙

이 기간 중 울산의 공업은 그 어느 지역보다도 정부의 대폭적인 지원 하에 완전한 기반을 구축하여 우리나라 경제성장의 상징으로서 모습을 갖춘 공업단지로 성장하였다. 조선공업을 비롯하여 자동차, 정유, 석유화학 등 공업의 발전으로 1962

년 42개 업체에서 1981년 514개 업체로 무려 12.2배나 증가했으며, 공업생산액도 전국에서 가장 높은 실적을 보였으며, 수출 또한 큰 폭으로 증가하였다.

공업단지에 입지한 공장의 확장과 계열공장의 입지가 활발한 기간으로 석유화학 계열 관련 공업의 집적이 거의 완료되어 갔으며, 자동차공업의 확장과 계열공장 및 부품공장의 집적이 확대되고 조선공업의 확대와 더불어 관련된 엔진, 철재, 목재, 중전기공업 등의 대기업이 입지하였다. 그리고 울산공업단지에 인접한 온산공업단지의 개발이 시작되어 정유, 비철금속공업의 공장이 건설되기 시작하였다. 이 단계에서는 석유화학공업은 기반확충으로 안정되어 가고 자동차, 조선공업은 급성장을 지속하였다.

6. 제5단계(1982-　　): 복합공업단지 기반조성

4차에 걸친 경제개발 5개년 계획은 우리나라 경제의 고도성장정책을 효율적으로 추진하기 위한 수단으로 지나치게 정부주도 방식만을 택하여 왔기 때문에 경제 본질이 약화되었으며, 제 5차 경제개발 5개년 계획기간 동안은 민간주도로 바꾸어 경제기능을 활성화한다는 발전전략 하에 경제체질을 재편하여 항구적 발전기반을 구축하고 지역간·계층간·부문간의 균형발전을 추진한 기간으로 울산공업단지에서는 자동차공업의 급성장으로 인한 자동차 생산규모의 확대와 부품업체의 집적이 활발하여 효문에 자동차부품 전용단지가 형성되었다.

기존 공업단지의 지속적인 개발과 인근 울산군(현 울주군) 서부지역인 언양, 상북, 가천지구에 공업단지가 조성되고 농소 신천지구와 공해지역주민 이주지역인 여천, 매암, 용연지구가 새로운 공업지구로 개발되기 시작하였다. 울산 시·군지역의 공업단지는 중부, 동부, 남부, 서부지역으로 구분할 수 있다. 중부공단은 장생포지구, 석유화학단지, 용연지구, 여천지구, 매암지구로 나누어지며, 동부공단은 염포지구, 미포지구, 효문지구, 신천지구로 구분된다. 그리고 남부공단은 온산지구, 서부공단은 언양지구, 상북지구, 농공단지, 가천지구, 두서지구로 나누어진다.

이와 같이 관련 산업간, 공업지구간의 공업벨트가 형성되었으며, 중화학공업 중심의 공업단지에 산업용 로봇, 전자, 정밀화학공업 등의 입지와 기존 업종의 고도화·첨단화에 의한 공업구조의 변화로 복합공업단지로서의 기반이 조성되었다

제3절 울산의 공업단지 현황

1. 국가산업단지

1)울산미포국가산업단지

① 조성목적 및 특징

대단위 석유정제, 석유화학, 자동차 및 조선공업과 관련된 신산업단지 건설과 고도화된 업종 간의 균형발전 및 첨단산업의 유치로 중화학공업육성 도모.

② 위치: 울산시 남구, 동구, 북구의 효문·연암동 일대

③ 조성기간; 1978-2011.12

④ 분양면적: 33,722천m²

⑤ 가동업체수: 714개 업체, 고용인원: 87,807명, 생산: 711,195억원, 수출: 32,817백만 달러

⑥ 업종구분

구분	계	음식료	섬유피복	목재종이	석유화학	비금속	철강	기계	전기전자	운송장비	기타	비제조
가동업체	714	8	5	15	126	29	13	209	75	121	24	89
근로자수	87,807	482	208	302	14,963	668	872	5,581	800	63,295	113	523

2) 온산국가산업단지

① 조성목적 및 특징

비철금속공업, 정유 및 유류비축, 화학펄프공업의 육성과 이와 관련 있는 공업을 유치하여 국제경쟁력 있는 중화학공업단지로 조성.

② 위치: 울산 남쪽 40km 지점의 울산시 울주군 온산읍 일원

③ 조성기간: 1974-2011.12.31

④ 분양면적; 12,906천m²

⑤ 가동업체수: 263개 업체, 고용인원: 13,194명, 생산: 272,195억원, 수출: 8,382백만 달러

⑥ 업종구분

구분	계	목재 종이	석유 화학	비금속	철강	기계	전기 전자	운송 장비	기타	비제조
가동 업체	263	3	63	10	13	70	7	57	7	28
근로 자수	13,194	737	4,029	270	872	826	148	3,775	128	262

2. 일반산업단지

1) 울주 길천 일반산업단지

① 조성 목적 및 특징

대우버스(주) 울산 이전에 따른 추가부지 확보 및 협력업체 이전에 따른 공장용지의 적기 공급.

② 위치: 울주군 상북면 길천 · 거 · 산전리 일원

③ 조성기간: 2005. 1- 2011. 12. 31

④ 분양면적: 354천m²

⑤ 가동업체수: 5개 업체, 고용인원: 170명

⑥ 업종 구분

구분	계	운송장비	기타
가동업체	5	1	4
근로자수	170	15	155

2) 울주 봉계 일반산업단지

① 조성목적 및 특징

두동농공단지와 연계한 산업단지 조성으로 북부권 개발 가속화

② 위치: 울주군 두동면 봉계리 일원

③ 조성기간: 2008-2011.

④ 분양면적: 미착수

⑤ 입주업종: 자동차부품, 기타 기계 등

3) 북구 매곡 일반산업단지

① 조성 목적 및 특징

울산시의 지속적인 성장발전 및 지역균형발전 유도와 공업규모의 균형화를 위한

중소기업의 입지확대.

② 위치: 울산시 북구 매곡동산 104번지 일원

③ 조성기간: 2000. 1- 2006. 7. 27

④ 분양면적: 376천m²

⑤ 가동업체수: 51개 업체, 고용인원: 2,085명

⑥ 업종구분

구분	계	철강	기계	전기전자	운송장비	기타
가동업체	51	2	19	3	26	1
근로자수	2,085	94	484	185	1,307	15

4) 북구 모듈화 일반산업단지

① 조성 목적 및 특징

기존 자동차산업 및 연관산업의 집적 고도화로 국가경쟁력을 강화하고 세계적 자동차 부품 공업기지로서의 발전계기를 마련.

② 위치: 울산시 북구 효문·연암동 일원

③ 조성기간: 2001. 1- 2008. 12. 14

④ 분양면적: 512천m²

⑤ 업체수: 23개 업체

5) 울주 신일반산업단지

① 조성 목적 및 특징

울산 신항만 건설계획과 연계한 물류산업 및 친환경적인 복합기능의 산업단지를 개발하여 미래지향적인 첨단산업을 유치함으로써 산업구조 고도화의 초석마련

② 위치: 울주군 온산읍 처용리, 청량면 용암리 일원

③ 조성기간: 2000. 1-2011.12.31

④ 입주업종: 일반제조업(1차금속, 조립금속, 전기·전자, 기타 기계 및 장비), 첨단지식기반 제조업(메카트로닉스, 생명공학)

6) 북구 이화 일반산업단지

① 조성목적 및 특징

오토밸리와 연계한 공장용지 적기공급으로 산업집적 활성화 기대

② 위치: 울산시 북구 중산동 일원

③ 조성기간: 2007- 2011

④ 입주업종: 자동차 및 트레일러 제조업

7) 북구 중산 일반산업단지

① 조성 목적 및 특징

울산광역시의 지속적인 성장 발전 및 지역균형발전 유도와 자동차산업의 집적 고도화로 국가경쟁력 강화

② 위치: 울산시 북구 중산동 일원

③ 조성기간: 2005. 1- 2008. 12. 31

④ 분양면적: 71천m²

⑤ 입주업종: 자동차 관련 부품 제조업

8) 울주 KCC 울산일반산업단지

① 조성목적 및 특징

울주군 지역의 부족한 공장용지 확보 및 소규모 중소기업을 위한 저렴한 공장용지 조성 공급

② 위치: 울산시 울주군 두서면 활천리

③ 조성기간: 2008. 1- 2012. 12. 31

④ 분양면적: 904천m²

⑤ 입주업종: 자동차 및 트레일러 제조업, 전기장비 제조업

3. 농공단지

1) 북구 달천 농공단지

① 조성목적 및 특징

농촌지역 생산기반 강화 및 지역간 공업단지의 적정 배분으로 지역간 경제적 불균형 해소와 중소기업체 공업입지 공급으로 농어촌 공업을 개발하여 농어촌 농외소득 증대

② 위치: 울산시 북구 달천동 209번지 일원

③ 조성기간: 1997. 11. 20- 1999. 9. 17

④ 분양면적: 195천m²

⑤ 가동업체: 80개 업체, 고용인원: 1,469명

⑥ 업종구분

구분	계	섬유 의복	석유 화학	비금속	기계	전기 전자	운송 장비	기타	비제조
가동업체	81	3	4	1	37	10	23	1	1
근로자수	1,469	95	52	9	641	159	486	18	9

2). 울주 두동농공단지

① 조성목적

농외소득 증대 및 지역경제활성화와 지방재정 확충을 위해 조성

② 위치: 울산시 울주군 두동면 봉계 일원

③ 조성기간: 1994. 4. 18- 1995. 9. 30

④ 분양면적: 56천m^2

⑤ 가동업체수: 4개 업체, 고용인원: 292명

⑥ 업종구분

구분	계	목재 종이	운송장비
가동업체	4	1	3
근로자수	292	12	280

3) 울주 두서농공단지

① 조성목적 및 특징

농외소득 증대 및 지역경제 활성화와 지방재정 확충

② 위치: 울산시 울주군 두서면 전읍리 일원

③ 조성기간: 1990. 8. 3- 1991. 12. 31

④ 분양면적: 101천m^2

⑤ 가동업체수: 17개 업체, 고용인원: 1,082명

⑥ 업종구분

구분	계	석유화학	기계	운송장비	기타
가동업체	17	3	5	8	1
근로자수	1,082	180	515	386	1

4) 울주 상북농공단지

① 조성목적 및 특징

농외소득 증대 및 지역경제 활성화와 지방재정 확충을 위해 조성

② 위치: 울산시 울주군 상북면 양등리 일원

③ 조성기간: 1987. 9. 25- 1988. 6. 10

④ 분양면적: 107천 m²

⑤ 가동업체수: 9개 업체, 고용인원: 934명

⑥ 업종구분

구분	계	석유화학	철강	기계	운송장비
가동업체	9	1	1	1	6
근로자수	934	85	48	146	655

4. 조성예정 산업단지

단지명	면적	위치	조성기간	유치업종	사업예산
중산 2차 일반산업단지	29만m²	북구 매곡, 중산동 일원	2010.5- 2012. 12	자동차부품 제조업 등	359여억원
매곡 2차 일반산업단지	7만m²	북구 매곡, 중산동 일원	2010. 5- 2012. 12	자동차부품 제조업 등	305여억원
매곡 3차 일반산업단지	15만m²	북구 매곡, 중산동 일원	2010. 5- 2012. 12	자동차부품 제조업 등	
반송 일반산업단지	94만m²	울주군 언양읍 반송리 산 82번지 일원	2012년. 12월 완공예정	전자부품 제조업, 의약품 플라스틱 제조업 등	1,800여억원
고연 일반산업단지	289만m²	울주군 고연리 일원	2013년 12월 완공예정	자동차 및 트레일러 제조업 등	1,500여억원

자료: 울산상공회의소, 『2010 울산산업경제현황』, 2010.

제 13 장

정유산업

제1절 SK(주)

우리나라에서 석유가 산업용으로 보급되기 시작한 것은 일제 강점기였고, 일본은 그들의 필요에 따라 한반도에 석유를 판매하였다. 일본은 1930년 경부터 대륙침략의 발판으로 한반도를 병참기지화 하였고, 그 일환으로 1935년 조선석유회사를 세우고 연산 30만톤(일산 약 6천 배럴) 규모의 정유공장을 원산에 세우게 되었다. 조선석유는 그 후 연산 40만톤 규모로 확장되었으며, 휘발유, 등유, 경유, 기계유, 중유, 아스팔트를 생산하여 국내공급은 물론 만주, 중국에 수출하기도 하였다.

그러나 2차대전 중 주요 공장을 분산시킨다는 명목으로 시설 일부가 울산으로 이전되었다. 연 20만톤의 정유능력을 갖춘 울산공장을 1944년에 착공하였으나 70%의 건설단계에서 2차 세계대전이 종결되어 우리나라는 광복을 맞게 되었고, 그 후 정치·사회적 상황이 복잡하여 이 문제는 뒷전으로 밀려났다.

1948년 대한민국 정부가 수립되면서 2억5천만원의 예산을 투입하여 울산정유공장의 복구와 확장공사를 실시하여 가동단계까지 이르렀으나, 외환사정의 악화로 원유구입이 어려워 결국 가동을 보지 못한 채 한국전쟁의 발발로 이 시설은 유엔군의 유류보급창으로 징발당하고 말았다. 당시 울산정유공장 뿐만 아니라 대한석유저장회사(KOSCO)가 관장하던 주요 석유저장시설들도 모두 유엔군이 사용하였다. 이러한 현상은 1964년 유공이 그 시설과 업무를 인수할 때까지 계속되었다. 여기에 중화학공업의 육성을 전략적 추진목표로 산정하고 공업생산에 불가피한 에너지를 공급하는 정유공장의 건설이 전력, 비료, 철강 등과 더불어 구체적인 업종으로 선정되었다. 전력, 석탄, 석유 등 에너지의 안정적인 공급없이는 경제개발계획 자체가 불가능한 상황이었고, 에너지 수입대체전략으로 정유공장 건설이 핵심사업으로 채택되었다.

이에 따라 1962년 1월 26일 국무회의에서 대한석유공사(유공)의 설립안이 의결되고 이어 4월에는 미국의 Universal Oil Product사와 기술용역계약을 체결하여 울산에 정유공장 건설을 위한 예비조사가 실시되었다. 1962년 7월 24일 대한석유공사법이 제정 공포되고, 8월26일에 상공부장관을 위원장으로 한 9인의 유공설립위원회가 발족되었으며, 9월 10일에는 인수주식 250만주에 내한 6억 2,500만원의 자본불입이 완료되었다. 이어 9월 13일 상공부장관으로부터 등기를 공고함으로써 유공의 역사적인 창업이 이루어졌다.

유공이 설립되던 1962년은 경제적으로는 제 1차 경제개발 5개년 계획이 시작되는 첫해로서 1950년대의 침체에서 벗어나기 위한 강렬한 의지가 국내 모든 분야에 파급되고 있을 때였다. 석유화학공업은 석유, 천연가스 또는 정유폐가스를 원료로 하여 합성수지, 합성섬유, 합성고무, 합성세제, 기타 유기화학약품 등의 고급원료를 생산 공급하는 산업이다. 우리나라는 1960년대에는 화학공업의 수준이 초보적인 생활필수품을 겨우 공급할 정도였으나, 제 1차 경제개발 5개년 계획(1962- 1966년)과 그 핵심사업으로 석유화학공업개발을 추진한 제 2차 경제개발 5개년 계획(1967- 1972년)이 성공적으로 완수되어 그간 수입에만 의존하던 화학공업의 주요원료들의 자급이 실현되었다.

정부는 대한석유공사의 설립과 더불어 구 조선석유가 이전했던 울산공업단지의 고사동 일대를 정유공장 부지로 선정하고 공사에 착수하였다. 정유공장의 시설규모는 당초 원유처리능력 일산 25,000배럴로 계획되었으나 추진과정에서 35,000배럴로 확대 조정되었고, 55,000배럴로 증산할 수 있도록 설계되었다. 정유공장은 1963년 12월 준공되었고, 약 45일간의 시운전을 거쳐 정상가동함에 따라 우리나라 최초의 정유공장이 울산에서 석유류 제품을 생산하게 되었다.

당시 석유류 제품의 도입, 관리 및 판매는 대한석유저장회사가 전담하고 있었으며, 울산정유공장에서 생산한 제품도 이 회사를 통하여 위탁판매하고 있었다. 그러던 중 1964년 9월 3일 대한석유공사는 대한석유저장회사의 업무와 시설을 인수하여 직판체제로 바뀌게 된다. 이로써 서울의 왕십리, 부산의 영도, 사상, 초량 등에 저유소를 보유하게 되는 등 판매·유통조직을 확대할 수 있게 되었다.

또한 1960년대 후반에는 고도경제성장과 에너지정책의 변화로 석유제품 수요가 급증하여 울산정유공장의 시설확장이 이루어졌다. 1960년대에 시멘트, 비료 등 에너지다소비형산업이 성장의 주축을 이루고 있었고, 이와 더불어 석탄파동으로 인한 주유종탄(主油從炭)정책이 석유수요를 급증시키는 결과를 초래하였다. 이와 더불어 석유화학공업이 제2차 경제개발 5개년 계획의 핵심사업으로 결정된 상황에서 석유수요의 증가에 대비해야만 하였다.

이러한 상황에서 대한석유공사는 1966- 67년에 걸쳐 제1상압증류시설을 확장하고 동시에 1967- 68년에 일산 60,000배럴 규모의 제2상압증류시설을 완공함으로써 울산정유공장은 11만 5,000배럴의 원유처리능력을 갖춘 대규모 정유공장으로 부상하였다(<표13-1> 참조). 그런데 이들 공사는 미국 UOP사의 기본설계를 바탕으로 일본휘발유주식회사(JGC)가 건설을 담당하였으나, 공사기간 중 탱크시설, 배관시설, 제품출하시설(T-5 Dolphin)등 부대시설이 대한석유공사의 기술진에 의해 설계·시공되었다.

〈표13-1〉 대한석유공사의 정유시설능력과 원유처리실적

단위: B/D

	1964	1965	1966	1967	1968	1969
시설능력	35,000	35,000	35,000	55,000	115,000	115,000
원유처리량	17,000	30,000	38,000	50,000	93,000	106,000

자료: (주) 유공,『유공 20 년사』, 1983.

이 시기에 또 하나 특기할만한 사항은 윤활유 배합공장의 건설이다. 1967- 68년에 걸쳐 550B/D 규모의 공장을 국내 기술진에 의하여 완공하였다. 이로써 과거 전량 수입에 의존하던 윤활유 공급을 대한석유공사가 담당함으로써 수입대체효과를 실현하였을 뿐 아니라 1970년대 대한석유공사의 수익개선에도 크게 기여하였다.[4]

그러나 당시 정유공장의 건설은 한국정부가 독자적으로 추진하기 어려운 분야였다. 설비의 대부분을 해외에서 도입하지 않으면 안 되었고, 설비를 도입하더라도 생산기술이나 경영능력의 결여로 지속적인 조업은 곤란한 상황이었다. 그럼에도 불구하고 석유는 기본 에너지로서 공업화의 불가결한 부분을 담당하기 때문에 정

4) (주)유공,『유공20년사』, 1983, pp.67-68.

유공장 건설은 지상명령이었다. 정유공장 건설에 있어서 자본, 기술, 원유조달능력을 갖춘 메이저와의 제휴가 필연적인 이유가 여기에 있다. 이러한 상황 하에서 자본제휴를 모색한 결과 가장 유리한 조건을 제시한 걸프(Gulf)사와 합작하게 된다.

1963년 유공은 걸프사로부터 25%의 유공 주식참여(약 500만 달러)와 2천만 달러의 장기저리차관(3년 거치, 1년 상환, 연리 4.5%)의 제안을 수용하여, 9개항의 기본협정을 체결하였다. 이로써 걸프는 유공의 주주가 되었고, 또한 우리나라에 진출한 최초의 외국기업이 되었다. 당시 정부의 외환보유고가 1억 달러였다는 점을 감안하면 걸프의 한국진출이 얼마나 큰 사업이었던가를 짐작할 수 있다.

그 동안 유공은 정유부문에서 국민경제의 성장에 따라 급증하는 석유류 수요에 맞추어 시설확장을 거듭하면서 초창기 3만B/D에서 무려 8배나 늘어난 28만B/D의 규모로 성장했으며, 석유화학분야에서도 국내 최초로 나프타 분해시설을 설치, 가동하여 국내 석유화학산업의 발전에 지대한 역할을 수행하고 있다. 그동안 꾸준한 기술축적과 원유도입선의 안정화로 계속 성장, 발전해 온 유공은 1980년 8월 합작선 이었던 걸프가 철수한 이후 정부의 민영화 방침에 따라 동년 12월 23일 선경이 걸프 지분 50%의 주식과 경영권을 인수하여 순수한 국내자본으로 새로운 출발을 하게 되었으며, 1982년 7월에는 상호를 대한석유공사에서 유공으로 변경하였고, 그 후 다시 선경, SK(1997년)로 상호를 바꾸었다. 유공 설립 후 오랜 동반자로서 또한 대주주로서 유공의 경영에 참여해 왔던 걸프는 외국기업으로서 최초로 우리나라에 진출한 기록을 세웠으며, 또한 국내에 진출한 메이저 중에서 최초로 철수한 기록을 세웠다. 이로써 울산은 국내 최초의 정유공장을 보유하였고 최초의 석유화학공업단지 조성의 기반을 마련하게 되었다.

SK(주)는 2010년 현재 우리나라 전체의 1일 석유정제능력 290만 5천 배럴의 38.3%인 111만 5천 배럴의 원유정제능력을 갖고 있으며, 중질유 분해 및 탈황능력 17만 2,000 배럴(우리나라 전체의 32.6%)로 확대 발전하였다.

_제2절 S-Oil(주)

한편 쌍용정유(현 S- Oil)는 당초 쌍용그룹과 NIOC(이란국영석유회사)의 합작으로 세워졌다. 1973년 제1차 석유위기 이후 쌍용그룹은 정유산업에 눈을 돌려 이란과 합작교섭에 나섰다. 쌍용양회는 약 2년간의 교섭 끝에 이란의 NIOC와 50대 50의 합작으로 장기원유공급계약 하에 1976년 1월 한국·이란석유회사를 설립하고

1980년 5월 울산시 온산에 6만B/D 규모의 윤활유 정유공장을 준공하였다. 그러나 이란 회교혁명 이후 1980년 NIOC가 철수하자 쌍용양회는 이란측 소유주식을 모두 인수하여 순수민족자본의 쌍용정유로 새 출범하게 된다.

S-Oil은 1991년에 세계 최대 산유국인 사우디 아라비아의 국영석유회산인 사우디 아람코사와 합작계약을 체결하여 안정적으로 장기 원유공급을 보장받게 됨에 따라 S-Oil 경쟁력의 핵심시설인 B-C Cracking Center에 선도적으로 대규모 투자를 단행할 수 있었던 것이 정유산업의 수준을 한 단계 업그레이드 시킨 계기가 되었다.

S-Oil은 2010년 현재 온산공장에 1일 58만 배럴의 원유정제시설(우리나라 전체 정제능력의 약20%)과 29만 배럴의 고유황 B-C유를 처리할 수 있는 B-C Cracking Center, 연산 165만톤 규모의 BTX시설 및 1일 2만 4,000배럴의 윤활기유 생산시설을 갖춘 첨단 정유회사로 성장하였다.

이리하여 2010년 말 현재 울산지역의 정제능력은 전국의 58.3%가 된다. 여기서 정유관련 종업원 100인 이상 업체 설립시기와 주요 생산품목을 보면, <표13-2>와 같이 주로 1960년대, 1970년대에 걸쳐 설립되었음을 알 수 있다.

〈표13-2〉 울산지역 정유산업 관련 사업체(종업원 100인 이상)
설립시기와 주요 생산품목

1960년대	*SK(주): 석유류, 윤활유, 부타디엔, BTX, PX, SH, LLDPE, HDPE, 아스팔트 등 *이수화학(주) 온산공장: 윤활유, 노말파라핀 등
1970년대	*동부한농화학(주) 유화공장: 스틸렌 모노머, 합성수지 등 *S- Oil(주): 석유류, 나프타, 부탄, 프로판, 윤활기유, 윤활유, 벤젠, 톨루엔, 자이렌, 아스팔트, 중유 등

자료: 울산상공회의소, 『울산기업체총람』, 2003. 2. 1.

2009년 말 현재 울산지역의 코크스 석유정제 및 핵연료 제조업의 종업원 10인 이상 사업체수는 18개소, 종사자수 5,053명, 생산액 51조 3,227억 6,400만원, 부가가치는 6조 3,249억 8,900만원이다. 2009년 말 현재 전국 코크스 석유정제 및 핵연료 제조업에 대한 울산의 동산업의 비중은 사업체 13.8%, 종사자 48.2%, 생산액 55.5%, 부가가치 47.5%를 각각 차지하고 있으며, 울산의 코크스 석유정제 및 핵연료 제조업의 울산 지역내 제조업에 차지하는 비중은 사업체 1.4%, 종사자 3.6%, 생산액 33.7%, 부가가치 17.8%이다.

제 14 장

석유화학산업

_제1절 추진배경 및 기획과정

우리나라는 1958- 61년 사이에 충주비료, 나주비료 등의 비료공장과 동양시멘트, 대한양회 등의 시멘트 공장 건설 등으로 비로소 화학공업의 면모를 갖추기 시작하였다. 그러나 이 시기는 아직도 여명기에 불과한 정도였으며 보다 본격적인 공업화가 추진되기 시작한 것은 1962년부터 시작된 제1차 경제개발5개년 계획 때부터이다. 제1차 계획기간(1962- 66년) 중에는 총투자액 가운데 약 34%를 공업에 투자하였고, 이 중 약 1/3을 화학공업에 투자하였는데, 이에 따라 우리나라 최초의 정유공장을 비롯한 비료공장, 소다회공장, PVC공장, 펄프공장 등이 건설되어 근대적인 화학공업의 기초를 다지게 되었다.

전술한 바와 같이 1964년 5월 우리나라에서 최초로 35,000BPSD 규모의 대한석유공사 울산정유공장이 준공되어 수입에 의존하던 연료유의 수입대체 및 비료공업의 원료인 나프타를 생산 공급하게 됨으로써 화학공업의 원료를 석유계로부터 공급할 수 있는 체제가 갖추어졌다.

우리나라에서 석유화학공업이 개발될 수 있었던 것은 정부의 제1차 경제개발 5개년 계획으로 달성한 원료의 확보와 그간 공업기반 확충에 따른 화학공업제품의 수요가 증가된 시장이 존재하였기 때문이며 자본집약적인 특색을 가지고 있는 석유화학공업을 이룩하기 위한 외국으로부터의 자금과 기술의 도입이 가능했기 때문이다. 석유화학공업은 당시 박정희 대통령의 극일(克日)의 야망에서 비롯되었으며, 추진목적은 경공업을 일본으로부터 독립시키기 위한 것이었다. 석유화학공업의 육성이 처음 제기된 것은 1965년 1월 대통령의 상공부 연두 순시 때 오원철 국장이 박대통령에게 브리핑하는 자리에서였다. 그의 브리핑 요지는 다음과 같다.

"우리나라는 노동집약적인 경공업 제품의 수출에 전력하고 있지만, 원료는 전적으로 일본으로부터 수입하고 있습니다. 고생은 우리가 하고 단물은 일본이 다 빼먹는 격입니다. 정치적으로는 일본으로부터 독립했지만, 경제적으로는 일본에 예속되어 있는 상태입니다. 석유화학공업이 완성되면 원료에서 제품까지 모두 국산화할 수 있어 경공업 분야는 일본의 예속에서 벗어나 자립할 수 있습니다." 박대통령은 뚫어지게 브리핑 자료를 보면서 "일본으로부터 경제적 독립을 할 수 있다"는 말이 그의 귓전에 맴돌았다. 오원철 국장의 등에서는 땀이 소나기처럼 흘러내렸다. 10여초 지났을까, 박대통령이 드디어 입을 열었다.

"상공장관, 석유화학 추진계획 짜보시오." 이렇게 해서 1966년 3월 석유화학공업은 제2차 경제개발 5개년 계획의 핵심사업으로 석유화학공업개발을 계획하였으며,[5] 1966년 2- 8월 정부는 미국의 Arthur D. Little사로 하여금 석유화학공업개발을 위한 타당성조사를 실시케 하였는데, 그 결과 한국은 석유화학공업의 가능성이 충분히 있다는 결론이 남에 따라 11개 사업을 1차적으로 개발하도록 추천하였으며, 이들 공장을 건설하는데 내외자 약 122,400천 달러가 소요된다고 하였다. 한편 동보고서는 추천하지 않은 사업이라도 장차 건설되어야 할 사업으로 스틸렌모노마 공장을 위시한 11개 사업을 제 2차 추천사업으로 선정·보고하였다.

또한 동보고서는 석유화학공업을 단기간에 육성개발하기 위해 정부의 강력한 지원을 요청하였는데 그 내용은 아래와 같다.

① 국내에서 생산된 제품(원료)의 수입금지 조치.
② 석유화학제품을 가공 수출하는 가공업자에 대한 보조금 제도 확립 및 가공시설 확대.
③ 석유화학제품을 기타 제품보다 질적으로 우수한 제품을 만들게 할 것.
④ 제품생산이 실시될 시 助劑(可塑劑, 安定劑 등)를 공급할 수 있게 할 것.

ADL 보고서를 근거로 정부는 최초의 석유화학공업개발계획을 확정하여 제 2차

5) http://cafe.naver.com/parkhero/71

경제개발 5개년계획사업으로 추진하게 되었다. 그러나 경제기획원과 상공부는 핵심사업인 나프타 분해공장 입지선정 문제로 충돌하였다. 경제기획원은 용수부족을 이유로 울산 대신 인천을 내세웠다. 공장을 가동할 때 자연소모되는 물의 양을 일정부분 계속 보충해주어야 하는데 보충수의 비율이 10%나 되기 때문이라는 것이었다. 반면 상공부는 3%면 충분하다고 반박했다. 경제기획원의 이러한 주장의 이면에는 유니언 오일사의 인도네시아산 기름판매전략이 숨어 있었을 것이란 의혹이 있다.

당시 김희술 상공부 석유화학계장의 증언에 따르면, “상공부 실무자들은 경제기획원의 주장을 반박할 자료를 찾아내느라 백방으로 노력한 결과 이택순(후일 한국제지공업연합회 부회장) 기사가 『일본의 화학과 경제』라는 잡지에서 보충수 비율이 3%면 충분하다는 글을 발견하여 이 자료를 근거로 제시하자 경제기획원이 꼼짝없이 당했다.”는 것이다. 회의 이틀 후 박대통령은 장기영 경제기획원장관을 해임하고 그 자리에 박충훈 상공장관을 임명했다. 상공장관에는 상공차관을 지낸 김정렴씨를 앉히면서 석유화학공업을 둘러싼 불협화음을 일시에 제거하였다.[6)]

그러나 문제는 여기서 끝난 것이 아니었다. 석유화학의 특성상 12개 관련공장을 동시에 지어야 하기 때문에 막대한 자금이 필요하였다. 총소요자금은 2억 4,200만 달러였다. 그 중 2/3 정도는 차관으로 해결해야 하는 형편이었다. 당시 상공부 석유화학과장 김광모씨는 차관도입의 어려움을 이렇게 설명하였다. “당시 선진국의 석유화학공장은 30만톤 내지 50만톤 규모의 대형 공장이었습니다. 우리는 고작 10만톤짜리 공장을 지으려고 했죠. 그 무렵 우리나라의 수요가 2만톤 정도였으니 이것은 작은 것이 아니었습니다. 계획서를 가지고 세계은행에 갔더니 수요도 없는데 새로 짓지 말고 외국에서 사서 쓰라는 거예요. 그나마 호의적인 외국회사들도 대부분 투자보장을 요구했지요. 그래서 내가 석유화학과장 명의로 투자보장을 해주는 월권행위를 한 적도 있었습니다.” 박대통령은 이런 상황 속에서도 사업추진 현황을 매월 보고토록 다그쳤다.

상공부 관계자들은 초조감에 휩싸였다. 오원철 국장의 증언에 따르면, “박충훈 부총리와 김정렴 상공장관은 나만 보면 어떻게 되어 가느냐고 물었습니다. 두 분이 청와대에 보고차 올라갈 때마다 으레 박대통령이 석유화학의 추진상황을 물어보니 나를 재촉할 수 밖에요.” 오원철 국장은 울산석유화학단지 합동기공식 후 1968년 4월 초 가방 하나만 달랑 들고 혼자서 미국행 비행기를 탔다. 합작선을 물색하기 위해서다. 천신만고 끝에 다우 케미컬, 스켈리 오일, 걸프 등을 합작에 끌어들이는데 성공하였다. 오원철 국장은 귀국 즉시 박충훈 부총리와 함께 청와대에 올라갔

---

6) http://cafe.naver.com/parkhero/71

다. 박대통령의 기쁨은 대단하였다. "다우 케미컬 같은 미국의 큰 회사가 우리나라에 진출하는 것은 미군 1개 사단이 주둔하는 것과 맞먹는 효과가 있다. 미국 국회나 정부에 영향력을 행사할 수도 있고." 경제는 안보의 버팀목이고, 안보는 경제의 안전판이라는 박대통령의 경제관, 안보관이 그대로 들어나는 순간이었다.

이리하여 정부는 1970년 1월 1일 석유화학공업육성법을 법률 제2182호로 제정공포하였으며, 석유화학공업추진위원회, 석유화학공업심의위원회 등을 기구를 설치운영하였다. 석유화학공업육성법에 따르면, ①석유화학공업용으로 도입되는 시설기자재의 관세면제, ②석유화학공업을 영위하는 자에 대해 5년간 법인세와 영업세면제, 단지목적으로 취득한 토지의 재산세, 취득세, 등록세 등 면제, ③외국인 직접투자, 차관공여, 기술도입 등에 대해 세제상 투자보호조치로서 제반 감면규정을 두어 초기 5년간 면세, 차기 3년은 반으로 감면, ④단지관리 운영규정을 제정, 계획사업의 입주자에게 분양하는 방법으로 토지대금의 80%를 2년 거치 후, 공장가동 이익금으로 5년간 분할상환, ⑤유틸리티 시설과 정비시설을 정부투자로 건설, 공동활용케 함으로서 건설비 절감 등 우대조치를 한다는 것이다.

이상 열거한 지원책을 보면, 내국인의 내자조달 부담경감과 외국인의 투자유치정책 등 다방면의 지원책을 강구함으로써 기업의 원가절감은 물론 면세분의 축적으로 수요증가에 대비한 시설확장에 재투자할 수 있게 하였다. 이에 따라 외국투자희망자들도 다수 나타나기 시작하였다. 그러나 석유화학공업은 고도의 기술과 막대한 시설자금이 소요되는 장치산업이라는 특수성 때문에 우리나라와 같이 개발도상국에서는 민간단독 투자가 어려운 점을 판단하고, 정부는 당초 추진방침을 일부 변경하여 주요 사업에 대해서는 정부 주도형으로 추진키로 함에 따라, 민간업체 실수요자들은 그 뒤를 따르게 되었다.

_제2절 울산석유화학공업단지 건설

정부의 석유화학공업개발계획이 확정됨에 따라 건설부는 울산, 인천, 비인, 여수지구에 대해 가용용지, 공업용수, 항만시설, 교통, 전력 등 공업단지로서 갖추어야 할 제반 사항을 조사, 검토한 결과 울산지구를 석유화학개발단지의 최적지로 판단, 1967년 7월 7일 울산지구를 입지로 선정하였다. 정부는 1968년 2월 울산지구 가용면적 1,254만m^2 중 울산군(현 울산시 남구) 부곡동 일대 330만m^2을 선정하고, 경상남도는 620백만원을 투입하여 단지 내 토지를 매입하고, 충주비료로 하여금 단지

조성을 담당케 하였다.

충주비료는 단지조성과 지원시설의 효율적인 건설을 위해 1969년 2월 18일 (주)석유화학지원공단을 설립하여 이 사업의 추진을 총괄 전담케 하였으며, 조사, 설계 및 공장배치를 포함한 총공사비 22억원을 투입하여 울산시 부곡동 일원에 330만m^2의 단지조성공사를 1969년 12월에 완공하였다. 1단계 개발계획 내용은 <표14-1>과 같다.

〈표14-1〉 석유화학공업 1단계 개발계획 내용

사업명 (단위:MT/Y)	사업주체	소요자금조달(천 달러)			
		차관	외국인투자	한국측투자	합계
나프타분해공장 에틸렌 기준 (100,000)	유공 (유공 Gulf)	36,000 (Gulf)	12,000 (Gulf)	12,000	60,000
폴리에틸렌 (50,000) V. C. M (60,000)	한양화학 (충주비료 Dow)	28,700 (Kline Wort Benson)	6,150 (Dow)	6,150	41,000
에탄올 (30,000) 아세트알데히드 (24,000)	동신화성 (충주비료 Dow)	12,147 (三井)	2,000 (三井)	2,000	16,147
아크릴로니트릴 (26,400)	동서석유화학 (충주비료 Skelly)	14,200 (AID 5,000 Badger12,700)	3,800 (Skelly)	3,050	26,936*
알킬벤젠 (13,000)	이수화공	2,732 (Frieprich UHDE)	-	772	3,504
폴리프로필렌 (30,000)	대한유화 (대한유화, 丸弘, 窒素)	12,357 (丸紅 외)	1,774 (丸紅외)	1,744	15,845
SBR (25,000)	한국합성고무 (삼양타이어 미쓰이)	9,850 (三井)	2,000 (三井)	2,000	13,850
카프로락탐 (33,000)	한국카프로락탐	25,000 (ADB)	-	11,400	36,400
메탄올 (45,000)	대성목재	6,588 (Lazard Brothers)	-	3,226	9,814
유틸리티 및 정비센터 공업용수 40,000MT/D 수증기 8,730MT/D 전기 35,000KW	석유화학지원공단	10,596 (丸紅; 飯田)	-	7,264	17,048
합 계		161,670	27,694	49,856	241,767

주: * 이자수입 1,636천 달러 포함

자료:(사)한국석유화학공업협회,『한국석유화학공업10년사』, 1977.

한편 상기 계획을 추진하는데 소요자금은 내외자 약 242백만 달러이며, 그 중 162 백만 달러는 외국차관으로 조달하고 나머지 80백만 달러는 외국투자 또는 자체자금으로 조달할 계획이었다.

_제3절 석유화학 산업체의 건설

1. 나프타 분해공장 건설

석유화학공업의 기초원료인 에틸렌, 프로필렌, 부타디엔 등 올레핀계와 벤젠, 톨루엔, 키실렌(BTX) 등 방향족계의 생산원료는 천연가스, 정유폐가스 등 기상(氣狀)과 나프타, 가스 오일 등 액상(液狀)원료로 대별할 수 있는데 미국과 같이 천연가스 매장량이 풍부한 나라의 석유화학공업의 원료는 기상이 주축을 이루고 있는데 반해 천연가스 매장량이 거의 없는 서구, 일본 등 선진공업국에서는 액상이 주축을 이루고 있다.

우리나라도 전술한 바와 같이 나프타로부터 석유화학산업의 기초원료를 생산키 위하여 나프타 분해공장을 건설키로 하고 국내 유일의 국영정유회사로서 울산석유화학공업단지 인근에 위치하고 소요원료인 나프타를 합리적으로 공급할 수 있는 대한석유공사를 1967년 10월 나프타 분해공장의 실수요자로 선정하였다.

유공의 나프타분해센터 건설은 에틸렌, 프로필렌, 부타디엔을 생산하는 계열과 BTX를 생산하는 방향족 계열로 나누어 각각 추진케 되었으며, 이 중 방향족 계열을 선발사업으로 추진하여, 1969년 4월 일본휘발유(주)(JGC)와 접촉하여 개질장치 및 방향족 추출시설의 건설업계약을 체결하고 방향족 추출공정으로는 미국 UOP사의 Shell-Sulfolane 공정을 도입, 건설이 순조롭게 진행되어 1970년 2월에 완공을 보았고, 동년 5월부터 정상가동에 들어갔다. 동공장의 가동으로 벤젠, 톨루엔, 키실렌은 국내수요를 충족시키고 일부는 수출까지 하게 되어 우리나라 석유화학산업의 선도적 역할을 하게 되었다.

한편 올레핀 계열부분, 즉 나프타 분해공장은 건설용역회사로 미국의 켈로그(M. W. Kellogg)사를 선정하고 내외자 약 6,100만 달러를 투입, 약 2년간의 공사 끝에 연인원 약 11만명을 동원, 1972년 7월에 완공하여 1973년 3월부터 정상가동에 들어갔다. 기타 위성공장들은 연관계열공장의 가동과 밀접한 관계가 있어 연관 계열공장의 가동에 맞추어 SBR의 원료인 부타디엔 추출시설은 1973년 6월, 카프로락탐의 원료인 사이크로헥산 제조시설은 1974년 2월부터 정상가동에 들어갔다. 나프타 분해센터의 건설은 우리나라 석유화학공업의 본격적인 출범을 뜻하며, 동시에 우리나라 경제개발의 새로운 도약의 계기를 마련한 셈이다. 동공장의 주원료인 나프타는 전량 자사의 정유공장에서 공급되고 있다.

2. 계열공장의 건설

1) 울산 석유화학공장 합동기공식과 계열공장의 건설

1968년 3월 22일 울산공업단지 내에서 석유화학공장건설 기공식이 거행되었다. 기공식에서 김정렴 상공부 장관은 인사말을 통해 "1970년대에 이르러 연간 3백억원 상당의 각종 제품을 생산할 이 석유화학공장들은 내일을 위해 싸우는 용기와 민족의 번영을 기약하는 정신적 힘을 불러일으킬 것"이라고 말했으며, 박정희 대통령은 치사를 통해 "새로운 석유화학공업을 이룩하여 경제기반을 구축하고, 우리가 추진하고 있는 국가의 건설 사업을 강력히 추진할 것"을 당부하였다. 울산석유화학단지의 계열공장으로 최종계획이 확정되어 건설에 착수한 일단계의 공장은 나프타 분해공장을 제외한 12개 공장이며 각 공장들의 건설현황, 가동, 생산 및 판매실적은 아래와 같다.

① 저밀도 폴리에틸렌(LDPE) 및 VCM공장

연산 50,000MT 규모의 저밀도 폴리에틸렌(Low Density Polyethylene)공장과 연산 60,000MT 규모의 VCM(Vinyl chloride monomer)공장은 충주비료가 주도적인 역할을 하여 건설한 주요 계열공장 중의 하나이다. 사업주체인 충주비료는 1968년 8월 동공장건설을 위해 미국의 다우 케미칼(Dow Chemical Co.)과 합작투자계약을 체결하고 1969년 8월에 한양화학주식회사를 설립하였다. 그 후 1970년 2월에 합작선인 Dow와 공정도입을 위한 기술도입계약을 체결하고 동년 10월에 본격적인 공장건설에 착수하여 내외자 41백만 달러를 투입, 착공 2년만인 1972년 10월에 준공되어, 1973년 1월부터 정상가동에 들어갔으며, 1976년부터 100% 이상의 가동실적을 나타내는 등 LDPE, VCM 모두 매우 좋은 조업도를 유지하고 있다.

LDPE의 주원료인 에틸렌은 전량 유공의 나프타 분해공장으로부터 공급받고 있으며, VCM의 주원료인 EDC(Ethylene dichloride))는 국내생산이 되지 않아 합작선인 Dow와 장기공급계약을 체결, 수입하고, VCM용 소요 에틸렌은 유공으로부터 공급받고 있다. 한편 동공장의 가동으로 그간 수입에만 의존하던 LDPE와 VCM을 국내에서 자급하게 되었으며, 이와 같은 원료의 안정공급은 국내 합성수지공업이 비약적으로 발전하는 원동력이 되었다.

② 폴리프로필렌(PP) 공장

합성수지 및 합성섬유의 원료로 용도가 다양한 폴리프로필렌(Polypropylene)은 계획초기 실수요자가 국태산업이었으나 그 후 대한유화공업(주)(1970년 6월 설립)로 변경되었다. 대한유화는 연산 30,000MT 규모의 폴리프로필렌 공장을 건설하기 위하여 1970년 9월 일본의 丸紅(마루베니)社와 합작투자계약을 체결하고, 일본窒素엔지니어링(Chisso Eng. Co.)과는 Amoco 공정도입을 위한 기술도입계약을 체결하였다.

1971년 3월부터 건설공사에 착수하여 16개월만인 1972년 6월에 내외자 약 1,850만 달러를 투입하여 건설공사를 완료하고 시운전을 거쳐 동년 8월부터 정상조업에 들어갔으며, 곧이어 국내수요증가에 대처하기 위해 1973년 3월 15,000MT 증설공사에 착수, 동년 12월에 완료함으로써 폴리프로필렌 공장의 시설능력은 연산 45,000톤으로 증가하였다. 폴리프로필렌은 타수지보다 늦게 개발된 제품이지만 우수한 특성 때문에 수요가 급격히 신장된 제품으로서 수요의 급성장으로 가동초기부터 풀가동하여 특수규격을 제외한 대부분의 국내수요를 충족시키고 있다. 원료조달에 있어서는 주원료인 프로필렌은 유공의 나프타 분해공장으로부터 공급받고 있으나 절대량의 공급부족으로 많은 양을 수입에 의존하고 있다.

③ 아크릴로니트릴(AN) 공장

아크릴 섬유의 원료로 쓰일 연산 27,000MT(일산 80MT) 규모의 아트릴로 니트릴(Acrylonitrile) 공장건설을 위해, 사업추진체인 충주비료는 1969년 3월 미국 스켈리 오일(Skelly Oil)사와 합작투자계약을 체결하고 동년 9월의 벨지움의 Prospect International C. A와 소하이오(SOHIO) 공정 도입을 위한 기술도입계약을 체결하는 한편, 1969년 9월에 동서석유화학(주)를 설립하였다. 본격적인 건설공사는 1970년 10월부터 현장공사에 착수, 내외자 약 2,710만 달러를 투입, 1972년 8월에 정상가동하였다.

아크릴로니트릴은 섬유류의 수출증대에 따른 수요증대로 가동 초기부터 풀가동하였으며, 계속적인 수요증대로 많은 양을 수입하기도 하였다. 동 공장의 주원료인 프로필렌은 유공의 나프타 분해공장으로부터 공급받고 있으나 절대량 부족으로 대한유화의 PP공장과 함께 부족량은 수입에 의존하고 있으며, 암모니아는 종합화학으로부터 공급받고 있다.

④ **카프로락탐(Caprolactam) 공장**

나일론 섬유의 원료인 카프로락탐 공장건설을 위해 당시의 추진주체인 충주비료는 1969년 12월 동 공장건설을 전담할 지금의 한국카프로락탐 주식회사를 설립하였다. 한국카프로락탐은 공장건설에 소요되는 외자조달을 위해 1971년 1월 ADB(아시아 개발은행)와 당시 단일 사업에 제공한 차관으로는 최고액인 2,500만 달러 차관계약을 체결하고 1972년 4월에 네덜란드의 Stamicarbon사와 DSM 공법도입계약을 체결하였다. 본격적인 건설공사는 9월에 착수하여 1974년 2월에 내외자 총 4,050만 달러를 투입, 1974년 5월부터 정식 가동하였다.

동 공장은 연산 33,000톤의 카프로락탐 생산은 물론, 부산물로서 연산 142,000톤의 유안비료도 동시에 생산하게 되었다. 카프로락탐 공장은 석유화학공업 중에서도 공정이 복잡하므로 초기에는 조업률이 저조하였으나 지속적인 공정개선 등으로 1976년부터 시설용량 이상으로 가동하고 있다. 동 공장에 소요되는 주원료는 싸이크로헥산, 암모니아, 유황으로 싸이크로헥산은 유공의 사이크로헥산 공장(연산 36천톤)으로부터 공급받고, 암모니아는 종합화학으로부터 공급받고 있으며, 유황은 수입하고 있다. 동 공장의 건설로 그간 수입에 의존하던 카프로락탐을 수입대체하게 되어 외화절약을 가져오게 하였다.

⑤ **스틸렌 부타디엔 고무(SBR) 공장**

범용합성고무로서 수요가 제일 많은 연산 25,000MT 규모의 SBR(Styrene butadiene rubber) 공장 건설을 위해 실수요자인 삼양타이어(주)가 일본 三井 물산과 50: 50의 합작투자를 하여, 1970년 12월에 한국합성고무공업(주)를 설립하고 일본합성고무의 JSR공법도입을 위한 기술도입계약을 체결하였다. 본격적인 건설공사를 위해 1971년 12월에 현장공사에 착수하여 내외자 총 13,850천 달러를 투입, 1973년 6월부터 정상조업을 하였으며, 가동 초기에는 국제 천연고무가격 하락으로 인한 수요부진으로 가동률이 저조하였으나, 천연고무가격의 상승으로 국내 수요가 점차 증대되어 1976년에는 시설용량 이상으로 가동하였으며, 수요증대에 따라 1978년에는 5만톤을 확장하였다.

SBR의 주원료는 부타디엔과 스티렌모노마(Stylene monomer)로 부타디엔은 유공의 부타디엔 공장으로부터 공급받고, 부족분은 일부 수입하고 있으며, 스티렌모노머는 국내생산이 없어 전량 수입하고 있다. 한편 동 공장의 가동으로 그간 수입에만 의존하던 SBR은 완전자급하게 되었다.

⑥ 메탄올(Methanol) 공장

합성접착제의 원료인 포르마린 제조용 주원료인 메탄올은 합판수출과 더불어 그 수요가 크게 신장된 품목이다. 메탄올은 석유화학제품 중 국내에서는 초기 개발된 품목 중 하나로서 1969년 호남비료(현 한국종합화학과 합병)에 의해 15천톤 규모의 공장이 나주에 건설 가동 중에 있으며, 그 밖의 폴리에스텔이 섬유부산물로 일부 생산되고 있으나 소량에 불과하다.

그 후 최대의 합성 메이커의 하나인 대성목재의 합판수출 증대에 따른 메탄올 수요의 지속적 증가와 수요증가에 대한 대비책으로 울산에 연산 45천 톤 규모의 메탄올 공장건설을 계획하고 영국 Lazard Bros사로부터 차관을 도입, 영국 ICI사의 저압공정을 채택하여 내외자 약 980만 달러를 투입하여 1971년 7월부터 정상가동에 들어갔다.

초기에는 국내수요의 부진으로 가동률이 저조하였으나 점차 가동률이 증대되어 1975년 이후부터는 시설용량 이상으로 가동하였다. 동 공장의 주원료인 나프타는 유공의 울산정유공장으로부터 전량 공급받고 있다.

⑦ 무수푸탈산(PA) 공장

가소제(可塑劑)의 주원료이며 도료 및 화공약품 등에 수요가 많은 무수푸탈산(Phthalic anhydride)은 애경유지가 영등포 공장에 연산 3,600MT 규모의 공장을 건설(1968년 8월)하여 생산하였으나 국내 수요의 일부밖에 충족치 못하여 왔다. 이에 따라 애경유지는 석유화학공업개발계획의 일환으로 울산에 무수푸탈산 공장을 새로이 건설키 위해 1970년 10월에 삼경화성주식회사를 별도로 설립하였다.

삼경화성은 연산 8,400MT 규모의 공장을 울산석유화학단지 내에 건설키 위해 독일의 Chemiebau사로부터 차관을 도입하고 독일 Von Heyden 공정을 도입하여 내외자 280만 달러를 투입, 1972년 10월에 완공하여 정상가동에 들어갔다. 가동 후 석유파동으로 인하여 수요가 감소된 1974년을 제외하고는 90% 이상의 가동률을 보였다. 한편 무수푸탈산의 주원료는 올소 키실렌이지만 국내 생산이 없어 전량 수입에 의존하고 있다.

⑧ 알킬 벤젠(AB) 공장

합성세제인 계면활성제의 주원료인 알킬벤젠(Alkyl benzene)은 국민소득이 증대됨에 따라 그 수요가 점차 증가하였다. 학교법인 이화학당은 울산석유화학단지에 연산 13,000MT 규모의 알킬벤젠(Hard type) 공장건설을 위해 1969년 7월 이수화학공업(주)를 설립하고 외자조달을 위해 독일의 UHDE사와 차관계약을 체결하는 한편, 공정은 UOP사의 HF Alkylation법을 도입하였다. 본격적인 건설공사는 1971년 4월부터 시작되었으나 기자재 도입지연 등으로 당초 계획보다 좀 늦은 1973년 2월 내외자 약 470만 달러를 투입, 완공하고, 1973년 3월부터 정상가동에 들어갔다.

알킬벤젠의 주소비처는 합성세제 부분이며, 알킬벤젠의 주원료는 프로필렌 테트라머(Propylene tetramer) 및 벤젠이다. 이 중 벤젠은 국내 생산으로 자급하고 있으며 프로필렌 테트라머는 전량 수입에 의존하고 있다.

⑨ **에탄올(Ethanol) 및 아세트 알데히드(Acetaldehyde)공장**

연산 30,000MT 규모의 에탄올 및 24,000MT 규모의 아세트알데히드 공장은 석유화학계획사업의 하나로 당초에는 동신화학(주)에서 공장건설을 계획했으나 중도에 포기하게 되어 정부는 부득이 1972년 8월 충주비료(현 종합화학)를 사업추진체로 선정하여 본격화하였다. 충주비료는 일본 미쓰이(三井)물산과 차관계약을 체결하고 1973년 3월 동 사업을 전담할 한국에탄올(주)를 설립하였으며, 에탄올은 일본합성에탄올사로부터 Shell 에탄올 공정, 아세트알데히드는 독일 Aldehyd GmbH사로부터 Wacker공정을 각각 도입하여 1973년 5월에 착공하여 내외자 약 2,300만 달러를 투입, 1974년 12월에 아세트알데히드 공장이 완공되었다.

⑩ **유틸리티 및 정비센터**

정부가 석유화학계열화를 구상하는 과정에서 가장 큰 문제로 대두된 것은 각 공장규모의 국제경제단위 미달, 건설자금의 외자의존 가중, 국내기술수준의 미비 등이었으므로 이의 보완대책의 하나로 유틸리티 공급 및 정비용역을 집중화시키는 유틸리티 및 정비센터를 울산석유화학단지 내에 설치하여 단일화함으로써 각 공장당의 초기투자비의 절약, 운영의 효율화를 기하기로 하였다.

1969년 11월에 단지조성사업과 함께 유틸리티 및 정비센터 사업을 전담할 석유화학지원공단을 설립하였다. 석유화학지원공단은 충주비료가 추진하던 업무를 승계받은 후 유틸리티센터 건설을 위해 일본 마루베니(丸紅)사와 차관계약을 체결하고 단지 내에 지원시설임을 감안하여 계열공장보다 조기에 완공키 위해 1970년 4월 공사에 착수, 내외자 1,810만 달러를 투입, 1971년 7월부터 조업을 개시하였다. 동 시설내역을 보면 단지 내 전기, 증기 및 용수를 공급하는 유틸리티 시설과 정비용역을 수행하는 정비시설로 되어 있다. 1976년 말 현재 약 8억원의 각종 용역수행의 실적을 올리고 있다. 현재는 열교환기, 증류탑, 반응탑, 압력용기 등 화학공장의 주요 기기의 설계, 제작설치에 이르는 용역을 수행할 수 있는 능력을 보유하고 있으며 단지 외까지 용역업무를 수행하고 있다.

2) 울산석유화학 합동준공식

정부가 1966년 11월 제2차 경제개발 5개년 계획의 중추적인 사업으로 석유화학공업을 개발, 육성키로 확정한 후 울산시 부곡동에 363만m²(1차로 224만 4000m²)의 단지조성을 완료하여 1968년 3월 22일 울산 석유화학공업단지에서 기공식을 거행하였다. 그 후 4년 반의 건설기간 동안 내외자 약 2,000억원을 투입하여 제1차로 계획된 사업 중 나프타 분해공장, 저밀도 폴리에틸렌 및 VCM, 아크릴로니트릴, 폴리프로필렌, 무수푸탈산, 알킬벤젠, SBR, 유틸리티 정비센터 등이 준공되었고, 나머지 카프로락탐, 에탄올 및 아세트알데히드 공장 등은 약 1- 2년 후에 완공되었다.

〈표14-2〉 합동준공식을 가진 석유화학공장

단위: MT, 천 달러

사업명	사업규모 (에틸렌 기준)	투자액	용도	사업주체
나프타분해센터	100,000	60,000	석유화학공장에 원료공급	석유공사
폴리에틸렌 V C M	50,000 60,000	41,000	합성수지 합성수지(PVC)	한양화학
아크릴로니트릴	27,000	26,938	합성섬유(아크릴)	동서석유화학
알킨벤젠	13,000	3,504	합성세제	이수화공
폴리프로필렌	30,000	15,845	합성수지, 합성섬유	대한유화
S B R	25,000	13,850	합성고무	한국합성고무
무수푸탈산	8,400	2,610	가역제	삼경화성
유틸리티 및 정비센터	공업용수 4,000톤/일 전기 35,000KW 수증기 8,730톤/일	17,048	유틸리티 공급 및 공장정비	석유화학지원공단

자료: (사)한국석유화학공업협회, 『한국석유화학공업10년사』, 1977.

1972년 10월 31일 합동준공식에서 박정희 대통령은 치사를 통해 공장건설을 위해 헌신적 노력을 아끼지 않은 기업가, 국내외 인사, 건설역군들의 노고를 치하하고 앞으로도 더욱 분발하여 경제건설을 통한 국력을 배양하고 배양된 국력을 유사시 집중 발휘할 수 있도록 힘을 조직화하자 라고 강조하였다.

이 준공식에서 그간 석유화학공업건설에 헌신적 노력을 한 중앙과 지방의 민관의 역군들에게 대통령의 포상 및 표창과 국무총리 및 상공부장관의 표창을 받은 사람들은 <표14-3>과 같다.

〈표14-3〉 포상 및 표창을 받은 사람들의 명단

구 분	성명 및 직책
동탑산업훈장	강수철(대한유화 전무)
철탑산업훈장	함병소(석유화학심의위원)
철탑산업훈장	김광모(석유화학심의위원)
황조근정훈장	오원철(대통령 경제 제2 수석비서관)
녹조근정훈장	김희술(상공부 석유화학과장)
산업훈장	박진석(전 충주비료 사장)
산업훈장	밀러(미 스켈리 오일 사장)
산업훈장	브렌치(미 다우 케미컬 사장)
산업훈장	昆吉郞(일본 窒素엔지니어링 사장)
대통령 표창	이택순(상공부 석유화학과 화공기사)
대통령 표창	이명우(상공부 석유화학과 사무관)
대통령 표창	충주비료공업주식회사
대통령 표창	대한석유공사
대통령 표창	최석선(한양화학 공장장)
대통령 표창	윤석영(동서석유화학상무)
대통령 표창	김광웅(한국합성고무 기술상무)
국무총리 표창	이홍석(유공 상무) 외 5명
상공부장관 표창	김리(경제기획원 사무관) 외 19명

자료: (사)한국석유화학공업협회, 『한국석유화학공업 10년사』, 1977.

울산석유화학 콤플렉스의 준공은 우리들에게 커다란 의의를 안겨준다. 첫째는 지금까지 수입에만 의존해 오던 석유화학의 원료를 자급할 수 있는 기반을 구축한 것이고, 둘째는 개발도상국으로서는 개발이 어려운 석유화학공업을 성공리에 완수함으로써 경제발전의 저력을 세계에 과시한 것이다. 이로써 우리는 원료에서 최종제품에 이르기까지 계열적으로 생산하는 석유화학 콤프렉스를 보유한 일본에 이어 동남아에서 두 번째 국가가 되었다.

3) 계열공장의 신증설

울산석유화학단지의 건설계획과 관련하여 합동기공식 및 준공식을 가진 석유화학계열공장이외의 공장 건설상황은 다음과 같다.

① PVC(Polyvinyl chloride) 공장

1972년 12월에 설립된 한국프라스틱공업주식회사는 기존의 PVC공장(1966년 말 대한프라스틱 충북 부강공장, 1967년 9월 공영화학의 울산공장, 1968년 7월 한국화성의 진해공장, 1969년 5월의 우풍화학 군산공장)을 합병하여 한국프라스틱공업주식회사를 설립하였다.

한국프라스틱 울산공장의 시설규모는 8,900톤/년, 건설자금 5,509천 달러로 1966년 10월에 착공하여 1967년 7월에 완공되어 가동중에 있다.

PVC 원료는 VCM인데, PVC제법은 두가지로 나누어진다. 하나는 카바이트로부터 아세틸렌을 얻어 VCM을 제조하는 카바이트법이고, 또 하나는 석유화학의 기초원료인 에틸렌으로부터 VCM을 제조하는 석유화학법이다. 오늘날에는 원료 코스트면에서 유리한 석유화학법이 대부분 채용되고 있다. 울산공장도 석유화학법을 채용하고 있으며, 가동초기에는 원료인 VCM을 수입하였으나 1973년 한양화학의 VCM 공장이 가동된 이후 국내 자급체제가 이루어졌다.

한편 그동안 국내생산이 없어 수입해 오던 PVC 페이스트 레진(PVC paste resin)도 한국프라스틱 울산공장이 기존의 PVC공장 내에 일본 鐘淵화학과 기술제휴에 의해 1977년 2월 완공한 연산 3,000MT 규모공장 등의 가동으로 국내수요 충족은 물론 일부 제품을 수출할 수 있는 여력을 갖게 되었다.

② 폴리스틸렌(PS) 공장

폴리스티렌(Polystylene)은 PVC에 이어, 다른 석유화학제품에 비해 비교적 국산화가 일찍 이루어진 제품 중의 하나이다. (주)미원이 당초 1968년 연산 3,000MT 규모의 공장을 부산에 건설, 가동한 것이 시초였으며, 동공장은 수요증대에 따라 생산규모를 수차례 확장하였다. 미원은 정부의 석유화학개발계획이 구체화됨에 따라 부산공장을 울산으로 이전, 확장하는 형태로 울산석유화학단지에 연산 50,000MT 규모의 폴리스틸렌 공장을 건설하기 위하여 1972년 4월에 한남화학공업사를 설립하고, 자체기술과 대부분의 국산자재를 사용, 내외자 약 230만 달러를 투입, 1973년 12월에 공장을 완공하여 가동 중이다.

폴리스틸렌의 주원료는 스티렌모노머(SM)로서 초기에는 전량 수입에 의존하였으나 울산석유화학공업(주)의 스티렌모노머 공장 준공으로 1978년부터 완전자급, 수출이 이루어지고 있다.

③ 고밀도폴리에틸렌(HDPE) 공장

5대 범용수지의 하나인 고밀도 폴리에틸렌(High density polyethylene)은 울산석유화학단지의 개발계획사업의 하나로서 1972년 12월 기존 폴리프로필렌 제조업체인 대한유화가 실수요자로 선정되었다. 대한유화는 울산석유확단지의 기존 PP 공장 내에 HDPE 연산 35,000MT 규모의 공장을 건설하기 위해 기존 합작선인 일본 窒素 엔지니어링의 Chisso공법을 채택하여 1973년 9월 공사에 착수, 내외자 약 1,650만 달러를 투입하여 동공장을 완공하였다. 그러나 유공의 나프타 분해공장 확장지연으로 대한유화는 일부 설계를 변경, PP를 병산할 수 있도록 건설하여 지금은 HDPE 및 PP를 병산하고 있다. 동공장의 HDPE 생산으로 연간 2,200만 달러의 수입대체와 약 2,000만 달러의 외화절약을 가져왔다.

④ 폴리프로필렌 그리콜(PPG) 공장

폴리우렌탄 폼(Polyurethane foam)의 원료인 폴리프로필렌 그리콜은 후발 석유화학산업의 하나로서 1973년 9월 합성수지 가공업체인 진양화학(주)이 실수요자로 선정되었다. 진양화학(주)은 일본 東棉(45%) 및 三洋화성(5%)과 합작투자 계약을 추진한 후 1974년 7월에 건설, 생산 및 판매를 담당할 한국폴리올 주식회사를 설립하였다. 그리고 동년 9월에 울산에 三洋화성의 기술에 의한 연산 5,000톤 규모의 PPG 공장 건설에 착수, 내외자 약 360만 달러를 투입, 1975년 준공과 함께 가동에 들어갔다. PPG의 국내 공급으로 인한 신수요개발과 가공제품의 수출증대 등이 이루어졌다.

⑤ **무수마레인산(MA) 공장**

강화프라스틱(FRP), 도료 등의 원료인 무수마레인산(Maleic anhydride) 공장은 1973년 설립된 대교유화가 연산 10,000MT 규모의 공장을 울산에 건설키로 하고 1974년 3월 정부의 인가를 받았다. 일본의 三井東壓 및 東棉과 합작투자, 차관계약을 체결한 대농유화(1974년 8월 대농유화주식회사로 상호변경)는 三井東壓 및 벤젠 산화공법을 도입, 1975년 4월부터 공사에 착수하여 내외자 약 1,240만 달러를 투입, 1976년 10월에 준공하였으며, 주원료인 벤젠은 전량 유공으로부터 공급받고 있다.

3. 석유화학산업의 시설 및 기술도입 현황

1) 시설현황

우리나라에서 석유화학제품이 생산되기 시작한 것은 앞서 공장별 건설현황에서 약술한 바와 같이 1960년대 후반부터이지만, 대량생산으로 본격적인 자급의 틀을 마련하게 된 것은 정부가 2차 경제개발 5개년 계획의 핵심사업으로 추진, 건설한 울산석유화학콤플렉스가 가동하기 시작한 1973년 이후부터이다.

1966년 당시의 대한프라스틱(현 한국프라스틱)의 카바이드법에 의한 PVC생산을 시발점으로 그 이후 울산 등 4개지역에 4개의 PVC 공장건설, 폴리스티렌(연산 3,000MT), 카아본블랙(연산 10,000MT), 무수푸탈산(연산 3,600MT) 등 수개의 석유화학공장들이 건설되었으나 시설규모는 중소기업 수준을 탈피하지 못하였다.

본격적으로 석유화학공업이 건설되고 계열화된 것은 1970년에 이르러 대한석유공사가 울산정유공장 내에 석유화학의 기초원료인 BTX(Benzene, Toluene, Xylene) 공장을 건설, 가동하고 이어서 1972년 10월에 대한석유공사의 에틸렌 기준 연산 100,000MT 규모의 나프타 분해공장을 위시한 저밀도폴리에틸렌, VCM, 폴리프로필렌, 아크릴로 니트릴, 알킬벤젠, SBR, 메탄올, 무수푸탈산, 유틸리티 센터 등 관련 9개 계열공장이 완공, 가동되면서부터이다. 따라서 상기 공장들의 건설, 가동으로 우리나라도 석유화학의 기초원료인 유분으로부터 제품에 이르기까지 일관된 생산체제를 갖게 되었고 동남아에서 일본 다음가는 석유화학공업국으로 발전하게 되었다.

그 후 지속적인 공장건설이 추진되어 1973년에 합성유지제품의 원료인 폴리스티렌 공장(연산 50,000MT), 1974년 나일론의 원료인 카프로락탐(연산 33,000MT), 주정용 에탄올 공장(연산 30,000MT), 빙초산의 원료인 아세트 알데히드 공장(연산 24,000MT), 1975년에 고밀도 폴리에틸렌 공장(연산, 35,000MT), 폴리우레탄 폼의 원료인 폴리프로필렌그리콜 공장(연산 5,000MT), 1976년에는 대단위 에탄올 공장(연산 330,000MT), 강화프라스틱의 원료인 무수마레인산공장(연산 10,000MT), 합성피혁 등의 원료인 PVC 페이스트 레진 공장(연산 5,000MT와 3,000MT), 페인트의 원료인 펜타에리스톨 공장 등이 각각 완공, 가동되었다.

다음의 <표14-4>는 종업원 100인 이상 석유화학업체의 각 연대별 설립시기를 나타낸 것인데, 이 표에 의하면 울산의 석유화학산업체는 주로 1970- 80년대에 많이 설립되었음을 알 수 있다.

〈표14-4〉 울산지역 주요 석유화학업체(종업원 100인 이상) 설립시기와 주요 생산품목

연대	업체 및 주요 생산품목
1940년내	*엘지 생활건강 울산공장: 세제, 비누, 스테아린산, 글리세린, 유화지방산
1950년대	*경기화학공업(주): 복합비료, 황산가리 등, *(주)금양: OTSA, PTSA, OPTSA 등 *(주)조비: 복합비료, *동부한농화학(주) 비료공장: 복합비료, 요소
1960년대	*한화석유화학(주)울산공장 2사업장: PVC, *(주)카프로: 카프로락탐, 유안비료, *이수화학(주) 울산공장: 알킬벤젠, *송원산업(주): 유기화합물, PVC, *삼성정밀화학(주): 메틸아민, 말로네이트, 암모니아, FFA 등, *동서석유화학(주): AN모노머, 유안비료, 크라비욘
1970년대	*(주)금강고려화학 울산공장: 도료, 합성수지, *금호석유화학(주) 울산합성고무공장: 합성고무, 라텍스, BD, 알킬레놀, 부타디엔, 카본블랙, *금호석유화학(주)울산합성수지공장: PS, EPS, ABS, SAN, PPG, *대한유화공업(주) 온산공장: 에틸렌, 프로필렌, 열분해 가솔린, *대한유화공업(주) 울산공장: 폴리프로필렌, 고밀도 폴리프로필렌, *삼성석유화학(주): PTA, PE, *송원칼라(주): 유기안료 및 착색제, DISAZO, Yellow GEF, Cyamine, *애경유화(주): 무수프탈산, 무수마레인산, 가소제, *용산화학(주): 무수말레산, 푸마드산, 사과산, 아크릴로 아미드, *코오롱 유화(주): Hikotack, Mikorez, Sukorez, *한화석유화학(주) 울산공장 1사업장: LDPE, VCM, 염산, PVC *한국협화화학공업(주): 연료, 안료중간체, 규산질 비료 등
1980년대	*SK(주) 화학사업부문: SM, PO, PG, PPG, *한솔케미언스(주) 울산공장: 과산화수소, 차아황산소오다, 트리메틸올 프로판, *한국알콜산업(주): 주정, 아세트알데히드, 초산에틸, *한국바스프(주)울산유화공장: ABS, PS, EPS, *코리아 피티지(주): MAH, 1,4BDO, THF, *울산화학(주): 코프론, 불산, 프레온가스, *삼성비피화학(주): Acetic Acid, *(주)보광: 안료, 접착제, Blue Crude, *대한정밀화학(주): 탄산바륨, 탄산스트론듐, *대한스위스화학(주): 안료
1990년대	*아세아아세틸스(주):VAM, *한국바스프(주) 울산화성공장: Poly THF, Polyol, BDO/THF, *(유한)듀폰: 폴리비닐부틸알수지, 엔지니어링 폴리머, *(주)기성산업사: 플라스틱 제품
2000년대	*(주)케이피 케미칼:PTA, PIA, *엘지화학(주)울산공장: 분말세제 등

자료: 울산상공회의소, 『울산기업체총람』, 2003. 2. 1.

2) 기술도입 현황

우리나라 석유화학산업의 도입기술은 대부분 미국, 일본, 독일, 영국, 네덜란드 등 선진국의 최신기술을 선택도입한 것으로서 울산석유화학공업단지의 경우 유공 BTX의 UOP Sulfolane 공정, 나프타 분해공장의 Kellogg 공정, LDPE 및 VCM의 Dow 공정, AN의 SOHIO 공정, 카프로락탐의 DSM공정, PP의 Amoco 공정, 스티렌모노마의 Monsanto 공정 등이 있다. 주요 기술도입현황은 <표14-5>와 같다.

〈표14-5〉 울산 석유화학공업단지의 기술도입 현황

공장	주체	공칭규모 (MT/년)	제조공정		도입선
			원료	공정	
*나프타분해공장	대한석유공사				
에틸렌		100,000	나프타	Kellogg	미,MW.Kellogg
프로필렌		58,000	나프타	Kellogg	미,MW.Kellogg
부타디엔		17,000	분해유	Shell ACN	화란 Shell
B T X			나프타 및 분해유	Shell Sulfolane	미, UOP
*저밀도폴리에틸렌	한양화학	50,000	에틸렌	Dow Tubular	화란 Dow
*V C M	한양화학	60,000	EDC	Dow Oxy	화란 Dow
*폴리프로필렌	대한유화	45,000	프로필렌	Amoco	일, Chisso
*고밀도폴리프로필렌	대한유화	35,000	에틸렌	Amoco-chisso	일, Chisso
*PVC울산공장	한국프라스틱	8,900	VCM	석유화학법	일,信越
*PVC(Paste)	한국프라스틱	3,000	VCM	석유화학법	일, 鐘淵화학
*카프로락탐	한국카프로락탐	33,000	싸이크로헥산	DSM	화란,Stamicarbon
*아크릴로니트릴	동서석유화학	27,000	프로필렌	Sohio	Prospect Intern'l (Venezuela)
*S B R	한국합성고무	25,000	부타디엔SM	저온부화중합법	일, 合成고무
*알킬벤젠	이수화학	13,000	벤젠,프로필렌 테트라마	UOP HF	미, UOP
*무수푸탈산	삼경화성	8,400	올소-키실렌	Von Heyden	독,Von Heyden
*에탄올	한국에탄올	30,000	에틸렌	Shell Ethanol	일,合成에탄올
*아세트 알데히드	한국에탄올	24,000	에틸렌	Wacker 2 stage Oxidation	독,Aldehyd Gmbh
*메탄올	대성목재	45,000	나프타	ICI저온합성법	영,ICI
*폴리프로필렌그리콜	한국폴리올	5,000	산화프로필렌	Sanyo	일,三洋化成
*무수마레인산	대농유화	10,000	벤젠	Benzene Oxidation	일,三井東壓
*T P A	삼성석유화학	100,000	파라-키실렌	Amoco	미,Standard Oil
*스티렌모노머	울산석유화학	60,000	벤젠	Mosanto	미,Mosanto

자료: (사)한국석유화학공업협회, 『석유화학공업10년사』, 1977.

4. 울산지역 석유화학산업의 사업체수, 종사자수, 생산액 및 부가가치

2009년 말 현재 울산지역 석유화학 관련업체수(종업원 10인 이상)는 163개 업체, 종사자수는 14,527명, 생산액은 23조 1,339억원 9,700만원, 부가가치는 5조 2,479억 4백만원이다. 2009년 말 현재 울산지역 석유화학산업의 전국 석유화학산업에 대한 비중을 보면, 사업체수 2.2%, 종사자수 5.4%, 생산액 15.8%, 부가가치 12.9%이며, 울산 석유화학산업의 동 지역 내 제조업에 대한 비중은 사업체수 13.1%, 종업원수 10.5%, 생산액 14.6%, 부가가치 14.7%를 각각 점유하고 있다.

제 15 장

자동차산업

제1절 현대의 자동차산업 진출 배경

현대가 자동차산업에 본격 진출하려는 뜻을 갖게 된 것은 당시 그룹의 주력기업이었던 현대건설이 급성장하기 시작한 1960년대 초부터였다. 하지만 현대그룹의 창업주인 정주영회장이 자동차산업과 인연을 맺은 것은 이보다 훨씬 오래전인 1940년대 초이다. 일제 치하에서 정주영 회장은 아도서비스라는 상호로 직접 자동차수리업을 하면서 기초적인 자동차구조와 원리를 습득하여 장차 이 분야를 개척할 사업가로서의 자질을 닦게 된다.

정주영 회장은 1945년 광복 다음해인 1946년 현대자동차공업사(HMC: Hyundai Motors Company)를 설립하여 미군 병기창의 자동차수리를 청부하거나 낡은 일본 트럭을 용도에 따라 변경하는 등의 일로 자동차와 인연을 이어갔다. 일찍이 약관 20대부터 자동차 관련사업에 관여하며 장차 직접 자동차를 생산하는 꿈을 키워온 정주영 회장의 남다른 열정과 집념은 1960년대 초 자동차산업에 대한 보다 적극적인 참여와 검토로 이어지게 되고, 1960년대 중후반에 접어들면서 자동차산업에의 꿈과 희망을 가시화할 내외적인 여건이 조성되게 된다.

먼저 대내적 변화로서는 당시 현대의 모기업이었던 현대건설의 충분한 자본축적을 들 수 있다. 한국전쟁 후 전후 복구사업에 적극 참여했던 현대건설은 1960년대 정부의 경제개발계획의 시행과 더불어 명실공히 종합건설업체로 급성장하였다. 현대건설은 토목공사를 중심으로 건축, 기계, 전기 등 전 공정에 걸쳐 시공능력을 확충해 국내 제 1의 종합건설업체로 부상하였으며, 1960년대 중반부터는 태국진출과 이른바 '월남특수'를 통해 자본축적을 더욱 가속화하였다. 자동차산업은 엄청난 자금과 기초물량이 투입되는 대표적인 선진국형 기간산업이지만, 거듭되는 사세 확장과 이에 따른 자본축적은 현대로 하여금 이같은 자금 및 각종 투자부담에 대한 자신감을 심어줄 수 있었다.

한편 가장 대표적인 대외여건으로는 제 2차 경제개발 5개년 계획과 더불어 본격화된 고속도로 건설계획이었다. 전국을 잇는 고속도로망은 급속도의 물동량 증가세를 의미하는 것이었고, 아울러 자동차 국산화의 필요성을 시급한 과제로 인식시키는 것이기도 하였다.

1960년대 중반 우리나라 자동차산업은 SKD(부분 분해부품)단계를 막 벗어나고 있는 수준으로서, 이 단계의 특성상 외국으로부터 조립부품은 물론 이를 조립할 기술까지 함께 도입해야 하는 형편이었다. 이러한 초기기술단계에서 벗어나기 위한 방안의 하나로 상공부는 1967년 4월 자동차제조공장 허가기준을 공포하였다. '자동차 제조 및 조립에 관해서는 선진 외국과 기술제휴한 후 동 제휴선이 제품성능을 보장할 수 있는 조건을 갖춘 업체에 한해 자동차 제조공장으로 허가한다'는 방침을 세웠다.

이 같은 배경 하에 1967년 초 GM과 포드가 한국시장 진출을 검토하기 시작하였는데, GM은 전통적으로 기존 메이커를 매입하는 방식으로 해외진출을 해 왔으며, 매입이 여의치 않을 경우 자본과 경영에 직접 참가하는 것을 원칙으로 하고 있었다. 그러나 이같은 GM의 방침은 외국기업과 합작하는 경우 경영에 참가하지 않는 한도 내에서 어느 정도의 자본참여만을 허용한다는 소위 정주영 회장의 독자경영 방침에 반하는 것으로서 성사되기 어려웠다.

포드 또한 신규 자회사 설립을 통해 해외진출을 해 왔지만, 한국의 경우는 약간의 자본참여와 측면 경영지원만을 담당한다는 조건으로 합작이 가능하다는 다소 유연한 입장이었기 때문에 현대는 포드와 제휴를 모색하게 되었다. 이리하여 현대와 포드 간에는 협상을 통해 다음과 같은 결정을 하게 되었다.

- 포드는 조립공장 설비공급에 참여할 권리를 갖는다.
- 포드는 연간 3천대 정도(트럭 2천대, 승용차 1천대) 포드차를 생산하도록 CKD

(완전분해부품)를 공급하고 생산기술을 제공하는 한편, 생산설비를 가장 싸게 조달하도록 돕는 동시에 가능한 한국산 자재를 사용하도록 한다.
- 한국 자동차산업 추진을 위해 국산부품개발을 돕는다.
- 1967년 12월 1일까지 세부계획과 계약이 완성될 것으로 기대한다.

1967년 12월 27일 현대는 정부로부터 자동차 제조를 허가 받게 된다. 자동차 공장 건설허가서에서 현대는 '수입대체산업으로서의 국가 경제발전에 공헌할 뿐 아니라 장차 우리나라 경제를 선도할 수출전략산업으로 적극 육성하겠다'는 강한 의지를 천명함으로써 애당초 협소한 내수시장에 안주하지 않고 세계시장을 무대로 자동차산업을 키워가겠다는 뜻을 분명히 하였다. 또 현대와 포드의 역할 분담에 관해 '현대건설은 사업소요자금을 부담하며, 운영에 대한 전반적 책임을 지고, 포드는 포드의 명예를 보전하기 위해 모든 생산과정에서 전반적인 품질관리 책임을 다한다'로 명기하여 포드가 자본과 운영에 직접 참여하지 않음을 분명히 하였다.

한편 정부의 현대에 대한 자동차 허가방침이 전해지자 기존 업체들의 반발과 일부 언론들의 우려도 만만치 않았다. 이미 자동차 생산에 진출해 있던 신진자동차와 아세아자동차는 '미국의 새로운 자동차 공장 진출은 건설경쟁이 아닌 판매경쟁을 야기시키는 결과를 낳을 것'이라고 반발하였고, 일부 언론들도 '자동차업계의 치열한 경쟁국면 돌입에 따라 국내 자동차공업은 외국업체의 조립공장화 되어 갈 것이며, 그만큼 국산화는 요원한 일이 될 것'이라고 우려하였다. 그러나 이 같은 반발과 우려도 종래 완전한 국산화를 추진하고자 하는 현대의 의중을 온전히 파악하지 못하는 결과였으며, 창업과 기술이전을 향해 첫걸음을 내딛는 현대의 발목을 잡지는 못하였다.

한편 1968년 1월 정부는 이미 허가된 신진과 아세아에 추가해 자동차 제조업체 3원화 방침을 세웠다. 이처럼 현대자동차의 출범은 국내 자동차업계의 독점시대가 막을 내리고 새로운 경쟁시대가 도래하는 계기가 되었으며, 아울러 이같은 경제체제 하에서 새로운 자동차산업의 토대를 마련한 것이었다.

1. 포드의 '코티나' 조립 생산

포드는 1967년 6월 유럽포드(Ford of Europe)를 설립하여 유럽 15개 자회사를 통할하고 있었는데, 그 중 영국이나 독일의 포드차들은 호화로운 대형차와 날씬한 스포츠형이 태반인 미국차와는 달리 대부분 견고하며 실용적이었다. 도로사정이 좋지 않은 데다 실용성에 주안점을 두어야 할 국내여건으로 보아 영국의 '코티나'가 가장 알맞은 모델이라고 결론을 얻고 이 차를 주력 차종으로 삼기로 하였다.

울산은 특정 공업지역으로 고시되어 있어 공장부지 매입에서부터 공업용수 공급과 도로 및 공항건설에 이르기까지 각종 사회간접자본의 혜택을 받을 수 있고, 같은 공업지역 내에 화력발전소와 정유공장이 있어 풍부한 에너지를 공급받을 수 있으며, 역시 인근 공업지역 내에 석유화학과 알루미늄 제련공장이 준공되어 중간재 등 필요한 원료를 손쉽게 구할 수 있었다. 게다가 생산설비를 운송 하역하거나 향후 제품을 선적할 항만시설까지 갖추고 있어 자동차공장 건설 부지로는 최적의 조건을 갖추고 있었다.

이러한 충분조건을 고려한 현대자동차는 1968년 현대건설 펄프공장이 들어설 예정이었던 울산 염포만 북동연안 일대인 울산시 양정동 700번지 일대 7만 1,890평의 부지를 확보하고 자동차생산을 위한 벅찬 꿈을 향해 또 한번 보폭 큰 발걸음을 내딛게 되었다.

한편 부품개발을 위해 현대자동차는 1968년 5- 6월에 걸쳐 국내에 파견된 포드의 부품 및 부자재 개발관계 기술자와 함께 납품 희망업체를 방문하여 시설과 경영상태 등 적격 여부를 심사한 후 40- 50개 부품생산업체를 선정하였다. 당시 신진자동차가 부평에 위치하고 있었기 때문에 대부분 이 지역을 중심으로 한 경인지역에 몰려있던 부품업체들은 당시 부품성능을 시험 테스트할 기기는 물론 제조설비조차 변변치 못한 가내공업 형태에 머물러 있었다.

하지만 당시 국내형편으로는 다른 대안이 없었다. 현대자동차는 이들 업체를 상대로 부품도면을 넘겨준 후 일일이 기술지도를 해가며 시제품을 제작하도록 하였다. 일단 제조된 부품 중 주요 부품은 호주 포드에 보내 인증을 받아 합격품에 한해 대량생산에 들어갔는데, 이렇게 생산된 국산화부품은 청량리역에서 중앙선 열차편으로 울산역까지 수송되었다. 현대자동차는 1968년 11월 1일 마침내 코티나 파일럿 카를 생산하게 된다. 실제 코티나가 생산되자 포드는 현대자동차의 개척정신과 효율적 관리, 그리고 상상을 초월한 추진력에 놀라움을 감추지 못하였다. 그들은 포드자동차의 역사가 65년에 이르고 전세계에 포드가 보유하거나 기술제휴한 조립공장이 118개에 달하지만 공장건설 개시 6개월만에 자동차조립을 성공적으로 시작한 회사는 한군데도 없다고 밝혔다. 그들은 특히 3개월여만에 자동차 전체의 21% 이상되는 자국산 부품을 차질없이 조달한 경우는 포드 역사상 처음이라며 현대직원들은 물론 한국인의 저력을 재평가하였다.

여기서 코티나 첫 생산시 어느 생산직 사원의 후일담을 하나 소개하고자 한다.[7]

1968년 현대자동차에 입사시 우리나라는 도로사정도 엉망이었고, 자동차래야 드럼통으로 만든 미니 합승버스가 전부였다. 나는 당시 판금기능공으로 시급 75원, 월급 1만 8,000원 정도를 받았는데, 당시 쌀값으로 계산하면 5가마에 해당하는 이 돈에다 잔업 및 철야 업무비까지 포함하면 매우 만족할만한 수입이었다.

당시 고향 울산은 1968년까지도 몇 개의 소규모 화학공장만 들어섰을 뿐 초라하기 이를 데 없는 빈촌의 모습이었다. 시내에서 양정동까지 교통편도 낡은 미니버스 몇 대가 고작이었는데 인근 길들이 모두 울퉁불퉁한 비포장 길이어서 덜컹거리는 미니버스에 몸을 싣고 가노라면 온 몸이 뻐근할 정도였다.

입사당시 현대자동차는 자동차생산을 준비하기 위해 공장설비를 마무리하는 단계에 있었다. 1968년 11월 1일 코티나 첫 생산 D 데이로 정하고 모두가 준비에 여념이 없었는데, 도장공장의 부스설치를 담당하고 있던 나를 곤욕스럽게 한 것은 다름 아닌 숙식문제였다. 시내에서 출퇴근이 너무 불편해서 공장 인근의 양정동이나 염포동에 방을 구하려 했지만 주택가가 형성되어 있지 않아 그나마 하늘의 별 따기였고, 건립중인 기숙사도 아직 입주를 한참이나 남겨둔 상태여서 하는 수없이 상용공장 3층 옥상에 베니어합판으로 칸막이를 하고 그 속에 군용 목침대를 들여놓고는 입사동기 40여명과 함께 집단합숙을 하였다. 한겨울을 옥상의 합판 칸막이 속에서 보내야 했기 때문에 눈이라도 내리면 여간 곤혹스런게 아니었지만, 동료들의 얼굴에는 하나같이 희망이 차 있었다. 한겨울 옥상에서 우리는 바로 우리 손으로 만들 멋진 차를 꿈꾸고 있었던 것이다.

현대자동차는 포드 제품의 품질을 유지하는데도 온 힘을 기울였다. 당시 국내 메이커에서는 아직 품질관리에 대한 개념조차 제대로 정립되어 있지 않던 1960년대 말에 현대자동차는 이미 품질이 회사의 운명을 좌우한다는 확고한 인식을 가지고 있었다. 그리고 이를 바탕으로 품질기준에 맞는 물건을 만들려는 노력을 지속적으로 기울였고, 이를 통해 꾸준히 부품업체의 기술향상을 도모했다.

효과적인 샘플검사를 통해 품질개선을 시도했으며, 납품업체들이 시설투자를 안심하고 늘릴 수 있도록 기술력 있는 납품업체를 계열화 업체로 지정, 안정적인 발주를 보장하였다. 이 계열업체의 운영은 산재한 중소부품공장을 가급적 종합해 단일품목에 대해 단일공장을 집중 육성한다는 것을 원칙으로 삼았으며, 계열화로 지정된 납품업체의 생산품목에 대해서는 충분한 투자와 제품개량이 가능하도록 견적가격이 아닌 실제가격을 상호 협력해 결정하였다.

7) 현대자동차(주), 『도전 30년 비전 21세기』, 1997, p. 133.

2. 코티나의 결함과 차량반납 소동

1970년 7월 1일 부산시 중앙동 부산사업소에는 당시 부산시내를 운행 중이던 218대의 코티나 택시 중 절반에 가까운 100여대의 차가 몰려들어 차를 반납하겠다는 소동이 벌어졌다. 이들 대부분은 차량 할부금 다액 연체자들이었는데, 코티나는 제네레이터 등 성능에 문제가 있고 부품가격이 비쌀 뿐만 아니라 구하기조차 어렵기 때문에 기대만큼 수입을 올리지 못한다는 것이 이들의 주장이었다. 따라서 월부금을 갚을 수 없으니 차를 반납하겠다는 것이었다.

이 같은 차량반납 소동은 1970년 상반기부터 전국 각지에서 운수회사 단위의 집단적 행동으로 또는 개인적으로 끊임없이 일어났으며, 점차 D-750 트럭으로까지 번져갔다. 항의의 표시로 국회의사당 앞에 차를 방치하는 차주, 심지어는 차 부품을 모두 빼낸 후 빈껍데기만 공터에 버리는 차주까지도 있었다.

1970년대 초부터 집중적으로 제기되기 시작한 성능 및 부품, 할부금 연체 등에 관한 문제는 신생 자동차회사인 현대자동차의 시행착오 때문이었다. 차량 자체의 성능에는 문제가 없었던 코티나와 트럭이 성능상의 문제를 야기한 것은 차량구조상 한국의 도로 및 기후사정에 부적합했고, 주행시험 등을 통한 취약부분 보강이 부족했으며, 정비기술보급이 미흡해 정비 또한 미숙한 상태에 머물러 있었기 때문이었다.[8]

성능과 부품문제는 불황으로 가뜩이나 영업이 안 되던 운수업체들에게 연체에 대한 좋은 빌미가 되었다. 물론 초창기 할부제도 자체에 중대한 허점이 있었던 것도 원인의 하나였는데, 어쨌든 이후 할부금 연체액은 산더미처럼 쌓여 현대자동차로 하여금 심각한 자금난에 빠져들게 하였다.

제2절 최초의 고유모델 '포니' 탄생

1. 포니탄생의 배경

1973년 1월 정부는 이른바 중화학공업선언을 통해 국내 산업구조를 중공업정책 우선으로 재편하고자 하였다. 정부의 중화학공업 기본원칙은 경제성과 경쟁력을 확보하기 위해 국제단위 규모의 대형화를 추구하고, 국내시장의 협소함을 고려해 중화학공업을 수출산업으로 육성한다는 것이었다.

---

8) 상게서. p. 164.

요컨대 1960년대 국내 자동차산업이 수입대체공업화 전략하에서 해외 대메이커의 모델을 조립 생산했던 단계였다면, 1970년대는 수출산업으로서 국산고유모델을 개발, 생산하는 단계로 이행하는 전기를 맞이한 것이다

한편 현대자동차의 1970년 12월 포드와의 합작사 설립계획은 합작회사 설립을 둘러싸고 상호간의 첨예한 견해차로 인해 무산되었다. 현대자동차와 포드 사이에 좁힐 수 없는 견해차를 보인 부분은 바로 수출시장의 제한과 사업영역에 관한 문제였다. 이것은 서로가 쉽게 양보할 수 없는 경영전략상의 본질적인 문제였던 것이다. 현대자동차는 신회사를 설립, 싸고 질 좋은 소형차를 양산해 포드의 세계판매망을 통해 수출할 계획이었으며, 이 수출계획이 포드와의 합작을 추진하게 된 가장 중요한 목적 중의 하나였다.

그러나 포드는 "포드의 국제시장은 포드의 것이지 현대자동차나 신회사의 것이 아니다"라는 명분을 내세워 현대자동차의 계획을 일축하였으며, 더욱이 포드 판매망을 이용한 수출뿐만 아니라 포드가 이미 진출해 있는 국제시장에 대한 수출도 불가능하다는 입장이었으므로, 현대자동차로서는 포드와 합작으로 신회사를 설립할 경우 오히려 수출시장 확보에 장애가 따를지도 모른다는 우려를 갖게 되었다.

수출문제와 함께 또 하나 협상의 장애가 된 것은 포드 측의 이른바 다국간 부품교환체제(Complementation Program)와 관련된 것이었다. 포드는 현대자동차와의 합작을 다국간 부품교환체제의 일환으로 추진했으며, 각국간 분업화된 역할 중 한 전문분야를 신회사에 맡긴다는 의도를 갖고 있었다. 즉 포드는 '1국 1부품 생산체제'를 구축할 목적으로 뉴질랜드, 필리핀, 대만 등지에서 서로 다른 부품을 생산할 준비를 갖추고 있었던 바, 한국은 이중 디젤엔진을 생산하는 단순부품생산기지 정도로 고려되고 있었다.

그러나 현대자동차의 목표는 처음부터 독립된 자동차공장을 설립하는 것이었지 포드의 일개 하청공장이나 분공장 기능에 머무는 것은 아니었다. 따라서 이 문제는 상호 첨예한 견해차를 불러 결국 협상결렬의 결정적인 원인이 되었다.

1973년 현대자동차 경영진은 마침내 독자적인 자동차생산을 경영방침으로 결정하였다. 그러나 이에 대해 회사내 중역과 간부진들의 거센 반발이 있었다. 이들은 독자적으로 자동차공업을 운영하는 것은 고유모델을 가지고 엔진공장을 포함한 종합자동차공장을 지어 경제규모의 자동차를 양산하는 것을 의미했다. 하지만 이 같은 방안은 수익성이 좋은 차종을 때맞추어 선정할 수 있고 개발비를 들이지 않고 외국의 도면과 부품으로 조립만하면 되는 합작투자생산이 가지는 이점을 그대로 포기하는 것을 의미했다.

그러나 정세영 사장은 자동차 수출에 대한 의지와 합작포기의 뜻을 다시 한번 분명히 하고 "자동차를 자체적으로 생산·수출하지 못하면 언제까지고 선진국형 산업구조를 확립할 수 없다"고 중역들을 설득했다. 아울러 그는 기술문제에 대해서도 "자동차 제조기술은 성숙된 기술을 요할 뿐이지 최첨단의 하이테크는 그다지 필요하지 않으므로 큰 어려움은 없다"는 자신감을 피력하고 "기술이나 자금문제 등은 수출선 조선소 건설을 모델로 할 것"이라고 밝혔다. 한편 당시 울산조선소는 영국 A & P 애플도어사와 기술협약을 체결하고 영국 버클레이은행 등 4개국 차관단으로부터 4,800만 달러를 도입, 정주영 회장 주도하에 한창 건설 중이었다.

중화학공업 선언 이후 정부는 일련의 자동차공업 정책을 발표해 한국 고유의 소형 승용차 양산계획을 적극 추진, 역시 동일한 의지와 꿈을 가지고 있던 현대자동차의 추진력에 무게를 실어주었다. 자동차공업에 대해 당시 정부가 밝힌 일련의 조치들은 다음과 같다.

1973년 1월 12일: 대통령, 중화학공업정책 선언, 1980년대 초 자동차 50만대 생산계획 발표
1973년 1월 18일: 자동차공업육성계획 발표, 1973년 국산화율 목표 72%
1973년 6월 30일: 장기자동차공업 진흥계획안 발표
1973년 7월 4일: 국무총리, 쇄신된 자동차공업 육성정책 수립, 지시
1973년 7월 20일: 자동차 4사에 대한 한국형 승용차 생산 사업계획서 제출지시
1974년 5월 7일: 장기자동차공업진흥계획 확정

이상의 조치들은 모두 한국 자동차공업의 완전 국산화체제 확립 및 수출산업으로의 육성을 위해 수립된 것으로서, 자동차공업을 중화학공업의 전략사업으로 추진하고자 하는 정부의 강력한 의지가 반영되어 있는 것이었다. 특히 1973년 6월 30일 발표된 '장기자동차공업 진흥계획안'은 한국 고유형 소형차 양산화 계획을 정부시책화한 것으로서 그 주요 내용은 독자적이면서도 저렴한 국산소형차 개발, 자동차 국산화율 제고, 차종별 전문생산체제 확립, 부품공업 진흥 등이었다. 특히 이 계획안은 1500cc 이하 고유모델 자동차 생산을 적극 추진하고 이 조건을 충족하는 자동차 생산을 중점 지원한다고 밝히고 있었다.

당시 자동차공업 육성에 정열을 쏟는 많은 행정가, 전문가들이 요소요소를 차지하고 있었다. 우선 청와대에서 자동차 공업 육성에 지대한 관심을 가지고 있는 박대통령을 비롯하여 김정렴 비서실장이 있었고, 담당 수석비서관으로 오원철씨가

있었으며, 상공부에서 자동차공업을 직접 담당하던 권광원 비서관(국장급)이 있었다. 정부에는 우리나라의 자동차공업에 깊은 관심이 있었던 김종필 국무총리, 이낙선 상공장관이 있고, 1970년 이래 한국의 고유모델 자동차공업육성정책의 제창자이기도 한 상공차관보(중공업담당)로는 김재관 박사가 있었다. 국장에는 유능하고 행정경험이 많은 한재열씨가 있었다. 그리고 가장 중요한 사람이 자동차공업정책을 전담하는 과장자리인데 윤승식씨가 있었다. 다시 말해 자동차 관계 담당자는 완전히 동지적 입장에서 어떠한 압력에도 굴하지 않는 조직으로 되어 있었다.9)

현대자동차는 외국기술회사와 용역 및 기술협조 계약을 통해 설계도면과 엔진 등의 제조기술을 제공받는다는 전략에 따라 적극적으로 합작선을 모색, 1973년 7월 9일에는 영국 퍼킨스사와 디젤엔진 제조를 위한 기술협조계약을 체결하였고, 이어 동년 9월 11일에는 이탈리아 이탈디자인사와 차체설계를 위한 용역계약, 동년 9월 20일에는 미쓰비시자동차와 가솔린 엔진과 변속기 및 후차축 제조를 위한 기술협조계약을 각각 체결하였다.

차체설계와 관련하여 현대자동차는 설계기사들을 이탈디자인사에 파견, 훈련하는 동시에 설계작업의 제반 사항을 숙지할 수 있도록 설계작업을 공동으로 수행하도록 한다는 조항을 별도로 두어, 현대자동차는 이 조항에 따라 이탈디자인사의 설계작업에 참여, 자동차설계에 관한 제반 기술을 습득했으며, 이 때 습득한 기술이 훗날 자동차 설계를 자력으로 수행할 수 있는 기술력의 원천이 되었다.

2. 포니 생산과 현대 신화의 서막

현대자동차는 1974년 6월 시작(試作)차 1호를 완성하여, 1974년 7월 18일부터 8월 25일까지 39일 동안 이 모델에 붙일 이름을 공모하였는데 이 공모에는 전국에서 무려 5만 8천여통이나 되는 응모엽서가 쇄도, 응모된 차명(車名) 중 가장 많은 이름은 '아리랑'이었으며, 당시 국내 정치·경제 분위기를 반영하듯 '유신', '무궁화', '새마을' 등의 이름이 그 뒤를 이었다. 현대자동차는 이들 응모작에 대한 심사를 거쳐 동년 9월 25일 현대적 감각을 살린 모델에 걸맞는 차명을 '포니(PONY, 조랑말)'로 최종 결정하였다.

현대자동차는 1974년 10월 30일 개막된 제55회 토리노 국제자동차박람회에 우리나라 고유모델로 개발한 포니승용차와 스포츠카형 포니쿠페 등 2종의 시제품을 출품하였다. 이로써 우리나라는 세계에서 16번째, 아시아에서는 일본 다음으로 고유

9)오원철, 『한국형 경제건설(4권)』, 기아경제연구소, 1996, pp. 151- 152.

모델을 갖는 나라가 되었다.

한편 박람회 기간 동안 유럽 3대 일간지의 하나인 이탈리아 라 스탐파(La Stampa)는 한국관에 대한 기사를 포니 승용차와 함께 게재하고 '한국이 자동차공업국의 대열에 끼어들었다'는 제목으로 크게 보도하였다. 이를 필두로 유럽의 유수한 신문과 잡지들이 앞 다투어 현대자동차의 고유모델 출품을 특집 보도했으며, 현지 TV도 현대 전시관을 집중 부각하고 연일 정세영 사장과의 인터뷰 내용을 방영하였다.

이리하여 포니모델은 전세계 자동차 공업계에서 일약 '떠오르는 샛별'로 부각되었고, 포니의 토리노 박람회 출품과 성공적 데뷔는 한국의 숨은 저력을 과시했을 뿐 아니라 포니가 향후 국내 자동차의 해외수출 가능성에 대한 확신을 해주었다는 점에서 큰 의미를 갖는 것이었다.

고유모델 포니가 박람회를 통해 일차적인 성공을 거둠으로써 현대자동차 관계자들은 그 어느 때보다도 확실한 자신감을 가질 수 있었다. 이 자신감은 회사 전체적으로도 큰 활력소로 작용해 그 때까지 고유모델 프로젝트에 대해 회의적이었던 사람들까지 이 계획에 적극 동참하는 계기를 마련, 이후 현대자동차 전 사원은 종합자동차공장 건설에 합심협력해 일로매진할 수 있게 되었다.

한편 당시 국내에는 종합 자동차공장 설계 경험을 가졌거나 자동차공장 설계에 필요한 생산품·공정·기계설비·재료 등에 대한 지식을 갖추고 있는 기술용역업체가 전무한 까닭에 현대자동차는 한국 최초의 종합 자동차공장 건설에 따른 각 공장의 설계배치와 공장설계 등을 미쓰비시에 맡겼다. 1974년 7월 23일 미쓰비시와 기술계약을 체결하고 1975년 12월 1일 마침내 오랜 숙원이던 종합 자동차공장을 준공하였다.

단위공장으로서 프레스·차제조립·도장·의장·주조·단조·엔진공장 등과 시험연구시설인 기술센터를 갖춘 신규공장은 부지 195만 6,154m²에 건평 11만 1,256m²에 달하는 대규모 시설이었다. 이로써 현대자동차 공장의 건평은 기존공장 건평 5만 7,225m²을 합쳐 모두 18만 1,724m²에 이르렀다.

신규공장의 완성으로 현대자동차의 생산능력은 최소한의 국제경쟁 규모를 갖추게 되었다.

종합 자동차공장의 건설로 현대자동차는 그간 외제부품 단순 조립단계를 넘어 본격적인 자동차 제조회사로서의 면모를 갖추게 된다. 따라서 이 공장의 건설은 끝내 다국적기업 전략에 종속되기를 거부하며 독자적인 발전을 추구한 끝에 이루어낸 끈기와 의지의 역사(役事)이자 한국자동차공업의 새장을 여는 의미있는 역사로 기록될 수 있다.

1976년 1월부터 현대자동차는 포니의 본격적인 생산에 돌입하였고, 생산개시 당시 포니의 국산화율은 90% 내외로서 정부의 국산 소형승용차 개발에 참여했던 자동차 4개사 중 정부가 제시한 국산 소형차 생산지침을 충족한 것은 현대자동차의 포니가 유일한 경우였다. 현대자동차가 포니를 첫 출고한 1976년 2월 말 현재 포니는 최고속도, 등판능력, 가속능력 등 주행성능에서도 다른 차종보다 월등한 것으로 남다른 기동력을 요하는 영업용차로 인기를 끄는 이유가 되었다. 연료소모량은 선진국 등급차와 비교해도 가장 적은 수준이었다.

이같은 장점에 힘입어 1976년 2월 시판을 시작한 이후 포니판매는 대성공을 거두었다. 포니는 시판 첫해에 1만 726대가 판매되어 승용차 시장에서 1위를 차지했다. 포니의 판매 호조에 힘입어 현대자동차는 1977년 승용차시장의 61.36%, 1978년 63.29%, 1979년 59.99%를 점유하는 저력을 발휘했으며, 생산 첫해인 1976년부터 수출을 개시, 이 해에 1,019대, 1977년 7,421대, 1978년 8,317대, 1979년 1만 9,355대를 수출하는 개가를 올렸다.

당시 포니차를 만드느라 밤을 세워가며 고생하던 공로자들을 소개하면, 간부급에 전성원 부회장(당시 기획관리실 차장), 부사장을 지낸 노관호씨는 초창기 포니차의 판로확장과 수출개척의 공로자로 당시 판매담당 차장이었다. 이충구 부사장은 당시 품질관리부 사원이었다. 초창기 고생하던 강중신씨, 김종중씨, 문길웅씨, 이수찬씨, 이수호씨 등이 후일 최고관리층에서 일하였다.[10)]

포니의 등장은 외국모델을 들여다 그대로 조립하는 우리나라 자동차산업의 식민지적 생산단계를 고유모델을 생산하는 자립단계로 전환하게 하는 역사적 의의를 지니는 대사건이었다. 포니는 '단일차종의 대량생산'실현이라는 한국 자동차공업 수준의 또 다른 단계 격상을 가능하게 했다. 포니의 성공으로 현대자동차는 후발메이커로서의 핸디캡을 말끔히 씻고 한국 자동차공업계의 선두주자, 나아가 세계 자동차산업의 다크호스로 부상했다. 포니의 신화, 현대자동차의 신화가 마침내 그 막을 열고 있었던 것이다.

_제3절 석유파동과 경제위기 극복

1980년을 전후한 국내정치의 혼돈상과 이미 1970년대부터 지속된 원유파동의 여파는 국내의 경제 전반은 물론 현대자동차에도 심각한 시련을 안겨주게 된다. 하지만 현대자동차는 내외적인 어려움을 극복하기 위해 생산성 향상과 수출다변화 노력을 지속하는 한편 승용차 30만대 공장 건설이라는 도전적인 경영정책을 펼치게

10) 상게서, pp.190- 191.

된다. 위기를 오히려 기회로 여긴 이같은 정책은 그대로 적중하여 완벽한 생산시설을 바탕으로 한 현대자동차는 차종의 다양화와 수출다각화에 성공하게 된다. 30만대 공장건설로 양산체제를 더욱 확고히 한 현대자동차는 명실공히 세계 속의 현대, 세계적인 현대자동차로 발돋움하게 된 것이다.

1. 석유파동과 자동차산업 합리화조치

1979년 제 2차 오일쇼크로 보통휘발유의 경우 1979년 초까지 리터당 198.5원에 불과하던 가격이 1981년 말에는 740원까지 치솟았다. 1979년 정부는 자동차 수요 및 이용억제정책을 잇달아 발표함에 따라 현대자동차는 물론 국내 자동차업계는 생존미저 위협받는 심각한 위기국면을 맞게 된다. 이 시기 온갖 시련에 직면하고 있던 자동차업계를 더욱 곤혹스럽게 한 것은 정부 일각에서 제기된 이른바 '사동차비교우위론'이었다. 우리나라 자동차산업은 선진국에 비해 비교우위를 갖지 못하기 때문에 그 장래가 불투명하다는 주장이었으며, 이 같은 주장을 펴는 사람들은 심지어 국내 자동차산업의 무용론까지 거론하고 있었다.

하지만 정세영 사장은 비교우위론자의 한 사람이었던 신병현 부총리 겸 경제기획원 장관과의 논쟁에서 이같은 비교우위론의 맹점을 논리적으로 비판했다. 정사장은 우선 '산업의 국제적 전이'라는 이론적인 주장을 폈다. "비교우위가 있는 섬유산업도 처음에는 유럽을 중심으로 발전했다가 일본을 거쳐 한국으로 넘어온 것이다. 또 트랜지스터 라디오의 경우도 기초적인 기술개발은 서구에서 이루어졌으나 1950년대 초 일본이 산업화에 성공, 세계적인 반향을 불러 일으켰고, 1960년대 중반부터는 한국에 도입되어 이미 상당한 경쟁력을 확보하는데 성공하였다. 이런 산업의 국제적 전이과정을 볼 때 당장에는 비교우위가 없더라도 자동차산업은 얼마 안가 국제경쟁력을 확보할 수 있을 것이다."

정사장의 이같은 논리정연한 주장은 차츰 광범위한 공감대를 형성해 갔고, 때마침 IBRD(국제부흥개발은행)가 한국자동차공업에 대한 연구분석 결과 "한국에서 자동차산업이 성공할 가능성은 충분하다"는 결론을 내렸다. 이로써 위기국면에 있던 당시 자동차산업을 더욱 의기소침하게 만들 수도 있었을 일단의 논란은 종지부를 찍게 된다.

1979년 73%에 달했던 완성차업체 가동률은 1980년 들어 크게 감소, 현대자동차 43%, 새한자동차 24%, 기아산업 40% 등 전체적으로 35% 정도에 머무는 수준이었다. 이에 정부는 1980년과 1981년에 이른바 8·20 조치 및 2· 28 조치 등 일련의 투자조정 조치를 통해 자동차업계의 재편을 추진하기 시작하였다. 8·20 합리화 방안은 현대그룹이 새한자동차를 인수, 승용차를 독점 생산하는 대신, 발전설비분야를 포기해 이를 대우그룹이 독점하도록 하며, 기아산업을 상용차 전문생산업체로 조정한다는 것 등의 내용이었다.

그러나 이 조치는 그 후 현대자동차와 새한자동차 지분의 50%를 갖고 있던 GM 사이에 통합협상이 결렬되는 등 난항을 거듭하였다. 결국 이같은 혼선은 1981년 2·28조치, 1982년 7·27조치 등의 조정작업을 통해 승용차생산은 현대자동차와 새한자동차로 이원화하고, 기아산업은 트럭과 버스 일부를 독점생산하며, 특장차와 대형트럭 등은 자유화하는 것으로 일단락되었다.

이 시기에 취해진 정부의 일련의 자동차산업합리화 조치는 자유경쟁원칙에서 벗어나 인위적인 정책적 의지에 따라 이루어졌기 때문에 심각한 후유증을 낳았다. 특히 현대그룹은 새한자동차 인수조건으로 창원에 건설 중이던 종합기계공장을 포기했기 때문에 그 손해가 막심했으며, 게다가 승용차생산은 이원화된 반면 1- 5톤 트럭의 경우는 한 업체가 독점하게 되어, 자동차산업 육성차원에서도 형평에 맞지 않는 조치였다. 그 결과 현대자동차는 1980년을 기준으로 생산대수와 매출액 면에서 큰 손실을 입게 되었으며, 트럭생산 금지로 인해 사장 또는 폐기된 시설을 비롯하여 수백억원에 이르는 시설이 유휴화 되었다.

2. 포니 엑셀 등 신차개발과 경제위기 극복

현대자동차는 이러한 위기를 'X' 프로젝트와 기술합작계약 추진 등을 통해 새로운 도약의 기회로 삼게 된다. 현대자동차는 1973년 포니 개발 당시부터 엔진과 트랜스미션에 대한 기술제휴를 통해 미쓰비시와 깊은 유대관계를 맺고 있었는데, 1981년 10월 6일 현대자동차와 미쓰비시는 자본합작에 관한 합의서 및 기술협조계약을 체결하게 된다. 미쓰비시자동차와 미쓰비시상사가 현대자동차 총자본의 약 10%에 해당하는 금액을 투자하는 것을 주 내용으로 하는 이 계약은 1982년 3월 2일 정식 체결되었다.

미쓰비시와 합작이 성사되자 현대자동차는 새로운 도약의 청사진을 발표하게 된다. 1985년까지 내외자 3,969억원을 투입, 일본 미쓰비시사와 기술제휴 및 합작투자를 통해 현 울산공장 내에 연산 30만대 규모의 전륜구동형 소형승용차 생산공장을 건설한다는 것이었다. 연산 30만대 공장건설은 이른바 규모의 경제를 달성한다는 의미를 갖는 것으로서 그만큼 모든 자동차업계의 숙원과도 같은 것이었으나, 반면 이 계획은 협소한 국내시장 여건으로 볼 때 자칫 기업의 존립 자체를 위협할 우려마저 있는 모험에 가까운 것이기도 하였다. 미쓰비시와 합작협상에 따라 현대자동차는 1981년 10월 전륜구동형 30만대 생산공장 건설계획을 'X카 프로젝트'로 명명하고 단계별 추진계획을 마련해 착실히 실행하게 된다.

한편 이 무렵 현대자동차는 총 58억여원의 개발비를 투자, 1982년 3월 신차 '포니2'를 탄생시켜 흑자경영을 실현하게 된다. 포니는 1982년 7월 15일 단일 차종으로는 국내 최초로 30만대 생산을 돌파하였고, 1982년 12월 27일 단일 업체로서는 국내 최초로 전차종 50만대 생산을 돌파하였다. 이어 고유모델 2호인 '스텔라'를 탄생시켰다. 스텔라는 라틴어 'Stellaris'에서 유래한 것으로 '별의', '별같은', '우수한', '일류의' 란 뜻을 가지고 있으며, 신차종의 참신한 이미지와 세련된 스타일과 품위, 뛰어난 기능을 상징했다. 스텔라 개발이 성공함에 따라 현대자동차는 국내 자동차산업을 리드하는 저력을 과시하는 동시에 '좋은 제품을 값싸게 보급하겠다는'는 기업의지를 구현할 수 있었다. 즉 외국모델의 수입대체에 의한 외화절약은 물론 로열티, 관세 등 간접적 원가부담을 해소시킴으로써 생산비를 절감, 소비자가 원하는 중형차를 상대적으로 싼 값에 보급할 수 있게 되었다.

현대자동차는 X카 프로젝트를 추진하여 마침내 실현하게 되었는데, 이것이 바로 뛰어난 포니라는 의미의 '포니엑셀'이다. 현대자동차는 1985년 2월 6일 30만대 공장 준공식과 함께 그동안 X카로 불리던 국내 최초의 전륜구동형 승용차 '포니엑셀'의 모델을 공개하고 2월 7일부터 시판에 들어갔다. 포니엑셀은 현대자동차가 본격적인 수출시대 개막에 대비해 개발한 수출전략차종으로 1985년 이후 대량수출시대를 여는 출발점이 되었다. 이후 X카 프로젝트는 엑셀에 이어 1985년 6월 4도어 노치백 스타일의 '프레스토(PRESTO: 음악용어로 '빠르게'라는 뜻)가, 1986년 9월 3도어 해치백의 '스포티(SPORTY)'가 양산되면서 마무리 되었다.

1984년 현대자동차는 당시 최고가로 판매되던 대형승용차 그라나다(GRANADA)의 후속차량개발을 검토하였다. 향후 확대될 대형차 수요증가에 대비하기에는 그라나다의 국산화율이 지나치게 낮았다. 당시 그라나다의 국산화율은 28%에도 미치지 못했는데, 그때까지 정부는 국산화율이 60% 이하인 차를 수입차로 간주해 관세 100%를 부과하고 있었다. 따라서 그라나다는 당연히 고가일 수밖에 없었다. 현대자동차가 국산화율을 높이고 가격을 낮출 수 있는 대형 승용차를 개발하겠다는 기본방침을 수립한 것도 바로 이 때문이었다.

현대자동차는 고유모델 대형차를 구상하고 있었는데, 때마침 미쓰비시가 독자적으로 대형승용차를 개발하고 있는 중이어서 1985년 7월 양측은 '공동개발생산원칙'에 합의했다. 이것은 양사가 부품별 분업화에 의한 전문생산체제를 갖추어 상호 교역을 통해 자동차를 생산하는 방식인 바 각자 자국내 생산이 가격측면에서 유리한 부품을 전담해 이를 상호 공급하는 것이었다. 'L카' 프로젝트라고 명명된 이 사업은 1986년 L카 이름이 '그랜저(GRANDEUR)'로 명명되었다. 현대자동차는 미쓰비시와 공동개발을 통해 그랜저 생산에 성공함으로써 현대자동차의 기술수준과 성장가능성은 국제적인 공인을 받게 된다.

_제4절 현대차의 북미대륙 진출

1. 대량수출시대의 서막, 캐나다 진출

1984년 1월 14일부터 시작된 캐나다 모터쇼는 주요 도시에서 60일간 계속되었는데, 포니는 전시 즉시 '동양에서 온 샛별(New Star from the East)'이라는 닉네임을 얻으며 현지인들의 집중적인 관심을 끌었다. 포니 전시장 구석에 마련된 상담실은 연일 현지 딜러와 고객들의 발걸음이 끊이지 않았으며, 오토쇼가 끝날 무렵에는 무려 1,500장이나 되는 딜러 신청서가 접수되어 30 대 1의 치열한 경쟁을 나타냈다.

1983년 11월 29일 울산항에서 포니 1,500대가 선적된 것을 시작으로 현대차는 마침내 북미시장의 첫 관문인 캐나다를 향해 힘찬 첫걸음을 내딛었다. 이로써 현대자동차는 진출 첫해에 캐나다 수입차 판매순위에서 혼다, 도요타, 닛산에 이어 4위에 오르는 기염을 토했으며, 소형차 부문만으로 순위 매김을 했을 때는 경쟁차종인 혼다 '시빅'을 제체고 수입차 판매 1위를 기록했다.

한편 캐나다 시장에서 일군 현대자동차의 신화는 한국에 대한 새로운 인식을 부각시키는 계기가 되었다는 데도 큰 의미가 있었다. 1980년대 초반까지 캐나다 일반 시민들의 눈에는 한국이 극동의 조그만한 개발도상국에 지나지 않았다. 하지만 거의 관심을 두지 않고 있었던 'Korea'라는 나라의 현대자동차가 세계 유수의 일류메이커들을 누르고 제 1위 수출회사로 등장함으로써 한국은 장차 세계경제를 이끌어갈 차세대 주자로 인식되기에 이른다.

캐나다인들은 물론 세계 유수의 자동차 메이커를 보유한 선진국들에게는 신흥공업국 한국의 기세가 마치 현대자동차의 포니마냥 시원스런 질주를 계속해 언젠가는 자신들을 추월하고 말 것으로 여겨지기 시작했던 것이다.

2. 자동차 종주국 미국진출

캐나다 시장의 성공적인 진출을 기반으로 현대자동차는 1984년 1월 HACI (Hyundai Auto Canada Inc.)를 통해 자동차의 본고장 미국진출을 위한 시장조사에 착수했다. 당시 미국경제는 석유파동 후의 오랜 침체로부터 서서히 회복되는 단계였는데 특히 오일쇼크 후 미국인들의 자동차 선호경향은 유지비가 절약되고 연비효율이 좋은 소형차 중심으로 바뀌고 있는 추세였다. 이에 따라 미국시장에서는 중·대형차 생산중심의 '빅3'가 판매부진을 거듭하는 가운데 소형차 중심의 일본차 판매비중이 급격히 상승하고 있었다.

이러한 상황에서 벗어나기 위해 '빅3'은 모두 소형차 중심의 제품생산을 중점 추진하고 있었으며, 다른 한편으로는 소형차 개발에 대한 견제를 목적으로 1981년 이후 일본 자동차의 수출수량을 자율규제토록 하는데 성공하였다. 미국 현지차와 일본차가 격전을 치르고 있는 와중에 현대자동차의 엑셀이 뛰어들게 된 셈이다.

미국시장 진출을 위한 필수적인 관문은 공해규정과 안전규정의 통과여부였다. 차량의 제반성능 및 내구력에 관한 문제점을 사전에 파악, 개선하기 위한 안전도 테스트는 1985년 1월 4일 LA 브레이크 테스트를 시작으로 모두 8개 항목에 걸쳐 진행되었다. 관심의 초점이 되었던 공해규정은 테스트를 치르는 데만 1년이 소요될 만큼 까다로운 것이었다.

1986년 1월 20일 울산부두에 화려하게 늘어선 엑셀 5도어 1,050대가 올리브 에이스호에 선적되기 시작했다. 사전 시장조사, 판매망 구축, 각종 테스트 등 수많은 난관을 거쳐 현대자동차가 마침내 한국 자동차업계의 숙원이었던 대망의 미국시장 진출을 이루어낸 것이다. 이 날짜 한국경제신문은 "현대자동차의 미국상륙은 자동차의 본격적인 수출시대를 여는 것이며 중화학공업중심의 수출산업 구조전환에 중요한 계기를 마련한 것"이라고 평가하고, "세계에서 가장 까다로운 미국시장의 안전기준과 배기가스 규제기준을 통과했다는 사실은 우리 자동차의 기술과 품질이 선진국 수준에 이미 이르고 있음을 말해준다"고 보도했다. 또 역시 같은 날짜의 매일경제신문은 "현대자동차의 미국시장 진출은 국내 자동차산업의 새로운 국제화의 장을 여는 획기적 전기"라고 크게 보도하고 "수출부진으로 고전해온 우리경제에 커다란 낭보이고 쾌거"라고 그 의미를 부여하였다.

특히 동아일보의 관련기사는 현대자동차와 온 국민이 함께하는 흥분과 감격을 그대로 대변하고 있다. "실로 격세지감을 금하기 어렵다. 가벼운 흥분마저 일렁거린다. 자동차산업의 종주국이자 세계 최대 시장인 미국에 우리나라 자동차가 수출되기는 이번이 처음이다. 그것은 마치 본격적인 자동차 수출국으로서 공인을 받은 것이나 다름없는 의미를 지닌다. 그동안 자동차산업계나 수출당사자인 기업의 기술자, 경영인 모두가 쏟은 노고에 격려를 아끼고 싶지 않다. 자동차는 공업화를 추구하는 나라로서는 꼭 만들고 싶고 또 만들어 내야 하는 상징제품이라고 할 수 있다. 그런 의미에서 한국자동차의 미국진출은 한국의 기술, 공업화수준을 새롭게 세계에 알리는 전기가 될 것이며 따라서 그만큼 기쁜 일임에 틀림이 없다".

한 달 가까이 태평양을 가로질러 온 엑셀은 2월 14일 미국 제1의 외국자동차 수입항구인 플로리다 주 잭슨빌 항에 상륙한 것을 시작으로 18일에 뉴저지주 엘리자베드, 오리건주 포틀랜드, LA 롱비치 등을 통해 속속 도착했다. 이 광경을 지켜보던 현지교민들의 반응 또한 흥분과 감격을 감추지 못하였다. "한국 자동차를 가득 싣고 들어오는 배를 보고 눈시울을 적셨다. 출고 날 새벽 2시경부터 밤잠을 잊고 장사진을 이루며 한국의 엑셀을 기다리던 감격은 평생 잊지 못할 것이다. 엑셀이 자꾸 잊혀져가는 고국을 되 뇌이게 한다. 엑셀은 걸어 다니는 광고판처럼 한국경제 성장의 이미지를 미국민에게 전달해 주고 있다".

본격적인 판매를 전후해 미국의 각종 언론매체들도 앞 다투어 엑셀의 우수성을 보도했다. 미국의 권위 있는 경제주간지 비즈니스 위크(Business Week)는 자동차 평론가가 분석한 6종의 소형승용차 성능시험결과를 밝혔는데, 세계 유수의 자동차 메이커 제품을 뒤로하고 포니 엑셀을 가장 우수한 차로 꼽았다. 또 2월 10일자 타임(Time)지는 "휴스턴 자동차쇼에 GM, 포드, 크라이슬러, 폴크스바겐, 도요타, 닛산 등 세계의 쟁쟁한 메이커들이 참가해 치열한 판촉전을 폈는데 가장 관심을 끈 메이커는 미국시장에 처음 등장한 현대였다"고 보도하고 "현대자동차가 상륙 첫해에 세운 10만대 판매목표는 무난히 돌파할 것"으로 내다 보았다.

이 밖에도 자동차 전문지 오토 위크(Auto Week)는 2월 3일자 보도를 통해 경쟁차종인 '유고'와 엑셀을 비교하면서 "가격만으로는 유고가 유리할지 모르나 디자인, 외형, 성능 등 제반 조건은 엑셀이 단연 뛰어나다"고 보도했고, 실업전문지 포춘(Fortune)은 2월 26일자에서 "한국의 현대가 미 소형차 시장을 주도할 것"이라고 전망했으며, 월간지 디스커버리(Discovery)는 2월초 특집에서 엑셀의 우수성을 상세히 소개한 후 '미국과 일본 자동차 메이커들의 강력한 경쟁자'로 단정했다.

현대자동차의 성공적인 미국시장 진출은 미국 내에 '현대의 기적'을 낳았다 해도 과언이 아니다. 엑셀 자체의 우수성, 적절한 가격경쟁력 확보, 우수한 딜러의 선정 및 치밀한 판매전략 등이 어우러진 결과였다. 진출시점 또한 엑셀에 유리한 시기였다. 1981년부터 수출자율규제에 묶인 일본차는 1985년 이후 230만대로 수출대수가 제한되어 있는 까닭에 부가가치가 높은 중형차 중심으로 판매전략을 옮겨가고 있었는데, 엑셀이 그 공백을 적절히 이용한 것이다. 그 밖에 지속적인 증가추세에 있던 미국내 자동차 수요, 소형차 중심으로의 수요자 패턴변화도 성공의 한 요인이었다.

현대자동차가 이룩한 대미 자동차 수출은 국내 경제에도 큰 영향을 미쳤다. 당시 우리나라의 수출은 조선산업 등 일부 기계공업을 제외하고는 섬유를 중심으로 한 경공업분야가 여전히 주종을 이루고 있었다. 현대자동차의 자동차 수출성공은 이같은 후진적 수출산업구조를 중화학공업의 핵심인 기계공업부문으로 전환하는 계기를 마련했다. 2만 여개의 부품을 필요로 하는 자동차산업의 특성상 국내기술수준과 관련 산업의 성장에 크게 기여했다는 점도 높이 평가되며, 아울러 미국내의 자동차를 비롯한 여러 한국 상품에 대한 대외 인지도와 신뢰도를 크게 높였다는 사실도 괄목할만한 산업외적 성과로 꼽힌다. 실제로 엑셀 선풍을 통해 현대자동차가 심어놓은 한국차의 이미지에 힘입어, 1987년부터 대우자동차와 기아자동차도 미국수출을 시작하게 되었다.

이같은 사실은 엑셀이 각종 판매 신기록을 달성한 이후 현지 각 언론들의 반응을 통해서도 확인할 수 있는 것이다. 먼저 기업전문지 포춘(Fortune)은 1986년 12월 8일자 기사에서 "엑셀이 1986년도 미국 10대 상품으로 선정되었다"고 밝히고 '역사상 가장 빠른 매출신장률을 보인 수출품'이라고 격찬하였다. 또 미국의 자동차 전문지인 카 앤 드라이버(Car & Driver)는 1987년 1월호에서 "엑셀이 미국 환경보호청이 실시한 세계 50개 차종의 연비테스트 결과 시내 주행시 연료가 가장 적게 드는 승용차로 판명되었다"고 보도하고 '실용적인 장비와 최신스타일'을 격찬하였다.

한편 뉴욕 타임스(New York Times)는 1986년 미국에서 선풍을 일으킨 히트상품을 개발 또는 창안한 '산업계의 숨은 영웅' 6명중 한 사람으로 정세영 사장을 선정하였다. 이 신문은 엑셀이 미국시장에 처녀 진출한 자동차중 가장 성공을 거둔 차종의 하나가 되었다고 보도하고, "정세영사장이 특유의 모험정신을 발휘해 이 같은 엑셀의 성공을 가능하게 했다"고 높이 평가하였다.

이 밖에도 오토모티브 뉴스(Automotive News)는 1986년 '세계자동차산업의 괄목할만한 사건' 중 '엑셀의 성공'을 6위로 선정했으며, 컨슈머 레포트(Consumer Report)는 '소비자들에게 추천할만한 1987년 승용차'로 엑셀을 선정했다. 또 1988년 2월 발표에 의하면 엑셀은 미국고속도로안전보험협회(IIHS: Insurance Institute for Highway Safety)가 실시한 '시속 5마일 충돌시 자동차수리비 산출시험'에서 31개 대상 차종 중 7위를 기록, 수리비가 적게 드는 우수차종으로 평가되기도 했다.

현대자동차는 미국 수출을 계기로 수출실적뿐만 아니라 수출지역도 점차 확대되어 갔다. 특히 1985년부터 수출이 시작된 호주에서의 엑셀의 인기는 미주시장 못지 않을 만큼 높았다. 아시아·태평양지역, 중남미 지역, 중동지역, 유럽지역, 아프리카 지역으로 수출지역이 확대되었다. 1987년 승용차의 지역별 수출은 북미가 84%로 대부분을 차지하는 가운데, 유럽과 아시아·태평양 지역, 중동, 중남미, 아프리카 등이 그 뒤를 잇고 있다. 수출대상국가는 1986년 65개국에서 1987년 70개국, 1988년 72개국으로 늘어났다.

완성차의 수출증가와 더불어 부품수출도 증가했다. 1984년 566만 달러이던 부품수출은 1988년 4,847만 달러 등으로 급성장하였다.

이같은 현대자동차의 경영규모 확대는 미국 수입소형차 시장에서 연속 판매 1위를 기록한 1987년, 1988년까지 계속 이어졌다. 수출 40만대를 넘어선 1987년 현대자동차 매출액은 처음으로 2조원을 돌파한 2조 8,000억원에 이르렀고, 순이익은 전년 대비 55.7% 증가한 596억원에 달했으며, 1988년에는 내수판매 호조에 힘입어 매출액이 3조 4,000억원을 넘어섰다. 이 시기 동안 회사규모가 커지면서 여러차례 증자를 실시했는데, 1988년 12월 30일자로 현대자동차의 자본금은 1,744억 814만원으로 늘어났다.

_제5절 차종의 다양화와 성능의 혁신

현대자동차는 새로운 사양을 대폭 적용하면서 품질수준을 세계 최고수준으로 끌어 올리기 위해 J카 프로젝트를 추진하여 1990년 10월 엘란트라(Elantra)를 시판하였다. 이 명칭은 프랑스어의 Elan(열정, 활기, 정열)과 영어 Transport(수송, 운반)의 합성어로 가장 열성적인 야심작이자 인간존중의 휴먼터치 세단을 상징한다. 엘란트라 신차발표회에서 호주의 저널리스트는 현지 선데이 타임스(Sunday Times)지에 실린 기고문을 통해 엘란트라를 '한국에서 생산된 가장 좋은 차'로 소개했으며, 호주의 비즈니스 리뷰 위클리(Business Review Weekly) 지는 "현대가 일본차와 당당히 경쟁할 신차를 내놓았다"고 호평하였다.

이어 현대자동차는 1994년 4월 소형 승용차의 수준을 한 단계 끌어 올린 최첨단 성능과 높은 안전성의 신세대·신감각 소형차 엑센트(Accent)를 본격 시판하게 되었다. 액센트는 100%의 독자기술로 탄생한 차세대 수출전략형 차로 국내 자동차산업의 새로운 이정표를 세우기에 이른 것이다. 현대자동차는 1995년 3월 수출전략형 준중형 승용차 아반테(Avante)를 생산하게 된다. Avante란 뜻은 스페인어의 '앞선, 앞으로'란 의미로서 세계화의 첨병이 되고자 하는 현대자동차의 의지를 담고 있는 이름이다.

제6절 연산 100만대 생산체제 구축

1. 최초의 수출전략형 중형차 소나타

1988년 1월 현대자동차는 전차종 수출 100만대를 돌파했으며, 단일 차종으로는 국내 최초로 엑셀생산 100만대를 돌파하였다. 이같은 국내 초유의 기록 속에서 1990년 들어 울산공장은 단일규모로는 세계 최대의 자동차 공장으로 거듭나게 된다.

현대자동차는 1988년 6월 1일 해외시장을 겨냥한 최초의 수출전략형 고급 중형차 '소나타(SONATA)'를 탄생시켜 포니, 스텔라, 엑셀로 이어지는 고유모델 승용차 개발의 또 하나의 개가를 올렸다. 소나타 개발에서 가장 특징적인 점은 기존 국산차들과는 달리 디자인과 설계 등을 전부 우리 기술진에 의해 완성했다는 점이다. 따라서 소나타는 실질적인 의미에서 최초의 독자모델이라고 평가할 수 있다.

1988년 11월 16일에는 소나타 3,277대가 선적되어 대망의 대미 수출을 시작하였다. 중형차로서 국내 최초로 이루어진 소나타의 미국진출은 소형차(엑셀) 수출에서의 결과와 경험을 바탕으로 수출의 폭을 넓히고 차종을 다양화하였다는 점에서 큰 의미를 갖는 것이었다. 미국내 언론들과 전문가들도 '이상적인 패밀리 세단', '가치를 창출하는 차' 등의 찬사를 아끼지 않았다.

당시 미국 덴버시에서 발행되는 록키 마운틴 뉴스(Rocky Mountain News)지는 1989년 1월 14일자에 '현대 중형승용차 소나타, 일본차에 도전장을 내다'라는 제하의 소나타 시승기에서 "소나타는 가격이상의 가치가 있는 차"라고 평가하고 "15년 전 일본 자동차회사가 멋과 스타일보다 품질과 가격이 더 중요한 것임을 미국 자동차 회사에 가르쳤듯이 이제는 한국자동차가 같은 내용을 일본자동차회사에 가르치고 있다"고 보도했다.

또 자동차를 실제 테스트해 정확한 평가를 내리기로 정평이 나있는 카 앤 드라이버(Car & Driver) 지는 소나타를 '합리적인 가격으로 살 수 있는 이상적인 패밀리 세단'이라고 분석하고, "1990년대를 향한 고급 대중차로서 그 역할을 다 할 것"이라고 전망했다. 또한 미국 뉴욕에서 발행되는 과학 전문지 포퓰러 사이언스(Popular Science)는 소나타를 '가치를 창출하는 차'로 지칭하면서 "미국의 중형차

시장을 공략하는데 있어 혼다 어코드, 도요타 캄리, 마쓰다 626, 크라이슬러 스피리트, 포드의 템포 등과 비교해도 전혀 손색이 없다"고 평가했다.

2. 북미 시장의 위축과 '브로몽의 악몽'

소나타의 미국진출을 계기로 현대자동차는 업계 최초의 해외 현지공장을 건설하게 된다. 1989년 7월 5일 현대자동차는 소나타 생산을 위해 우리나라 자동차업계 최초의 해외현지공장인 캐나다 브로몽 공장을 준공하였다. 미국수출의 전초기지인 브로몽 공장이 설립되면서 북미 수출용 소나타는 울산공장 대신 현지에서 직접 공급하는 현지생산체제를 구축하게 되었다. 브로몽 공장 건설은 북미시장에 현지거점을 마련하는 동시에 캐나다와 현대자동차간의 호혜적 관계를 구축하려는 현대자동차의 의지가 반영된 계획이었다.

1989년부터 브로몽 공장 가동으로 완성차 수출과 CKD수출을 병행하게 된 현대자동차는 1989년 한해 CKD 2만 160대를 수출했다. 또 1월부터 시험생산에 들어간 브로몽 공장은 그해 연말까지 캐나다 공급용 7,857대, 대만 수출용 1,525대, 미국수출용 5,398대 등 총 1만 4,780대를 생산하였다. 현대자동차가 북미 현지생산을 시작한 1989년은 북미시장이 전반적으로 위축되는 가운데 일본 자동차 메이커들의 북미 현지생산이 급증하여 북미 자동차시장이 심각한 공급과잉상태에 빠져들고 있었다. 이 때문에 현지생산의 장점이 쇠퇴하고 각종 문제점이 부각되었다. 당시 경영이 안정된 것은 혼다와 도요타 정도였고, 대부분은 판매부진 등 난관에 봉착하고 있었다.

현대자동차가 브로몽 공장의 생산차종으로 선정한 소나타급은 특히 경쟁이 치열한 차종이었는데 완성차의 재고가 늘어나자 막대한 규모의 인센티브 및 광고비 지출로 수익성은 더욱 악화되기 시작하였다. 가동률 저하가 곧바로 품질저하로 이어지는 악순환이 거듭되면서 누적적자에 따른 자금압박에 따라 결국 1993년 10월에 브로몽 공장은 가동이 중단되는 아픔을 겪었다. 현대자동차는 이때의 아픈 기억을 '브로몽의 악몽'이라고 부른다. 고 정세영 명예회장의 자서전에서 "충분한 시장조사 없이 북미공장을 건설했던 것이 얼마나 어리석고 성급한 결정이었는지 뼈저리게 느꼈다"고 토로했다.[11]

11) 동아일보, 2005년 5월 23일자.

3. 연산 100만대 생산체제 구축

현대자동차는 1967년 창립 이후 고유모델, 포니, 엑셀, 소나타 등을 개발해 미국을 비롯한 세계시장에 진출하였고, 비록 캐나다의 브로몽 공장은 악몽으로 끝났지만, 현대자동차는 한때 캐나다 현지공장 건설로 '세계 속의 현대'임을 과시했다. 이 같은 도전과 개척의 역사를 바탕으로 1970년대 5만 6,000대 규모의 소규모 공장에서 출발하여 1990년대 초 마침내 100만대의 생산능력을 갖는 세계 13위 대기업으로 성장하게 되었다.

현대자동차는 연산 100만대 생산시대에 돌입함으로써 국내시장의 모터리제이션(Motorization)과 수출시장 다변화를 통한 수출증가세에 부응할 수 있는 능력을 갖추게 되었으며, 1년에 1차종 이상 신차개발능력을 보유함에 따라 국내외 수요자들의 수요패턴 변화에 대한 능동적인 대응이 가능해졌다. 특히 세계적인 추세인 유연생산방식을 전폭 수용해 각종 최신설비를 갖춤으로써 울산공장은 어떠한 시장조건에서도 강력한 경쟁력을 갖출 수 있는 한국 자동차산업의 진정한 메카로 부상하게 되었다.

제7절 국내외 생산 거점의 구축

현대자동차는 1990년대 중반 중대형 승용차 전용공장(생산능력 연간 30만대)인 아산공장(1996년 11월)과 세계 최대 규모의 상용차 공장(연간 생산능력 10만대)인 전주공장(1997년 1월))을 각각 준공하여 울산공장과 더불어 광범위한 국내 생산거점을 확충하였다.

아울러 본격적인 유럽 및 중동시장에 대한 수출확대를 위해 1997년 9월 터키와 합작공장 준공에 이어, 현대자동차의 아시아 시장의 전진기지로서 1998년 10월 인도공장과 2002년 2월 중국 북경기차와 합작하여 중국공장을 설립하였으며, 이어 2005년 5월에 미국 앨라배머 공장을 준공하였다. 이로써 현대자동차는 세계 10대 자동차 메이커로 도약하기 위한 기틀을 마련하였다.

_제8절 자동차 부품산업

완성차는 수많은 부품으로 구성되어 있기 때문에 완성차업체는 부품업체로부터 많은 부품을 조달받아 조립하고 있다. 1980년대 들어 완성차업체는 정부의 '자동차공업합리화조치'로 승용차의 엔진, 변속기, 차축 등 고도의 기술을 요하는 핵심부품이나 대형설비가 필요한 프레스 부품 등만을 자체 생산하고 대부분의 부품은 전용생산설비를 갖춘 부품업체가 담당하는 분업관계를 추진하였다.

1980년대 중반 이후부터 완성차의 생산이 급증함에 따라 부품 외제화의 필요성이 증대되는데 이는 완성차 생산이 급증함에 따라 내부조직의 비대화, 복잡화를 방지하기 위해서이며, 또한 완성차 생산과 관련하여 각 공정의 최적생산규모가 상이하므로 공정 가운데는 외제화하는 것이 생산코스트 면에서 유리한 점이 많기 때문이다.

<표15-1>은 현대자동차와 하청 협력관계에 있는 부품업체의 완성차업체에 대한 납품비율을 나타낸 것이다. 이 표에 의하면 완성차업체와 부품업체간 분업관계가 급속히 진전되고 있음을 알 수 있다.

〈표15-1〉 현대자동차의 하청·협력 부품업체의 납품액

단위: 사, 억원, %

구분	1986	1987	1988	1989	1990
납품업체수	249	200	327	446	433
납품액(A)	6,315	4,503	14,051	19,324	23,831
매출액(B)	19,064	10,530	34,111	38,065	46,432
A/B	33.1	42.8	41.2	50.8	51.3

자료: 한국자동차공업협회, 『자동차공업편람』, 각 년, 상공부, 『자동차산업백서』, 1988.

다음에는 <표15-2>에서 현대자동차의 계열 하청 협력업체에 대한 자금지원을 보면 60%가 원자재 지급 및 구매자금 지원이고, 신제품 개발자금지원은 전체의 36%로 이 두 분야에 대한 지원이 전체의 96%에 이른다.

〈표15-2〉 현대자동차의 협력업체에 대한 자금지원(1986)

단위: 사, 백만원,%

사업항목	협동회가입		협동회 비가입		합계		비율
	업체수	금액	업체수	금액	업체수	금액	
신제품개발자금지원	73	16,035.25	11	1,032.72	84	17,338	35.9
원자재구매자금지원	52	25,825	15	3,096	67	28,915	59.9
공장증축자금지원	8	425.8	1	32.2	9	485	1.0
시설개체자금지원	2	134.8	5	19.5	25	154	0.3
우수업체납품대금지급개선	160	1,144.53	81	246.47	241	1,391	2.9
공급기업체협회운영지원	160	-	-	-	160	25	0.0
합계	473	43,617.08	113	4,690.92	586	48,308	00.0

자료: 홍성원 · 김정홍 · 사공묵, 『한국 · 미국 · 일본 자동차부품공업 분업체계의 비교연구』, 1987.

1980년대 수출산업화 과정에서 부품산업의 발전이 시급히 요구됨에 따라 완성차 업체와 부품업체간 수직적 분업연관이 진전되었다. 완성차 업체에 납품하는 부품 업체들은 대형화되면서 1-2개 완성차 업체하고만 배타적 거래관계를 형성하는 경향이 점차 지배적으로 되었다.

제9절 자동차산업 관련 주요 업체의 설립

<표15-3>에서 보듯이 울산지역 주요 자동차 관련 업체(종업원 100인 이상)는 1970- 90년대에 많이 설립되었다.

〈표15-3〉 울산지역 주요 자동차관련 업체의 설립시기와 주요 생산품목

1950년대	*동국실업(주): 프라스틱 자동차부품
1960년대	*(주)대성사 상북공장: 사이드 멤버, *현대자동차(주) 울산공장: 자동차
1970년대	*대일공업(주) 두서공장: 기아 & 샤프트, *덕양산업(주):크래시 패드, 앤티바이브레이션, *세종공업(주):머플러, 콘버터 등, *한국프랜지공업(주) 1공장: 프랜지 등 *한일이화(주): 도어 트림, 헤드 라이닝 등, *(주)현대공업: 차량시트, *현대모비스(주) 울산지점: 발브 및 파이프 등, *태성공업(주): LWR, ARM Ass'y

1980 년대	*한주금속(주): 해상기 등, *한일튜브(주): 파이프 , *한국유니온머시너리(주):컨넥터 *우영산업(주): 몰딩, *에이브이에치코리아(주): 레진 펠트, *(주)삼주기계:차제자동화 설비, *부국산업(주):튜브, 파워스티어링, *명화공업(주) 울산공장: 허브, 드럼, 디스크, *매일산업(주): 시트커버, *두올상사(주):시트커버링, H/Rest, A/Rest, *(주)동희산업: 리어 서스펜서, 크로스 멤버, 연료탱크, *동남정밀(주):트랜스미션케이스, 크럿치 하우징, *대일공업(주) 상북공장: 자동차 부품
1990 년대	*대흥공업(주):A-1, RR, FRM Ass'y, *대일공업(주) 두동공장: 기어 및 전동축, *(주)삼진정기: 프론트 휠, 넉클 프론트, *(주)용산: 선바이저, 시트커버, 헤드라이너, *(주)일광: 스펀지, 패드제품, *(주)지영사: 가죽핸들, 산업용흡음제, *한국TRW자동차부품산업(주): 프라스틱 제품, *(주)한일씨엔드에프: 헤드 레스트, 시트패드, *(주)현대세신: 제조서비스업
2000 년대	*신명산업(주): 시트

자료: 울산상공회의소,『울산기업체총람』. 2003. 2. 1.

제10절 울산지역 자동차 생산 및 수출실적

현대자동차는 자동차 생산에 있어서 1983년 10만대, 1987년 50만대, 1994년에 100만대, 2000년 150만대를 달성하였고, 수출은 1985년 10만대, 1996년 50만대, 2004년 100만대를 각각 달성하였다. 현대자동차에서 단일차종으로 10만대 이상 판매된 승용차는 포니Ⅰ(79년 8월 판매개시), 포니Ⅱ(82년 2월 판매개시), 스텔라(83년 6월 판매개시), 엑셀(85년 2월 판매개시), 프레스토(85년 7월 판매개시), 그랜저(86년 7월 판매개시), 소나타(88년 6월 판매개시), 엘란트라(90년 10월 판매개시), 액센트(94년 4월 판매개시), 아반테(95년 3월 판매개시) 등이다. 이리하여 현대자동차는 1976년 설립 이후 2004년까지 총 2,257만 6천여대의 자동차를 생산하여 우리나라 자동차 총생산의 51.9%를 차지하고 있으며, 1976년 7월 에콰도르에 포니 6대 수출을 시작으로 2004년까지 누적 수출대수는 1,095만 4천여대로 이를 일렬로 나열할 경우 총 95,700km로 지구를 2.4회 회전할 수 있는 길이이다. 2004년까지 현대자동차 내수판매대수는 1,111만대로서 우리나라 전체 내수의 46.9%를 차지하고 있다.

통계청의 자료에 따르면 2009년 말 현재 울산지역의 자동차 생산액 및 부가가치가 전국 자동차산업에 차지하는 비중은 25.6%와 27.0%로 나타났으며, 울산지역의 자동차산업이 지역 제조업에 차지하는 생산 및 부가가치 비중은 19.0%와 26.8%로 나타나고 있다.

현재 현대자동차는 인도, 중국, 터키, 미국 등지에 해외공장과 연구시설을 두고 190여개국에 수출하고 있다. 1991년에는 독자엔진개발에 성공함으로써 차량국산화에 기여했으며, 승용차 외에도 트럭, 덤프트럭, 버스, 밴 등 각종 차량을 제작판매하고 있다. 1998년 10월 기아자동차(주)와 아시아자동차공업(주)를 인수하여 현대기아차 그룹은 GM, 포드, 도요타, 르노닛산, VW, 다임러 크라이슬러, 푸조에 이어 세계 8대 메이커로 성장하였다. 2000년 9월 현대그룹의 다른 계열사 9개사와 함께 그룹에서 분리되어 현대자동차 그룹을 형성하였다. 2003년 3월 현대모비스(주) 및 일본 미쓰비시자동차(주)와 함께 제품개발, 생산, 판매, 구매부문의 상호협력을 위해 공동협력계약을 체결하였다. 울산지역 자동차산업의 생산, 내수 및 수출실적은 <표15-4>와 같다.

〈표15-4〉 현대자동차의 생산, 내수 및 수출실적

단위: 대

연도	생산	내수	수출	연도	생산	내수	수출
1968	614	-	-	1977	38,254	-	7,527
1969	7,832	-	-	1978	81,779	-	18,339
1970	4,360	-	-	1979	103,835	-	19,540
1971	3,546	-	-	1980	61,888	48,032	16,244
1972	4,130	-	-	1985	240,755	106,652	120,041
1973	6,989	-	-	1990	678,754	450,198	225,393
1974	9,992	-	-	1995	1,236,399	746,070	490,454
1975	7,092	-	-	2000	1,525,167	646,670	827,606
1976	19,289	-	-	2004	1,673,728	551,317	1,124,207
				2010	1,730,682	657,897	1,072,785

자료: 현대자동차 사내 자료.

제 15 장

조선산업

_제1절 현대의 조선사업 착수 배경

우리나라가 1967년 GATT(관세 및 무역에 관한 일반협정)에 가입하자 정부는 70개 회원국을 상대로 한 수출시장 확대를 기대하면서 경공업 중심의 노동집약적 산업에서 벗어나 중화학공업의 추진을 고려하게 된다. 중화학공업을 가시적으로 역동시킬 수 있는 1단계 사업으로 조선산업을 선택하게 된다. 그것은 조선산업은 기계, 전자, 운송, 항만사업과 연관효과가 커서 일자리를 많이 창출하고, 국방을 위해서도 조선산업을 시작해야 되며, 조선산업에 일찍 뛰어든 나라가 부강한 나라가 된다고 판단했던 것이다.

조선소 건설은 박정희 대통령이 선언한 4대 핵심공장 중의 하나였으며, 제 3차 경제개발 5개년 계획의 최대 핵심사업 중의 하나가 조선소 건설이었고 특히 관련산업은 물론 모든 산업을 업 그래이드시켜 경제발전의 새로운 분기점을 마련한다는 상징성까지 지니고 있었던 것이다. 조선소 건설은 박정희 대통령의 숙원사업이었다.[12)]

현대는 현대건설을 통해 초창기부터 국내외의 많은 건설사업을 수주하여 많은

12) http://cafe.naver.com/parkhero/71

부를 축적하였으나, 1960년대 중반 들어 정부가 주도해 온 건설투자의 한계와 1960년대 말 전체 외화수입의 20%를 차지하던 월남특수가 사라짐에 따라 현대건설은 새로운 돌파구가 필요했는데 그것이 조선사업이었다. 조선사업은 풍부한 노동력을 활용하여 그 동안의 건설경험을 살리는 동시에 해외시장을 상대로 돈을 벌 수 있는 사업이라고 생각하였다. 건설업 자체의 한계를 지적하고 전략업종을 연구하던 현대는 건설업에서 시작해서 자동차, 조선으로 뻗어나간 미국의 카이저(Kaiser) 그룹의 성장사를 예로 삼아 조선사업 진출을 구상하게 되는데, 이 때가 1968년이었다.

현대가 조선사업을 하겠다고 하자 반대의견이 많았다. 심지어 정부의 한 고관은 "현대가 조선사업에 성공하면 내가 손가락에 불을 켜고 하늘로 올라가겠다"고까지 하였다.[13] 그리고 회사 내에서도 조선사업을 강행하면 회사가 거덜날 것이라고 했다. 종이배조차 만들어본 경험이 없이 그것도 몇 십만톤급의 대규모 조선사업을 어떻게 하겠느냐는 생각이었다.

그러나 정주영 회장의 생각은 달랐다. 조선업은 철판으로 큰 덩치의 탱크를 만들어 바다위에 띄우고 동력에 의한 추진력으로 달리는 것이며, 도크는 선체가 들어갈 뿐이지 수영장의 확대판이나 다름이 없다고 생각했다. 조선업은 노동집약적 산업이며, 현대는 그간의 건설업을 통해 인력을 관리하는 데는 자신이 있었다. 또 조선은 Shipbuilding, 즉 제조가 아니라 건조이고, 공장도 Shipyard라고 한다. 땅만 있으면 된다고 생각하였다. 인부들, 건축 그리고 땅이야말로 현대가 20년이 넘게 다루어 온 분야였다. 건설업자의 조선업 그것은 콜롬부스의 달걀이었다

1960년대 후반 해상물동량이 증가함에 따라 세계 조선산업은 지속적인 호황을 누렸는데, 이는 세계 에너지 수요확대에 따라 유류 이동량이 급증하였기 때문이다. 이 무렵 세계 조선업계의 판도는 크게 변하고 있었다. 조선산업은 노동집약적 산업으로 전체 선박건조비용 중 노무비의 비중이 20- 30%에 이른다. 따라서 당시 노동력이 부족하고 노임도 높은 영국, 서독과 같은 선진국에서는 조선산업이 사양산업이 되고 있었다. 같은 유럽이지만 노동력이 풍부하고 저렴한 스페인, 유고슬라비아, 노르웨이 등이 신흥조선국으로 부상하였고, 동양에서는 일본이 1956년 이미 세계 1위의 조선국으로 부상하였으며, 세계 조선시장의 50% 가까이를 점유하였다. 우리나라도 노동력이 우수하고 저렴하며 풍부하였으므로 선진국 기존 회사와 제휴해 기술과 경험을 보완하면 머지않아 신예 조선국이 될 가능성이 컸다.

현대가 조선사업을 계획할 무렵 우리나라의 조선산업은 정부의 수차례의 진흥책에 힘입어 그 이전에 비해 다소 성장했지만 다른 산업의 발전에 비해 크게 뒤떨어

---

13) 현대중공업주식회사, 『현대중공업사보』, 1989. 10.

져 있었다. 1968년 당시 종업원수와 생산액, 그리고 부가가치면에서 전체 제조업의 1% 내외에 머물고 있었다.

1967년 제2차 경제개발계획을 시작으로 정부는 조선산업 진흥을 도모하기 위해 조선공업진흥법을 제정하여, 정부보조금, 재정자금 및 기계공업육성자금 등을 지원하였다. 조선공업진흥기본계획에 따르면, ①국산가능한 중고선박은 수입을 억제하고, ②관련 기계공업의 기술을 단계적으로 개발하여 조선공업의 국산화 및 계열화를 촉진하여 1971년까지 국산화율 목표 85%, 계열화 목표 52%를 달성하며, ③제2차 경제개발계획 기간 중 표준선형 65종을 제정, 보급하고 11개 부문에 걸쳐 선진기술을 도입하여 2,110명의 기술자를 훈련시키고, ④대한조선공사의 시설을 확충, 근대화하며, ⑤선박가격 인하를 위한 대책을 시행하여 수출선 건조를 위한 직접 또는 합작투자 공장건설을 지원하고 대단위 도크건설을 장려한다는 것으로 되어 있었다.

제철소 건설과 더불어 전술한 바와 같이 조선소 건설은 박정희 대통령의 숙원사업이었던 만큼 당시 경제건설에서 박대통령의 분신처럼 서 있던 김학렬 부총리는 경부고속도로를 주도하였던 정주영 회장에게 정부의 제안을 수용하게 하였다. 조선소 건설을 정부로부터 제안받은 정회장은 조선소 건설을 위한 기술제휴와 차관도입을 위해 일본의 미쓰비시, 미국과 캐나다의 기술회사, 조선소와 접촉을 시도했으나 한국은 조선산업의 기반이 취약하여 성공하기 힘들다며 물러서는 바람에, 이스라엘 해운회사 팬마리타임, 일본조선협회와 합작을 시도했으나 모두 무산되었다.

당시 김학렬 부총리의 증언에 따르면, “정회장은 매우 절망적이었습니다. 그 시점에서 현실적으로 현대 밖에 추진할 기업이 없었던 것입니다. 정회장도 인력 스카웃까지 해가며 조선사업추진 팀까지 구성을 마쳤지만, 결과는 낭패였습니다.” 당시 정부 관계자 회의 석상에서 이한림 장관의 증언에 의하면, “정회장은 토목전문이지, 조선소 건설은 기계, 전자, 터어빈과 같은 주로 중공업기술을 요하는 것이므로, 도로을 닦거나 주택을 건설하는 그런 토목이 주된 공사가 아니라고 한다”는 것이었다. 이 장관에 따르면, “정회장이 현대는 그러한 기술집약적이고 막대한 자본이 드는 조선소를 건설할 역량이 부족하다”고 선언하였다는 것이다. 당시 외국과 기술제휴 및 차관도입이 매우 어려웠음 잘 나타내는 대목이다.

김부총리는 정회장이 조선소 건설을 포기할 생각을 가지고 있다고 박대통령에 보고하고, 정회장과 박대통령의 면담을 주선하였다. 김학렬 부총리의 증언에 따르면, 정주영 회장의 조선소 건설 포기 선언 한마디에 박대통령은 정주영 회장이 갖고 온 사업계획서는 보지도 않고 이렇게 말하였다는 것이다. “국가가 절실히 원하고 한 나라의 대통령이 그토록 원하는 사업인데 이렇게 쉽게 못하겠다는 말이 나오시오? 대통령이 자존심을 걸고 추진하려는데 기업이 무시하는 것은 국가를 경시하는 것이오. 지금 내 앞에 앉아 있는 사람이 그 반대에도 무릅쓰고 작열하는 태양 아래서 고속도로를 건설한 정주영 회장이 맞소?" 그리고 나서 정회장의 보고를 아예 차단시켜 버리며 박대통령은 억제했던 분화구를 절제 없이 터뜨렸다는 것이다. 그동안 4대 핵심공장 건설을 내세우며 경제부흥을 가속화시켜야 되겠다던 대통령의 염원이 일순간에 무너지는 것을 보게 되었다는 것이다. 그리고 나서 박대통령의 추궁은 계속되었고, 박대통령은 정회장에게 다시 한번 조선소 건설에 대한 확신을 심어주었고, 대통령이 지원하고 경제부총리가 적극적으로 뒷받침하겠다는 확신을 보여주었다는 것이다. 결국 정회장은 조선소 건설에 대한 포기를 거둬들이고 청와대에서 물러 나면서 이렇게 말했다고 한다. "박대통령 집념이 대단한 줄은 알았지만, 그 정도인지는 몰랐어." 정회장은 박대통령의 조선사업에 대한 신념과 열정을 알았기에 이번에는 차관교섭을 위해 유럽쪽으로 눈을 돌리게 되었다.[14)]

합작추진과정에서 문제가 된 것은 팬마리타임사나 일본조선공업협회가 조선소 운영권을 요구해 왔기 때문이다. 정부는 현대로 하여금 이 요구를 받아들여 합작을 성사시킬 것을 종용했지만 현대는 거부했다. 경영권을 외국에 넘겨준다는 것은 사업가로서 용납할 수 없었기 때문이다. 그리하여 현대는 방향을 바꾸어 합작투자방침을 포기하고 차관을 도입해 조선소를 독자적으로 건설하기로 하였다. 이러한 결정으로 인해 현대의 조선산업, 한국의 조선산업이 독자적으로 성장, 발전할 수 있게 한 일대 결단이었다.

제2절 조선소 건설의 준비과정

현대는 외국과의 합작선 물색과 조선소 건설작업을 동시에 진행하기로 하고 1969년 말부터 부지선정작업에 착수하여, 전하만 일대에 부지를 선정하고, 선박판매 및 기술제휴사를 물색하게 되었다. 현대는 영국의 애플도어(A & P Appledore)사 및 스코트 리스고우(Scott Lithgow)사와 접촉해 1971년 9월 기술제휴 및 선박판매협조계약을 체결하였다. 애플도어사는 영국의 선박컨설턴트 회사로 뉴캐슬에 스완헌터(Swan Hunter)라는 조선소를 가지고 있었으며, 아일랜드의 홀 앤드 울프(Hall & Wolf)조선으로부터 기술지원을 받고 있었다. 글래스고에 위치한 스코트 리스고

14) http://cafe.naver.com/parkhero/71

우사는 매월 평균 1만 5천톤급 선박 1척을 건조, 판매하고 있었다.

이들과 체결한 기술 및 판매협조계약의 내용은 다음과 같다. ①조선소 설계 레이아웃 및 선박설계 도면 등 모든 기술사항을 제공하되 기술용역료는 170만 달러로 한다. ②애플도어사는 현대에서 건조하는 12호선까지 판매 또는 판매융자를 알선하여 현대는 이들 선박에 애플도어사 또는 스코트 리스코우사 중 현대가 선택하는 상표를 사용하되 판매수수료는 척당 0.5%로 한다. ③현대는 애플도어사 및 스코트 리스고우사와의 연수협정에 따라 전문기술직 및 관리직 요원 약 60명을 파견, 조선기술과 관리능력을 습득하도록 한다. ④애플도어사는 생산계획 및 원가계산 등 조선소 운영에 관한 자문을 제공한다. ⑤애플도어사는 일정기간 관리직 및 전문경영자와 전문기술자를 제공한다. 이러한 조건은 당시의 국제관례상 파격적이었다. 더구나 애플도어사측은 170만 달러를 일시불이 아니라 배 12척을 건조, 판매할 때까지 분할 상환하도록 해주었다.

부지선정과 기술 및 선박판매협조계약체결 문제는 해결되었지만 어떻게 거액의 차관을 도입하느냐라는 문제가 남아 있었다. 현대는 1970년 3월 조선사업부를 정식 발족하고, 사업계획서를 확정하면서 창업자금을 6,300만 달러로 하고, 그 가운데 4,300만 달러는 현금 및 자본재 차관 등 외자로, 나머지 2,000만 달러는 내자로 조달한다는 계획을 세웠다. 내자 가운데 1,000만 달러는 자체자금, 나머지 1,000만 달러는 정부지원 융자금으로 조달한다는 계획이었다. 외자 4,300만 달러는 1971년 당시의 공정환율은 1달러 399원으로 172억원에 해당하는 금액이었다. 당시의 현대건설 총자본 136억원을 훨씬 웃도는 것으로 우리나라 전체 경제개발예산 1,136억원의 15%에 해당되었다.

외자 4,300만 달러는 너무 거액이어서 후진국의 일개 기업이 민간베이스로 기채하기란 사실상 불가능하였다. 영국의 버클레이 은행을 간사은행으로 해 프랑스의 엥도수에즈 은행, 스페인의 코페이사, 서독의 프란츠 카르히펠트사를 끌어들여 콘소시움을 형성하였다. 당시 애플도어사는 하원의원을 역임한 롱바톰(Longbattom)과 사업가였던 내쉬(P. Nash)가 합작으로 설립한 선박 컨설턴트회사로 두사람이 각각 회장과 사장을 맡고 있었다. 현대측은 이들에게 조선소의 입지조건 및 장비, 특히 한국의 풍부하고 질좋은 노동력을 들면서 조선사업의 성공을 확신시키려 했다. 또 버클레이 은행을 설득해 달라고 부탁했다.

그러나 롱바톰 회장은 선박을 사줄 사람도 나타나지 않은데다, 한국의 차관상환능력, 성장잠재력 등에 의문을 제기하였고, 또 한국과 현대의 조선실적과 능력으로 대규모 조선사업은 환상이라고까지 하면서 부정적인 태도를 보였다.

현대측은 특별히 제시할 자료도 없어 매우 난감했다. 이 때 정주영회장은 지갑에서 거북선이 새겨져 있는 500원짜리 지폐를 꺼내어, 거북선을 가리키며 한국은 이미 16세기에 철갑선을 만들었다. 19세기 들어와 강선을 만든 영국과는 비교가 되지 않는다. 다만 한국은 쇄국정책 때문에 산업화가 늦어졌고 조선에 대한 아이디어가 녹슬었을 뿐이다. 한번 조선을 시작하면 몇백년 동안의 잠재력이 분출해 나올 것이라고 정회장은 롱바톰 회장을 끈질기게 설득하고, 선박판매 협조계약을 맺는 대가로 60만 달러의 용역비를 지불한다는 조건을 제시하자 롱바톰 회장과 내쉬 사장이 적극적으로 나오기 시작했다. 이후 롱바톰 회장은 한국에 직접 와서 현대건설의 발전소 시공능력과 정유공장 건설 등 기계, 토목공사 경험이 풍부하다는 사실을 확인한 후, 현대가 대형 조선소를 지어 독자적으로 경쟁력이 있는 큰 배를 건조할 수 있다는 추천서를 버클레이 은행에 건네주었다. 이리하여 1971년 9월 현대는 애플도어사 및 스코트 리스고우사와 기술제휴 계약을 체결하게 되었다.

차관제공결정은 따냈으나 더 어려운 관문이 기다리고 있었다. 영국 수출신용보증국(ECGD: Export Credit Guarantee Department)의 승인이 필요하였다. 영국에서는 은행이 차관제공을 결정해도 ECGD의 승인을 얻어야 한다. 차관을 가져간 나라가 원리금을 상환하지 못하면 영국정부가 책임지고 보상해주는 제도였다. 따라서 ECGD의 기준은 매우 까다로웠다. 은행의 사업타당성 조사 결과를 비롯해서 차관도입국의 경제적 장래성까지 종합, 신용을 평가하고 그 결과에 따라 결정했다. 차관도입국의 컨트리 리스크(Country Risk)까지도 감안한다. 다행스럽게도 ECGD는 애플도어사가 인정한 현대의 능력을 신뢰하였다. 현대는 배를 만들어 원리금을 갚을 능력이 있다고 평가하면서 한가지 의문을 제기하였다. 거대한 배를 과연 누가 살 것인가의 문제였다. 이러한 의문을 제기하면서 현대에서 만드는 배를 살 사람이 없다면 영국은행에서 빌려간 돈을 갚을 수 없을 것이므로 배를 살 사람이 있다는 확실한 증명을 갖고 와야 승인을 해주겠다고 했다.

이는 지극히 당연한 이야기였다. 수천만 달러나 되는 배를 그것도 조선소가 만들어진 것도 아니고 조선소 부지로 예정된 울산의 백사장 사진 1장과 선박설계도면만 가지고 있는 처지에 배를 살 사람이 있으면 지원해 주겠다는 ECGD의 조건부 결론은 승인거부나 다름이 없었다. 이제 조선사업계획을 포기하던가, 아니면 만들지도 않은 배를 팔러 다녀야 했다. 현대는 선주를 찾아 나서게 된다. 준비된 것은 울산시 미포만의 잡초 우거진 백사장 사진 한 장과 5만분의 1의 지도 한 장, 그리고 스코트 리스고우사에서 만든 26만톤짜리 유조선 도면 한 장이 전부였다. 국내에서는 있지도 않은 조선소에서, 만들지도 않은 배를 팔러 다닌다며 '봉이 정선달'이라고 비웃었다.

그러나 때마침 당시 국제해운계를 주름잡고 있던 그리스의 요르거스 리바노스가 선단을 확장하고 있던 차에 일본에서 수차례 싼 값으로 배를 구입해 재미를 본 뒤 특히 신생조선국으로부터 싼 값에 배를 구입하려는 생각을 가지고 있었다. 과거 수백년간 세계 해운업계를 주름잡고 있었던 그리스 해운업이 주력선들의 노후화와 스칸디나비아 제국의 추격으로 쇠퇴해가던 무렵이어서 신조선을 보다 값싸게 사들여 경쟁력을 확보해야 했기 때문이다.

애플도어사의 롱바톰 회장의 주선으로 현대와 리바노사간의 계약의 체결되었다. 리바노스는 울산 백사장 사진과 25만 9,000톤급 유조선 도면을 보고 일방적으로 조건을 제시하였다. 가격은 현대가 제시한 척당 3,600만 달러보다 싼 3,095만 달러, 2년 6개월 후 인도, 계약 불이행시에는 원리금을 전액 변상한다는 내용의 계약이 이루어졌다. 현대는 계약서 등 관련서류를 ECGD에 제출하여 최종승인을 받았고, 버클레이 은행을 중심으로 공동차관단이 구성되어 현대는 스페인, 프랑스, 영국, 서독은행의 순으로 계약을 체결하게 되었고, 1971년 12월 정부로부터 도입인가를 받음으로써 공식적으로 발효되었다.

_제3절 조선소 기공과 수주 선박 건조의 병행

1972년 3월 23일에 거행된 울산조선소의 기공식은 곧 우리나라 중공업의 기공식이었다. 행사의 정식 명칭은 50만톤급 초대형 현대울산조선소 기공식이었다. 조선사업을 추진하던 초기 세간에서는 "조선소를 세우는게 아니라 땅 투기를 하려는 게 아니냐", "3. 1 빌딩 두 개반을 누인 크기의 메머드 선박을 과연 만들 수 있겠느냐"는 등의 의혹과 불신이 팽배했다. 박정희 대통령은 기공식 축사에서 조선소가 완공되면 연간 2억 5,000만 달러의 외화획득이 가능해진다는 사실에 고무되어 울산조선소야말로 우리나라 중공업 전략에서 가장 중요한 사업임을 강조하며 정부의 전폭적인 지원을 약속했다. 참고로 당시 총수출액은 11억 7,300만 달러에 불과하였다.

조선소 건설을 위해 1,200여명의 임직원은 '단군 이래 최대의 역사'를 최단시일 내에 마무리짓기 위해 일에 파묻혀야 했다. 뒷날 공사에 관여했던 한 책임자는 "당시 이북에서 천리마운동을 하고 별보기 운동을 했다고 하지만 우리에게는 일요일도 없었다. 서울에는 1년에 한두번 올라가고, 3년 동안 별보고 출근하고 별보고 퇴근했다"고 회고했다.

당시 재계는 조선소 건설에 상당히 회의적이고 부정적이었다. 당시의 국내 경제 사정이나 국제상황을 고려할 때 수출주도형 경제로의 산업구조 개편은 시기상조이며 과욕에 불과하다는 것이었다. 조선산업은 선박을 운항하는 해운업의 선박수요에 따라 발주되는 수주산업으로 경영전략을 통한 계획생산이 전혀 불가능하다. 자본집약도가 높은 산업으로 주기적으로 호황과 불황이 반복되는 주기산업(cycle Industry)으로 정부의 전폭적, 지속적 재정지원이 없이는 버티기 어렵기 때문에 당시 정부주도로 건설되던 포항제철소와 같이 정부차원에서 접근해야 하는 산업부문이지 민간기업이 독자적으로 추진할만한 산업이 아니다는 등의 비판이 재계의 중론이었다.

재계의 지적도 무리는 아니었다. 당시 국내 대기업도 종업원수가 수백명에 불과했지만, 현대가 추진하는 조선소의 경우는 최소한 1만명 이상의 노동력이 필요했다. 사업투자비용도 엄청났다. 1차 확장공사 때까지 총공사비는 1억 2,900만 달러, 한화 520억원에 달했다. 그 이전까지 건국 이래 최대의 역사라 불리우던 경부고속도로의 총건설비 430억원보다도 1.2배나 많은 액수였다. 동시에 1971년 말 현대건설의 총자산 135억원의 3.8배였으니 말 그대로 사운을 건 공사였다.

그러나 정주영 회장을 비롯한 현대의 간부진은 조선산업의 장래를 낙관하고 있었다. 조선산업은 막대한 설비투자자금을 필요로 하지만 본질적으로는 노동집약적 산업이다. 제철이나 석유화학은 막대한 설비자금 못지않게 고도의 기술과 생산공정 자동화를 필요로 한다. 그러나 조선은 구조적으로 완전자동화가 불가능하다. 당시 세계 조선시장의 절반을 장악하고 있던 일본보다 노임이 1/5밖에 안 되는 풍부한 노동력을 앞세울 경우 국제경쟁력을 획득할 수 있다는 판단이었다. 실제로 선진국의 조선산업은 임금상승, 시설의 노후 등으로 사양산업화되었고 일본 역시 임금압박을 받기 시작하고 있었다.

또 조선소 건설은 기계설비보다 토목건축 비중이 컸다. 현대는 과거 20여년간 축적해 온 건설노하우를 활용하면 조선소 건설에 큰 비중을 차지하는 항만, 드라이도크, 안벽공사는 다른 선진국의 절반 비용으로 할 수 있다는 판단이었다. 더욱이 종합조립산업으로서 전후방 산업연관효과가 큰 조선공업은 우리 경제를 최단시일내 중공업체제로 전환시킬 수 있는 선도산업이었다. 이 밖에 기술면에서 보더라도 선박건조 후 로이드협회와 같은 국제선급협회로부터 검사승인을 취득해야만 운항이 가능한 만큼 선박건조에 성공하면 국제무대에서 우리나라의 기술수준을 인정받을 수 있다는 강점도 있었다.

이 시기의 조선시황을 보면, 2차 세계대전 이후 세계 조선산업은 선진국간의 수평무역발전, 중화학공업화에 따른 공업원자재무역의 신장과 에너지수요 증가에 따른 석유무역의 확대로 해운업이 발달해 대호황을 맞고 있었다. 값싸고 품질 좋은 선박을 보다 빨리 만들 수 있다면 어느 나라에서나 선박을 주문받을 수 있었다. 특히 이스라엘과 아랍의 대립으로 수에즈 운하가 폐쇄된 1960년대 후반부터는 아프리카 남단의 케이프 타운을 우회하게 되어 세계 제일의 원유공급지인 중동과 소비지간의 거리가 늘어나 20만 DWT급 이상의 대형 유조선 수요가 늘어나고 있었다.

그 결과 장거리 수송에 따른 원가를 절감하기 위해서도 대형 유조선이 유리했다. 더욱이 선박의 대형화는 톤당 자재비를 감소시켜 전체 선박건조비도 낮아진다. 이 같은 흐름에 힘입어 현대는 첨단수준의 조선소를 건설하고 대형선박을 건조하는 과정에서 가와사키조선, 가지마 건설 등과의 기술제휴로 일본의 조선기술을 도입했다. 일본이 전후 뒤늦게 조선업에 참여함으로써 얻을 수 있었던 후발이익을 현대도 누릴 수 있었다.

이처럼 조선사업에 착수하면서 현대는 자금과 시장, 기술 모두를 해외에서 구해야 했다. 따라서 조선사업에 착수할 당시 현대의 최대과제는 하루바삐 영업수익을 올림으로써 차관원리금을 차질 없이 상환하는 일이었다. 그래서 대형 조선소 건설과 대형 유조선 건조작업을 동시에 진행키로 하면서 획기적으로 공기를 단축시켜야 한다는 것이었다. 도크를 파내는 동안 1호선을 도크 밖에서 부분 조립하고, 도크가 완성된 다음에 그것을 도크로 운반해서 건조를 계속했다. 실제로 그 당시 조선소를 다 짓고 난 다음 배를 만들려고 했으면 그 막대한 투자를 감당할 길이 없어 조선소를 짓다가 쓰러졌을 지도 모르는 일이다.[15] 정주영 회장의 표현을 빌면, '조선업자가 아닌 건설업자였기 때문에 가능했던 발상'이었다. 현대조선소 건설과 선박건조의 병행은 훗날 세계조선업계에서 '정주영 공법'으로 불리워졌다.

현대가 조선사업에 착수하면서 자금문제 못지않게 고심한 부분은 숙련기능 인력 확보 문제와 이들을 단기간에 양성하는 문제였다. 현대는 서울과 부산 등지에서 조선 기능공을 모집하였는데, 기존 조선소에 근무하던 많은 기술자들이 응모하였다. 현대는 기존 조선소에 비해 첨단시설을 갖추었고 사업전망도 밝았으며, 임금수준도 상대적으로 높았던 만큼 다른 회사 사원들이 현대를 선호했다. 현대는 이렇게 모집한 인력 외에 현대건설과 현대자동차 등 그룹회사의 유사계통 경력자를 대거 울산조선소에 전입시켰다. 자금 못지않게 기술 역시 외국으로부터 도입할 수 밖에 없었다. 울산조선소는 영국 일본 등 외국의 유수한 조선소와 기술도입계약을 맺는

15) 1977년 11얼 23일 인간개발원이 주최한 정주영 명예회장 초청 경영자 조찬회 특강 중의 내용임.

한편 유능한 외국 기술자들을 초빙했다.

영국의 A & P 애플도어사 및 스코트 리스고우사와는 1971년 9월 기술지원 및 판매협조계약 체결로 울산조선소는 1972년 60명의 생산기술요원을 영국에 파견하여 이들로 하여금 설계, 선각, 의장, 건조, 품질관리, 자재구매 등의 분야로 나뉘어 6개월간 연수를 받게 하였다. 또 1972년 일본의 가와사키 중공업과도 기술협약을 체결하여 설계도면과 사원들의 기술연수도 제공받게 되었고, 조선소 건설과 관련하여 일본의 가지마 건설의 도움을 받기도 하였다.

해외연수 못지않게 외국기술인력 영입에도 심혈을 기울였다. 애플도어사, 가와사키 중공업 등과 체결한 기술협약에 의해 일부는 영입하고 나머지는 스카웃하였다. 그 대표적인 예가 1972년 10월 울산조선소 초대 사장으로 영입된 덴마크의 쿨트 스코우(Kurt J. W. Schou)로 그는 오덴세 조선소의 기술이사였다. 스코우 사장은 부임하면서 많은 오덴세 조선소 기술자들을 데리고 왔다.

국내외 고급인력 영입만으로는 대규모 기술인력을 충당할 수 없었다. 울산조선소는 1972년 9월 충분한 인력을 자체 공급하기 위해 조선소 내에 기능공훈련소를 설립하였다. 연간 목표는 1,200명으로 개소식과 함께 1차로 324명의 훈련생을 입소시켜, 6개월 과정으로 가스절단, 배관, 판금, 전기, 관리 등의 11개 과를 운영하였다. 초대 소장은 애플도어사의 윌슨(Robert L. Wilson)이 맡았다. 이들은 졸업 후 2급기능사의 자격을 취득했으며, 이 가운데 희망자는 6개월간의 수습기관을 전제로 사원대우 형식으로 채용되었다.

울산현대조선소는 1971년 중반부터 부지매입에 착수, 거주하는 어민들에게 보상비를 지불하고, 새로운 집터를 마련해 주기로 했으나 어민들은 쉽게 이주하려 하지 않았다. 현장팀은 집집마다 찾아다니며 설득하는 한편, 굴과 조개가 서식하는 바위값은 물론 담 쌓은데 쓰인 돌 값까지 치르며 한 가구씩 이주계약을 체결했다. 계약을 맺은 가구에 대해 이사비용은 물론 인력, 차량까지 지원했다.

1971년 10월부터 입사하기 시작한 조선분야 기능공들도 초기에는 조선소 건설공사에 모두 동원되었다. '경비절감, 공기단축, 최량의 품질'을 위해 주야간 24시간 연속 작업을 했다. 인력 못지않게 많은 중장비가 동원되었다. 덤프트럭 105대, 불도저 15대, 페이로더 20대, 빽호 4대 등으로 당시 현대건설이 보유하고 있던 장비의 2/3가 투입되었다. 도크 공사(1도크는 길이 400m, 너비 80m, 깊이 12.7m였고, 2도크는 길이만 500m 더 길었을 뿐 나머지는 1도크와 같았음)와 방파제(700m) 공사에 들어갔고, 1972년 9월부터 선각공장, 의장공장, 의장창고, 전기 의장창고 등 공장건축이 본격화되었다.

그리고 조선소의 상징인 골리앗 크레인은 1973년 1월 설치작업에 착수, 8월에 완료되었다. 골리앗은 서독 PHB-JUCHO사에서 제작한 것을 구입하였는데, 골리앗 크레인은 폭 140m, 높이 82m, 최대운반능력 450톤으로 당시 서독과 일본, 벨기에, 영국, 스웨덴 등 5개국 조선소에만 설치되어 있던 최신형이었다. 支柱는 초속 50m 태풍을 견뎌낼 수 있도록 제작되었으며, 엘리베이터로 꼭대기까지 1분 만에 올라갈 수 있었다. 이 골리앗 크레인은 조선소에 설치된 장비 가운데 가장 고가품으로 1972년 구입 당시 1대당 26억원이 넘었다. 가로 수평대에 HYUNDAI라고 쓰여진 흰색 글씨의 높이만 8m나 되었다. 설치과정에서 양쪽 지주는 별 문제가 없었으나 거대한 가로 수평대를 82m 높이까지 들어 올리는데 주야 24시간 작업을 하여 45일이 걸렸다.

1973년 3월 20일 초대형 유조선(VLCC: Very Large Crude Carrier) 1호선 건조에 착수했다. 정주영 회장은 VLCC 1호선이 각 부문 모두 최고품질수준을 유지해야 한다고 강조했다. 맨 처음 만든 배가 국제시장에서 조악하다고 평가받을 경우 조선소의 앞날은 기대할 수 없기 때문이었다. 울산조선소에 이어 국가적 지원체제하에 조선업에 뛰어든 대만의 경우는 첫 작품이 국제시장에서 조악하다는 평가를 받은 후 국제경쟁력을 상실하였다. 경험 없이 시작한 큰 일이라 시행착오가 거듭되었다. 한 관계자는 1, 2호선이 건조되기까지 104가지의 크고 작은 시행착오가 있었다고 회고했다. 처음에는 자재발주 및 적치, 건조과정, 설계, 부서간 정보교환, 언어장애, 외국인 관리 등 모든 작업에서 조직적·효율적이지 못하여 많은 시행착오가 발생하였다.

정주영 회장 등 경영진의 강력한 추진력 없이는 시행착오와 난관을 극복하고 납기를 맞추기는 불가능했다. 그러나 부득이한 시행착오에 대해서는 관대했다. 회사가 아무리 큰 금전적 피해를 입었다 하더라도 잘 해보려다 생긴 시행착오에 대해서는 전혀 문책하지 않았다. 이 때문에 현장 책임자들은 자신감을 가지고 창의적으로 일할 수 있었다.

당시 일본 조선업계는 현대가 배를 만든다고 하여 몇 가지 예언을 했다. 첫째는 현대건설이 건설을 많이 했지만, 조선소 건설은 쉽지 않을 것이다, 둘째는 조선소를 짓기는 했지만 배를 만든다는 것은 그만큼 쉽지 않을 것이다, 셋째로는 선체를 만들었다고는 하나 선박의장은 쉽지 않을 것이다라고 예상했지만 울산조선소는 이 모든 것을 다 해결하였다.

제4절 초대형 유조선 건조 성공

1974년 2월 15일 그리스의 리바노스사로부터 주문받은 1호선의 진수식이 치러졌다. 그러나 당일이면 배가 도크 밖으로 빠져나와야 했으나, 2월 14일까지 도크 밖 바다 속은 준설이 안 되어 있었다. 그대로 도크 밖으로 나왔다가는 밑바닥이 땅에 닿을 지경이었다. 좌초라도 하는 날에는 국제적 망신도 망신이거니와 회사의 앞날도 어두웠다. 이 때문에 밤을 세워 준설작업을 진행하여 바다 밑을 다듬을 수 있었다. 또 진수식 당시 국내에는 26만톤급 대형선박을 운전할 수 있는 선장이 없어 단 한번의 작업을 위해 외국에서 선장을 초빙했다.

진수 직후 4개월간 안벽에서 기계별 시험을 끝낸 1호선 명명식은 1974년 6월 28일 치러졌다. 2호선도 이날 함께 명명식을 가졌다. 2호선은 6월 20일 완성되지 않은 채 진수되었다. 6월 28일 오전 11시 정각에 명명식이 TV로 전국에 생중계되는 가운데 거행되었다. 식장에는 박정희 대통령 내외를 비롯한 정부요인들과 국내외 외교사절, 선주 리바노스와 그 수행원, 정주영 회장을 위시한 울산조선소 임직원과 그 가족, 울산시민 등 5만명이 참석했다. 박대통령은 치사를 통해 “오늘과 같은 업적을 이룩한 현대조선 전사원의 노고를 치하한다.”고 말한 뒤, “1, 2호선의 명명은 중화학공업발전의 새로운 기틀이며 전진하는 국력의 상징”이라고 감회를 피력했다. 영부인 육영수 여사는 1호선을 애틀랜틱 배런(Atlantic Baron: 대서양의 남작)으로 명명, 이 배가 오대양을 누비며 세계인류에게 크게 기여하라고 송축했다. 2호선은 용선(傭船)회사인 영국 쉘 석유회사 막파젠 회장의 영애에 의해 애틀랜틱 배러니스(Atlantic Baroness: 대서양의 남작부인)로 명명되었다.

배가 완성되기까지 다섯 차례나 사양을 바꾸는 등 갖가지 어려움을 안겨다 주었던 선주 리바노스도 “지금까지 내가 본 배 가운데 가장 잘 만들어진 배입니다.”라고 감사의 뜻을 표하면서, 특히 현대조선소 기술진이 독창적으로 설계해 나무로 장식한 실내 의장에 크게 만족해 했다. 배를 감정하는데 까다롭기로 소문난 리바노스의 이같은 평가는 현대조선소의 건조기술이 이미 세계 수준에 도달했음을 증명한 것이다. 박대통령은 현장에서 ‘조선입국’이라는 휘호를 썼는데 이 휘호는 돌에 새겨져 지금도 본관 앞에 세워져 있다. 1, 2호선 완성과 조선소 준공의 공로자로서 정부로부터 훈·포창을 받은 사람들은 <표16-1>과 같다.

〈표 16-1〉 선박건조와 조선소 준공의 공로자

훈·표창	인명 및 직책
은탑산업훈장	김영주 부사장
동탑산업훈장	백충기 이사
철탑산업훈장	황병주 이사, 전갑원 이사
석탑산업훈장	박재면 부장, 김형벽 부장
대통령표창	한종서 부장, 고상용 부장, 강석희 부장, 이진열 부장, 김익곤 부장, 조만조 차장
국무총리표창	강신순 차장, 유억겸 차장, 오창석 차장, 김응섭 과장, 박수동 반장, 유경생 반장, 신충사 반장, 김종구 반장, 김영돈 반장
상공부장관표창	이현태 부장 외 33명

자료: 현대중공업주식회사, 『현대중공업사』, 1992.

울산조선소는 도크를 파내는 것도 배를 건조하는 것도 모두 세계 신기록을 세웠다. 영국, 프랑스, 서독, 스페인 4개국과의 차관도입협정을 마치고 1972년 3월 22일 조선소 도크를 파기 시작해 2년 3개월만에 조선소를 준공했다. 그 짧은 기간 동안 리바노스에게서 주문받은 배 2척을 건조하면서 방파제를 쌓고, 바다를 준설하고, 안벽을 만들고, 도크를 파고, 14만평 규모의 공장을 짓고, 근로자 5천명이 살 수 있는 숙소을 지었다. 최대 선박건조능력 70만톤, 부지 60만평, 70만톤급 드라이 도크 2기를 갖춘 국제규모의 조선소를 건설한 것이다. 1차 공사를 진행하면서 다시 확장공사를 시작해 1975년 최대선 건조능력 100만톤, 부지 150만평, 드라이 도크 3기 240만톤 시설능력을 준공, 규모로는 세계 최대의 조선소를 건설하였다.16)

현대조선소는 이처럼 온갖 역경을 이기고 조선소 건설과 선박건조분야에서 세계기록를 세웠다. 1973년 7월 현대는 조선소 건설을 마무리하였다. 이는 1972년 3월 기공식으로부터 17개월, 사실상 공사에 착수한 1972년 1월부터 19개월이었다. 같은 규모의 공사를 하는데 선진국의 경우 3년 이상 걸렸다. 이를 절반으로 줄인 것이다. 선박건조 역시 마찬가지였다. 1973년 3월 1호선 건조 착수 이래 1974년 6월 명명식까지 1년 3개월 동안 26만톤급 대형 유조선을 건조해 내었다.

현대조선소의 건설은 우리 민족에게 자신감과 자부심을 일깨워주었다. 조선소가 건설되고 있던 울산은 우리나라 중공업의 메카로서 박정희 대통령을 비롯해 각계

16) 1977년 11월 23일 인간개발원이 주최한 정주영 명예회장 초청특강 중의 내용임.

각층의 지도급 인사들이 역동의 현장을 보려고 수시로 울산을 찾았으며, 또 많은 내외국인과 학생들의 수학여행 필수코스로 무리지어 산업견학을 왔다. 1973년에 10만 4,597명에 달하던 방문자수가 1970년대 후반에는 연평균 40만명을 넘었으며, 1980년대 들어서는 연평균 80- 90만명으로 크게 늘어났다.

한편 당시 외국 조선소에서는 현대조선소의 급속한 성장을 경이로운 눈으로 바라보고 있었다. 영국 로이드 협회는 공보를 통해 현대조선소 건설과정을 사진과 함께 상세히 보도했다. 이란의 테헤란 이코노미스트 등 제3세계 언론들도 '한국의 새로운 도전'을 대서특필하며 공사의 추이에 깊은 관심을 보였다. 이렇듯 '현다이'(現代를 외국인들은 이렇게 불렀음)는 국제무대에서 한국 중공업의 대명사로 통했다. 당시 조선일보는 "세상에는 엄청난 일을 하는 사람도 있구나", 현대조선소의 건설을 "놀라운 결단력과 대견스러운 실천력이며, 한국인이 갖고 있는 잠재력에 대한 자부"라고 평가했다.

박정희 대통령은 1973년 1월 12일 연두기자회견에서 중화학공업화 선언을 하고 이어 동년 4월 17일 전국경제인대회에서 정주영 회장에게 현대조선소 건설을 비롯해 한국경제발전의 선도적 역할을 했다고 치하하면서 산업인 최고의 영예인 금탑산업훈장을 수여하고, 1974년 11월 30일 제 11회 수출의 날 기념식에서 1억불 수출탑을 수여했다.

정부는 또 생산규모 확대에 따른 기술인력난을 해소하기 위해 대학과정에 조선학과를 대폭 신설하였다. 1973년 울산공과대학에 조선공학 전공과정, 영남대학에 선용기관학과를 신설하였으며, 또 중급 기술자 양성을 위해 1973년 울산공전에, 1974년 인하공전, 홍익공전에 조선과를 신설하였다.

현대조선소의 선박건조는 1, 2호선은 영국 스코트 리스고우사의 설계도면과 사양서에 의해 제작되었으나, 1972년 12월 가와사키 중공업과 설계도면 공급 및 기술지원협약 체결로 일본으로부터 기술도입을 본격화시켰다. 이 협약에 의해 현대조선소 기술팀 40명이 가와사키 중공업에서 기술연수를 받았다. 이 계약 체결시 가와사키측 생산라인에서는 부메랑 효과를 우려하여 반대도 많았으나 기술이전에 대한 현대조선소의 집념은 매우 집요했다. 또 가와사키 조선소는 현대조선소에 VLCC 선박 2척을 발주하면서 가장 유능한 기술진 30명을 파견, 전제작과정을 감독했다. 이들의 까다로운 감독 때문에 현대조선소는 도리어 단기간 내에 일본의 선진조선기술을 습득할 수 있었다.

이처럼 초기에 기술과 부품을 대부분 일본에 의존했으나 현대조선소는 12척의 VLCC를 건조해 나가는 과정에서 급속히 기술생산성 향상에 주력하여 국제경쟁력을 강화했다. VLCC 건조가 주종을 이루던 1973년부터 75년까지 생산성 변화추이를 보면, 1인당 생산능력이 1973년에는 연평균 0.33톤에 불과했으나 1975년에는 1.4톤으로 늘어났고, 생산성 향상지수를 보면 1973년을 1.00으로 할 때 1975년에는 4.24로 2년 사이에 4.24배 증가했다. 생산성 못지않게 기술숙련도도 향상되었다. 선박검사는 1회 검사, 2회 검사, 다회검사로 구분된다. 1회 검사 합격률을 보면, 1973년 38.1%였던 것이 1976년 84.1%로 급격히 향상되어 거의 선진국 수준에 도달하였다.

조선산업은 종합 조립산업이다. 선박 1척을 건조하는데 주요 제품만 최소 한 200여종이 들어간다. 소재공업, 기관제조업, 보조기기 제조업, 의장품 제조업 등이 관련 산업이다. 현대조선소는 이들 관련 산업을 선도해 부가가치를 높이기 위해 1974년 1월 1일 개발부를 발족, 조선용 기자재의 국산화를 서둘렀다. 당시 관련 산업은 보잘 것 없었다. 우선 소재공업이 전무하다시피 했다. 제철, 주강, 단조 및 공작설비의 대형화도 아직 먼 단계였다. 또 선박기자재 공급에 필수적인 선급협회 인정을 받은 공장도, 국제적인 애프터 서비스망도 전혀 없었다. 심지어 선박자재의 특수성과 중요성을 제대로 인식하고 있는 업체조차도 없는 형편이었다. 불모지에서 국산화 노력이었던 만큼 처음에는 시행착오도 많았다.

이에 현대조선소는 협력업체 지원방안의 하나로 본사 요원의 상대 메이커 상주검사제도를 도입해, 자체 품질관리 조직을 만들어 주는 등 여러 면에서 지원하였다. 그 결과 자체 합격률이 매우 높아졌다. 현대조선소의 기자재 국산화 노력에 힘입어 협력업체들은 1975년 말경 국제적인 생산수준을 갖추게 되었다.

한편 전술한 바와 같이 수에즈 운하는 1967년 제3차 중동전쟁에서 이스라엘이 시나이 반도를 점거한 이래 폐쇄되었으나 1973년 제 4차 전쟁에서 아랍국가들이 석유를 무기화함에 따른 오일쇼크의 발발로 이스라엘은 세계여론에 떠밀려 1974년 시나이 반도에서 철군하게 되고, 이로 인해 1975년 6월 5일 수에즈운하 통행이 재개되었다. 수에즈 운하의 재개통은 페르시아만에서 유럽까지 왕복운항시간을 25일이나 단축시켜 오일쇼크 후 줄어든 세계물동량을 더욱 줄이는 결과를 가져왔는데 그 이유는 당시 7만톤급 이상의 선박은 수에즈운하를 통과할 수 없었기 때문이다. 20만톤급 이상의 VLCC는 무용지물인 셈이 되었다. 그 결과 현대조선소를 위시해 VLCC 제작에 주력해 온 세계조선업계는 심각한 불황에 직면했다. 이리하여 발주해약, 수주격감, 완성된 선박의 인수거부 사태 등이 발생하였다.

현대조선소도 VLCC 수주가 끊긴 1974년 중반부터 부가가치가 높은 소형 특수선 쪽으로 방향을 전환했다. 오일쇼크라는 절대위기에 직면한 현대조선소는 국제경쟁력을 강화하는 동시에 부가가치를 높이기 위해 조선 관련 산업 확장에 착수하였다.

1974년 7월 프랜지 전문생산업체인 울산철공주식회사 설립을 시작으로 1975년 1월에는 조선소 내에 철구사업부, 4월에는 현대 미포조선소를 설립했다.

오일 쇼크가 세계 전산업을 강타하자 정부는 '중화학공업 육성계획의 변경방침'을 발표했다. 그 중 대표적인 것이 계획조선제도[17] 도입 및 연불수출[18] 확대 실시였다. 계획조선은 1974년 4월 제정된 '외항해운육성방안'에 의해 1975년부터 시행되었다. 이 방안은 1976년부터 1981년까지 6년간 외항선 보유규모를 350만톤 늘리되, 이 가운데 227만 5,000톤은 국내에서 건조한다는 것이다. 이 방안에 의해 오일쇼크라는 예기치 못한 위기를 맞은 수출주도형 조선산업에게 내수시장을 창출해 줌으로써 위기를 벗어나게 하기 위한 것이다. 정부는 계획조선을 실시하면서 해운업체의 부족한 자금능력을 고려해 금융 및 세제지원방안을 마련해 주었다. 선박건조자금은 해운회사가 10%만 자체 조달하면 나머지는 정부가 내외자를 지원하는 방식이었다. 또한 정부는 계획조선에 대해서도 수출선과 동일하게 대우하여 강판가격을 톤당 258 달러에서 225 달러로 인하했으며, 석유류세 및 물품세, 직물류세 등 내국세를 면제해 주었다. 이 밖에도 정부는 계획조선 선박에 대해 수입비료 원료 등 주요 정책물자의 수송권을 확보해 주는 등의 지원을 하였다. 현대조선소는 상당기간 계획조선 물량을 건조하였는데, 그 양은 전체 수주량의 15%였으나 조선불황 극복에 큰 도움이 되었다.

정부지원 가운데 또 하나 특기할만한 것은 1972년부터 도입한 연불수출제도의 확대실시였다. 현대조선소의 초기 수주방식은 계약체결시 10- 15%의 선수금을 받고 나머지는 중도금과 인수금 형태로 선박 인도시 모든 계약을 끝내는 일람불(一覽拂)이었다. 수주상황의 악화로 현대조선소는 연불수출제도를 적극 활용했다. 당시 선박건조 계약가의 80- 85%에 대해 연리 7%의 낮은 이자로 8년간 연불하는 조건이었다.

또 1975년 4월 수출촉진을 위한 종합대책의 일환으로 선박건조 수출에 대한 우대금리 적용기간이 연장되고, 이 조치에 의해 수출선에 대한 지원금 중 180일 초과, 270일 이내의 취급분에 대해서는 금융기관 대출금리가 연 15.5%에서 12%로 인하되었다. 현대조선소는 정부의 각종 지원을 받는 한편 보다 근본적으로 중동진출 전략을 전개해 오일쇼크 이후의 격랑을 해쳐 나갔다.

---

17) 계획조선이란 해운업, 조선업 및 관련 공업의 연계 육성을 위해 정부가 매년 실수요자를 선정하고 선박건조자금을 지원하여 국내 조선소에서 선박을 건조시키는 사업을 의미한다.

18) 연불수출이란 수출업자가 수입업자에 대해 대금지불을 1년 이상 연기하여 주는 조건으로 이루어지는 수출을 의미하며, 우리나라에서는 수출용 조선공업의 육성이 계획 · 실시됨에 따라 수출입은행법의 제정으로 연불수출이 정부에 의해 지원되었다.

_제5절 중동진출과 중공업 체제 확립

현대중공업과 해외건설은 밀접한 관계를 가지고 있다. 현대가 중동에 진출해 최초로 시공한 공사는 1975년 6월에 수주한 이란 반다르압바스 동원훈련조선소 공사(공사금액 1,027만 달러)였다. 이어 1975년 10월 현대는 바레인 아랍수리조선소(ASRY) 건설공사(1억 4,400만 달러), 1975년 11월에 사우디아라비아 해군기지 확장공사(총공사대금 2억 2,000만 달러), 1976년 6월 '20세기 최대의 역사'라던 사우디아라비아 주베일 산업항 건설공사(9억 4,000만 달러, 약 4,600억원)를 수주하였으며, 주베일 산업항 건설공사의 공사대금은 그 해 우리나라 예산의 1/4에 해당하였다. 이는 현대조선소라는 배후 기지가 없이는 불가능한 일이었다. 공사에 쓸 10층 건물만한 철구조물을 울산에서 제작해 6,750 마일의 뱃길을 무릅쓰고 19차례에 걸쳐 현지로 수송하였다.

1977년 3월에는 사우디아라비아 라스알가르 항만공사(공사대금 2억 6,000만 달러)를 수주하였고, 1977년 6월에는 쿠웨이트 슈아이바 항 확장공사(공사대금 1억 9,000만 달러), 1977년 7월 사우디아라비아 앗시르 전화사업(공사대금 1억 7,450만 달러), 1978년 사우디아라비아 안부 액화가스 해상터미널 공사(공사대금 1억 1,000만 달러), 1978년 1월 아랍 에밀레이트 두바이 발전소(공사대금 1,500만 달러), 1979년 4월 사우디 아라비아 알코바 발전·담수화 프랜트(공사대금 4억 3,000만 달러), 1981년 12월 사우디아라비아 줄루프 해상 가스오일 분리시설 설치공사(공사대금 2억 2,500만 달러) 등을 수주하였다.

울산조선소의 건설은 이처럼 현대로 하여금 세계 최대의 동원능력을 갖추도록 해 주었다. 이를 토대로 항만이나 담수화 프랜트 그리고 하수처리시설 등 해외 건설을 확장해 나갈 수 있었다. 동시에 이 같은 해외경험은 다시 국내로 전입되어 중공업화 기업전략의 근간이 되었다. 해외건설을 통해 엔진, 중전기, 강관, 프랜지, 페인트 등 조선산업과 관련한 후방산업의 생산시설이 만들어지면서 국내 중공업체제의 기틀이 갖추어지기 시작하였다. 현대는 이와 같이 해외건설과 국내 중공업의 연결고리를 찾아내 이를 유기적으로 확대재생산함으로써 한국산업의 국제화·대형화·근대화를 선도해 나갔다.

수에즈 운하의 개통으로 초대형 유조선시대가 막을 내리자, 울산조선소는 수주 방향을 다목적 화물선, 컨테이너선, 로로선, 벌크캐리어선 등 선형의 다변화를 모색하게 되었다. 이리하여 울산조선소는 1975년 한국 전체 조선수주량의 58.3%에서 1978년 86.0%로 계속 높아졌다. 수출선 수주량의 점유비는 1975년 53.7%에서 1978

년 91.5%로 급증하였다.

생산실적으로 보면, 현대조선이 한국 전체에 차지하는 비중은 수출선의 경우 1976년 89.1%, 1977년 82.8%, 1978년 82.5%이고, 국내선의 경우는 1976년 91.9%, 1977년 71.1%, 1978년 69.4%이며, 수출선과 국내선을 합한 경우에는 1976년 90.1%, 1977년 81.1%, 1978년 80.0%였다.

한편 현대는 정부의 원자력 발전 추진에도 참여하였다. 1978년 7월 준공된 고리 원자력 1호기공사부터 고리 2호기, 월성 3호기, 고리 5, 6호기, 영광 7, 8호기 공사에 참여하였으며, 평택화력, 포항제철 설비 제작 등에도 참여하여 프랜트기술을 축적하였다.

울산조선소의 사업규모 확대로 근로자수는 1978년에는 24,395명으로 증가하였다. 1978년 2월 22일 울산조선소는 설립 4년 3개월 만에 상호를 '현대조선중공업주식회사'에서 '현대중공업주식회사'로 바꾸게 되었다. 이는 현대조선소가 대내외적으로 조선회사로만 알려져 있어 이를 시정해 종합적인 중공업 메이커로서의 이미지를 살리기 위해서였다.

조직정비도 이루어졌다. 중동진출로 현대의 해외건설이 활기를 띠자 내부 조직을 정비하였다. 1975년 3월 철구사업부를 신설(철구사업부는 1977년 7월 1일 프랜트사업부로 개칭), 1976년 엔진사업부 발족, 1977년 2월 중전기사업부, 동년 7월 기관차사업부(1978년 10월 현대차량주식회사로 독립) 발족되었다. 이를 시작으로 1978년 11월에는 엔진사업본부가 현대엔진공업(주)로, 중전기사업부가 현대중전기(주)로 각각 독립했다. 그 후 현대엔진(주)는 1989년 12월 28일 현대중공업 엔진사업본부로 다시 흡수되었다. 1980년 4월에는 프랜트사업본부 안에 있던 원자력사업부가 사업본부로 승격했으며, 7월에는 철구사업부를 설치했다. 또 늘어나는 전력수요와 중동지역 전기관련공사에 대처하기 위해 1981년 1월 철탑사업본부를 신설하였다.

현대조선소는 1976년 제 13회 수출의 날 기념식에서 3억불 수출탑, 1977년 제 14회 수출의 날에 6억불 수출탑, 1978년 제 15회 수출의 날에 7억불 수출탑을 각각 수상함으로써 1976년 매출액 기준 100대 기업 중 5위를 기록하였다. 1983년 11월 30일 제 20회 수출의 날 기념식에서 현대중공업은 10억불 수출탑을 받았으며, 현대중공업은 생산고를 기준으로 세계 1위의 조선업체로 부상하였다. 전년도 1위였던 미쓰비시 중공업은 4위로 떨어졌으며, 대우조선 23위, 조선공사 25위, 삼성조선이 48위를 기록하였다. 한편 양적 측면뿐 아니라 질적인 면에서도 현대중공업의 능력이 인정을 받았다. 미국의 해사전문지 Marine Engineering Log는 현대중공업이 제작한 살물선 ‘널바나(Nelvana)호’를 ‘1983년 세계 최우수 선박’으로 선정했다. 이후 현대중공업은 8년 연속 세계 최우수 선박을 건조하였다.

현대중공업은 1980년대 들어서면서 해상보급선(Offshore Tug/Supply Vessel), 화학물운반선(Chemical Tanker), 오렌지쥬스 운반선(Orange Juice Carrier), 비파괴 검사선(NDT Ship), 고속여객선(Hydro Foil Passenger Ship) 등의 특수선 건조와 함께 LNG·LPG선, 군함 등을 건조해 오고 있다. 현대중공업은 조선사업 이외에 철구, 프랜트, 해양, 원자력 등 비조선분야를 꾸준히 확대하면서, 조선기술을 이용해 산업기계, 해양, 프랜트, 철구조물 등 비조선분야에 진출함으로써 조선전업도를 줄여가고 있다. 2005년 말 매출액 기준으로 보면, 현대중공업의 조선 전업도는 51.1% 수준이고, 해양 13.5%, 전기전자 12.4%, 엔진 8.3%, 프랜트 7.9% 등으로 나타나고 있다.

조선소들은 일반적으로 전체 매출 중 조선이 차지하는 비중을 줄이고 대신 조선에서 습득한 기술과 시설을 이용해 프랜트, 해양개발, 중기계 등 비조선분야의 비중을 확대하고 있으며, 현대중공업은 1974년부터 2001년 2월까지 살물선 277척, 유조선 159척, 컨테이너선 151척 등 총 905척의 선박을 건조하였다.

_제6절 현대중공업의 새로운 신화창출

세계 최대의 조선소로 신기술을 주도해 가고 있는 현대중공업은 규모나 기술만큼이나 다양하고 재미있는 신기록을 보유하고 있다. 조선소 완공과 동시에 1974년 1호선 명명식 이후 10년만인 1984년 선박 1천만톤을 인도한 데 이어 1988년에 2천만톤, 1991년에 3천만톤, 1994년 4천만톤, 1997년 5천만톤, 2005년 1억톤의 선박을 인도하였다. 이는 세계 조선사상 최단기간 내에 최대 건조실적이라는 대기록을 세운 것이다.

1. 선박건조량 세계 1위

현대중공업의 선박 건조능력 역시 최고의 설계인력과 현장인력, 그리고 최적화된 설비시스템을 바탕으로 명실공히 세계 1위를 자랑하고 있다. 현대중공업은 9개의 도크에서 연평균 70여척의 선박을 인도하고 있다. 창사이후 지금까지 전세계 선박의 15%를 공급했으며, 1983년부터 세계 1위를 유지하고 있다.

2. 세계 최대 육상 리프팅 성공과 세계 최초 선박 육상건조

미국 쉘(Shell)사로부터 수주한 나키카(Nakika) 부유식원유생산설비(1만 2천톤)의 육상리프팅에 성공하였고, 러시아 노보쉽사로부터 수주한 10만 5천톤급 원유운반선의 육상건조를 세계 최초로 성공하였다. 도크는 완성된 선박을 바다에 띄울 수 있게 해주는 일종의 대규모 웅덩이로 도크의 규모와 수는 조선업체의 건조능력을 가늠하는 잣대가 될 만큼 선박건조에 필수요건이다. 그러나 현대중공업은 맨땅에서도 선박을 건조하는데 성공하여 현대중공업의 건조능력은 도크의 제한에서 벗어나 확대되었고, 더 신속하고 안전하게 공정을 진행할 수 있게 되었다.

3. 23년 연속 세계 우수선박 건조, 세계 최대 화물선 건조

지난 1983년부터 세계적인 조선 전문지인 마리타임 리포트지와 마린로그지로부터 23년 연속 최대 우수선박으로 선정되는 기록을 현대중공업은 보유하고 있으며, 현대중공업이 건조해 인도한 36만 5천톤급 노르웨이 베르게스탈(Bergestahl)호는 길이 343m, 폭 63.5m로 세계 최대 화물선으로 기록되고 있다.

4. 최단기간 선박엔진 5천만 마력달성

세계 엔진시장의 35%를 점유하고 있는 현대중공업 엔진기계사업본부는 주조, 단조를 비롯한 최첨단 정밀가공설비 및 조립, 시운전설비를 보유하고 있는 세계 최대의 엔진제작사이다. 1979년 대형 엔진 1호기를 생산한 이래 2005년 5월 현재 대형엔진 누계생산 5,000만 마력을 달성하고, 2006년 8월에는 6,000만 마력을 넘어서게 되었다. 이러한 실적은 세계 최대의 업적으로 가록될 것이다.

5. 세계 최대 프로펠라 제작 및 단일 중량 세계 최대 4만톤급 엑슨 자켓생산

현대중공업은 중량 106.3톤, 직경 1미터, 3층 건물 크기와 같은 초대형 프로펠라를 제작했다. 일반 프로펠라는 날개가 4- 5개인데 비해 최대 프로펠라는 6개의 날개로 구성되었다. 또 지난 1989년 제작된 세계 최대 해양철구조물로 높이 375m, 하부 가로 118m, 세로 91m, 무게 4만톤에 달하는 초대형 엑슨 자켓을 생산하였다.

6. 국내 최초 회사방문객 1천만명 돌파 및 선박건조보너스 140여억원

현대중공업은 창사 20년인 1992년 6월 단일회사로는 최초로 방문객 1천만명을 돌파하였으며, 2000년 12월까지 누계방문자는 1,200만명으로 기네스북에 등록되었다. 아울러 현대중공업이 고객사로부터 품질만족에 대한 답례로 지난 1983년 6월 노르웨이 라이프 훼그(Life Hoegh)사로부터 8,000만원의 격려금을 받은 것을 시작으로 지금까지 23년간 총 140여억원을 고객사로부터 보너스로 받았다.

7. 세계 최대의 골리앗 크레인 인수

현대중공업의 상징이기도 한 1,500톤까지 들어 올릴 수 있는 골리앗 크레인은 처리능력과 규모면에서 세계 최대이다. 상판 꼭대기까지 128m로 45층 건물의 높이에 해당하고, 중량도 7,500톤이다. 2003년 9월 시험가동 때는 한계 무게를 넘어 1,675톤까지 들어 올리는 전무후무한 기록도 세웠다. 또 상판길이가 165m에다 상판을 지지하고 있는 양편 삼각지지대 폭이 50m나 되어 버티고 선 바닥의 면적이 축구장(105mx 68m)보다 1.5배 가량 넓다.

현대중공업이 이 골리앗 크레인을 도입한 것은 2002년 11월이고, 제작된 것은 1970년이다. 이후 1990년까지 조선강국 스웨덴의 코컴스(Kockums)사 말뫼(Malmö) 조선소에서 위용을 자랑했지만, 코컴스사의 도산으로 12년가량 하릴없이 자리만 차지하는 애물단지가 되어 버렸다. 우여곡절 끝에 현대중공업이 1개월 동안 레그 두 개와 상판을 절단한 뒤 2개월간의 해상수송작전으로 2002년 11월 도입하였다.

당시 이 골리앗 크레인이 울산행에 오르자 스웨덴의 언론들은 '말뫼가 울었다'는 제목으로 안타까움을 보도해 이후 '말뫼의 눈물'이라는 별명이 붙었다. 재미있는 사실은 세계 최대의 골리앗 크레인의 인수가격이 단 1달러였다는 점이다. 현대중공업은 해체·운반비용을 부담할 능력이 없는 코컴스사의 형편을 감안하여 이를 전부 부담하는 조건으로 단 1달러에 '말뫼의 눈물'을 인수하였다. 그러나 실제 해체·운반·재설치에 소요된 비용은 3,000만 달러인 것으로 알려지고 있다.

쇠락한 조선강국 스웨덴의 애물단지였던 이 골리앗 크레인은 현대중공업으로 옮겨온 후 신조선강국 한국의 자랑으로 재탄생하였고, 2004년 10만 5천톤급 대형 원유운반선 1·2호를 세계 최초로 육상에서 건조하는데 성공하는 첨병역할을 하였다.

_제7절 기타 울산지역의 주요 조선산업체의 연혁 및 현황[19)]

1. 방어진 철공조선 주식회사

1929년 4월 우리나라 최초의 근대식 조선소로 출발한 방어진 철공조선소는 당시 주로 목선을 건조하면서, 일본 어선의 전진기지였던 방어진 항에서 주로 일본 어선의 수리, 신조 및 엔진을 제작하였다. 설립 후 1932년까지 종업원 50 내지 100명의 규모에서 출발하여 1934- 38년 사이에는 종업원 100 내지 200명 규모로 확대 발전하였다. 교통부『육운 10년지』에 의하면 해방 당시 이 회사는 건조능력 600톤, 수리능력 1만 톤, 기관생산능력 800마력, 기관수리 능력 2,000마력의 생산능력을 가지고 있었다.

1954년 동사 관리인이 경남지사로부터 회사를 불하받아 관리하다가 1965년 3월 방어진철공주식회사로 설립 등기하였다. 이 회사는 1958년 소형조선소 복구지원자금으로 민간조선시설 확충자금(ICA) 자금과 산업부흥국채자금을 융자받는 등 상당한 시설투자를 한 것으로 보이나, 1960년대의 생산실적을 찾아보기 어렵지만, 교통부『육운10년지』에 의하면 1962년 이 회사의 생산능력은 신조 2,000GT, 수리 16,000GT로 나타나고 있고, 50톤 미만 어선, 포경선 수척을 1960년대 말에 건조한 기록만 있을 뿐이다.

1960년대 말 이후 이 회사의 선박건조실적은 유조선, 케미컬 탱커, 원양어선, 컨테이너선을 포함한 다목적 화물선, 소형어선, 기타선박 등 총 120척에 이르고 있다. 1990년대에는 수출선을 건조하였으나 1997년 외환위기를 겪으면서 1998년 5월 부도가 나자 현재는 현대중공업의 협력업체로 등록되어 선박 블록을 생산하고 있다.

2. INP중공업(구 청구조선)

일제 강점기에 방어진에는 연안어업, 무역 등을 위해 많은 일본 선박들이 취항하고 있었다. 이러한 배경으로 일본인 소유의 무라카미(村上)조선소가 설립되어 주로 포경선을 비롯한 어선을 건조한 것으로 전해진다.

광복을 맞아 이 조선소를 창업자인 고 김정하 사장의 외조부인 백상근씨가 인수하여 환백조선소로 운영하다가 1960년 6월 김정하 사장이 다시 인수하여 청구조선공업사를 창립하였다. 이 회사는 1970년까지 주로 트롤선 위주의 소형 어선을 건조

19) 울산광역시사편찬위원회,『울산광역시사(산업경제편)』, 2002, pp.226- 230.

하다가 1970년대 들어와 포경선, 연근해 어선 등을 건조하였다.

1970년대 말 시설을 확장하여 유조선을 건조하였고, 1980년대 들어와 어선 및 소형 상선을 건조하였다. 1990년 청구조선공업주식회사로 법인 전환하였으며, 1990년대는 주로 케미컬 탱커를 건조하였다. 1994년부터 수출선 위주의 케미컬 탱커를 건조하여 비약적인 발전을 하였으나, 그간 과도한 투자로 1997년 말 외환위기로 인해 부도를 맞게 되어 1999년 5월 우루과이의 Peace Shipbuilding사가 인수하여 INP중공업으로 새롭게 탄생하였다.

3. 한진중공업(주) 울산공장(구 동해조선)

한진중공업의 전신인 동해조선은 1974년 3월 한국케미컬해운(주)의 방계회사로 설립, 1975년 울산시 남구 용잠동에 화학물 운반선 건조를 전문으로 하는 울산조선소를 기공하여, 1976년부터 케미컬 탱커, 다목적화물선 등을 건조하기 시작하였다.

그러나 건조경험이 전무한 상황에서 기술적으로 어려운 다목적화물선을 수주하여 건조하던 동사는 기술력 부족으로 채산성을 맞추지 못해 경영상태 부진으로 1981년 1월 대한조선공사에 인도되어 관리되기 시작하였다. 대한조선공사에 인도된 후에는 주로 수출선을 건조하고, 시멘트 운반선도 수출하기도 하였다.

1980년대 초부터 해운물량 감소로 세계 해운경기가 침체되자 세계 조선경기도 불황을 맞게 되어 대한조선공사는 신조선 물량의 감소로 극심한 경영난을 맞게 되었으며, 누적적자 때문에 1987년 법정관리를 신청, 1989년 한진그룹으로 소유권이 넘어가게 되었다.

대한조선공사가 한진그룹으로 넘어감에 따라 대한조선공사에 의해 관리되고 있던 동해조선도 한진그룹의 일원이 되어 1989년 한진조선(주)로 상호를 변경하였다가 1990년 10월 한진중공업에 흡수·합병되어, 한진중공업(주) 울산조선소로 새로운 출발을 하게 되었다.

4. 현대미포조선(주)

현대는 수리조선업이 노동집약적 산업으로 생산단위당 부가가치가 높고, 외화가득률이 높다는 점에서 양질의 노동력이 비교적 풍부한 우리나라로서는 이를 중요 수출산업으로 육성가능할 것으로 보고 1975년 1월 현대조선중공업에 수리선사업부를 설치하였다. 수리선사업부는 현대조선과 일본 가와사키중공업이 각각 80: 20

의 출자비율로 합작투자계약을 체결하였다. 계약서에는 가와사키중공업이 일정기간 수리물량을 확보해 오는 조건으로 명문화하고 사업초기에 대비하였다. 이리하여 동년 3월 울산시 전하만 현대조선 부지에 선박수리전용 도크 2기에 착수하여, 동년 4월 현대조선으로부터 독립하여 선박수리 및 개조를 사업목적으로 하는 현대미포조선(주)이 탄생하였다.

사업초기에는 독자적인 수리 전용도크를 보유하지 못하고 현대중공업의 건조도크를 임대해 사용하다가 1977년 3월 수리전용 도크 2기를 완성한데 이어 1978년 12월에는 도크 1기를 추가로 완공하여 본격적으로 선박수리 및 개조사업을 벌여나갔다.

수리조선업이 계속 호황을 누리면서 현대미포조선은 선박수리능력을 대폭 확충하기로 하고 1981년 2월 대단위 수리조선소 확장사업계획을 수립, 1981년 7월 좋은 입지조건을 갖춘 울산시 염포동산 251-1 번지, 일명 대구머리 지역에서 발파작업을 시작으로 제 2공장을 건설하기 시작하여 1982년 11월에 준공하였다. 1990년대 후반 이후에는 현대미포조선은 단일 수리조선소로서는 세계 최대인 생산설비를 바탕으로 꾸준히 기술력을 향상하여 세계적인 수리조선업체로 급격히 성장하였다. 현대미포조선은 일반 수리공사, 개조공사와 특수선 건조까지 사업역영을 계속 확장해 나갔다.

현대미포조선은 중국과 동남아 국가들이 저임금을 기반으로 수리조선업에 본격 진출하자 기존의 수리조선사업의 비중을 축소하고 중소형선 부문 신조선사업에 본격 진출하였다. 수리조선의 장기적인 경쟁력 강화를 위해 1996년 3월 베트남 국영조선공사(VINASHIN)와 조선소 건설 합작계약을 체결하고 현대-비나신 조선소를 1994년 4월에 준공하여 수리조선업을 이전하기 시작하여 2005년에는 국내에서의 수리조선업이 종료되었다.

현대미포조선의 선박수리, 개조, 신조실적을 보면, 1976- 1999년 말까지 일반수리 7,628척, 개조 154척, 신조 22척 등으로 나타났다. 이는 우리나라 전체 선박수리, 개조실적의 약 80%에 해당된다. 2006년 9월 현재 현대미포조선의 수주잔량은 세계 4위이며, 특히 중형 석유화학 운반선과 컨테이너 운반선은 세계 시장점유율 1위를 기록하여 산업자원부로부터 세계 일류상품으로 선정되었다.

2009년 현재 종업원 10인 이상 울산지역의 조선관련 사업체수는 193개 업체, 종사자수 42,440명, 생산액 25조 7,526억 8,000만원, 부가가치 9조 2,352억 500만원이다. 울산지역 조선산업의 전국 조선산업에 점유하는 사업체, 종업원, 생산액 및 부가가치 비중은 각각 14.6%, 28.6%, 31.3%와 35.3%로 매우 높다. 지역 조선업이 지역 제조업에 점유하는 사업체, 종업원, 생산액 및 부가가치 비중은 각각 15.5%, 30.7%, 16.9%, 25.9%이다.

제8절 울산지역 조선관련 업체의 설립시기와 주요 생산품목

<표16-1>은 종업원 100인이상 조선관련 산업체의 설립시기를 각 연대별로 나타낸 것인데, 울산의 조선관련 사업체들은 주로 1970년대에 설립되었음을 알 수 있다.

〈표16-1〉 종업원 100인 이상 주요업체의 설립시기와 주요 생산품목

1970년대	*현대중공업(주): 선박, 해양철구조물, 프랜트, 전기전자시스템, 건설엔진장비 등 *(주)현대미포조선: 선박건조, 수리, 개조철강재설비공사, 예선, 수상건조물 구조, 선박프랜트, 산업용기계 및 부품 제조, 산업기계수리 등 *한진중공업(주) 울산조선소: 선박건조, 수리, 개조, 벌크선, 컨테이너선 등 중소형 상선 건조.
1980년대	*동진기연(주):선박수리,설비,*신성실업(주): 선박임가공, *현대모비스(주)Auto-Tech: 소형선박부품
1990년대	INP중공업(주): 선박건조

자료: 울산상공회소, 『울산기업체총람』, 2003. 2. 1.

제 17 장

비철금속 산업

비철금속은 철을 제외한 모든 금속을 지칭하는 것으로 그 종류는 100여종에 달하며, 금속의 비중이나 성질에 따라 동, 연(鉛), 아연, 주석, 니켈 등의 중금속과 알루미늄, 마그네슘, 리튬, 티타늄 등의 경금속, 그리고 금, 은, 백금 등의 귀금속 및 기타 희유금속으로 구분된다. 이들 비철금속은 대체로 열 및 전기의 전도율과 전·연성이 양호하고 용융점이 비교적 낮아 가공이 용이하며 각기 특유한 성질을 가지고 있어 단일 금속이나 합금 및 도금의 형태로 전기·전자·자동차 등 각종 산업분야에 광범위하게 이용되고 있다. 그 중에서도 특히 알루미늄, 동, 아연, 연은 경제적 중요도나 산업상 비중이 높아 4대 비철금속이라 불리어지며 국내외적으로 이들 4대 비철금속의 제련 및 가공업이 비철금속산업의 주류를 이루고 있다.

우리나라의 비철금속산업은 1936년 충남 장항에 장항제련소를 준공하여 연간 2천톤 규모의 금, 은, 동 제련시설을 갖추고 동제련을 개시한 것이 근대 비철금속산업의 효시이다. 정부는 1960년대 초까지 국내에 유일했던 장항제련소를 쇄신하여 국내 비철금속산업의 중심체로 육성하기 위해 1962년 2월 한국광업제련공사를 발족시켰다. 한국광업제련공사는 1964년 연간능력 2,000MT 규모의 아연제련시설을 가동시켰으며, 그 후 국내 비철금속의 수요가 증대됨에 따라 장항제련소는 점차 제련능력을 확대하여 주요 비철금속의 생산과 광업개발에 크게 기여하였다. 1969년

7월에는 한국알루미늄공업주식회사가 울산에 연간 15,500MT 규모의 우리나라 유일의 알류미늄 전해공장을 준공하여 알루미늄괴를 생산하기 시작하여 울산미포산업단지 인접지역인 울주군 온산면이 우리나라 비철금속산업의 중심공업단지로 태동하는 계기를 마련하였다.

1970년대에는 금속제련업이 타산업과 더불어 근대화된 시기라고 할 수 있으며, 가전산업 중심으로 범용소재 중심의 기초소재를 공급하는 역할을 하였다. 1973년 제 3차 경제개발5개년 계획의 수립과 더불어 정부의 중화학공업정책이 선언되어 울주군 온산면에 대단위 비철금속 제련기지 건설계획이 수립되어 온산은 한국의 비철금속산업기지로 떠오르게 되었다. 1978년 고려아연은 온산 비철금속산업단지 내에 연산 5,000톤의 아연제련소를 준공하여 아연생산을 개시하였다. 그리고 1979년에 전기동 8,000톤 생산규모의 온산제련소가 준공되었다. 우리나라 비철금속산업은 동, 알루미늄, 연, 아연 의 4대 비철금속의 제련설비를 모두 보유하게 되었다.

1980년대에는 국내에는 자동차, 전자, 기계공업의 성장으로 정밀소재의 수요가 확대됨에 따라 주요 제련설비의 급속한 설비능력 확장이 이루어졌고, 부산물 회수 및 기술개발 측면에서 제련산업의 도약기라고 할 수 있다. 1982년 한국광업제련은 온산 동제련을 합병하여 LG의 계열사로 되었고 1983년에는 장항제련소의 귀금속 회수시설을 온산으로 이전·통합하였다. 1983년에 정상 조업한 온산제련소는 지속적 설비확장과 기술개선을 이루어 1986년부터 연 10만톤, 1988년부터 연 14만톤의 전기동을 생산하였다.

한편 고려아연 온산제련소도 확장 증설공사를 계속하여 1987년에는 연간 16만톤의 전기아연생산과 연간 35,000톤의 연 제련공장, 연간 1,200톤 규모의 주석 제련공장을 가동하는 국제적인 대단위 아연제련소로 발전하였다. 고려아연과 세계적인 비철금속 제련업체인 캐나다 INCO사 등에서 합작 설립한 코리아 니켈의 연산 15,000톤 규모의 니켈정련소가 1989년 온산비철금속단지 내에 완공·가동되어, 국내에서도 니켈생산이 가능하게 되었다. 이와 같이 1980년대는 각 제련소의 규모나 기술면에서 비약적 발전이 이루어졌다.

제1절 울산의 주요 비철금속 산업체의 연혁[20]

1. 대한알루미늄

국내 최초의 알루미늄 제련공장인 대한알루미늄은 1963년 울산시 여천동에 설립되었다. 당시 울산은 제 1차 경제개발 5개년 계획에 의해 대규모 공업단지가 조성되기 시작할 무렵이었다. 설립당시 회사명은 한국알루미늄제련이었으나, 1965년에 한국알루미늄으로 명칭을 바꾸고, 1969년 7월 전해로 120기를 갖춘 연산 15,500MT 규모의 알루미늄 전해공장을 완공, 전량수입에 의존하던 알루미늄괴를 생산하여 국내수요의 90% 정도를 공급해, 국내 알루미늄산업 발전의 성장기반을 구축하였으나 생산설비는 국제규모에 크게 미달하였다.

당시 국제규모의 알루미늄 제련소는 최소한 5만MT 수준을 능가하고 있었고, 당시 계획되고 있던 생산설비는 10만MT 규모를 능가하고 있었다는 사실로 미루어 볼 때, 이 제련소는 영세성에서 벗어나지 못해 규모의 경제를 달성하지 못하였다. 또 과중한 타인자본 의존, 원료의 전적인 수입의존, 과중한 전력요금, 국내 제품판매 부진 등으로 인한 경영악화로 1971년에 한국산업은행으로 넘어가게 되었다. 1974년 4월 한국산업은행과 PECHINERY사 간의 합작투자가 이루어져 동년 7월 상호를 대한알루미늄으로 변경하였다.

1978년 10월 한국산업은행 소유지분 50%를 현대그룹이 인수하였으며, 1985년 3월에는 프랑스 소유지분마저 현대그룹에서 인수해 현대가 대한알루미늄의 경영권을 인수하면서, 현대자동차의 미국수출용 엑셀 승용차를 위한 합금소재를 개발할 목적으로 1986년 연산 1만톤 규모의 합금공장을 준공하여 고급화·다양화되어가는 알루미늄합금시장의 수요에 능동적으로 대처해 나갔다. 대한알루미늄은 합금공장 준공으로 국내 알루미늄 시장 점유율 40%를 기록하는 등 성장을 거듭하였다.

2. 고려아연설립과 아연제련소

1974년 영풍상사 및 IFC 등이 공동출자하여 설립한 고려아연은 1976년 7월 온산 비철금속단지에 아연제련소 건설공사를 착공하여 1978년 4월에 준공함으로써 국내의 아연수요의 자급자족을 달성하였다. 고려아연은 온산 비철금속단지에 처음으로 건설된 공장으로 연산 5만톤의 아연괴 생산능력을 보유하고 있으며, 부산물로

20) 울주군지편찬위원회, 『울주군지』, 2002, pp. 727- 733.

서 10만톤의 황산과 300만톤의 카드늄 생산능력을 갖춘 국내 최초의 대단위 아연제련소이며, 1980년대 이후 국내 아연수요의 꾸준한 증가로 지속적인 설비증설을 이루었다.

고려아연은 외국으로부터 신기술을 도입하면서 공법의 개선, 제련과정에 발생하는 부산물의 이용, 설비공정의 자동화, 물류시스템 개선, 생에너지화 등으로 세계 아연제련소 중 최저의 조업원가로 조업하고 있다.

3. LG- Nikko 동제련

1973년 1월 정부의 중화학공업화 정책선언과 함께 6대 전략사업의 하나로 선정된 온산에 대규모 동제련소를 건설하여 운영할 합작회사를 설립하기 위해 풍산금속, 금성전선, 대한전선 3사 공동으로 1974년 5월 한국동제련지주(주)를 설립하였다. 1975년 1월 정부 중화학공업추진위원회는 온산 동제련 건설사업을 정부주도의 제4차 경제개발사업으로 전환하기로 하였다. 정부 주도사업으로 변경된 한국동제련지주(주)는 1975년 8월 상호를 온산동제련(주)로 변경하였다.

중화학공업위원회는 유럽차관단을 선정하여 1976년 9월 전기동 8만톤 규모의 동제련소 건설계약을 체결하고, 11월에는 온산 동제련소 기공식을 가진 후 1979년 12월 준공하였다. 준공된 제련소는 시설, 설비규모 및 생산공법 기술면에서 일본의 대형 동제련소에 버금가는 국제적 규모였다.

특히 40%의 고농도 산소부화공기를 사용하는 최신제련공법의 시운전을 거쳐 온산 동제련소는 1980년 4월부터 연산 8만톤 규모의 본격생산에 들어갔다. 그러나 온산 동제련소는 준공 전후 국내의 정치·경제·사회적 어려움과 제2차 석유파동으로 인한 국제적 불황 등으로 인해 전기동의 판매부진으로 경영악화를 가져왔다. 이에 정부는 동제련사업의 경영합리화를 위해 온산 동제련소를 1982년 7월 한국광업제련에 흡수 합병하여 한국광업제련체제로 운영하게 되었다. 한국광업제련은 1971년 민영화 이후 럭키(LG)그룹과 대한전선이 동반경영체제를 지속하였으나, 대한전선과 풍산금속 등이 1982년 유상증자 참여를 포기함에 따라 럭키(LG)그룹의 단독 경영에 들어가게 되고 이어 1989년에는 상호를 럭키(LG)금속으로 변경하였다. 1997년 외환위기 이후에는 일본의 Nikko 금속과 합작하여 LG-Nikko 동제련으로 상호를 변경하였으며, 주력사업인 전기동의 경우 지속적인 생산설비 증설로 제련생산능력은 1980년대 말 14만톤에서 현재 35만 톤에 이르고 있다.

4. 풍산금속 온산공장

1968년 창업 이래 신동(伸銅)산업과 방위산업 분야에서 꾸준히 성장해오던 풍산금속은 국내 신동수요에 대처하고 나아가 세계적 신동기업으로 부상하기 위해 1980년에 연산 15만톤의 국제적 규모의 종합신동공장을 온산 비철금속단지 내에 건설하였다. 이 공장은 자체 기술진으로, 그리고 효율적인 설비투자에 성공함으로써 세계적 신동공장의 모델로 평가받았으며, 저렴한 건설단가와 효율성으로 경쟁력 확보에 성공하여 합리적 경영의 기반을 조성하는 성과를 거두었다.

1983년 8월에는 온수온돌용 동관 PMC 808을 개발하여 양산체제를 구축한 풍산금속은 1984년 리드 프레임의 신소재 PMC 102를 순수 우리기술로 개발, 첨단산업기술의 신기원을 이룩하였으며, 반도체 부품산업에 참여함으로써 신동소재산업 뿐만 아니라 첨단 반도체 부품 및 소재를 양산·공급할 수 있는 체제를 갖추어 소재산업 일변도에서 고부가가치성 부품 가공산업으로의 획기적인 전환을 이루었다.

1980년대 들어 세계 신동품 수요의 증가로 1987년 10월 생산규모를 기존 15만톤에서 25만톤 규모로 확장하였으며, 현재 28만 7천여톤의 생산규모를 가지고 있다. 풍산금속의 주요 생산품목은 동 및 동합금의 판과 대, 리드프레임재, 주석 도금재, 건축용 동관, 공업용 동관 및 합금판, 동 및 동합금 봉, 방산신재 및 주화용 소전 등이다.

5. 효성금속

효성금속(주)는 1969년 3월 한국카이저알루미늄(주)로 출범한 이래 1975년 율산알루미늄(주), 1979년에는 효성알루미늄(주)를 거쳐 1988년부터 효성금속으로 상호를 변경하여 오늘에 이르고 있다. 1969년 설립 당시부터 알루미늄 압출공장을 창설해 건축 창호용인 칼칼라, 고급칼라 새시, 커튼 월, 교량용 난간, 차량 및 선박용 전자부품 등의 산업재를 생산해 오고 있다. 1980년에는 온산공단에 알루미늄 압연공장을 준공하여 연속주조설비, 냉간압연기 등을 갖추고 알루미늄 판재 및 코일제품을 생산해 오고 있다.

6. 현대알루미늄

현대알루미늄은 1978년 현대건설(주) 내에 신설된 알루미늄 사업본부가 모태로서 1987년 설립되었다. 원활한 자재수급을 목적으로 1979년 말에 울주군 언양면에

알루미늄 압출공장을 준공하였다. 1980년 3월에는 캐나다의 ALCAN사와 기술제휴하여 단열창 생산시설을 갖추었으며, 동년 10월에는 미국 카이저사와 기술제휴하여 칼라 새시를 생산하였다. 1982년 12월에는 미국 AWA사와 기술제휴로 자동화 공장을 준공하는 등 설비투자를 계속하였다. 1987년 현대알루미늄공업(주)로 독립한 이래 일반 아파트용 알루미늄 새시를 비롯하여 커튼 월, 컨테이너 소재, 엘리베이터 소재, 고속전철용 소재 및 기타 산업용 소재 등을 생산하고 있다.

7. 코리아 니켈

포항제철에 스테인레스 생산계획에 따른 원료공급을 목적으로 1987년 온산 비철금속단지 내에 세계 최대의 니켈생산업체인 캐나다의 INCO사의 기술 및 자본참여와 포항제철, 고려아연의 철강 및 비철금속부문의 세계 최우수기업간의 합작투자로 설립되었다. 스테인레스 강, 특수강, 합금주물 등의 주요 성분인 니켈을 제련생산하고 있으며 1989년 생산을 개시한 이래 국내시장을 독점하고 있다.

_제2절 울산지역 비철금속관련 업체의 설립시기와 주요 생산품목

<표17-1>은 울산지역의 주요 비철금속업체(종업원100인 이상)의 연대별 설립시기와 주요생산품목을 나타내고 있는데, 대부분의 업체가 1970년대에 설립되었음을 알 수 있다.

〈표17-1〉 울산지역 주요 비철금속관련 업체의 설립시기와 주요생산품목

1960년대	*(주)풍산금속 울산공장: 동 및 동합금의 판, 대, 관, 봉
1970년대	*현대하이스코(주): 강관, 일반배관용 강관 등, *알칸대한(주) 울산공장: 알루미늄괴, 압연재, *비엔지스틸(주) 울산공장: 스테인레스 강판, 강대, *금강공업(주) 언양공장: 강판, 파이프 등, *고려아연(주) 온산제련소: 아연괴, 연괴, 황산, 금괴, 은괴
1990년대	엘지니코제련(주)온산공장: 전기동, 장신구 공업용 금, 장신구 공업용 은

자료; 울산상공회의소, 『울산기업체총람』, 2003. 2. 1.

2009년 현재 울산의 비철금속산업은 생산능력 면에서 전국에 차지하는 비중을 보면, 전기동 82.7%, 연괴 67.8%, 아연 76.3%, 알루미늄과 니켈 각각 100.0%, 동판 69.0%, 동관 42.6%, 알루미늄 압연 36.1%를 각각 점유하고 있어, 온산의 비철금속 산업은 우리나라 비철금속산업을 대표한다고 할 수 있다. 2009년 현재 울산지역의 비철금속 제조업의 사업체수는 63개, 종사자수 6,113명, 생산액 13조 2,878억원, 부가가치 1조 8,735만 6,100만원이다. 동년 울산의 비철금속산업의 대 전국 비중을 보면, 사업체수 2.7%, 종업원수 5.1%, 생산액 11.9%, 부가가치 7.1%를 각각 차지하고 있으며, 울산지역 제조업 생산에서는 정유, 자동차, 조선, 화학에 이어 제 5위이다.

_제4편

지역경제변화와 주력산업의 경쟁력, 전망 및 성장전략

제 18 장

울산지역 산업화에 따른 지역경제의 변화

제1절 울산지역 주력산업의 비중

<표18-1>을 이용하여 울산지역 주력산업의 입지상계수(Locational Quotient)를 구해보자. 입지상 계수를 구하는 공식은 다음과 같다. LQ>1이면 지역산업이 전국수준보다 특화산업임을 나타내는 것이고, LQ<1이면 지역산업이 전국수준에 비해 전문화되어 있지 않음을 나타내며, LQ=1이면 지역산업이 전국수준에 도달하였음을 나타내는 것이다.

$$LQ=\frac{Eiz/Ez}{Ei/E}$$

E: 전국 제조업생산량, E i : 전국 i 산업의 생산량
E z : Z지역의 제조업의 생산량, E i z: Z지역의 i 산업의 생산량

위 공식에 의해 입지상계수가 1보다 큰 울산지역의 특화산업은 정유(4.1097), 조선(2.3151), 자동차(1.8812), 석유화학(1.1587)으로 나타나고 있다.

〈표18-1〉 울산의 주력산업의 전국 비중과 자체 지역내 비중(2009년)

단위: 개, 명, 백만원, %

	사업체수	종업원수	생산액	부가가치
울산 제조업	1,244	138,377	152,258,698	35,613,550
	(2.1) <100.0>	(5.6) <100.0>	(13.6) <100.0>	(9.5) <100.0>
정유	18	5,053	51,322,764	6,324,989
	(13.8) <1.0>	(49.1) <3.7>	(55.5) <33.7>	(47.5) <17.8>
석유화학	163	14,527	23,133,978	5,247,904
	(2.2) <13.1>	(5.4) <10.5>	(15.8) <14.6>	(12.9) <14.7>
자동차	207	42,139	28,949,100	9,528,402
	(6.9) <16.6>	(16.9) <30.5>	(25.6) <19.0>	(27.1) <26.8>
조선	193	42,440	25,752,680	9,235,205
	(14.7) <15.5>	(28.6) <30.7>	(31.3) <16.9>	(35.3) <25.9>
비철금속	63	6,113	13,287,800	1,873,561
	(2.7) <5.1>	(5.1) <4.4>	(11.9) <8.7>	(7.1) <5.2->
전국 제조업	57,996	2,452,880	11,121,973,091	374,500,730
	(100.0) <100.0>	(100.0)<100.0>	(100.0) <100.0>	(100.0) <100.0>
정유	130	10,487	92,438,283	13,307,761
	(100.0) <0.0>	(100.0) <0.4>	(100.0) <8.2>	(100.0) <3.6>
석유화학	7,193	270,395	140,967,798	40,719,537
	(100.0) <12.4>	(100.0) <11.0>	(100.0) <12.6>	(100.0) <10.9>
자동차	3,019	250,069	113,028,094	35,223,011
	(100.0) <5.2>	(100.0) <10.2>	(100.0) <10.1>	(100.0) <9.4>
조선	1,315	148,216	82,194,375	26,149,706
	(100.0) <2.3>	(100.0) <6.0>	(100.0) <7.3>	(100.0) <7.0>
비철금속	2,344	119,974	111,735,040	26,395,634
	(100.0) <4.0>	(100.0) <4.9>	(100.0) <10.0>	(100.0) <7.0>

주: (　　)는 전국 비중, <　　>는 지역 내 비중

자료: 통계청 KOSIS

제2절 주력산업의 수출비중

다음에는 <표18-2>에서 주력산업의 수출비중의 크기를 보면 1980년대까지는 선박, 석유화학, 자동차 순이었으나, 2009년 현재 석유화학, 선박, 자동차로 그 순위가 다소 바뀌었지만, 3대 주력업종의 수출비중이 울산지역 수출의 87.9%를 차지하고 있다.

〈표18-2〉 울산지역 주력산업의 수출액과 수출비중

단위: 백만 달러, %

연도	총계	자동차	선박	석유화학	철강및 구조물	컨테이너 및 기계제품	전자제품	기타
1978	1,080 (100.0)	50 (4.6)	426 (39.4)	27 (2.5)	217 (20.1)	-	12 (1.1)	348 (32.2)
1980	1,430 (100.0)	73 (5.1)	464 (32.4)	106 (7.4)	236 (16.5)	-	16(1.1)	535 (37.4)
1985	5,073 (100.0)	553 (10.9)	2,716 (53.5)	647 (12.8)	446 (8.8)	-	45 (0.8)	666 (13.1)
1990	5,920 (100.0)	1,425 (24.1)	1,380 (23.3)	1,006 (17.0)	205 (3.5)	716 (12.1)	437 (7.4)	751 (12.7)
1995	14,906 (100.0)	3,947 (26.5)	2,762 (18.5)	4,471 (30.0)	1,482 (9.9)	577 (3.9)	706 (4.7)	960 (6.4)
2000	23,376 (100.0)	5,871 (25.1)	3,188 (13.6)	9,381 (40.1)	383 (1.6)	607 (2.6)	1,261 (5.4)	3,100 (13.3)
2005	44,555 (100.0)	13,059 (29.3)	6,415 (14.4)	19,376 (43.5)	675 (1.5)	1,264 (2.8)	1,102 (2.5)	3,928 (8.8)
2009	59,359 (100.0)	11,494 (19.4)	15,530 (26.2)	25,132 (42.3)	1,728 (2.9)	2,756 (4.6)	1,891 (3.2)	3,416 (5.8)

주: 컨테이너 및 기계제품의 경우 1990-2000년 수치는 컨테이너 통계치이고, 2005년, 2009년 수치는 기계제품의 통계치임.

자료: 한국은행 울산본부,『2005년도 지역경제통계연보』, 2006. 9.
장병익, 『울산지역경제론』, UUP, 2006.
울산상공회의소, 『울산경제현황』, 1993. 6.
울산상공회의소, 『2010 울산산업경제현황』, 2010.

제3절 울산지역 산업화에 따른 주요 경제지표의 변화

다음은 1962년부터 2009년까지 울산의 산업화에 따른 주요 경제지표의 변화추이를 보면 <표18-3>과 같다. 1962년과 2009년을 비교해 보면, 인구는 211,235명에서 1,114,866명으로, 제조업체수는 23개(자치단체에 등록된 공장 기준임)에서 1,233개(종업원 10인 이상 업체)로, 제조업 생산액은 2.2억원에서 1,113,308억원으로, 제조업 종업원은 1,236명에서 146,481명(종업원 10인 이상 업체)으로, 수출은 0.26백만 달러에서 60,804백만 달러로, 항만물동량은 2,016천톤에서 169,382천톤으로, 조세 징수액은 51백만원에서 8,596,612백만원으로, 전력사용량은 1.4GWh에서 24,683GWh로 증가하였다. 그리고 가구수도 1964년 37,834가구에서 2009년 356,143가구로 동 기간 중 10.4배 증가하였다.

〈표18-3〉 울산지역(울산시, 울주군 포함)의 산업화에 따른 주요 경제지표의 변화추이

연도	인구 (명)	제조업체 (개)	제조업 생산액 (억원)	제조업 종업원 (명)	수출 (백만$)	항만 물동량 (천톤)	조세 징수액 (백만원)	전력 사용량 (GWh)
1962	211,235	23[1)]	2.2	1,236[2)]	0.26	-	51	1.4
1965	222,965	34	110	1,394	1.8	2,016	3,545	9.2
1970	275,355	71	434	11,446	21.3	10,647	20,771	762
1975	368,612	91	9,764	27,978	336.9	14,293	91,113	1,221
1980	535,348	193	43,298	80,390	1,877	22,677	268,161	2,428
1985	670,358	223	101,464	101,423	5,752	30,323	363,943	3,352
1990	751,904	589	157,007	127,044	8,137	51,149	1,143,808	6,610
1995	969,196	967	416,340	145,139	14,905	130,298	2,800,070	11,748
2000	1,044,161	1,324	691,320	131,921	23,376	151,067	6,982,785	17,143
2005	1,095,105	1,614	1,074,917	141,409	44,555	162,414	8,128,223	20,685
2009	1,114,866	1,233	1,113,308	146,481	60,804	169,382	8,596,612	24,683

주: 인구는 울산과 울주군을 포함한 인구임. 1)은 1963년 2)는 1964년 수치임. 제조업은 종업원 5인 이상 업체임.

자료: 울산상공회의소, 『울산경제현황』, 1993. 6, 한국은행 울산본부 『울산지역경제통계연보』, 각년, http:// www.nso.go.kr.

_제4절 지역내 총생산 및 1인당 지역내 총생산

다음은 울산 지역내 총생산과 1인당 지역내 총생산을 보면 <표18-4>, <표18-5>와 같다. 먼저 울산의 지역내 총생산을 보면 1997년 광역시로 승격된 후 1998년에 23,766십억원으로 특별시와 광역시를 기준으로 하면, 서울 부산에 이어 전국 3위이며 이는 2009년 현재까지 계속 이어지고 있다. 울산의 1인당 지역내 총생산은 광역시로 승격된 후 1998년 20,746천원이었던 것이 2009년에는 46,229천원으로 1998년 이래 계속 전국 1위를 유지하고 있다. 울산의 지역내 총생산 및 1인당 지역내 총생

산 규모가 큰 것은 울산의 산업화의 성과라고 할 수 있다.

〈표18-4〉 7대 도시의 지역내 총생산 비교

단위: 10억원, %

연도	전국	서울	부산	대구	인천	광주	대전	울산
1998	479,824	114,622	29,575	17,622	22,930	10,533	11,423	23,766
2000	577,971	138,492	33,840	20,776	26,230	12,629	13,559	28,355
2005	869,305	208,899	48,069	28,756	40,398	18,896	20,030	41,697
2009	1,066,083 (100.0)	257,436 (24.1)	55,850 (5.2)	32,917 (3.1)	49,701 (4.7)	22,055 (2.1)	24,404 (2.3)	50,364 (4.7)

자료: 울산상공회의소, 『2005 울산경제현황』, 2005. 10.
울산상공회의소, 『2010 울산산업경제현황』, 2010.

〈표18-5〉 7대 도시 1인당 지역내총생산 비교

단위: 천원

연도	전국	서울	부산	대구	인천	광주	대전	울산
1998	9,176	9,421	7,212	5,959	8,010	6,885	7,236	20,746
2000	12,295	13,741	9,066	8,216	10,399	9,135	9,707	27,379
2005	18,059	20,866	13,404	11,473	15,668	13,087	13,641	38,969
2009	21,870	25,650	16,090	13,469	18,789	15,223	16,206	46,229

자료: 울산상공회의소, 『2005 울산경제현황』, 2005, 10.
울산상공회의소, 『2011 울산산업경제현황』, 2011.

_제5절 산업별 취업구조의 변화

다음에는 1962- 2009년 기간 동안 산업별 취업구조의 변화를 <표18-6>에서 보면, 1차산업 종사자는 71.4%에서 2.9%로, 2차산업종사자는 4.0%에서 31.5%로, 3차산업종사자는 18.4%에서 65.6%로 각각 변화하여 1차산업 종사자는 대폭 감소하고, 3차산업 종사자는 꾸준히 증가하고 있지만, 2차산업 종사자는 2000년대 들어서면서 그 비중이 감소하고 있다.

〈표18-6〉 산업별 취업자 구성

단위: %

연도	1차산업	2차산업	3차산업
1962	71.4	4.0	18.4
1980	21.2	49.3	29.5
2005	3.8	37.0	59.1
2009	2.9	31.5	65.6

주: 1962년에는 1차, 2차, 3차 산업 종사자 외에 기타에 포함된 것이 6.2%임.

자료: 울산상공회의소, 『울산경제현황』, 『울산산업경제현황』, 2005, 2010.

울산상공회의소, 『울산공업30년사』, 1992. 6.

장병익, 「상업 및 서비스 계획」, 울산상공회의소,『2000년대 공업도시 울산』, 1990.

그리고 <표18-7>을 보면 울산의 산업별 생산구조(2009년 현재)는 1차산업이 0.8%, 2차산업이 66.1%, 3차산업이 33.1%로 나타나고 있어 이는 전국(1차산업 3.3%, 2차산업 28.5%, 3차산업 68.2%)과 비교할 때 울산의 2차산업의 생산비중이 압도적으로 높게 나타나고 있다.

〈표18-7〉 전국 7대 도시의 산업생산구조비교

단위: %

구분	농수산·광업	제조업	전기 가스 수도	건설업	서비스업
전국	3.3	28.5	2.2	9.2	56.8
서울	0.2	5.9	1.0	6.7	86.2
부산	1.0	18.0	2.9	9.3	68.8
대구	0.6	20.7	2.9	9.6	67.7
인천	0.8	31.1	2.7	9.3	55.9
광주	1.2	27.6	1.4	10.2	59.6
대전	0.3	17.0	1.5	9.6	71.6
울산	0.8	66.1	2.3	6.4	24.4

주: 경상기초가격으로 측정한 지역내 총부가가치 생산액기준

자료: 통계청 KOSIS

_제6절 대기업과 중소기업의 비중

다음은 울산지역 기업의 특징을 살펴보기 위해 울산의 대기업과 중소기업을 전국과 비교한 것이다. <표18-8>에 의하면 우선 대기업의 경우를 보면 사업체수에 있어서는 전국은 1.1%, 울산 3.2%, 종업원수에 있어서는 전국이 26.5%, 울산이 55.4%, 출하액에 있어서는 전국 54.8%, 울산 79.2%, 부가가치면에서는 전국 52.1%, 울산 76.0%를 각각 차지하고 있어 울산은 대기업 중심 도시임을 알 수 있다. 이는 울산의 주력 업종인 자동차, 조선, 정유 및 화학산업이 규모의 경제를 실현하는 대규모 장치산업 중심으로 구성되어 있기 때문이다.

〈표18-8〉 울산과 전국의 대기업과 중소기업의 구성 비중(2009)

단위:%

		사업체수	종업원수	출하액	부가가치
울산	중소기업	96.8	44.6	20.8	24.0
	대기업	3.2	55.4	79.2	76.0
전국	중소기업	98.9	73.5	45.2	47.9
	대기업	1.1	26.5	54.8	52.1

주: 종업원기준으로 중소기업은 300명 미만, 대기업은 300명 이상 업체임

자료: 통계청 KOSIS

_제7절 울산지역 근로자의 급여 수준

다음에는 울산지역 제조업 근로자들의 연평균 급여수준을 전국과 비교하면, <표18-9>와 같이 울산지역 제조업 근로자의 연간소득은 전국 근로자 평균의 1.58배 수준이다. 이는 울산의 제조업이 대기업 중심으로 되어 있어 타 지역보다 임금이 높기 때문이다.

〈표18-9〉 울산지역 제조업체 근로자의 연간소득 수준 비교(2009)

단위: 백만원

전국	서울	부산	대구	인천	광주	대전	울산	경기
31.02	24.71	25.84	23.49	26.81	31.47	31.10	49.04	29.46
강원	**충북**	**충남**	**전북**	**전남**	**경북**	**경남**	**제주**	
25.11	29.26	32.47	30.52	37.55	32.17	34.18	19.72	

주: 종업원 10인 이상 업체 대상임

자료: 통계청 KOSIS

주력산업의 경쟁력

_제1절 자동차산업

1. 가격면에서의 경쟁력

1) 가격경쟁력

국내 자동차산업의 가격경쟁력을 미국시장에서 가장 잘 팔리는 현대 소나타와 경쟁차종의 가격을 비교해 보면, 소나타의 가격이 가장 낮게 나타났다. 소나타는 배기량도 같고 마력은 오히려 더 낮은 도요타 캠리와 비교하였을 때 94% 정도의 가격을 나타내고 있어 아직 국내 브랜드의 가격경쟁력이 해외업체에 비해 높은 것을 알 수 있다.

〈표19-1〉 미국시장에서 현대 소나타와 경쟁차종의 가격비교(2008. 9)

단위: 달러, cc, ps

항목	현대 소나타	도요타 캠리	혼다 어코드	시보레 말리브(GM)	닛산 알티마
가격	19,750	21,075	22,160	20,305	20,080
배기량	2400	2400	2400	2400	2500
마력	162	158	177	169	175

자료: 한국산업은행, 『2008 한국의 산업: 자동차』, 2008. 12.

2) 생산성

생산성(주요 업체간 차량 1대당 조립시간)은 현대가 주요 경쟁업체에 비해 경쟁력이 떨어지는 것으로 나타났다. 특히 도요타와 비교했을 때 4.7시간이 더 많게 나타나 큰 차이를 보이고 있다. 이러한 생산성의 차이는 결국 브랜드 가격경쟁력 및 영업이익에 영향을 미치게 되므로 생산성 향상을 위한 노력이 필요하다.

〈표19-2〉 주요 업체별 대당 생산 소요시간 비교

단위: 시간

업체	현대	클라이슬러	도요타	혼다	GM	Ford	닛산
생산소요시간	35.10	30.37	30.37	31.33	32.29	33.38	32.96

주: 각 브랜드의 북미시장 기준

자료: 한국산업은행, 『2008 한국의 산업: 자동차』, 2008. 12.

2. 비가격면에서의 경쟁력

1) R&D 투자

매출액 대비 R&D투자를 보면 해외업체(도요타, 다이믈러, 클라이슬러, GM)는 3.9%를 보이고 있으나 국내 완성차 업체(현대, 기아, GM대우)는 2.4%로 낮은 수준이다. 또한 R&D투자액에서도 국내기업들은 해외기업들의 6.8%에 불과한 것으로 나타났다.

2) 품질 신뢰도 수준

최근 미국의 Consumer Report지가 실시한 신뢰도 조사에서 현대차의 순위는 2007년 15위에서 2008년 8위로 상승하여 국내 브랜드의 품질 및 기술경쟁력의 상승세를 나타내었다. 현대차의 2008년 순위는 닛산, 볼보, 포드 등 해외유수 브랜드보다 높은 순위로 국내 자동차가 품질면에서 해외 선진업체와 견줄 수 있을 만큼 경쟁력을 보유하고 있음을 보여주고 있다.

〈표19-3〉 Consumer Report 신뢰도조사 결과

순위	브랜드	전년 대비 상승 순위
1	Scion(도요타)	↑ 2
2	Acura(혼다)	-
3	Honda	↓ 2
4	Toyota	↑ 1
5	Lexus(도요타)	↑ 1
6	Infinity(닛산)	↑ 1
7	Subaru	↓ 3
8	Hyundai	↑ 7
9	Mitsubishi(다이믈러)	↓ 1
10	Kia	↑ 12
11	Lincoln(포드)	↑ 3
12	Mazda(포드)	↑ 4
13	Mini(BMW)	↓ 1
14	Nissan	↑ 6
15	Mercury(포드)	↓ 4

자료: Consumers Union, *Consumer Report*, 2008. 10.

3) 브랜드 가치

품질경쟁력과 함께 국내 업계의 마케팅 능력과 딜러망 및 A/S품질이 점차 향상되면서 국내 브랜드의 가치가 큰 폭으로 상승하고 있다. 2009년 인터브랜드가 비즈니스 위크지와 함께 선정한 2008년 글로벌 100대 브랜드에서 현대차는 2006년보다 3단계 상승한 72위를 기록하였다. 또한 100위 안에 든 11개 자동차 브랜드 중 8위를 차지하여 높은 브랜드 가치를 기록하고 있다.

〈표19-4〉 브랜드가치 조사결과(2008)

단위: 억 달러

브랜드	브랜드 가치	전체 순위
도요타	340.1	6
메르세데스 벤츠	255.7	11
BMW	233.0	13

혼다	190.8	20
포드	79.0	49
폭스 바겐	70.5	53
아우디	54.1	67
현대	48.5	72
포르쉐	46.0	75
렉서스	35.9	90
페라리	35.3	93

자료: Interbrand, *Best Global Brand*, 2009.

제2절 자동차 부품산업

1. 기업 및 매출현황

2007년 현재 국내 완성차업체와 거래하고 있는 자동차 부품업체수는 901개이며, 그 중 대기업이 95개, 중소기업이 806개이다. 2007년 국내 자동차 부품 매출액은 50조 2천억원을 기록하였다. 그 내역을 보면 완성차업체에 대한 OEM매출 77.0%(38조 6천억원) 수출 18.4%(9조2천억원), A/S 4.6%(2조3천억원)를 차지하고 있다.

2. 국내 업계의 위상

1) 매출액

2007년 세계 매출액 기준 상위 200개 업체(상장사 대상)를 살펴보면, 국내업체는 총 20개로 일본(87개), 미국(30개)이어 3위이다.

〈표19-5〉 매출액 기준 세계 200위권 업체수(2007)

국명	일본	미국	한국	중국	프랑스	인도	독일	호주	태국	캐나다	이탈리아	오스트리아
개수	87	30	20	9	8	7	5	3	3	3	3	3

주: 전세계 상장사만을 대상으로 함.

자료: 산은경제연구소, 『국내 자동차 부품산업의 성장과 경쟁구조의 변화』, 2009. 4.

한국 완성차업체의 매출 및 생산량과 부품업계의 수출 및 현지생산이 증가하면서 자동차산업의 세계위상이 높아졌다. 현대기아차는 2000년 생산량 254만 6천대를 생산하여 세계 9위였으나, 2007년 현재 398만 7천대를 생산하여 세계 5위로 부상하였다. 이 기간 중 현대기아차의 생산량 증가(56.6%)는 도요타(61.3%), 혼다(57.4%)에 이어 3위이다.

자동차부품업계는 현대모비스, 한라공조와 같은 대형부품업체를 중심으로 성장하고 있다. 한국 부품업체의 매출액기준 상위 5개사의 세계시장점유율은 2001년 1.3%에서 2007년 3.2%로 상승하였다. 현대모비스의 세계시장 점유율은 2001년 0.8%에서 2007년 2.3%로 상승하였다.

한국의 1위인 현대모비스는 2007년 매출액 기준 세계 12위이다. 그러나 아직까지는 현대모비스 대비 세계 1위 업체(일본 덴소)의 매출규모는 3.27배에 달하며, 국내 2위업체이면서 200대 기업 중 53위인 한라공조의 매출규모는 덴소의 17% 수준에 불과하다.

2) 가격경쟁력

한국 자동차부품산업의 가격경쟁력은 일본에 대해서는 우위를 보이고 있으나, 중국에 대해서는 열위에 있다. 즉 일본의 부품가격을 100으로 할 때, 우리나라는 83.5, 중국은 61.3으로 나타나고 있다. 특히 최근 우리나라와 일본의 가격경쟁력 격차가 좁혀지고 있는 것으로 나타나고 있는데, 이는 일본 완성차업체의 부품단가 인하요구와 글로벌 소싱에 대비하기 위한 제조원가 인하 등에 기인한 것으로 보인다.

〈표19-6〉 자동차부품산업의 가격경쟁력 비교

단위: 평균점

연도	일본	한국(A)	중국(B)	A-B
2005	100	83.5	61.3	22.2
1999	100	78.2	-	-

자료: 산업연구원, 『한·일 FTA가 부품소재산업에 미치는 영향과 대책』, 2005. 6.

한국 자동차 부품산업의 가격경쟁력을 제조원가와 생산성으로 나누어 살펴보면(2005년), 우선 자동차부품 제조원가는 일본을 100으로 할 때, 우리나라는 84로 가격경쟁력에 있어 우위를 나타내고 있다. 항목별로는 제조원가 중 가장 큰 비중을 차지하고 있는 재료비는 88로서 일본과의 격차가 크지 않은 것으로 나타났고, 인건비 및 R&D 관련비용은 일본에 비해 낮은 수준을 나타내고 있다.

〈표19-7〉 국내 자동차부품업체의 제조원가

단위: 일본=100, %

제조원가	재료비	노무비	재고관리비	운송비
84(100.0)	88(57.1)	77(14.9)	86(2.7)	83(3.0)
시설투자비	R&D 인건비	R&D시설투자비	기타R&D비용	기타제조비용
81(7.1)	75(2.1)	74(2.2)	75(1.5)	80(9.4)

주: 1) 201개 자동차부품업체에 대한 설문조사임.

2) ( )안은 총제조원가에서 차지하는 비중임.

자료: 자동차부품산업진흥재단 http://www.kapkorea.org

3) 비가격경쟁력

① 품질 및 기술력

현대차는 미국 J. D. Power & Associates의 2009년 내구성 품질조사(VDS: Vehicle Dependability Study)에서 결함지수가 업계평균(170)보다 높은 161을 기록하여 2005년도에 비해 내구성이 크게 개선된 것으로 나타났다. 그러나 기아차는 218로서 업계평균 수준에 미치지 못하고 있다.

〈표19-8〉 자동차 부품의 내구성

2003		2004		2005		2009	
브랜드	결함지수	브랜드	결함지수	브랜드	결함지수	브랜드	결함지수
						렉서스	126
도요타	196	도요타	207	렉서스	139	도요타	129
BMW	262	GM	262	도요타	194	혼다	148
GM	264	BMW	264	Ford	231	포드	159
						현대	161

업계평균	273	업계평균	269	업계평균	237	업계평균	170
Ford 현대 대우 기아	287 342 421 509	Ford 현대 대우 기아	275 375 411 432	GM 현대 대우 기아	245 260 318 397	볼보 닛산 기아 스즈키	186 199 218 263

주: 1)신차 구입후 3년이 지난 고객을 대상으로 차량의 소음, 진동을 포함한 주행성 등에 대한 품질불만을 조사한 것으로 수치가 낮을수록 품질이 좋음.
2)결함지수는 차량 100대당 소비자들의 불만건수를 표시한 것임.
자료: J.D. Power & Associates, *2009 Vehicle Dependability Study,* 2009. 3.

2) 브랜드 인지도

자동차부품의 비가격경쟁력에서 중요시되는 브랜드 인지도, 디자인, A/S 및 납기에 대해 한국, 중국, 일본을 비교하면, 우리나라는 종합평점에서 일본에 뒤지며, 중국보다 우위인 것으로 나타났다. 특히 A/S 및 납기 부문에서는 일본보다 경쟁력이 있는 것으로 나타났다.

〈표19-9〉 국가별 자동차부품산업의 비가격경쟁력

단위: 평균점

	일본	한국(A)	중국(B)	A-B
디자인	100	88.2	67.4	20.8
브랜드 인지도	100	85.5	62.3	23.2
A/S 및 납기	100	105.0	68.2	36.8
종합평점	100	87.9	68.7	19.2

자료: 산업연구원, 『한·일 FTA가 부품소재산업에 미치는 영향과 대책』, 2005. 6.

4) 자동차 부품산업의 성장단계

국내업계는 일본·유럽과 중국·인도의 중간단계에 위치하고 있다. 1- 2개 완성차업체에 대한 매출에 의해 성장해온 국내업계는 최근 거래처를 다변화하고 해외시장을 공략하고 있다. 부품업체의 대형화 또한 상당 부분 진행되어 현지법인 설립 및 핵심기술에 대한 투자가 가능해졌다. 그러나 아직도 일본·유럽업계에 비해 규모가 작고, 기술력 및 해외시장 접근성에서 경쟁력이 떨어지는 모습을 보이고 있다.

〈표19-10〉 국내 자동차부품업계의 성장단계

초기단계	도약단계	성숙단계
내수시장대응 (중국·인도업계)	해외시장 진출 (국내업계)	자유로운 매출다변화 (일본·유럽업계)
• 선진기술 모방 • 1개 업체와 전속거래 • 설계능력, 핵심기술 및 원천기술 미보유	• 내수정체로 지속적 성장을 위해 해외시장공략 • 완성차업체와 공동설계 가능 • 핵심기술 일부보유	• 해외거점과 핵심기술보유로 거래처 다변화가능 • 첨단기술보유,사양기술 아웃소싱 • 해외생산거점 확보로 원가경쟁력 강화

제3절 조선산업

1. 중국과 일본의 동향

1) 중국

중국정부는 자국 조선산업의 경쟁력을 제고하기 위해 2009년 2월 조선업진흥계획을 발표하였는데, 동 계획에는 조선산업의 생산 안정화, 시장수요 확대, 해양프로젝트 설비 및 선박수리업의 발전 등 조선산업의 구조 최적화를 위한 정책대응방안을 포함하고 있다.

또한 중국정부는 조선산업에 대한 자금지원책의 일환으로 금융기관 대출규모를 확대하고 내수용 원양선박에 대한 기존의 재정보조금정책을 2012년까지 연장한다는 것이다. 중국의 선박보조금은 양대 국영조선그룹 CSSC와 CSIC가 내수선박을 인도하고 부가가치세를 납부하면, 중앙정부재정에서 부가가치세를 제외한 선박가격의 17%를 보조금으로 양대 조선그룹에 지급하는 것으로 되어 있다.

2) 일본

일본의 이마바리(今治)조선은 건조능력이 크게 확충되면서 일본 조선업계 1위 자리를 고수하고 있다. 일본 내 선박수주잔량 1위 기업으로 지난 3년간 생산능력을 크게 확충하였다. 2008년에는 91척의 선박을 인도하여 과거보다 연간 20척 정도가 증가하였는데 이는 선박수리공장인 신카사도 야드를 신조시설로 전환한데 기인한다. 2009년에는 8개 야드에서 100척 이상의 선박을 인도하고 있는데, 이는 척수기준으로는 현대중공업에 육박하는 수준이다. 한편 일본조선업계 2위인 유니버설조선과 업계 6위인 I.H.I(石川島幡磨 중공업 산하 조선업체)간의 합병을 계획하고 있다.

2. 국내 조선산업의 실태

국내 조선업체는 중·대형 9개사(한국조선공업협회 소속), 소형 117개사(한국조선공업협동조합 소속)로 구성되어 있다. 중·대형 9사는 현대중공업·삼성중공업·대우조선해양·한진중공업·현대삼호중공업 등 대형 5개사와 현대미포조선·STX조선·신아조선·대선조선 등 중형 4개사로 구분되며, 소형 117개사는 건조선질에 따라 강선 60개사, 목선 18개사, FRP선(플라스틱 선박) 56개사(19개사는 강선을 겸함), 경금속선 4개사로 나누어진다.

국내 조선산업의 대형 5개사가 차지하는 비중(건조량 기준)을 보면 세계 최대 조선업체인 현대중공업이 9.2%, 2, 3위인 삼성중공업과 대우조선해양이 각각 7.7%, 6.3%를 기록하고 있다. 우리나라 상위 3개사의 세계시장 점유율은 약 23.2%를 점유하고 있다.

한편 국내 주요 조선업체의 사업현황(매출액 기준)을 보면 현대중공업은 조선 48.9%, 해양 15.7%, 건설 10.4%, 삼성중공업은 조선 86.0%, 건설 14.0%, 대우조선해양은 조선 68.9%, 해양 26.7%, 한진중공업은 조선 49.2%, 건설 48.1%, 현대삼호중공업, 현대미포조선, STX조선은 각각 조선 100%로 되어 있다. 조선기자재는 수입초과현상을 나타내고 있다.

1) 국제경쟁력 실태

조선산업의 노동생산성은 경쟁국인 일본에 다소 뒤지는 것으로 평가되고 있다. DH-VLCC기준 가공공수로 살펴본 국내 조선산업의 생산성은 일본의 86- 91% 수준을 보이고 있다.

〈표19-11〉 한·중·일 조선산업의 노동생산성 비교

	한국	일본	중국
노동생산성	0.86- 0.91	1.0	0.21- 0.29
가공공수	48- 53만H	43- 45만H	220- 250만H
(DH-VLCC기준)	(7-9개월)	(6-7개월)	(20- 28개월)

자료: 한국조선공업협회, 『한국의 조선산업』, 2005. 3.

2) 후판공급 부족 및 원가상승

국내 후판시장의 출하구조를 보면, 2007년 기준으로 6,472천톤을 국내에 판매하였으며, 실수요용이 80%, 판매업자 유통용이 17%, 차공정용(롤벤딩 강관용)이 3%의 비중으로 판매되었다. 실수요용 5,168천톤 중 조선이 79.2%로 가장 높은 비중을 차지하였으며, 다음이 기계, 건설 순이다.

국내 후판 생산업체는 포스코와 동국제강 2개사이다. 2000년대 들어 후판소비가 급증하면서 후판의 내수증가율이 연평균 10.3%인데 반해 생산은 오히려 6%대에서 4%대로 생산증가율이 둔화되었으며, 이에 따라 수입이 23.9%나 급증하였다. 수입 국가별로는 일본이 전체 수입량의 60% 이상을 공급하였으나, 2004년 이후 중국산 수입이 급증하면서 2007년에는 중국산 수입비중이 일본을 초과(중국 57%, 일본 41%)하였다.

〈표19-12〉 후판수급실적

단위: 천톤, %

구분	1980	1990	2000	2007
총 수 요	1,662	3,033	6,038	11,370
내 수	773	2,357	5,276	10,511
수 출	889	676	762	859
생 산	1,496	2,717	4,997	6,709
수 입	166	317	1,041	4,661

자료: 한국철강협회, http://www.kosa.or.kr

후판가격은 최근 현대중공업이 일본의 신일본제철과 후판수입가격을 40% 정도 인상(톤당 10만엔→14만엔)하기로 합의한데 이어 동국제강도 인상하기로 하였다. 이로써 2008년도 국내 조선용 후판가격은 포스코가 3회(2007년 말 65만원→66.5만원→78.5만원→92만원), 동국제강이 4회(2007년 말 72.5만원→82만원→101만원→126만원→141만원) 인상하여 2007년 말 대비 각각 42%, 94% 인상되었다.

향후 후판가격은 중국의 후판공급능력이 큰 폭으로 증가하고 있고, 세계경기침체 여파 등으로 철광석 등 원자재 가격의 하락이 지속되고 있어 하향 안정화 될 것으로 보이지만, 조선경기가 회복되면 후판가격은 다시 상승할 것으로 전망된다.

_제4절 석유화학산업

1. 석유화학산업의 경영여건

1) 중동산 저가제품 유입에 따른 경쟁심화

에틸렌 계열을 중심으로 한 중동 국가들의 생산능력이 증가하고 있는 추세이다. 세계 에틸렌 생산 능력 중 중동의 비중은 2003년 9.4%에서 2008년 15.6%로 급증하였고, 중동의 프로필렌 설비도 2007년 365만톤에서 2010년 1,264만톤으로 증가할 전망이다. 2009년 중동 에틸렌 증설물량은 700만톤으로 한국의 에틸렌 총생산능력 720만톤과 대등한 수준이다.

〈표19-13〉 중동의 에틸렌 생산능력의 세계 비중전망

단위: 천톤, %

	2006	2007	2008	2010	2012
생산능력	10,330	15,208	21,673	25,873	34,289
세계비중	9.4	11.8	16.0	17.3	20.8

자료: 화학경제연구원, http://www.chemlocus.co.kr

중동산 에틸렌은 주원료가 에탄으로 나프타를 기초로 생산되는 국내 에틸렌 대비 1/3 수준의 높은 원가경쟁력을 지니고 있다. 에틸렌 생산원가를 비교(WTI $50/bbl)해보면, 한국은 톤당 775달러이나, 중동은 221달러에 불과하다. 중동이 수출하는 물량의 상당수가 한국의 최대 수출시장인 중국지역에 집중될 것으로 보여 경쟁심화에 따른 한국기업들의 수익성 악화가 예상된다.

2) 중국의 자급률 상승과 경기침체로 인한 수입물량 감소

2004년 이후 세계 석유화학경기의 장기호황은 연간 10%대의 경제성장률을 기록한 중국의 석유화학제품 수요증가에 기인하는 바가 크다. 경제규모 확대와 개발수요로 중국의 수요증가율은 2004- 2007년간 연평균 11.2% 증가하였다. 2007년 중국의 합성수지 수요는 세계 1위(41.2백만톤, 세계수요의 23.9%)를 기록하였으나, 중국내 신규증설에 따라 석유화학제품의 자급률이 점차 상승할 전망이다. 중국의 전체 석유화학제품 자급률은 2005년 54.4%이나 2011년에는 77.0%를 전망하고 있으

며, 에틸렌 생산능력은 2007년 9.8백만톤에서 2012년 106.0백만톤을 예상하고 있다. 중국은 석유화학제품 자급률 상승과 함께 전 세계적인 경기침체로 석유화학제품의 수입이 감소할 것으로 보인다. 실제로 2008년 3대 석유화학제품(합성수지, 합성섬유, 합성고무) 수입량은 2007년 대비 7.3% 감소하였다.

〈표19-14〉 중국의 석유화학 제품별 자급률 추이

단위:%

연도	에틸렌	프로필렌	방향족
2005	42.8	67.9	61.8
2011	63.2	81.1	104.9

자료: 일본경제산업성, http://www.meti.go.jp

3) 석유화학산업의 잠재적 위협요인

① 석유화학산업의 특징상 위협요인

석유화학제품의 매출비중에서 기초유분, 합성수지와 같은 범용제품의 비중이 높아 경기변동에 따른 매출과 이익의 변동이 큰 구조를 가지고 있다. 중동이 가격경쟁력을 바탕으로 수출시장 잠식을 가속화하고 선진국기업들과의 합작 등으로 기술수준도 급격히 상승하고 있기 때문에 중국에 대한 과도한 수출의존(대 중국 수출비중 2007년 48.5%)은 중국의 경기침체시 크게 타격을 받게 될 가능성이 있다.

〈표19-15〉 한국의 석유화학제품 수출 중 중국의 비중

연도	2000	2003	2004	2005	2006	2007
비중(%)	38.1	47.7	49.5	46.6	46.9	48.5

자료: 한국석유화학공업협회, http://www.kpia.or.kr

② 경기순환 주기상 위협요인

석유화학산업은 세계경기, 유가변동 등에 따라 산업의 호·불황이 큰 격차를 나타내면서 주기적(7-8년)으로 반복되는 경기순환적 산업이다. 2000년대 들어 설비투자가 크게 증가한데다가 경기침체에 따른 가동률 하락까지 겹치면 경쟁력 악화 및 대규모 부실화로 국민경제에 큰 부담이 될 가능성도 배제하기 어렵다.

〈표19-16〉 국내 석유화학기업의 설비투자 증가추이

단위: 조원

연도	2003	2004	2005	2006	2007	2008
설비투자액	1.4	1.6	2.3	3.3	3.8	5.0

자료; 한국산업은행 http://kdb.co.kr

2. 국내 석유화학산업의 기술수준

1) 기술경쟁력

기초기술은 원천기술 및 고급인력의 부족으로 인해 매우 열위에 있고, 특히 촉매·공정기술이 취약하고 선진국 기술에 의존하고 있다.

〈표19-17〉 석유화학기술의 강점과 약점

	강점	약점
기초기술		• 원천기술, 인력부족 • 촉매, 공정기술 열위
응용기술	• 범용성의 응용기술, 생산기술	• 그레이드 다양화, 고급화 미흡 • 고부가가치, 신기술 접목 기술취약
개발기술	•범용성의 기술개발	• 복합화, 신소재개발 미흡
제조·생산	•선진국 수준	• 환경분야 미흡
마케팅	•대 중국 최대수출국	• 중국, 동남아 치중: 수출다각화 미흡 고부가가치 제품 수출 미흡

자료: 산업연구원,『한국산업의 발전비전 2020』, 2005.

범용제품의 생산기술 및 신기술응용능력은 한국이 세계적인 수준에 도달했으나, R&D 투자부진 및 선진국의 원천기술 독점화로 공정기술, 촉매, 그리고 특화기술 등 핵심기술 경쟁력이 취약하다. 특히, 촉매기술은 미국의 40% 수준, 공정기술은 60- 65% 수준으로 열위에 있고, 설비건설기술은 경쟁력이 있으나, 기초 공정기술을 대부분 해외에서 도입하는 등 기술기반이 취약하다.

그레이드의 다양화, 고급화 등을 위한 복합화 기술, 유기신소재(고분자 신소재, 전기재료 등)개발기술, 신기술(IT, BT, NT 등)과의 융합화 기술 등도 취약하다. 고분자신소재의 경우, 범용수지 생산규모는 세계 제 4위임에도 불구하고 엔지니어링 플라스틱 등 첨단 산업용 고분자 신소재의 기술수준은 연구개발단계로서 기술수준은 미국의 45%, 유럽과 일본의 60% 수준이다.

최근 선진국 기업들은 연구개발의 강화, 고급기술의 해외이전 기피, 고부가가치 기술의 보유기업간 제휴 등으로 기술독점과 후발기업과의 기술차별화를 꾀하고 있어 대비책 마련 시급하다.

〈표19-18〉석유화학산업의 기술경쟁력

	생산기술	응용기술	공정기술	촉매기술	특화기술
기술수준 미국=100	90- 100	80	60- 65	40	40- 50

자료: 산업연구원, 『한국산업의 발전비전 2020』, 2005.

〈표19-19〉 공정기술과 촉매기술의 비교

	기술수준(미국=100)			
	미국	일본	EU	한국
공정기술				
-공정설비기술	100	80- 90	80	60
-공정개발기술	100	90-100	90- 100	65
촉매기술				
-석유화학용촉매	100	80- 90	90	40- 50
-정밀화학용촉매	100	90	90	30

자료: 산업연구원, 『한국산업의 발전비전 2020』, 2005.

2) 규모의 경쟁력

단위 설비 당 생산능력으로 규모의 경쟁력을 평가할 때, 신설비가 상대적으로 많은 중동, 한국, 싱가포르 등이 상대적으로 경쟁력을 보유하고 있는 것으로 평가할 수 있다.

〈표19-20〉 석유화학산업의 규모 경쟁력

		LDPE	LLDPE	HDPE	PP	PVC	PS	ABS
단위설비당 생산능력비	한국	100	100	100	100	100	100	100
	일본	80	62	73	83	121	40	34
	대만	49	93	103	97	152	60	74

교(설비효율성)	중국	74	78	87	40	54	38	34
	싱가폴	101	170	202	164	-	56	-
	사우디	186	304	248	221	175	35	-
기업당 생산능력비교 (시장지배력)	세계선두	100 (Dow)	100 (Dow)	100(Exxon Mobile)	100 (Basell)	100 (Shinetsu)	100 (Dow)	100 (Chimei)
	top 10	53	34	63	36	47	44	45
	한국	13	6	11	5	19	8	27

자료: 한국석유공사,『석유화학보고서』, 2006.

3) 중국시장에서의 경쟁력

가격경쟁력 면에서 보면, 중국시장에서 중동국가들은 원가, 설비규모, 노후화 정도 측면 등 대부분에서 경쟁력을 보유하고 있고, 한국을 비롯한 아시아 국가들의 경우 지리적 인접성으로 수송비용에서 경쟁력을 보유하고 있다.

비가격경쟁력면에서 보면, 미국, EU, 일본 등 선진국들이 품질측면의 비교우위를 보이고 있으며, 한국과 일본의 경우에는 bargain power와 선발기업으로서의 이익을 향유하고 있다.

〈표19-21〉 중국시장에서의 경쟁력

	가격경쟁력				비가격경쟁력		
	원료	생산성		수송 비용	Bargain Power	Diversity (품질)	선발기업 이익
		설비규모	노후화정도				
1위 중동산유국	A	A	A	BC	AB	C	C
2위 한국	C	B	B	A	A	AB	A
대만	C	AB	AB	A	B	BC	B
싱가포르	C	AB	AB	AB	C	BC	C
3위 미국/캐나다	C	AB	AB	C	B	A	B
일본	C	C	C	A	B	A	A
서유럽	C	B	B	C	C	A	B

자료: 한국석유공사,『석유화학보고서』, 2006.

제5절 비철금속산업

<표19-21>은 한·중·일 3국의 비철금속산업(銅, 알루미늄, 희유금속)의 산업의 종합경쟁력을 비교한 것이다. 여기서 종합경쟁력은 생산경쟁력, 가격경쟁력, 품질경쟁력, 조직경쟁력, 서비스 경쟁력을 합한 것을 의미한다. 일본의 종합경쟁력을 100

으로 보았을 때 동(銅)산업에 있어서 한국은 97이고, 중국은 88로서 한국은 일본에는 뒤지나 중국보다 경쟁력이 있는 것으로 나타났다. 알루미늄에 있어서는 한국 98, 중국 88이므로 이 역시 한국은 일본에는 뒤지나 중국보다 앞선 것으로 나타났다. 희유금속의 경우는 한국이 77이고, 중국은 83이므로 한국은 일본과 중국보다 뒤진 것으로 나타났다.

한편 한·중·일 3국의 기술경쟁력을 비교해 보면 일본을 100으로 보았을 때, 동(銅)산업의 경우는 한국 90이고, 중국 77이므로 한국은 일본보다 뒤지나 중국보다 앞섰으며, 알루미늄의 경우는 한국이 95이고, 중국은 91이므로 한국은 일본에는 뒤지나 중국보다 앞선 것으로 나타났다. 희유금속의 경우는 한국이 83이고, 중국은 82로서 한국과 중국이 비슷한 수준에 있다.

〈표19-21〉 한·중·일 비철금속산업의 경쟁력 비교

	비철금속	선진국(일본)	한국	중국
산업경쟁력	동	100	97	88
	알루미늄	100	98	88
	희유금속	100	77	83
기술경쟁력	동	100	90	77
	알루미늄	100	95	91
	희유금속	100	83	82

자료: China Tech News, 『중국산업 및 산업기술경쟁력 정보구축 산업기술기반조성에 관한 보고서(3차년도 중간보고서: 비철금속)』, 2006.

지금까지 울산지역의 주력산업의 경쟁력을 선진국과 비교하였다. 그 결과 아직 울산지역 주력산업은 동업종의 선진국 기술수준에 미치지 못하고 있는 것으로 나타났다. 따라서 울산지역 주력산업이 지속적으로 발전하기 위해서는 금후 보다 기술경쟁력을 제고시켜야 할 것으로 보인다. 그렇지만 울산지역 주력산업을 국내 생산량 기준으로 보면, 자동차산업, 조선산업 및 정유산업은 전국 1위 수준이며, 석유화학산업은 전남에 이어 전국 2위이고, 비철금속산업은 경북, 전남, 경기에 이어 전국 4위 수준을 유지하고 있다.

그러나 여기서 문제는 울산지역 제조업의 부가가치율(=부가가치/생산액)이 지속적으로 감소하고 있다는 점이다. 이에 대한 대비책으로 기존산업의 고부가가치화와 더불어 신산업의 육성이 시급한 실정이다.

〈표19-22〉 울산지역 제조업의 부가가치율 추이

단위; %

연도	1999	2000	2001	2002	2003	2004	2005	2006	2007	2008	2009
부가 가치율	38.5	33.5	33.5	32.8	31.5	29.2	27.3	25.2	25.7	23.7	23.5

자료: 울산시, 『울산통계연보』, 각년.

주력산업의 전망과 성장전략

제1절 자동차산업

1. 산업전망

1) 세계 자동차산업 전망

최근 들어 세계 자동차산업은 업계의 네트워크화, 시장의 개방화 등이 진행되고 있다. 또한 주요 선진 자동차업체 간 구조조정이 진전되고 있다. 세계적으로 강화되고 있는 환경규제로 미국·일본·EU에서는 연료전지차, 하이브리드카의 기술개발과 상용화에 역량을 집중하고 있다. 그리고 최근 자동차의 안전성과 편리성에 대한 소비자의 욕구증대로 IT기술이 접목된 고안전·지능형 자동차의 개발도 크게 진전을 보이고 있다.

세계자동차시장의 수요는 선진국의 자동차보급 포화상태로 개발도상국인 중국·인도 등 거대인구를 보유한 아시아 신흥국의 향후 수요성장에 크게 좌우될 것으로 보인다.

2) 국내 자동차산업 전망

국내 자동차산업은 1988년 최초로 100만대를 생산한 이후 고도성장을 지속해 왔다. 그러나 세계경제침체로 수출이 어려워지고, 한국 자동차업계의 해외투자 증가, 자동차 내수시장의 성숙단계 진입 등으로 과거와 같은 고도성장은 어려울 것으로 보인다. 자동차산업의 내수는 성숙단계에 접어들어 신규수요보다는 대체수요가 주류를 이룰 것으로 전망됨에 따라 과거와는 달리 완만한 성장세를 나타낼 것으로 보인다.

2. 산업 성장전략

1) SWOT분석

자동차산업의 강점으로는 양질의 숙련노동자, 부품·소재의 원가경쟁력을 바탕으로 한 가격경쟁력 우위, 선진국 수준의 생산 및 품질관리, IT 기술 등을 들 수 있으며, 약점으로는 내수침체 지속에 따른 불안한 생산기반, 완성차에 비해 상대적으로 취약한 자동차 부품산업, 상대적으로 취약한 차세대 자동차 기술 및 마케팅 능력, 협력보다 대립적인 노사문화 등이다.

한편 자동차산업의 기회요인으로는 국가간 FTA 확산에 따른 시장개방화 진전, 해외시장에서의 국산차 품질에 대한 급속한 인식개선, 향후 성장가능성이 큰 중국 등 아시아 시장과의 지리적 인접성, 글로벌 기업의 국내진출로 자동차부품의 글로벌 소싱 참여기회 확대 등이 있다. 그러나 글로벌 기업의 국내진출로 해외메이커의 단순조립 생산기지화 가능성, 해외투자 확대에 따른 자동차산업의 축소 가능성, 중국·인도·태국 등 개발도상국의 급성장 등은 자동차 산업의 위협요인으로 작용하고 있다.

2) 산업 성장전략

① 노동비용 절감 등을 통한 생산성 향상

한국 자동차산업은 경쟁사 대비 생산성이 낮다. 차량 1대당 생산 소요시간은 한국 자동차산업이 크라이슬러, 도요타, 혼다 등 경쟁사들에 비해 낮은 수준이다. 아울러 공정개선, 생산 및 노동유연성 확보를 통한 생산성 향상이 절실하다.

② **기업경쟁력과 고용안정을 동시에 이루는 노사관계 구축**

한국 자동차산업은 노조의 잦은 파업과 임금상승요구가 주요 비용상승의 요인이 되어온 만큼 노사화합이 절실하다. 외국의 노사관계 성공사례를 거울삼아 노사화합에 노력하여야 한다.

〈표20-1〉 국내외 노사관계 사례

업체	사례
도요타	• 판매수요 변화에 따라 노동자의 전환배치가 자유로워 인건비 및 재고비용관리가 용이 • 2005년 최고실적 기록시에도 노조가 자발적으로 기본급 동결과 성과급 축소를 제안 • 55년간 노사분규 사례가 없음
VW	• 2004년 노사협약에서 회사측은 6개 공장에 소속된 10여만명의 고용을 2011년까지 보장 • 노조는 2007년까지 임금동결과 근로시간 조정을 약속
현대	• 1987년 노조설립 이후 2008년까지 1994년을 제외하고는 매년 파업을 단행 • 2008년까지 파업일수는 총 361일에 달하여 108만대의 생산차질과 11조원의 매출손실 야기하였으나, 2009- 2011년 최근 3년간 무분규를 연출함.

③ **시장 확대 가능성이 높은 분야에 투자확대**

• **소형차에 대한 투자확대와 프리미엄 승용차 개발**

중대형 승용차 판매가 감소하고 소형승용차 및 프리미엄 승용차 판매증가 추세가 지속될 것으로 전망된다. 소형승용차와 프리미엄 승용차의 세계 판매비중은 2001년 51%, 11%에서 2007년 59%, 12%로 증가한 반면 중대형 승용차는 29% 감소하였다. 향후 소형차에 대한 투자를 지속적으로 확대하되 프리미엄 브랜드의 개발도 필요하다.

〈표20-2〉 세계 자동차시장의 등급별 변화 비중

단위: %

등급	1999	2001	2003	2005	2007
소형	51	51	52	55	59
중형+대형	38	38	37	34	29
프리미엄	10	11	12	12	12

자료: 한국자동차공업협회, http://www.kama.or.kr
J.D. Power & Associates, http://jdpowwer.com

• 신흥국가에 대한 적극적 시장공략 필요

한국 자동차산업은 외국경쟁업체들에 비해 선진국 지역의 판매비중이 낮아 신흥시장 공략에 유리하다. 향후 미국, 유럽 등의 판매부진이 심화되고 중국, 인도와 같은 신흥국 판매가 증가할 것으로 보여 신흥국 수요 확보를 위한 노력이 필요하다.

〈표20-3〉 각 업체의 지역별 판매비중(2008년 1- 8월 기준)

단위: %

업체		현대 기아차	GM	Ford	도요타	혼다
비중	유럽	22	27	34	16	10
	아메리카	28	59	57	41	68
	기타(아시아, 아프리카)	50	14	9	43	22

자료: Automotive World, http;//www.automotiveworld.com
현대기아차, http://www.hyundai-motor.com, http://www.kia.co.kr

④ 내수침체에 따른 국내생산 기반 불안요인 제거

최근 자동차산업은 국내경기침체와 소비심리 위축에 따른 내수부진에도 불구하고 수출증가세가 나타나고 있다. 그러나 내수기반이 뒷받침되지 않을 경우 국내 자동차산업의 생산기반은 다소 불안해질 우려가 있다. 자동차업계는 다양한 신차출시와 품질개선에 힘쓰며, 정부는 자동차 세제조정으로 내수회복에 힘써야 할 것이다.

⑤ **FTA확산에 대한 대응책 강구**

국가간 FTA화에 따른 시장개방화가 진전됨에 따라 우리나라도 통상정책을 강화하여야 하며, 글로벌 기업과의 전략적 제휴도 한층 강화할 필요가 있다.

⑥ **브랜드 가치 제고**

브랜드 이미지가 판매확대의 걸림돌이 되고 있다. 현재 국내 업계의 품질 및 기술력은 선진국 수준에 이르고 있으나, 브랜드 이미지가 판매확대의 걸림돌로 작용하고 있다. 현대자동차가 독자 개발한 타우 엔진은 '2009년 10대 최고엔진'으로 선정되었고, 현대차 제네시스의 경우 대형차 부문에서 아시아 최초로 '2009 북미 올해의 차'로 선정되었다. 최근 높아진 품질경쟁력을 바탕으로 적극적인 마케팅 전략과 딜러망 확충 및 A/S 품질향상을 통한 브랜드 이미지 개선이 필요하다.

⑦ **협력 부품업체와 상생발전 도모**

협력 부품업체에 대한 기술지도와 경영자문, R&D 공동투자가 필요하다. 자동차는 2만 여개의 부품으로 이루어지는 조립산업이므로 1, 2차 납품업체들의 역할이 매우 중요하다. 부품업체의 기술 및 경영개선은 결국 완성차업체의 품질경쟁력 향상으로 이어진다.

네트워크론 확대 및 우수 부품업체에 대한 연구개발비 지원이 필요하다. 네트워크론의 사례를 보면, 2008년 10월 현대기아차는 기업은행에 200억원을 무이자 예탁하였고 기업은행은 이 예탁금을 토대로 1천억원의 특별펀드를 조성하여 기술보증기금의 보증서를 발급받은 현대차 그룹 협력 중소기업을 대상으로 자금지원을 한 바 있다. 대부분의 중소협력업체는 자금난에 어려움을 겪고 있으므로, 중소업체의 자금난 해소를 위해 협력 중소기업을 대상으로 하는 네트워크론을 확대할 필요가 있다.

⑧ **미래형 자동차에 대한 R&D 투자 확대**

HEV, PHEV 및 EV 등 미래형 자동차의 주요 기술수준은 선진국 대비 60- 70% 수준에 불과하다. 세계 하이브리드카 시장은 2020년경에 이르면 전체 자동차 판매량의 31%를 차지할 것으로 보여(UN. 2008) 국내업계 진출이 시급한 실정이다. 21세기 자동차산업의 생존을 결정할 미래형 자동차의 조기개발과 상용화를 위하여 기업과 정부의 적극적인 투자가 있어야 할 것이다.

⑨ 중국의 급성장에 따른 대응책 마련과 글로벌 생산체제 구축

외적으로는 중국 자동차산업 급성장에 대비한 대비책을 강구하여야 할 것이며, 주요 선진업체들의 글로벌 생산과 조달이 증가함에 따라 우리나라도 해외생산기지 확대와 부품기업의 대형화·전문화를 통해 경쟁력을 제고 하여야 할 것이다.

_제2절 자동차부품산업

1. 산업전망

1) 세계 자동차부품산업 전망

세계 자동차부품산업은 완성차 생산량과 자동차 보유대수의 증가에 힘입어 꾸준한 성장세가 예상된다. 세계 주요 자동차 부품업체들은 완성차 업체의 부품단가 인하, 부품의 모듈화 및 전장화 요구 증가에 대응하여 대형화·전문화 및 전략적 제휴를 더욱 강화할 것으로 예상된다.

금후 자동차부품의 모듈화는 비용절감, 조립공정의 단순화, 전문화 등의 이점으로 더욱 진전될 것으로 보이며, 또한 전기 · 전자통신기술 발달과 하이브리드 카 등 미래형 자동차의 본격 출시를 앞두고 자동차 부품의 전장화가 빠르게 이루어질 것으로 전망된다. 한편 최근 자동차의 환경 및 안전문제에 대한 관심이 고조되면서 초저공해성 · 최고연비성을 위한 엔진과 신소재를 이용한 차량 경량화 및 충돌경고시스템 등의 첨단기술개발도 진전될 것으로 보인다.

2) 국내 자동차부품산업의 전망

자동차부품산업은 해외 부품사의 국내 진출 증가와 글로벌 소싱 확대에 따른 업계간 경쟁심화에도 불구하고 완성차업계의 생산량 증가 및 해외생산기지 확대에 따른 수출증가세에 힘입어 호조세를 보일 것으로 전망된다.

자동차부품업계는 최근 완성차업체의 해외진출증가에 따른 동반진출을 당분간 가속화 할 것으로 보이며, 자동차부품의 세계적 추세인 모듈화와 전장화 부문에 대한 기술개발과 하이브리드 카 등 미래형 자동차와 관련된 부품개발에 집중적 투자를 할 것으로 보인다. 또한 정부에서도 30개의 세계적인 국내 자동차부품전문기업을 육성할 계획으로 금융·세제지원, 자동차부품 공단조성, 핵심부품기술 개발지원 등을 추진하고 있다.

2. 산업성장전략

1) SWOT분석

자동차 부품산업의 강점으로는 선진국 대비 저렴한 인건비, 양질의 숙련노동자, 선진국과 대등한 생산기반 및 생산기술력, 세계적인 전자·정보 통신 기술력 등을 들 수 있다. 약점으로는 원천기술부족, 주요 핵심부품의 해외의존, 선진국 대비 낮은 연구개발비, 업체의 대형화·전문화 미흡 등이 있다.

한편 자동차부품산업의 기회요인으로는 해외시장에서 완성차의 품질 및 인식제고에 따른 수출시장 확대, 중국 등 성장잠재력이 큰 시장과의 지리적 근접, 글로벌 기업의 국내 투자증가로 국내 부품업계의 글로벌 소싱 참여기회 확대 등이 있다. 그러나 글로벌 기업의 국내진출 확대로 국내 부품업계의 단순조립생산기지화 가능성, 보쉬, 덴소 등 세계적 대형 부품업체의 시장지배력 강화, 중국의 급속한 경쟁력 향상은 자동차 부품산업의 위협요인으로 작용하고 있다.

2) 산업 성장전략

최근 한국의 완성차는 주요 선진 국가들로부터 품질 및 소비자 만족도에서 좋은 성적을 기록하고 있는 반면, 국산 자동차부품은 이에 못 미치는 것으로 나타났다. 따라서 완성차의 경쟁력 유지를 위해서 뿐만 아니라 자동차부품의 글로벌 소싱에 대응하기 위해 자동차부품의 품질향상과 기술개발이 무엇보다 중요하다. 이에 따라 자동차부품산업의 당면과제와 성장전략을 살펴보면 다음과 같다.

첫째, 해외지역 부품공급 네트워크을 확대하여야 한다. 자동차부품산업의 공급처는 과거에 비해 다양해졌으나, 국내 완성차업체에 대한 비중이 여전히 매우 높은 실정이다. 성숙단계의 일본·유럽 대형업체는 10개 이상의 거래처와 20개 이상의 해외법인을 보유하고 있지만, 국내업계는 대기업의 경우에는 거래처가 5개 안팎이며, 해외법인수도 현대 모비스와 한라공조가 각각 14개, 8개에 불과하다. 현지생산을 통한 해외판매경로 확보, 해외부품업체에 대한 OEM공급 등을 통한 매출처 다양화가 필요하다.

〈표20-4〉 일본과 유럽업체의 거래처 및 해외법인수

	업체	거래처수	해외법인수		업체	거래처수	해외법인수
일본	덴소	18	92	유럽	ROBERT BOSCH	33	38
	아이신 세이키	22	51		FAURECIA SA	24	35
	도요타 보쇼쿠	7	43		VALEO SA	20	58
	JTEKT	17	47		ZF AG	28	67
	야자키	17	59		AUTOLIV	45	48

자료: 산은경제연구소, 『국내 자동차부품산업의 성장과 경쟁구조의 변화』, 2009. 4.

둘째, R&D투자 및 핵심기술개발이 이루어져야 한다. 일본·유럽 등 성숙단계의 업체에 비해 국내업계는 핵심기술보유도와 R&D투자비율이 낮은 수준에 머물고 있다. 2007년 일본의 덴소, 아이신 세이키와 같은 선진기업은 매출액 대비 R&D 투자비율이 4%를 초과하였으나, 국내 선두기업인 현대모비스는 0.7%에 불과하다. 높은 수익성과 매출처 확대, 완성차업체와의 협상력 향상을 위해 핵심기술보유를 통한 경쟁력 향상이 필요하다. 자동차 부품산업이 가장 발달한 일본의 경우, '완성차 메이커=단순조립', '부품업체= 기술력 보유'의 등식이 과거부터 성립되어 있어 부품업체의 수익성이 완성차보다 높고 매출처 전환이 자유롭다. 최근 세계시장에서 두각을 나타내고 있는 중국업계의 추격을 제치고 일본·유럽 등 선진업계와의 경쟁에서 살아남기 위해서는 완성차업체와의 공동기술개발 등 상생협력 방안이 요구된다.

〈표20-5〉 업체별 R&D투자비율(2007)

단위:%

업체	세계매출순위	국명	R&D투자/매출액
덴소	1	일	7.7
아이신 세이키	3	일	4.3
VALEO SA	10	프	7.0
도요타 보쇼쿠	11	일	2.6
현대모비스	12	한	0.7
JTEKT	13	일	2.7
GKN PLC	18	영	2.1
도요타 고우세이	21	일	3.9
현대 오토넷	89	한	0.1

자료: 산은경제연구소, 『국내 자동차부품산업의 성장과 경쟁구조의 변화』, 2009. 4.

셋째, M&A 등을 통한 부품업체의 대형화가 필요하다. 최근 활발히 진행된 대형화·계열화에도 불구하고 여전히 국내업계의 규모는 성숙단계에 있는 선진국 업계에 비해 매우 열세이다. 국내업계의 평균매출규모는 미국업계의 15%, 일본업계의 16%, 프랑스업계의 50%에 불과하다. 특히 현대기아차의 계열사를 제외하면, 대형업체수가 매우 적은 실정이다. 해외시장개발, 완성차업체와의 협상력 향상, 원가절감, 적극적인 R&D투자를 위해서는 일정수준 이상의 규모확대가 필수적이다.

〈표20-6〉 자동차부품의 국가별 평균 매출 규모(2007)

단위: 10억 달러

국명	한국	미국	일본	프랑스
평균 매출규모	2.1	13.9	13.7	4.3

주: 매출액 상위 10개사 평균

자료: 산은경제연구소, 『국내 자동차부품산업의 성장과 경쟁구조의 변화』, 2009. 4.

넷째, 자동차부품업체들은 해외 선진 부품업체에 비해 취약한 설계기술, 공정기술 및 미래형 자동차 관련기술을 향상시키기 위해 완성차업체·연구소·대학 등과 연계를 통한 부품개발능력을 제고해야 할 것이다.

다섯째, 국가간 자유무역협정 확산에 따른 시장개방화가 진전됨에 따라 우리나라도 통상정책 강화와 해외 선진업체와의 전략적 제휴를 강화할 필요가 있다.

여섯째, 자동차 부품의 품질수준이 점차 평준화됨에 따라 비용절감을 통한 가격경쟁력 확보가 중요시되고 있다. 따라서 제품개발기간 단축, 개발 및 물류비용 절감, 디지털·e-business를 통한 거래비용 절감 등이 요구된다.

일곱째, 중국의 자동차산업이 세계 4위 생산국으로 급성장함에 따라 부품산업도 성장세를 이어가고 있다. 따라서 자동차 부품업체들은 중국 자동차부품업체와의 협력강화를 위한 전략적 제휴 뿐만 아니라 지속적인 첨단부품 개발능력 제고를 통한 기술력 우위도 지속적으로 유지해 나가야 한다.

_제3절 조선산업

1. 산업전망

1) 해양구조물 시장의 부상

해상에서 원유와 가스 시추작업을 수행할 수 있는 선박형태의 시추설비인 드릴쉽, FPSO(Floating Production, Storage and Off-loading, 부유식 원유생산·저장·하역설비) 등 해양구조물 분야가 세계 최고의 경쟁력을 보유한 국내 대형 조선사에게 새로운 시장으로 부상하고 있다. 드릴쉽은 2005년 2척, 2006년 9척, 2007년 14척, 2008년에는 19척을 수주하면서 수주량이 크게 증가하고 있다. 척당 선가가 4- 10억 달러에 달하는 드릴쉽은 고부가가치 선박이다. 현대중공업은 2007년부터 드릴쉽 시장에 진입하여 2척을 수주하였다.

부유식 생산설비 시장규모도 1998- 2008년 성장률이 158%에 달할 정도로 급속히 성장하고 있다. 특히 원유생산 · 저장 · 하역설비인 FPSO는 부유식 원유설비에 대한 수요 중 가장 높은 비중을 차지하고 있고 향후에도 수요가 계속 증가할 것으로 예상된다. 세계경기둔화로 상선시장이 다소 위축될 수 있는 상황에서 상선에 비해 고부가가치 분야인 해양구조물 시장은 상선의 호황을 이어갈 수 있는 국내 조선업계의 신성장 동력분야가 될 것이다.

2) 한국 주도의 경쟁구도 지속

세계 조선산업에서 차지하는 한 · 중 · 일 3국의 비중이 증대되고 있다. 2003년부터는 한국이 일본을 제치고 세계 1위로 나서면서 일본은 정체하고 있는 상태이며, 중국이 한국을 추격하는 양상을 보이고 있다. 향후에는 조선산업의 주도권이 한국과 중국과의 경쟁이 될 것으로 예상되며, 중국이 세계 1위를 목표로 하고 있는 2015년에도 종합경쟁력은 한국(101), 일본(100), 중국(94)순으로 한국이 우위를 지킬 수 있을 것으로 전망된다.

세부적으로 보면 가격요인은 저렴한 인건비 등으로 중국이 우수할 것으로 예상되나, 그 외에 품질, 성능, 납기수준, 선주의 신뢰도 등의 비가격요인과 인력기반, 생산성, 정보화 수준 등에서는 한국이 가장 우수한 경쟁력을 유지할 것으로 기대된다.

〈표20-7〉 한·일·중 조선산업의 경쟁력 비교

구 분		한국			일본	중국		
범주	세부사항	현재	2010	2015		현재	2010	2015
가격요인	재료비	100.2	100.1	100.0	100	106.4	102.4	101.1
	인건비	105.9	101.8	99.1	100	142.6	1,35.0	125.2
	기타경비	101.7	100.4	98.9	100	121.5	115.4	108.9
비가격 요인	품질	100.3	101.3	102.8	100	75.7	80.4	87.7
	성능	100.5	102.1	103.7	100	82.5	86.4	90.2
	납기준수	99.7	100.4	100.6	100	78.7	83.5	88.7
	Financing	94.1	96.6	99.1	100	78.1	82.2	84.9
	선주신뢰도	99.9	101.2	102.9	100	74.1	79.4	84.7
선박금융 조건	금리수준	94.9	96.1	97.2	100	84.7	87.8	91.4
	상한기간 정도	95.6	97.0	97.7	100	82.9	87.6	91.0
	자원비율 평가	93.4	94.0	94.7	100	81.8	85.0	89.6
인력기반	평균연령	106.8	105.1	105.6	100	116.4	113.5	111.3
	생산인력확보기반	106.1	105.7	106.0	100	94.9	96.8	100.9
	설계인력확보기반	109.8	111.3	111.7	100	78.8	84.5	92.1
생 산 성		94.5	96.9	101.4	100	68.8	73.5	81.0
정보화 수준		103.5	104.6	107.8	100	70.6	77.7	84.1
마케팅 능력		105.1	107.4	108.4	100	81.3	86.9	91.9
연관산업	해운	83.3	84.8	88.2	100	85.6	88.3	93.0
	조선기자재	95.5	97.8	101.4	100	73.9	78.4	86.0
종 합		99.5	100.2	101.4	100	88.4	90.8	93.9

자료: 산업연구원, 『조선산업의 환경변화와 한국의 경쟁력』, 2007. 7.

3) 국내 조선업체들의 차별성 확대

한·중 양강구도로 바뀐 수주경쟁에서 중국은 건조능력을 상당히 초과하는 무리한 수주로 납기지연이 증가하고 있다. 그리고 건조능력은 계획만큼 증가하지 못하고 있어 향후 납기지연현상이 지속될 것으로 예상된다. 선박발주가 감소하면 납기보장과 품질 면에서 더 신뢰할 수 있는 한국 조선사들의 입지가 유리해져 한국의 시장점유율은 더욱 증가할 것으로 예상된다. 중국이 양적으로 괄목할만한 성장을 보이고 있는 것은 사실이나, 질적인 면에서 한국과의 격차가 상당하여 중국이 목표로 정한 2015년까지 한국을 추월하지는 못할 것으로 전망된다.

조선업계는 대형업체의 경우 글로벌 경제위기 이전에 수주물량을 일정량 확보한 상태로 세계경기침체 여파 등에 따른 부정적 영향은 아직까지는 타 업종에 비해 적은 편이나, 중소조선사들은 수주물량 확보 곤란, 후판가격인상에 따른 수익성 저하의 해소여부와 중장기적으로 중국과의 수주선종 중복에 따른 가격경쟁력 확보 여부 등에 따라 경쟁력이 있는 일부 업체를 제외하고는 경영상 어려움에 직면하는 조선소들이 출현할 것으로 보여 대형과 중소형 조선소간의 양극화 현상이 지금보다 심각해 질 것으로 예상된다.

2. 산업 성장전략

1) SWOT분석

한국 조선산업은 우수한 설계, 생산, 관리기술을 바탕으로 한 다양한 선박건조 경험을 가지고 있으며, 철강, 엔진, 기자재 등 후방연관산업이 발달하였고, 선주로부터 높은 신뢰를 받고 있는 등 상선분야에서 세계 최고의 경쟁력을 보유하고 있다. 선박의 대형화·고급화와 더불어 상선에 비해 고부가가치인 드릴쉽, FPSO 등 해양구조물시장이 확대되고 있는 점은 향후 조선산업 발전에 중요한 기회요인이 될 전망이다.

이에 반해 조선산업은 주요 원자재인 후판의 국내공급 부족으로 경쟁국인 중국, 일본으로부터의 수입이 증가하고 있고 조선소 신증설에 따라 기능인력이 부족하며, 세계 1위의 조선국가로서 조선관련 국제활동 및 역할이 미약하다. 아울러 국내 조선산업은 중국을 비롯해 전 세계적으로 조선산업에 대한 대규모 투자가 이루어지고 있어 설비과잉이 우려되고 최근 구미지역에서 나타나고 있는 국제 금융위기, 재정위기 등으로 인한 세계경기침체 및 선박금융시장 위축으로 인한 선박수요 감소 등으로 인한 조선경기 하강 위험에 대비하여야 한다.

2) 산업성장전략

① 후판의 안정적 공급

최근 세계적인 철강재 수요급증으로 인한 후판 공급난에 대비하여 조선업계는 안정적인 후판 공급처를 확보할 필요가 있다. 이를 위해서 조선업계는 조선-철강업계 간 협력강화를 통해 철강업계와 후판 수급상황에 대한 정보공유 및 차세대 후판 공동개발을 추진하는 한편, 국내와 일본에 집중되어 있는 후판 공급처를 중국·남미·유럽 등의 지역으로 다변화하는 방향을 모색해야 한다.

② 무리한 공급능력축소 자제

세계 조선시장이 한·중·일 3강 체제임을 감안할 때, 한국 조선업계의 구조조정으로 인한 공급능력 감축으로 이어져 글로벌 경쟁력 약화를 초래할 가능성도 있다. 그러나 한국 조선산업의 무리한 공급능력 축소는 지양하여야 한다. 그 이유는 과거 조선산업에서 세계 1위를 유지하였던 일본이 개별기업의 경쟁력과는 무관하게 일괄적인 공급능력 감축을 단행한 결과 시장점유율이 크게 하락하고, 2003년 이후부터 시장주도권을 한국에 내주게 되는 계기가 되었던 점을 타산지석으로 삼아야 할 것이다.

대형 조선업체는 조선사업 위주에서 연관사업으로 확장하여 조선 전업도를 낮추고 고부가가치화할 수 있는 분야를 개척하고 있다. 현대중공업은 이미 조선사업의 비중을 50% 이하로 낮추어, 해양, 플랜트, 엔진, 중장비 및 중전기 5개 사업부문에서 50% 이상의 매출을 올리고 있는 한편 최근에는 태양광 및 풍력 등 신재생에너지사업으로 업무역역을 확장하고 있다. 한편 중소조선업체는 기업의 기술능력에 맞는 특정 선종에 집중하여 자생력을 확보하는 것이 절실한 과제이다.

③ 금융기관의 선제적 자금지원강화와 선박금융부문 육성

금융기관은 손실을 감수하더라도 한계기업을 조속히 정리하고 경쟁력이 있는 조선업체에 대해서는 적극적인 금융지원을 실시하여야 한다. 대형조선업체와 중소조선업체의 시장을 구분해서 접근할 필요가 있고 업황 호전시 중소형 선박시장의 경쟁력에서 경쟁국인 일본, 중국에 뒤지지 않도록 지원책을 강구하여야 한다. 아울러 조선기자재업체의 연쇄부실을 막기 위해 네트워크론 지원을 활성화할 필요가 있다.

중장기적으로 선진국에 비해 취약한 선박금융부문의 육성이 필요하다. 국내 대부분의 금융기관에서 선박금융을 취급하고 있으나, 국내 선사도 해외 금융기관을 이용하는 것이 현실이다. 선박 프로젝트 파이낸싱은 금융뿐 아니라 조선, 해운관련 전문지식이 요구되는 분야로 전문인력의 육성이 필요하다. 선박금융의 육성을 통해 선박시장의 수급조절이 이루어지면 반복되는 공급과잉현상 등 시장의 변동성을 상당 부분 완화시킬 수 있을 것으로 보인다.

④ 국내 해운·조선업의 상생 도모

국내 선사는 그간 국적을 불문하고 국내외 조선사에 발주하였다. 브라질, 러시아, 인도 및 중국 등 신흥공업국에서는 자국 상품과 자원을 수송하는 선박은 자국 조선소에 발주하는 '자국건조주의'가 대두되고 있다. 브라질은 2008년 말 국영석유회사 페트로브라스사 산하의 해운회사인 트랜스 패트로가 탱커 15척의 입찰을 국내 조선소로 제한하였고, 러시아는 세계 1위 원유, 천연가스 생산국으로 자원프로젝트에 사용되는 선박을 자국에서 건조한다는 입장이며, 인도는 조선소의 경쟁력 제고를 위해 선가의 30%를 보조하는 제도를 도입하였고, 아울러 자국 조선소에 발주하는 해운사에 세제혜택 등 인센티브 제공을 통해 자국건조를 장려하고 있다. 중국은 國輸國造(자국 화물수송은 자국 선박으로 한다)정책을 유지하고 있다. 1999년 1월 중국 선사의 중국 조선사 발주는 척수로 70%, 톤수로 40%에서 2009년 1월에는 90% 이상에 달하고 있다. 이 정책은 홍콩에도 동일하게 적용되는데, 과거에는 일본 조선소의 주요 고객이었던 홍콩선주들도 현재는 70% 이상의 선박을 중국조선소에서 발주하고 있다.

⑤ **전문 연구·기능 인력수급의 안정화**

조선산업의 기술경쟁력 강화 및 생산성 제고를 위해서 조선 전문 연구인력을 적극적으로 육성할 필요가 있다. 조선 전문 연구인력은 우수 고교생과 조선전공 대학생을 대상으로 한 적극적인 홍보, 장학기금 조성 및 산·학 교류채널 구축 등을 통해 육성할 수 있다. 한편 조선 기능인력의 고령화 문제를 해결하기 위해서는 사내 직업훈련원 등을 통한 젊은 기능인력양성을 확대 강화해 나가야 한다.

국내 조선소의 고용인력은 1980년대 말 이후 지속적으로 증가하고 있다. 세계 조선경기 회복 및 활황으로 고용인력규모가 확대되어 한국조선협회 9개 회원사 기준으로 1998년 4만 9천명에서 2007년 6월 12만 2천명 수준으로 증가하였고, 최근 중소형 조선소 신증설 등으로 인해 고용인력 규모와 인력수요도 증가하였다. 신조물량 증거로 인한 기능인력규모의 증가세가 뚜렷하고 기능인력은 직영보다 협력사 중심으로 증가하고 있다. 1990년과 2006년을 비교해보면, 현대중공업은 24,273명에서 39,422명으로 62.4% 증가하였고, 그리고 미포조선은 2,668명에서 8,227명으로 208.3% 증가하였다.

한국조선협회의 국내 인력수급추정에 의하면 2009년까지 연간 1만명 이상의 신규 기능인력이 필요하지만, 국내 공급은 8천명 수준으로 연간 2천명 정도의 기능인력 부족이 예상된다. 국내 조선인력의 수급안정화를 위해 여성, 외국인 및 노령화 인력의 활용방안을 모색하고 중소기업 직업훈련 컨소시엄, 산학협력 확산사업 등 정부 인력양성사업의 활용을 확대하며, 조선협회나 조선산업 인적자원 개발협의체 등과 연계한 인력양성 프로그램의 활용도 고려해 볼 수 있을 것이다.

⑥ **핵심기술 및 신개념 선박개발을 통한 고부가가치화**

우리나라는 세계 10대 조선소 중 1위에서 6위가 우리나라 업체일 만큼 세계적으로 경쟁력을 인정받고 있다. 그러나 기자재의 상당수가 유럽과 일본에 의존하고 있고, 이들 국가에 대한 로열티 비용이 상당하며, 선박건조비용에서 차지하는 비중도 큰 편이다. 국내 조선업계는 후발 조선국과의 차별화 및 부가가치 창출을 위해 LNG선, 초대형 컨테이너선, 크루즈선, 해양구조물 등 고부가가치선의 핵심기술의 국산화와 기술력 제고를 지속적으로 추진하고 에너지 수요구조 변화에 따른 신개념 선박의 원천기술 선점을 위한 연구개발도 지속하여야 할 것이다.

〈표20-8〉 신개념 선박 개발 추진과제

신개념선박	추진과제	예상출현시기
• Gas Hydrate운반선	• 선박 및 수송용기 핵심기술개발	2012- 15
• 청정선(Clean Ship)	• 배출물 저감기술, 신개념 성능향상	2010- 12
• 소형 무인선	• 무인 자동조정/자세제어	2010
• 삼동형 크루즈선	• 선형기술 및 인테리어 기술	2010

자료: 산업자원부, 『2015 산업발전 비전과 전략』, 2006.

⑦ **IT산업과의 융합**

조선산업과 IT산업의 융합은 세계적인 추세이다. 세계적인 추세에 대응하기 위하여 정부는 IT산업과의 융합에 대해서 지식경제부 등의 관련 부서를 중심으로 많은 관심을 보이고 있다. 2008년 3월 지식경제부의 업무보고에서 정부는 산업·IT·에너지 등 산업분야 R&D에 2008년 4조1천억원의 예산을 배정하고, 그 중 IT융합분야에 2012년까지 총 1조원을 투자할 계획이다. IT융합기술은 주력산업에 IT기술 접목과 고부가가치화 실현을 목표로 자동차, 조선 등 5대 주력산업을 중심으로 이동통신, 임베디드 S/W 등 IT기술 융합을 위해 분야별 중장기 목표를 확립한 상태이다. 5대 주력산업에 있어 조선산업과 관련한 중점연구는 선박용 유무선 융합통신, e-네비게이션 항해시스템 등 지능형 선박개발이다.

지금까지 국내 조선산업이 세계 1위를 유지할 수 있었던 것은 풍부한 수주 및 건조경험, 설계기술 및 생산인력의 숙련도 제고를 위해 부단한 기술개발 및 지원이 있어 가능하였다. 미래 우리의 조선산업은 대형화, 고속화 및 첨단화라는 추세와 인건비의 경쟁력을 앞세우는 중국의 추격에 맞서야 하는 상황이다. 조선산업의 경쟁력을 유지하기 위해서는 경쟁우위의 기술을 더욱 발전시키는 한편, 미흡한 부분의 경쟁력을 제고시키는 전략이 필요하다. 조선산업이 전통적인 굴뚝산업이라는 인식에서 탈피하고 고부가가치를 창출하기 위해서는 IT산업과의 융합이 절대적으로 필요한 분야로 인식하고 이 분야에 대해 중점적으로 연구개발을 추진하여야 할 것이다.

⑧ **글로벌 리더로서의 국제적 위상 제고와 역할 강화**

우리나라는 수주, 건조, 수주잔량 등 물량적 기준에서 2003년 이후 세계 1위를 차지하고 있지만, 조선해양의 리더로서 국제적 역할 측면에서는 부족한 실정이다. IMO(International Maritime Organization, 국제해사기구) 이사국인 한국의 연도별 의제문서 제출건수는 영국, 미국, 일본 등 다른 이사국에 비해 상당히 적어 조선산업 1위 국가로서 주도적인 역할을 하지 못하고 있는 것으로 판단된다.

조선산업은 세계가 단일 시장이므로 IMO, ISO(International Standardization Organization, 국제표준화 기구), IACS(International Association of Classification Societies, 국제선급협회연합) 등 다양한 국제기구에서 한국의 위상을 높이고 조선산업과 관련된 국제규범 제정시 적극 참여를 통해 규범 제정단계부터 국내 조선업계의 의견을 반영하여 소극적인 규범 준수자의 입장에서 탈피한 적극적인 Rule-Maker로서 활동을 강화해야 한다.

한·중·일 3국간 협력강화에도 한국은 선도적으로 노력해야 한다. 한·중·일 3국은 상호 경쟁관계에 있기는 하지만, 상호 협력함으로써 공동이익의 도모는 물론, 세계 조선시장의 발전에도 기여할 수 있을 것이다. 한·중·일의 협력방안의 일환으로 3국간 공동협의기구 설치를 고려할 수 있을 것이다. 공동협의기구 설치에서 통상문제에 대처, 공조체제 구축 등 세계조선시장의 다양한 이슈들이 논의될 수 있을 것이다. 특히 중국은 향후 한국과 조선시장의 주도권을 두고 경쟁할 것으로 예상되지만, 국내 조선사를 포함하여 국내기업이 가장 많이 진출하는 국가이다.

따라서 한국경제의 중국의존도를 감안할 때 지금은 한·중 양국간의 협력이 강화되어야 할 시기라고 생각한다. 한·중 양국은 협력을 통해 각국이 주력선종의 선박건조에 집중하면서 산업내 교역을 활성화 시킬 수 있을 것이다. 중국의 조선산업을 관할하고 있는 정부기구인 국방과학기술공업위원회와의 교류를 통해 한국은 대중투자에서 경영권 확보, 중국 및 홍콩의 선박발주 유도 등을 도모할 수 있고, 중국은 다양한 범용 조선기자재의 한국수출, 엔진 수급의 안정화 등을 모색할 수 있을 것이다.

제4절 석유화학산업

1. 산업전망

1) 제품의 고부가가치화

글로벌 경기침체 및 장기화로 세계 석유화학업계의 산업재편이 가속화될 것으로 보인다. 유럽·미국계 기업들은 범용성 석유화학 제품의 비중을 줄이고 고부가가치 제품 시장을 확대하고 있다. 한국도 범용 석유화학제품의 경쟁심화에 따른 수익성 악화로 인하여 고부가가치 제품개발의 필요성이 높아지고 있다. 반면 중국·중동계 기업들은 규모의 경제를 실현하여 범용 석유화학시장의 점유율을 점차 늘여가고 있는 추세이다.

2) 친환경소재산업 성장

지구 온난화, 토양오염, 이산화탄소 배출 문제 등 환경문제에 대처하기 위해 친환경산업에 대한 관심이 높아지고 있는 상황하에서 유가상승에 따른 대체에너지에 대한 수요와 EU의 신화학물질 관리제도인 REACH, EU의 6대 유해물질 사용제한제도인 RoHS 등 각국의 환경규제에 대한 대책마련이 시급한 상황이며, 한국정부도 '저탄소 녹생성장'을 향후 국가비전으로 선포하였으므로 2030년까지 재생에너지 비율을 11%로 높이고 관련산업도 육성할 방침이다.

3) IT 부품·소재산업

국내 IT산업의 성장과 함께 시장규모가 확대되었고, 범용석유화학제품 대비 높은 수익을 얻을 수 있어 신성장동력으로 관심이 높아지고 있다.

2. 산업 성장전략

1) SWOT 분석

석유화학산업이 지니고 있는 강점은 우선 세계적인 공급능력을 확보하고 있다는 점이다. 주요 경쟁지역인 아시아시장에서 자국시장 중심인 중국을 제외한다면 일본에 이어 최대 공급능력을 보유하고 있다. 또한 세계 최대 수요시장인 중국에 대한 지리적 인접성을 바탕으로 초기시장을 선점하였고 수송비용측면에서도 동남아시아나 중동국가에 비해 유리한 상황이다. 내수시장에서도 공급자 위주의 시장형성으로 제품가격의 결정권을 석유화학기업이 가지고 있어 시장환경변화에 대해 탄력적인 가격운용이 가능하다.

그러나 원료를 전량 수입에 의존하고 있을뿐 아니라 수출부문에 있어서도 중국시장에 지나치게 의존함으로써 유가와 중국시장 변동에 취약한 산업구조를 지니고 있다. 또한 복합화·유기신소재 기술의 열위로 인해 고부가가치·정밀화학제품의 개발에 한계가 있어 향후 신성장기회의 선점이 어려운 것이 석유화학산업의 단점이다.

석유화학산업의 기회요인으로는 중국 석유화학시장의 수요가 2010년까지 확대될 것으로 예상되어 여전히 수출증대의 가능성이 존재하고 바이오산업, 나노산업 등 신성장산업의 발전으로 새로운 시장 창출이 예상된다는 점이다. 그러나 중동 국가의 설비증설이 부분적으로 완료되어 중동의 석유화학제품이 중국시장에 유입되어 우리나라 제품과 경쟁이 예상되고, 반덤핑규제 및 환경규제의 지속적인 강화로 국내 석유화학제품의 수출여건이 악화될 것으로 전망되는 것은 석유화학산업에 대한 위협요인으로 평가된다.

2) 성장전략

① 무역규제에 대한 대응

석유화학산업이 단기적으로 해결해야 할 시급한 과제는 한국 석유제품에 가해지고 있는 무역규제에 대한 적절한 대응방안 마련이다. 2004년 말을 기준으로 한국 수출품에 대한 무역규제 138건 중 석유화학제품에 대한 규제가 49건을 차지할 정도로 한국 석유화학제품에 대한 수입국의 견제는 점점 심해지고 있는 추세이다. 일반적으로 수입국이 수출국에 부과할 수 있는 무역규제의 종류로는 반덤핑관세부과, 세이프 가드(safe guard) 발효, 보조금에 대한 상계관세 부과 등으로 구분할 수 있는데, 국내 석유화학제품에 대한 각국의 무역규제는 모두 반덤핑관세의 부과에 집중되고 있다.

따라서 이러한 무역규제에 적절히 대응하기 위해서는 다음과 같은 대책이 필요하다. 우선 사전 모니터링의 강화가 필요하다. 반덤핑관세의 부과는 수입국의 이해당사자가 수입품에 대한 반덤핑관세의 부과를 요청하는 제소장의 접수부터 그 절차가 시작된다. 그러므로 제소 움직임에 대한 사전 모니터링의 강화를 통해 수입국 업체의 제소 움직임이 나타날 경우 신속한 수출물량의 조절 및 가격조정을 통해 향후 본격적인 조사에서 국내 업체에 유리한 상황을 조성하는 것이 필요하다. 또한 수출지역 다변화를 통해 반덤핑규제에 대한 피해를 최소화할 필요도 있다. 현재 대부분의 반덤핑제소가 중국 및 인도에 의해 이루어지고 있고, 특히 중국의 경우는 한국의 최대수출시장이므로 중국으로부터 부과되는 반덤핑규제는 해당 품목의 수출에 큰 영향을 주고 있다. 따라서 중국에 대한 지나친 수출의존도를 점진적으로 줄여나가면서 수출시장을 다변화하는 것이 무역규제의 피해를 줄이는 한 방법이다.

② 중국시장 수요둔화에 대한 대응

2007년 이후 원가경쟁력이 탁월한 중동국가들의 석유화학제품이 중국시장에 유입되고, 2010년 이후 중국석유화학시장의 위축이 가시화될 경우 한국 석유화학산업의 수급기반은 크게 약화될 가능성이 높다. 따라서 중장기적인 산업발전을 도모하기 위해 산업경쟁력의 향상이 필수적이며, 다음과 같은 대응방안이 필요할 것으로 보인다.

중국 석유화학시장의 둔화에 대비하여 수출시장의 다변화를 모색하고 고부가가치제품 중심의 포트폴리오 전략을 강화해야 한다. 수출시장의 다변화는 단기적으로도 필요한 요소이지만, 이를 달성하는 데는 비교적 장기간에 걸친 노력이 필요할 것이다. 또한 범용제품에 대한 수요가 전 세계적으로 둔화되더라도 고부가가치제품에 대한 수요는 새로운 시장창출이 가능할 것이다.

③ 규모의 경제 실현

석유화학산업의 자율적 구조조정을 통해 선진 석유화학업체로의 도약에 필요한 대형 석유화학기업의 출현이 요망된다. 아시아 지역에서 세계적인 석유화학업체로의 도약을 위해서는 현재의 단위 기업당 생산능력으로는 한계가 있을 뿐 아니라, 새로운 고부가가치제품 생산을 위주로 하는 speciality 분야로의 진출을 위해서도 규모의 경제를 실현할 수 있는 대형 업체의 출현이 필수적이다.

④ 신기술기반의 산업 고도화

현재 한국 석유화학산업에서 가장 취약한 부분으로 평가되고 있는 핵심 원천기술 개발과 이를 위한 연구개발투자의 강화는 미래 성장엔진인 바이오, 나노, 정밀화학 분야로의 발전기반 구축을 위해 선행되어야 할 가장 필수적인 요구조건일 것이다.

⑤ **사업의 다각화**

신성장동력사업으로 신재생에너지, 농화학, 환경산업 등 기존 석유화학분야와 관련된 사업다각화를 추진하여야 한다. 그러나 사업다각화가 자칫 구조조정을 지연시키는 요인으로 작용해서는 안되며, 구조조정, 생산설비의 해외이전 등도 병행 추진할 필요가 있다. 사업다각화와 함께 수익성이 악화되는 범용성 제품의 선제적 구조조정이 필요하다. 특히 수익성이 악화되고 있는 PS(폴리스틸렌), TPA(테레프탈산) 사업에 대한 구조조정이 요구된다.

⑥ M&A 추진

PS는 환경호르몬에 대한 이슈로 사용량이 크게 감소하고 있고, TPA는 2007년 이미 설비규모가 큰 업체들은 50- 150억원 적자, 대형업체들은 200- 300억원 적자를 기록 중이며, 중국의 반덤핑 조사결과에 따라 수출도 더욱 부진을 보일 가능성이 높다. 따라서 동일 그룹 내 석유화학계열사간 합병을 통해 규모의 경제 및 재무적 안정성을 제고한 후 타기업간 M&A를 진행하는 것이 현실적인 방안으로 보인다.

제5절 비철금속산업

1. 산업전망

1) 산업용 소재 및 생활용품으로서의 용도 확대

산업기술이 발달함에 따라 산업용 소재의 수요는 날이 갈수록 정밀화·고기능화하고 있어 산업용소재로서 비철금속의 중요도는 높아지고 있으며, 소득수준의 향상으로 레저활동이 증가하면서 각종 음식료품의 포장용 소재 등 생활용품으로서의 용도도 확대될 전망이다.

이러한 수요확대에도 불구하고 울산의 비철금속산업은 에너지 비용의 과다와 대규모 설비비용, 원료의 부존조건이 빈약한데 따른 채산성 약화 등으로 생산이 활발하게 이루어지지 못하고 있는 실정이다.

이와 함께 환경규제의 강화와 소재간의 경쟁심화는 울산의 비철금속산업의 발전에 장애요인이다. 울산이 국내 최대의 제조업 집적지이기 때문에 지역의 비철금속산업의 중요성에 대한 인식부족과 공해산업이라는 뿌리 깊은 인식 등도 발전의 장애요인이다.

2) 신흥공업국들의 투자 및 수요 증가

자원보유국의 독과점력 강화 및 제련산업에 대한 투자는 원료공급에 대한 위협요인으로 작용할 전망이다. 제련산업은 공해유발산업인 동시에 하이테크산업은 아니므로 일본, 미국 등 선진국은 경쟁력을 상실하고 있으나, 중국의 투자는 확대될 전망이므로 이에 대해 우리는 경계할 필요가 있다.

세계시장의 수급상황이 거의 균형상태에 있어 약간의 수급상황 변화에도 가격변동 폭이 크다. 비철금속 수요는 공업화 수준과 비례하여 증가하므로 중국, 인도 등의 급속한 산업화에 따라 아연, 구리, 납 등 비철금속에 대한 세계수요는 장기적으로 증가할 것으로 전망된다.

3) 신소재산업으로 육성

기초소재산업의 정체와 신소재산업의 확대, 구조재료(자동차, 항공기, 발전기, 건축물)에서 기능재료(컴퓨터, 정보통신기기, 의료기기 등)로의 소재시장의 변화, 또한 환경친화적 소재기술에 대한 수요증가와 주력산업의 기술경쟁력 강화를 위해 신소재산업 육성이 필수적이다.

2. 산업성장전략

1) SWOT분석

① 강점

울산의 비철금속산업은 국제경쟁력이 가능한 시설규모 및 우수한 기술력을 보유하고 있다. 고려아연의 생산규모 및 기술력은 세계 정상급으로 세계 유일의 아연·연 동시 생산기술을 보유하고 있으며, 습식제련, Nano-power, 반도체 인쥼 등 고부가가치 제품생산기술을 개발중이다.

LG-Nikko의 경우 생산규모는 세계 2- 3위 수준이며, 생산효율성은 일본의 90% 정도이나, 추진하고 있는 생산성 제고 프로젝트가 성공적으로 수행되면 일본도 추월할 것으로 예상된다. 신동생산 및 가공업체인 풍산금속의 경우도 세계 3위의 신동생산능력을 보유하고 있으며, 각종 신동제품 및 고부가가치인 소전생산 등에서 세계 정상급의 기술력을 보유하고 있다.

그리고 울산미포 국가공단과 온산국가공단, 일반산업단지, 농공단지 등 많은 관련 산업이 인접하고 있어 산업 클러스터 형성에 매우 유리하다.

② **약점**

비철금속산업은 원료를 전적으로 수입에 의존하고 있기 때문에 안정적 원료공급선 확보의 어려움이 있고, 가격수용자로서 국제가격 결정능력이 전무하다. 비철금속의 경우 국제거래가격이 런던시장에서 결정된다. 그리고 공장증설을 위한 부지 확보의 어려움이 있고, 같은 공단내에 속해 있지만, 석유화학업계보다 임금수준이 열위에 있어 노조의 임금인상 요구시 노동비용의 증가 및 노사분규의 가능성이 상존하고 있다. 또한 산학협력을 비롯한 각종 지원체제가 미흡하다.

③ **기회요인**

비철금속제품에 대한 수요가 큰 중국, 인도 등 신흥시장의 확대로 인한 비철금속 신소재산업의 발전 가능성이 풍부하다.

④ **위협요인**

자원보유국의 독과점력 강화 및 제련사업에 대한 투자확대와 중국의 투자확대와 정부지원강화, 그리고 비철금속산업이 공해산업 및 사양산업이라는 인식 때문에 국가적 전략산업임에도 불구하고 지역전략산업에서 제외되고 있으며, 생산비 및 가격변동이 심하다.

2) 성장전략

① **안정적 원료기반 구축**

국내 비철금속산업의 확장을 저해하는 가장 큰 요소인 원료의 확보는 국내 여건상 해외부존자원을 효과적으로 이용할 수밖에 없는 실정이다. 해외 탐광활동이나 비철금속 해외 광물자원개발에 대한 관심을 증대시켜야 하며, 필요한 경우에는 자원보유국이나 외국기업과 컨소시움을 구성하여 해외광산물을 개발하는 방안을 적극 모색하여야 한다.

② **환경문제에 대한 대응강화**

비철금속산업은 원료로부터 필요한 금속을 분리하는 과정에서 광석과 용매에 함유된 유해물질이 배출될 우려가 있고, 연료의 가열과정에서도 공해유발요인이 상존하는 등 환경오염의 가능성이 큰 업종이다. 특히 국제적으로도 환경규제가 강화되고 있는 가운데 환경친화적인 생산체제 구축 없이는 비철금속산업의 앞날이 매우 불투명해질 전망이므로 환경친화력의 제고를 위해 원료조달과 생산, 유통, 판매 및 폐기에 이르는 각 단계에서 환경오염의 요인을 총체적으로 파악하고 오염물질의 배출을 억제하며 정화기술을 향상시킴과 동시에 폐기물의 재활용방안을 적극적으로 강구해야 한다.

③ 지속적인 기술개발추진

울산의 비철금속산업은 생산설비 면에서 최신수준을 갖추고 있지만, 자체적인 기술개발능력의 향상과 제품기술을 축적하기 위해서는 아직도 해결해야 할 과제가 많다. 생산요소비용과 원료수입의 부담을 극복하는 방안으로 기술축적을 통한 경쟁력 향상이 필수적 요건이므로 기술개발을 지속적으로 추진해야 한다.

특히 고기능성(고강도, 고내식, 내마모) 비철금속의 육성, 원천기술·설계기술·핵심기술의 확보 및 소재의 국산화, IT, BT, ET, NT 등을 뒷받침할 비철신소재산업 육성 및 기술개발, 소량·다품종 기술집약적 핵심소재기술 개발 등에 주력하여야 한다.

④ 국제협력 강화

원료를 해외에서 조달해야 하는 울산의 비철금속업체는 국제적인 호혜적 협력관계를 구축해 나가야 하며, 이는 원료의 안정적 확보 차원에서 매우 중요한 과제이다. 또한 고급기술을 보유한 선진금속업체와 협의 장을 마련하고 국제적인 환경규제 관련회의에도 적극 참여하여 비철금속산업에 영향을 줄 수 있는 규제내용을 검토하고 거기에 적절히 대응해 나가야 한다.

제 21 장

주력산업의 성장을 위한 여건조성

_제1절 울산국가공단의 확장

울산은 전체 면적 중 705km²(66.7%)가 각종 규제에 묶여 토지활용도가 낮은 반면 (GB 273km², 상수원 및 공원 385km², 농업진흥지역 47km²) 자동차·조선해양산업의 확장, 첨단산업유치에 추가로 필요한 산업용지가 절대적으로 부족하다. 울산은 그린벨트, 농업진흥지역, 상수도보호구역을 활용하지 않으면 공장용지를 개발할 수 없다. 울산시는 시 전체의 71.5%의 면적을 차지하는 울주군과 통합한 후 1997년 7월 광역시로 승격되었지만, 울주군의 대부분은 산업용지로서는 가용불능토지이다. 부산, 대구, 인천도 인접 군과 통합했지만, 가용불능토지가 50%를 초과하지 않는 다는 점을 감안한다면 울산은 개발가능토지가 매우 적다.

울산지역 기업들의 규모 확장 또는 재입지 추진시 직면하고 있는 가장 큰 애로 요인은 높은 용지가격과 부지확보 문제이다. 울산지역의 극심한 공장부지난으로 인해 지역기업의 역외유출은 물론 해외이전 등 기업의 탈 울산화가 빈번하게 발생하여 지역경제의 위축이 우려되고 있다.

울산지역 산업단지는 2개의 국가산업단지와 4개의 농공단지로 구성되어 있다. 2개의 국가산업단지의 전체 면적은 6,533만m²로 전국 국가산업단지(37곳, 9억 6,000

만m²)의 0.7%에 불과하다. 그러나 두 산업단지의 생산액은 2009년 12월말 기준으로 166조원으로 이는 전국 국가산업단지 생산액(1,113조원)의 14.9%이며, 수출액은 608억 달러로 전국(3,653억 달러)의 16.6%에 달한다. 울산지역은 생산액과 수출액에 비해 국가산업단지의 면적이 매우 협소하여 산업용지 확보가 매우 시급한 실정이다.

〈표21-1〉 전국 국가산업단지에 점유하는 울산 국가산업단지 비중(2009)

면적(만m²)		생산액(조원)		수출액(억 달러)	
울산	전국	울산	전국	울산	전국
6,533 (0.7)	9억 6000 (100.0)	166 (14.9)	1,113 (100.0)	608 (16.6)	3,653 (100.0)

자료: 울산상공회의소, 『2010 울산경제현황』, 2010.

울산시에 따르면, 2011년까지 136개 업체에서 1,000만m²의 공장용지를 요청하고 있으며, 향후 10년 이내에 1,700만m²의 산업용지 추가수요가 예상된다. 보존가치가 낮은 지역을 산업용지로 개발하여 투자활성화를 통한 고성장 달성 및 토지의 효율적 이용을 추구할 필요가 있다. 이를 위해서는 광역도시계획수립 지침을 변경하여 개발제한구역 중 환경평가등급 3- 5급지가 80% 이상인 지역을 해제하여 부족한 산업용지를 확충할 필요가 있다.

개발제한구역 해제시 공영개발로 인한 일부 주민들의 반발이 예상되고, 또 부분해제시 개발제한 구역 내 주민(토지소유자)의 형평성 논란이 예상되지만, 울산시가 산업단지 조성의 당위성 및 중요성에 대한 충분한 설명으로 설득시켜야 할 것이다. 차제에 개발제한구역해제 권한을 시·도에 위임하는 방안을 강구함이 바람직하다.

_제2절 생산자서비스업의 육성

1. 생산자서비스업의 정의, 분류 및 전망

서비스는 그 기능에 따라 크게 생산자 서비스와 소비자 서비스로 대별되는데, 소비자서비스는 최종수요를 충족시키는 기능과 관련된 반면에 생산자서비스는 다른 기업의 중간수요를 지원함으로써 생산물의 부가가치를 향상시키는 활동과 관련이 있다.

기능적 분류에 따라 생산자 서비스는 크게 비즈니스서비스, 유통서비스, 네트워크 서비스, 금융 및 보험 등을 포함하는 것으로 정의할 수 있다. 따라서 한국표준산업 분류상 생산자서비스는 비즈니스 서비스의 경우 사업서비스업(M), 유통서비스의 경우 도매 및 상품중개업(G51)의 일부분, 네트워크서비스의 경우 에너지·상하수도(R), 통신(J) 및 수송(H60- 62), 부동산 및 금융·보험업(K) 등으로 분류한다.

〈표21-2〉 표준산업 분류상 생산자서비스업의 세부업종

구분	세부업종
비즈니스서비스	정보처리 및 기타 컴퓨터운영 관련업
	연구 및 개발업
	전문과학 및 기술서비스업
	사업지원서비스업
유통서비스	도매 및 상품 중개업
네트워크서비스	통신
	화물운수 및 보관
	에너지/상하수도
부동산·금융·보험	부동산
	기계장비 임대
	금융
	보험 및 연금
	금융 및 보험관련 서비스

자료: 통계청, 『한국표준산업분류』, 2000.

기업들은 과거 내부적으로 수행하던 다양한 기능들, 가령, 연구개발, 디자인, 마케팅·광고, 고객관리, 시설관리, 인적자원개발, 물류, 컨설팅 등을 외부 전문가나 전문업체들을 통해 처리하는 것이 일반적인 추세로 자리잡아 가고 있으며, 이에 따라 생산자서비스업의 성장이 급속하게 이루어지고 있다. 생산자서비스업은 기업경영 전반에 걸쳐 전문적인 서비스를 제공함으로써 제조업의 효율성을 개선하고 경쟁력을 강화한다. 생산자서비스업은 경제사회의 글로벌화, 도시화, 정보화, 하이테크화 등으로 그 중요성은 향후에도 더욱 증가할 것으로 예상된다.

2. GRDP를 기준으로 한 울산의 사업서비스업 비중

GRDP(지역내총생산)을 기준으로 전체산업에서 사업서비스업의 비중을 보면, 전국 7대 도시 중 울산지역의 사업서비스업의 비중은 1.85%로 가장 낮다. GRDP에서 차지하는 사업서비스업의 비중은 서울, 대전, 부산, 대구, 광주, 인천, 울산의 순으

로 나타났다. 울산의 경우 GRDP는 전국 7대 도시 중 3위인 점을 감안한다면, 사업서비스업이 매우 부진하다.

〈표21-3〉 각 지역의 GRDP에 차지하는 사업서비스업의 비중 추이

단위: 십억원, %

	울산	서울	부산	대구	인천	광주	대전	전국
사업서비스업 매출액 (A)	975.5	49,040.7	3,544.4	1,923.0	1,822.3	1,131.0	3,978.0	81,851.7
GRDP(B)	52,744	245,582	56,384	33,380	48,027	22,458	23,652	1,031,457
A/B	1.85	20.0	6.29	5.76	3.79	5.04	16.8	7.94

자료: 통계청 KOSIS

울산상공회의소, 『2010 울산경제현황』, 2010.

3. 울산지역 사업서비스업의 실태, 문제점 및 대책

1) 실태

사업서비스업의 전국 대비 종사자수 비중에서 전국 7대 도시 중 울산은 사업시설 유지관리 및 고용서비스업 3위, 인문 및 사회과학 연구 개발업 4위, 과학 및 기술서비스업 5위, 컴퓨터 시스템 설계 및 자문업 6위를 제외하고는 나머지 업종은 7대 도시 중 최하위이다.

〈표21-4〉 전국 7대 도시의 사업서비스업의 전국 대비 종사자수 비중

단위: %

구분	울산	서울	부산	대구	인천	광주	대전	전국
컴퓨터시스템 설계 및 자문업	0.26	69.60	0.31	0.46	6.13	0.24	0.36	100.00
소프트웨어 자문, 개발 및 공급업	0.27	79.78	2.95	2.77	0.64	0.90	2.09	100.00
자료처리 및 컴퓨터시설관리업	0.14	63.85	2.73	3.91	0.36	1.34	1.49	100.00
데이터베이스 및 온라인 정보제공업	0.00	78.24	1.39	1.82	0.48	0.67	1.04	100.00
기타 컴퓨터운영관련업	0.00	47.07	5.12	4.06	0.00	10.98	7.80	100.00
자연과학연구개발업	0.36	21.31	1.82	1.37	2.78	0.82	21.81	100.00
인문 및 사회과학연구개발업	2.55	55.36	3.00	1.40	1.31	1.74	2.96	100.00
법무 및 회계관련 서비스업	1.51	48.09	7.10	4.83	3.76	2.58	2.35	100.00

시장조사 및 경영상담업	0.41	77.04	4.19	2.37	1.61	1.59	1.43	100.00
건축기술 및 엔지니어링서비스업	1.62	50.41	6.24	3.08	1.75	2.54	2.01	100.00
과학 및 기술서비스업	2.86	25.47	6.65	3.02	5.58	2.29	2.52	100.00
광고업	0.68	73.64	5.00	4.00	1.23	1.97	1.49	100.00
전문디자인업	0.99	73.14	5.14	3.79	0.81	2.55	1.24	100.00
기타전문과학 및 기술서비스업	1.56	35.04	6.43	4.83	4.73	2.92	3.09	100.00
사업시설유지관리 및 고용서비스업	5.79	44.26	8.90	3.48	0.97	2.52	2.92	100.00
기타사업지원 서비스업	1.28	49.55	8.96	4.94	3.67	3.13	3.54	100.00

자료: 통계청 KOSIS

사업서비스업의 전국 대비 매출액 비중을 보면, 전국 7대 도시 중에서 울산은 사업시설 유지관리 및 고용서비스업 3위, 과학 및 기술서비스업 4위, 컴퓨터 시스템 설계 및 자문업 6위, 인문 및 사회과학연구개발업 6위를 제외한 나머지는 7대 도시 중 최하위이다.

〈표21-5〉 전국 7대 도시의 사업서비스업의 전국 대비 매출액 비중

단위: %

구분	울산	서울	부산	대구	인천	광주	대전	전국
컴퓨터시스템 설계 및 자문업	0.09	68.09	0.15	0.16	5.04	0.03	0.11	100.00
소프트웨어 자문, 개발 및 공급업	0.25	86.14	1.81	1.45	0.38	0.45	1.53	100.00
자료처리 및 컴퓨터시설관리업	0.12	71.24	2.35	3.25	0.23	1.40	1.11	100.00
데이터베이스 및 온라인 정보제공업	0.00	76.48	0.75	0.44	0.40	0.52	0.57	100.00
기타 컴퓨터운영관련업	0.00	39.12	2.94	1.12	0.00	7.01	24.19	100.00
자연과학연구개발업	0.37	26.35	0.78	0.60	1.91	0.68	27.04	100.00
인문 및 사회과학연구개발업	1.12	55.48	1.17	1.16	1.75	0.69	2.23	100.00
법무 및 회계관련 서비스업	1.21	57.21	6.25	3.97	3.41	2.01	1.86	100.00
시장조사 및 경영상담업	0.34	82.45	2.60	1.81	1.47	1.43	1.22	100.00
건축기술 및 엔지니어링서비스업	0.99	59.27	5.08	2.31	1.28	1.85	1.78	100.00
과학 및 기술서비스업	2.45	25.09	9.32	2.36	7.08	1.61	2.42	100.00
광고업	0.43	87.14	2.63	2.54	0.67	1.17	1.15	100.00
전문디자인업	0.65	79.40	3.62	2.05	0.99	1.51	0.63	100.00
기타전문과학 및 기술서비스업	0.83	51.68	4.26	3.47	3.83	2.23	2.52	100.00
사업시설유지관리 및 고용서비스업	6.11	43.19	9.55	3.31	0.72	2.35	2.97	100.00
기타사업지원 서비스업	0.99	52.35	8.88	5.48	3.07	2.70	3.48	100.00

자료: 통계청, KOSIS

2) 문제점 및 대책

울산지역은 타도시에 비해 제조업의 비중이 매우 높고, 서비스업의 비중이 매우 낮아 경제활동 변화에 대한 탄력적 대응이 취약하고 지역경제의 혁신력 제고에 한계가 있는 등 양질의 지속적 성장과 균형있는 성장동력 창출에 어려움이 예상된다.

지역 제조업의 발달로 생산자서비스에 대한 잠재적 수요기반은 크지만, 지역 대기업은 생산적 기능에만 치우쳐 있어 생산자서비스업의 수요원천인 제조업의 기획기능, 연구개발, 마케팅 등과 같은 기능은 주로 본사가 위치한 수도권에서 조달하고 있다. 그리고 지역 중소제조업체의 생산자서비스에 대한 수요조달은 지역내 생산자서비스의 취약으로 비용 비효율성에도 불구하고 역외에서 조달하고 있다.

따라서 첫째, 지역내 생산자서비스에 대한 수요창출과 역내에서 수요조달을 할 수 있는 기반조성과 이를 통해 역외수요 유입 및 지역 생산자서비스의 경쟁력을 지속적으로 제고시켜 나가야 한다.

둘째, 전문 생산자서비스 특화지구를 조성하여야 한다. 전문서비스는 공간적 집적을 통해 시장, 기술 등의 정보를 공유하는 이점을 누리며, 전문서비스 특화지구의 발전은 지식기반 서비스업의 경쟁력 강화와 연관업체의 사업능력향상에 기여한다.

셋째, 유망 생산자서비스 전문기업을 육성 및 유치하여야 한다. 고부가가치형 첨단 서비스 기술 및 혁신능력을 소유한 유망기업을 선도기업으로 선정·육성하고, 생산자서비스업의 창업을 지원하여야 한다.

제3절 노사화합

1. 노동조합현황

노동조합은 259개의 단위노조에 104,629명의 조합원으로 결성되어 있으며, 산업별 노조원의 비중은 화학, 택시·버스, 금속, 섬유 사업체 순이고, 단위노조별 조합원수가 100명 미만인 사업장이 171소, 100명 이상 사업장이 88개소이다.

노동단체 조직률은 한국노총이 전체 조합수(259개)의 25.4%인 66개 노조 13,626명이고, 민주노총은 전체 조합수(259개)의 30.9%인 80개 노조 58,558명, 미가입단체는 20.5%인 53개 노조 23,322명이다.

〈표21-6〉 노동조합 조직현황

단위: 개소, 명, %

연도	사업장	근로자수	노동조합		조직률	가입률
			조합수	조합원수		
2003	8,592	261,278	233	100,160	2.7	38.3
2004	9,445	275,241	239	100,568	2.5	36.5
2005	9,276	247,784	239	100,041	2.5	40.3
2006	9,715	281,641	248	103,921	2.6	36.9
2007	9,948	292,688	242	103,251	2.4	35.3
2008	10,553	306,904	255	104,125	2.4	33.9
2009	10,470	304,394	259	104,629	2.5	34.3

주: 종업원 5인 이상 사업장

조직률= 조합수/사업장 x100, 가입률= 조합원수/ 근로자수x100

자료: 울산광역시, 『시정백서』, 각년.

〈표21-7〉 산업별 노동조합 및 조합원수

단위: 개소, 명

구분	계	화학	택시·버스	금속	섬유	기타
노조수	259	74	55	35	11	84
조합원	104,629	11,318	4,989	73,591	2,520	12,462

자료: 울산광역시, 『시정백서』, 각년.

〈표21-8〉 단위 노조별 노조원 규모

단위: 개소

계	100명 미만	100- 299명	300-999명	1,000-4,999명	5,000명이상
259	171	56	23	7	2

자료: 울산광역시, 『시정백서』, 각년.

2. 노사분규 실태와 파급효과

울산지역 노사관계는 현대중공업 15년 무분규 달성, 현대미포조선 13년 무분규 달성, 현대자동차 무분규(최근 2009- 2011년, 연속 3년) 등으로 지역 노사분규는 파업건수와 근로손실일수가 2006년을 피크로 감소하는 추세를 보이고 있다.

〈표21-9〉 노사분규 발생현황

단위: 건, 일

구분	2003	2004	2005	2006	2007	2008	2009
파업건수	16	29	12	14	8	5	7
근로손실일수	281,952	101,957	215,857	317,359	45,101	160,677	13,689

자료: 울산광역시, 『시정백서』, 각년.

〈표21-10〉 노사분규로 인한 생산 및 수출차질액

단위: 생산-억원, 수출-백만$, %

구분	2003		2004		2005		2006	
	생산	수출	생산	수출	생산	수출	생산	수출
울산	10,032	480	5,389	299	6,440	376	15,324	1,147
전국	24,972	1,053	16,578	852	12,899	829	30,324	2,064
전국대비	40.2	45.6	32.5	35.1	49.9	45.4	50.5	55.6

자료: 울산광역시, 『시정백서』, 각년.

대기업의 노사분규는 지역특성상 많은 하청· 협력업체의 생산활동에 차질을 주며, 지역경제에 미치는 마이너스 효과가 매우 크다. 아울러 울산지역은 노사분규로 인해 생산과 수출에 많은 차질이 발생하였다.

울산지역 제조업의 생산액과 부가가치는 2009년 현재 전국의 13.6%, 9.5% 정도를 각각 차지하고 있으며, 수출은 16.7% 정도 점유하고 있다는 점을 감안할 때 울산지역경제의 지속적 발전이 지역경제는 물론, 우리나라 경제전체에 미치는 영향이 매우 크다고 하겠다. 그러므로 21세기에도 울산지역이 산업의 메카로서 지속적으로 발전해 나가기 위해서는 노사관계 안정이 무엇보다 중요하다.

3. 노사관계 안정을 위한 과제

1) 노사정협의회와 지역혁신협의회의 연계강화

지역혁신협의회는 지역혁신에 필요한 지역 전반의 영역을 다루고 있으나, 지역노사정협의회의 주된 분야인 고용창출, 노동자의 숙련향상 등에 대한 관심은 부족하며, 특히 지역의 노사관계와 관련된 사업은 사실상 배제되어 있어 두 기구간 차별성이 존재한다. 향후 지역혁신을 위해서는 지역노사정협의회의 기능을 강화하면서 지역혁신협의회와의 연계 강화를 통한 시너지효과를 창출하여야 한다.

2) 노동 인노베이터(Innovator) 양성

지역노사정협의회의 정착을 위해서는 대학의 지역 노사관계 전문가 과정을 거친 노동 인노베이터를 양성하고, 노사관계전문가 과정에는 노·사·정 3자의 실무자들이 함께 교육에 참여하여, 지역공동체 의식을 함양할 필요가 있다.

3) 고용안정에 대한 노사 양측의 의견종합 및 신뢰구축

사용자는 고용안정에 대한 확고한 의지를 표명하여 근로자와 노조의 불안감을 해소하고, 총고용 뿐 아니라 부문별 고용 및 전환배치 등과 관련한 고용안정의 개념과 보장수단에 대한 합의된 틀을 마련하여야 하며, 필요시에는 정부 등 제3의 공신력을 갖는 기관과 함께 공증을 하여 신뢰향상의 제도적 기반을 구축할 필요가 있다.

4) 노사간 적대감을 해소를 위한 근본적·총체적 경영시스템과 인적자원관리 구축

노동배제적 합리화의 경험은 노조와 현장 근로자들의 불신을 구조화하였으며 이에 대한 치유가 이루어져야 하고, 작업편의성과 안전도를 제고할 수 있는 기술체계에 대한 연구가 시급하며, 이에 대한 투자가 이루어져야 한다. 기업의 비전 수립시 종업원들의 비전은 결여되어 있다는 점을 감안하여 노조의 참여 하에 보다 세밀한 종업원 비전을 제시할 필요가 있으며, 기업문화에 토론문화와 하의상달, 권한위양을 강화하여 관리감독자와 근로자들이 신명나게 일할 수 있는 조직을 구축하여야 한다.

5) 노동조합과 현장활동 조직의 지도성·전문성 강화

노동조합과 현장 활동가 조직들 역시 조합원들의 단기적 이해를 대변하는데서 나아가 중장기적으로 노동운동이 발전할 수 있는 토대를 구축하기 위해 지도성과 전문성을 강화해야 한다. 현재와 같은 단기적 전략으로는 대기업 노조의 사회적 책임을 다할 수 없다. 현재의 지도이념에 관념적 급진성은 없는지, 지도이념이 현장의 요구에 밀려 굴절되거나 너무 쉽게 번복되지는 않는지 검토하여야 하며, 나아가 타부문 근로자 및 지역사회 등과 함께 번영할 수 있는 지도이념을 도출하면서 시민단체 등과 연대하는 폭넓은 시야를 확보할 필요가 있다.

6) 업종별·지역별 노사정위원회의 적극 고려

향후 산업정책의 성격변화에 대해서 노사가 생산자연합의 주체로서 능동적으로 대응하고 임금, 성과배분, 작업장교섭, 노동시장 및 노동운동의 분단성 치유, 고용안정을 넘어서는 신규고용창출 등에서 노사 양측의 신뢰제고, 전문성 강화를 위해

업종별 노사정 위원회를 통한 제도화·공식화 노력이 필요하다. 지역별 노사정위원회는 글로벌 경쟁의 전개에 대응한 노동력의 재생산 및 유지, 노사참여적 직업훈련의 강화를 통한 우수 인적자원의 공급 역할을 담당해야 하기 때문에 시급히 구성될 필요가 있다.

7) 불필요한 마찰이나 집단행동 자제

노사간의 과격한 마찰이나 갈등을 지양하고 노사정이 성실하게 책임을 완수해야 한다. 노동계는 합리적 입법, 청원 및 감시활동을 강화하면서 집단행동과 불법파업을 자제하고, 노사대화를 통한 문제해결을 추진하여야 한다. 기업은 노사관심사항에 대한 신속한 정보공유와 의사소통의 활성화, 적정성과 배분, 인력개발투자 확대 등을 통해 노동계의 신뢰를 획득해야 한다. 정부는 단기적으로는 노사안정과 실업대책에 주력하고, 장기적으로는 산업구조 고도화와 성장동력 발굴을 추진하여야 한다.

대화를 통해 합리적으로 문제를 해결해 가면서 법·제도를 선진화하여 성숙된 노사관행을 정착시켜야 한다. 정부, 산업, 직능, 기업 등 다양한 차원에서 노사간 대화채널을 가동하고, 국회나 사회적 합의기구를 통해 법·제도를 개선하고 현장 노사채널이 임금 및 근로조건 향상, 생산적 협력 등을 해결하여야 하며, 노사정위원회의 활동을 보다 내실화하며 합의사항에 대해서는 실천과 성공의 사례를 축적해 나가야 한다.

8) 집단적 해결보다는 개별 근로자 문제의 해결에 치중

선진국들은 이미 집단적 노사관계에서 개별적 노사관계로 무게중심이 상당부분 이동하고 있다. 개인과 회사의 고용계약 충실화, 인사 및 처우 관련 기준의 공정성 강화, 개인 고충처리 프로세스 구축 등이 핵심현안이다.

아울러 근로자 니즈의 다양화에 대응하기 위한 노사대응 시스템을 구축하여야 한다. 고충처리위원회 활성화 등 직장내 고충처리 시스템을 확충하고, 소송이나 분쟁을 예방하기 위한 기업내 제도(예를 들면 공정성 관리위원회)를 활성화하고 법·제도가 그것을 지원하여야 한다. 노사는 개발연대의 노사관계를 대체하여 정합성과 정통성을 확보한 신노사관계를 구축하는 산업평화를 이루어 경제성장의 새로운 에너지를 창출해야 한다.

9) 노사 상호신뢰와 존중의 문화 필요

새로운 노사관계 발전을 위해서는 먼저 구노사관계의 상호불신과 무시를 지양하고 상호신뢰와 존중의 문화를 확립해야 한다. 상호불신과 무시가 지배하는 곳에서는 노사가 공존·공생의 운명공동체로 발전할 수 없다. 또한 무한경쟁에서 승리하기 위한 협력이 이루어질 수 없다. 따라서 신노사관계가 창출될 수 있는 기본토양은 상호신뢰와 존중의 문화이다.

노사가 신뢰하고 존중하면 일에 대한 창의와 열정이 우러나고, 어려울 때 장래에 대한 약속을 믿고 현재의 고통을 감내할 수 있다. 따라서 신뢰와 존중의 문화는 노사 공동운명체의 토대가 되고 공생적 노사관계를 발전시킨다.

10) 참여와 협력관계의 정착

배제·투쟁단계를 탈피하고 참여·협력관계를 정착시켜야 한다. 종업원의 참여를 배제하는 닫힌 경영, 위로부터의 지시에 의한 권위주의적 경영은 노동자와 노동조합으로 하여금 대립과 투쟁전략을 채택하지 않을 수 없게 한다. 또 이러한 경영문화는 신세대 노동자의 창의와 열정을 불러일으킬 수 없다. 따라서 신노사관계는 참여에 기초해야 한다. 참여는 지시에 의한 복종이 아니라 자신의 주체적 판단과 선택의 기회를 제공하기 때문에 참여가 확대되면 노동자의 일에 대한 창의와 열정이 증진된다. 또한 참여는 새로운 노사협력을 가져 온다. 권위주의 시대의 노사협력이 강요된 협력, 소극적 협력이었다면 신노사관계하의 참여가 보장된 협력은 자발적·능동적·적극적 협력이 될 것이다. 따라서 참여와 협력은 지식사회에서 기업이 지닌 가장 소중한 자산인 인적자원을 최대한 활용함으로써 기업의 경쟁력을 강화시키고 노사관계를 안정시키는 생산적 노사관계를 구축시켜줄 것이다.

11) 자율과 책임의 원칙 확립

타율과 무책임을 벗어나 자율과 책임의 원칙을 확립해야 한다. 권위주의가 지배한 개발연대에는 노동기본권이 제약되어 노동법이 공정한 규칙으로서 존중받지 못하였다. 또한 일부 근로조건은 과보호되어 중소기업은 지킬 수 없는 조항이 포함되어 있었다. 따라서 법규범의 위상이 실추되어 노사관계의 기본이 바로 설 수 없었다. 그리하여 정부가 그때그때 개입하고 간섭하였다. 그러나 정부의 개입도 원칙과 기준 없이 임시 미봉적인 경우가 많았다. 그러나 이제 노동법이 개정되어 노동기본권은 크게 신장되고 근로조건의 유연성은 높아졌다. 이러한 법 제도를 바탕으로 법이 존중되고 법규범의 위상이 확립되어야 한다. 그리고 노사가 자율적으로 대화와 협상을 통해서 문제를 풀어가고, 그 결과를 존중하며 성실하게 이행함으로써 책임질 줄 아는 노사관계 주체로 발전하여야 한다. 이러한 자율과 책임의 원칙은 권위주의적 노사관계를 벗어나 민주적 노사관계로 나아가게 해 줄 것이다.

_제5편

서비스산업

울산은 1962년 국가공업단지로 선포·조성된 이래 오늘날까지 제조업은 지역경제 나아가 국가경제의 성장을 이끌어 왔다. 그러나 제조업과는 반대로 서비스산업은 상대적으로 매우 뒤떨어져 있다.

먼저 울산의 유통산업을 보면, 8.15 광복 이전에는 주로 일본인들에 의해 근대적 상업경영이 이루어졌고, 당시 울산상인들은 소규모 전통상업에서 벗어나지 못하였다. 울산에 시장이 처음 생긴 것을 보면, 중구 북정동 일원과 복산동 일원에 상인들이 임의로 노점을 차리고 상행위를 하다가 1923년경부터 좀 더 발전하여 울산초등학교 정문 앞에서 중앙동 일원(구 성남동 · 옥교동 경계 네거리)의 도로 옆에 상인들이 노점을 차리고 상행위를 한데서 비롯된다. 그러다가 불국사- 울산 간 철도가 개통되고 도로가 개설되어 시가지가 발전함에 따라 1925년경 조선 말기 지금의 성남 플라자 일대에 처음으로 5일장인 성남시장이 개설되었다. 성남시장 서쪽에 울산 牛시장이 개설되었는데, 이 우시장을 통해 많은 가축매매가 이루어졌다. 울산 5일 시장이 개설되기 3년 전에 현재중앙시장 자리에 울산 상설 옥교시장이 개설되어 울산공익시장으로 명명되었다. 중앙시장에 이어 방어진에도 매일시장이 개설되었고, 그 외 언양, 남창, 호계 등지에 1920년대를 전후하여 자연발생적인 시장이 형성되어 농수산물과 생활용품을 거래하는 시장기능을 해왔다.

그 후 8. 15 광복과 6. 25 전쟁을 거쳐 1962년 울산이 특정공업지구로 지정되어 산업체 건설에 따른 시세 확장과 인구증가로 종전의 시장형태로는 시민생활에 기여하기 어렵게 되어 시장의 현대화가 지속적으로 이루어지게 되었다.

울산의 유통산업의 현황을 보면, 울산은 도매업의 종업원 증가속도는 전국 평균에 비해 매우 저조하며, 도매업체당 종업원 비중도 전국을 하회하고 있어 도매업이 저조하다. 반면 울산의 소매업 사업체수의 증가는 인구증가에 비해 훨씬 높고, 소매사업체의 종업원 증가는 전국 평균보다 훨씬 높다. 울산의 소매사업체 당 종업원 수는 전국 평균수준을 유지하고 있다. 인구 1000명당 소매사업체수를 보면 울산의 소매업은 도매업보다 훨씬 활기를 띠고 있다. 그러나 2009년 현재 도소매업 전반으로 보면 울산은 전국 평균수준에 못 미치고 있다.

다음에는 1962년부터 2009년까지 울산의 유통시설의 변화를 보면, 시장과 백화점의 연면적, 매장면적 및 점포수는 지속적으로 증가하고 있다. 대형점은 1995년 우루과이 라운드 WTO체제 출범 후 세계화 · 개방화 추세에 따라 1998년 언양 메가마트가 대형할인점으로서는 처음으로 울산에 진출한 이래 대형 할인점의 연면적, 매장면적 및 점포수가 급격히 증가하였다.

울산의 유통업체 현황을 보면, 총 61개 업체이며, 그 중 시장(정기시장, 상설시장, 무등록 시장)이 41개로 67%를 차지하며, 그 외 백화점 3개업체, 대형점 16개 업체, 도매센터 1곳이 존재한다. 정기시장은 총 9개소이며, 8. 15 광복이전에 개설된 것은 1915년에 개설된 언양시장을 비롯한 7곳, 광복 이후 개설된 곳은 태화종합시장(1982년)을 비롯한 2곳으로 광복이전에 개설된 것이 훨씬 많다. 상설시장은 총 29개소 중 중구가 12개소로 가장 많고, 그 다음이 남구(9개소), 동구(6개소), 울주군(2개소) 순이다. 연대별 상설시장 개설과정을 보면, 1970년대에 15개소, 1980년대 7개소, 1990년대 6개소, 2000년대 1개소이다. 가장 오래된 상설시장은 1970년에 개설된 남구의 신정시장, 신정시장상가, 수암시장, 수암시장상가, 야음체육관시장 등 5개소이다. 무등록시장은 북구에만 3개소 존재하고 있다. 백화점은 현재 1977년 개점한 현대백화점 동구점이 효시이며, 현대백화점 울산점, 롯데백화점 등 3개소가 있다. 1980년대에서 1990년대 중반에 걸쳐 울산에는 주리원, 모드니, 올림푸스 백화점 등이 존재하였으나 1997년 IMF 외환위기 발생으로 금융기관과 기업의 구조조정이 만연하던 시기에 경쟁력 약화, 매출액 감소, 심각한 경영난 등으로 경영위기를 맞아 폐업하게 되었다. 울산의 대형점은 총 17개소(중구 4개소, 남구 7개소, 동구 1개소, 북구 4개소, 울주군 1개소)로 대부분 IMF 외환위기 이후 개설되었다. 도매센터는 1990년에 개설된 농산물 도매시장 1개소이다.

다음에는 전국 7대 도시의 도·소매업 현황을 비교해 보면 울산은 1인당 GRDP가 전국 최대이며, 제조업 근로자의 평균임금이 전국 평균보다 1.6배 이상 높음에도 불구하고 사업체수, 종업원수, 업체당 종업원수 및 산업 내 비중에서 최하위를 기록하고 있다. 전국 7대 도시의 유통산업의 특화정도를 입지상계수를 통해 비교해 보아도 울산의 도소매업의 입지상계수는 매우 낮게 나타나고 있다. 유통산업의 종사자 규모별 특징에서 울산의 유통산업은 종업원 1- 4명 규모가 90% 수준이어서 매우 영세하다.

1996년부터 유통시장 개방화에 따라 유통환경이 크게 변화하고 있는 가운데 울산의 유통산업은 대형 할인점의 지역시장으로의 진입에 의해 경쟁이 심화되고 있어 기존 유통업체의 구조조정을 통한 경쟁력 강화가 시급한 과제로 대두되고 있다.

울산의 유통산업을 발전시키기 위해서는 기존 유통업체는 소비자의 편의에 부응할 수 있도록 유통시설을 현대화하고 조직화·협업화 및 경영효율화를 추구하여 시장경제의 주체가 될 수 있도록 유통구조를 선진화하여야 한다. 울산의 유통산업의 현대화 및 경쟁력 제고를 위해서는 유통산업 경쟁력 제고를 위한 정책을 마련하여 장기적 안목에서 단계적으로 추진하여야 한다. 과거에 비해 소비자의 욕구가 고급화 · 전문화 · 개성화 · 다양화되어 감에 따른 다양한 환경변화에 대응하여 경쟁력을 가지기 위해서는 전문인력을 양성하여 전문적인 관리가 필요하다. 각 권역별 상권의 특성을 살리면서 전체 울산의 유통기능을 균형적으로 개발하고 권역별 상권활성화를 추진하여 경쟁력을 높여 나가야 한다. 중소유통업체의 장점인 근린 편의성을 살려 지역소비자에게 밀착시키고 대형점에서 취급이 곤란한 상품품목을 전문적으로 취급하는 점포의 차별화 전략도 모색되어야 한다. 전통시장은 상권분석을 통해 새로운 구조로 재편하여 육성하는 방안을 강구하여야 한다. 세계화·개방화에 따른 무한경쟁시대에 유통산업의 경쟁력 제고를 위해서는 정보통신 인프라 구축과 활용이 필요하다. 울산은 물류시설이 절대로 부족하므로 집배송단지, 도·소매단지, 창고단지, 기업물류센터, 복합화물터미널, 복합물류단지 조성이 필요하다. 유통산업의 효율적 발전을 위해서는 상호 보완적인 유통업체간, 제조업과 유통업체간의 전략적 제휴를 통해 고객정보를 공유하고, 재고비·운영비를 최소화하여 유통망의 낭비적 요인을 제거해야 한다.

다음에는 1962년부터 2009년까지 울산의 무역의 변화를 보면 수출과 수입은 매년 큰 폭으로 증가하고 있다. 울산의 수출은 동 기간 중 233,861배 증가하여 전국(6,610배)의 증가보다 훨씬 높다. 현재 울산의 수출은 전국 2위이다. 업종별 수출실적을 보면 기계 및 운수장비 수출이 가장 많고, 그 다음이 광물성연료 윤활유 및 관련물질, 화학제품 및 관련제품 순으로 되어 있다. 이 3 업종이 전체 수출의 87%를 차지하고 있다. 주요 품목별 수출을 보면 석유화학, 선박, 자동차로 되어 있다. 대륙권별 수출을 보면 아시아 지역이 압도적으로 높고, 유럽, 북미, 중동, 중남미가 비교적 높게 나타나고 있다. 국가별 수출을 보면, 중국이 가장 높고, 그 다음이 미국, 일본으로 되어 있으며, 싱가포르와 홍콩도 비교적 높은 편이다.

울산의 수입도 매년 증가하고 있으며, 울산 수입의 대 전국 비중은 1980년에 가장 높게 나타났으나 현재는 14%대를 나타내고 있다. 품목별 수입을 보면 원유수입이 전체 수입의 59%를 유지하고 있어 압도적이며, 그 외에 화공약품, 정광의 수입이 비교적 많은 편이다. 울산의 수입은 주로 중동의 비중이 압도적으로 높고, 그 외에 아시아, 유럽, 아메리카로부터의 수입이 비교적 높게 나타나고 있다. 국가별로는 원유수입이 많기 때문에 사우디아라비아, 쿠웨이트, 인도네시아로부터 수입이 높고, 그 외 일본, 중국으로부터 수입이 비교적 높은 편이다.

울산의 금융업과 관련하여 지역경제를 활성화하기 위해서는 지역산업이 발전하여야 하고 지역산업을 발전시키기 위해서는 지역금융이 활성화되어야 한다. 먼저 울산금융의 변화과정을 보면, 사금융시장으로서 비상업적인 대여자를 자금공급자로 하며, 소비자금을 필요로 하는 가계나 공금융으로부터 충분한 자금을 얻지 못하는 소상인, 소기업 및 농민을 자금수요자로 하는 원시적 개인신용시장, 목돈(계돈)을 정해진 순번, 낙찰, 제비뽑기 등에 의한 순서에 따라 배분하는 契시장, 흔히 어촌에서 쓰이는 개인금융의 한 형태였던 객주, 사설금융기관으로 상호부금과 대출업무를 수행하였던 서민금고, 다수의 개인구좌를 모아 하나의 組로 결성하여 목돈을 마련하고 그 자금을 組의 구성원에게 공급하였던 무진회사 등이 있었다.

울산에 공적금융기관이 설립을 보면 8.15 광복 이전에는 1907년 울산금융조합이 효시이며, 1912년에는 울산금융조합 방어진 지점이 개설되었고, 농어촌 경제육성을 표방하면서 주요 읍·면 소재지에 조합이 개설되었다. 1914년에는 상업은행 울산지점이 개점되었고, 일제 강점기에 방어진에도 상업은행 방어진지점이 개점되어 어민들에게 영업자금 대출과 예금 등 수신업무를 담당하였다. 그 후 8. 15 광복과 6. 25 전쟁을 거치면서 1962년 울산이 특정공업지구로 선포되고 공업센터 건설이 이루어지면서 산업도시로 성장함에 따라 1961년 농협중앙회 울주군지부 개점을 시작으로 1963년에는 국민은행 울산지점 등 금융기관이 개점하면서 1970년대, 1980년대, 그리고 1997년 11월 말 IMF 외환위기 이전까지 많은 금융기관들이 생겨났으나, IMF 외환위기에 따른 부실 금융기관의 대대적인 구조조정으로 많은 금융기관의 퇴출, 인수·합병 등이 단행되어 은행금융기관으로 현재 KB국민은행, 신한은행, 한국시티은행, 우리은행, SC제일은행 등으로 새롭게 탄생하였다.

비은행금융기관의 경우를 보면, 1970년들어 중화학공업 건설에 필요한 막대한 투자자금을 마련하기 위해 契, 無盡 등 지하자금을 양성화하기 위해 1972년 8월 대통령 긴급조치인 8. 3 조치가 선포됨에 따라 울산에는 단기금융회사인 울산투자금융, 상호신용금고, 새마을금고, 신용협동조합, 증권사, 보험사 등 비은행금융기관들이 신설되었다. 그 후 IMF 외환위기가 발생하여 금융기관의 대대적인 구조조정으로 인해 다수의 비은행금융기관이 퇴출, 인수·합병되었다.

1962년부터 2009년까지 울산지역 금융기관 점포의 변화를 보면 예금은행의 경우 5개에서 143개로 28.6배 증가하였고, 비은행금융기관은 1개에서 108개로 108배 증가하였다.

1962년부터 2009년까지 울산의 실물부문과 금융부부문을 전국과 비교해 보면, 인구는 전국이 1.8배, 울산이 13.3배, 제조업생산액은 전국이 15,473배, 울산 69만 2,085배, 예금은행 예금은 전국이 43,802배, 울산이 115,842배 각각 증가하여 울산의 증가가 전국을 크게 앞서고 있다.

그러나 울산지역 제조업부가가치의 대 전국 비중에 비해 울산지역 예금은행 대출의 대 전국 비중은 매우 저조하다. 또한 울산의 경우는 제조업 부가가치의 대 전국 비중에 비해 예금은행 대출의 대 전국 비중이 서울, 부산, 대구 제조업 부가가치의 대 전국 비중과 서울, 부산, 대구 예금은행 대출의 대 전국 비중과 각각 비교해보더라도 매우 저조하다. 제조업체당 평균 대출금 비중을 보면 울산이 전국평균, 서울, 부산, 대구에 비해 낮으며, 대출의 대 부가가치 비율도 전국평균, 지방평균, 타광역시보다 낮다. 반면 업체당 종업원수와 부가가치는 울산이 여타 지역보다 압도적으로 높다. 이는 곧 울산의 실물부문에 비해 금융부부문의 비중이 매우 낮다는 것을 의미한다.

울산의 예금은행 예금현황을 보면, 요구불예금은 급격히 감소하고 있으나, 저축성예금은 크게 증가하고 있다.

1962년부터 2009년까지 울산의 예금은행 대출을 보면, 울산은 146,250배, 전국은 21,283배 각각 증가하여 울산이 압도적으로 높다. 산업별 대출을 보면, 울산의 제조업 대출은 전국 평균에 비해 매우 높지만, 서비스업, 농수산업, 건설업, 도소매 음식숙박업에 대한 대출은 전국평균보다 낮다. 1990년부터 2009년까지 산업별 대출에서 큰 변화는 건설업, 서비스업, 농수산업의 대출이 대폭 감소하였고, 제조업 대출도 과거에 비해 낮아졌으나, 도소매 음식숙박업에 대한 대출은 다소 증가하였으며, 특히 가계대출이 매우 큰 폭으로 증가하고 있다. 울산지역 금융기관의 중소기업 대출을 보면, 1990년에서 2000년까지는 증가추세였으나, 2000년 이후부터 감소추세에 있으며, 중소기업 대출은 주로 금융자금에 의해 대출되고 있다.

화폐환수율을 보면, 전국적으로 매우 낮다. 이는 지역에서 조성된 자금의 역외유출이 크다는 의미이기도 하다. 울산의 화폐환수율이 저조한 것은 울산이 우리나라 제조업 중심도시라는 특성이 반영된 결과인 동시에 교육, 의료, 관광 등 인프라 부족, 전국 최고의 급여수준, 다수의 외지인 근로자들의 소비행태 등이 주된 원인으로 작용하고 있다. 따라서 향후에는 교육, 의료, 관광 등도 적극적으로 육성하여 이러한 서비스들이 역내에서 이루어지게 할 필요가 있다.

예금은행 예대율을 보면 1980년부터 2000년까지는 전국 평균이나 주요 도시에 비해 예대율이 매우 낮은 것으로 나타났지만, 2000년대 들어서면서 예금은행의 예대율이 높아져, 역외자금도 역내로 많이 유입되는 것으로 나타났다. 제2금융권의 경우 여수신비율을 보면, 저축은행은 여수신비율이 매우 높아 역외자금까지 역내로 유입하는 것으로 나타나고 있으나, 단기금융회사, 신용협동조합, 신탁회사, 상호금융은 여수신비율이 낮아 역내 자금의 역외로의 유출이 큰 것으로 나타났고, 자산운용회사의 투자자금은 지역에는 거의 여신이 일어나지 않고 있기 때문에 지역자금이 모두 역외로 유출되고 있다. 총체적으로 울산지역 제2금융권의 여수신비율을 보면 예금은행에 비해 여수신비율이 매우 저조하여 지역자금의 역외로의 유출이 심한 것으로 나타나고 있다.

울산지역 자금사정을 보면, 상거래 규모를 나타내는 어음의 장당 평균 교환금액이 울산은 전국평균이나 기타 광역시보다 매우 낮아 상거래가 활발하지 못하다. 어음부도율이 전국평균과 서울에 비해 높아 자금사정이 좋지 않다. 또한 요구불예금회전률이 전국평균보다 훨씬 낮게 나타나고 있는데, 이는 울산의 경제활동이 그다지 활발하지 못하는 것을 의미한다.

울산지역금융의 구조적 취약점을 보면, 지역금융의 저위와 밀접한 관련을 가지고 있는 금융의 서울집중현상이다. 서울로의 금융집중은 다소 시정되는 기미를 보이고는 있으나, 예금, 대출, 총통화량 등이 서울에 집중되어 있어 이는 곧 지방금융의 상대적 위축을 의미한다. 원래 지방은행은 지역의 유휴자금을 집대성하여 중소기업을 지원하기 위해 설립되었으나, 금리인하와 금융자율화 추진 등 금융산업 변혁기를 거치면서 지방은행의 영업기반이 상당히 떨어졌다. 이에 반해 전국은행의 점포망은 지속적으로 확장되고 금리면에서 유리한 비은행금융기관이 지방은행을 위협하고 있으며 업무확대의 제약을 받고 있다. 환원금융체제의 미비를 들 수 있다. 울산지역은 대규모 생산공장과 연계된 중소하청·협력업체를 확보하고 있다. 그러나 자금운용이 서울 본사나 자금관리부서에서 이루어지고 있어 제조업부문의 지역자금 조성이 매우 어려운 실정이다. 또한 지역의 한정된 투자재원이 비은행금융기관을 통해 역외로 유출되는 현상을 빚고 있다. 비은행금융기관을 통한 지역자금 유출현상은 금융자율화로 인해 금융자산 보유형태가 다양화되고 있기 때문에 지역자금의 역외유출은 더욱 심화될 것으로 예상된다. 울산에서 통관한 수출실적은 매년 크게 증가하고 있으나, 지역금융기관을 통한 수출환어음 매입실적은 매우 저조하다. 지방의 수출업체들이 수출금융을 비롯한 금융업무를 주로 서울에서 수행하고 있으므로 수출에 따른 과실을 역외로 유출시키고 있으며, 대부분 하청 임가공업체는 수출에 따른 금융혜택이 미흡한 실정이다.

지역금융의 활성화를 위해서는 금융의 지방 분산화와 울산지역 기업금융센터 내지는 지역기반금융기관의 신설이 필요하다. 기존의 전국은행 본점의 지방이전을 강구하고, 지방단자회사의 서울사무소 영업규제를 완화하고 울산과 같은 성장거점지역을 본점으로 하는 보험회사, 자산운용회사 등을 설립하여 지역금융시장을 육성하여야 한다. 세계적인 산업도시로서 향후 동북아 오일허브 조성과 그에 따른 금융허브로서의 발전계획을 갖고 있는 울산에는 장차 본점을 둔 은행설립이 필요하다.

지방은행의 영업구역을 행정구역 단위에서 경제권 중심으로 재설정하여야 한다.

경제적 교류가 빈번한 인접지역의 경우 지방은행 점포를 상호교환하여 지방은행의 환기능을 제고하여야 한다.

환원금융체제를 확립하여야 한다. 금융권을 통해 역외로 유출되는 자금을 환원하기 위한 제도적 방안 마련이 필요하다. 특히 비은행금융기관에 대해 자금의 역내 환류도를 제고하기위한 제도적 장치마련이 시급하다.

중앙에 편재되어 있는 금융인·허가업무, 금융경제단체, 각종 산업지원단체의 업무 및 단체의 지방분산화와 더불어 지방경제연구단체 설립이 필요하다.

서울로 집중되는 금융비용을 낮추기 위해 지방 주요 도시의 무역기능을 강화해야 한다. 이를 위해서는 기업의 본사나 무역담당 부서 중 지방으로 이전가능한 것은 과감히 분산시키고 본사가 지방으로 이전하여도 그 기능을 충분히 발휘할 수 있도록 금융 및 세제상 지원이 수반되어야 한다.

울산지역은 1인당 GRDP가 전국 1위이며, 제조업체 근로자들의 평균소득이 전국 근로자의 1.6배나 된다. 그러나 금융인프라는 타 광역시에 비해 열악한 실정이다. 따라서 우수 고객이라고 불리는 거액 예금 예치자의 자산(예금, 부동산, 실물자산 등)을 종합적으로 관리해 주는 PB 센터의 설치가 요구된다.

관광산업과 관련하여 관광산업은 외화획득, 지역소득 증가, 고용창출, 국제수지 개선 및 산업연관효과를 통한 지역발전 등 경제적 효과와 더불어 여가기회의 제공, 사회안녕 유지, 새로운 체험을 통한 교육적 효과, 인적교류 증대를 통한 친선교류, 문화자원 보존 등 사회·정치 및 자연보호효과를 갖고 있다. 울산은 동남으로 바다를 끼고 서북으로는 산악으로 형성되어 천혜의 자연관광조건을 갖추고 있을 뿐만 아니라 역사·문화자원도 곳곳에 분포되어 있으며, 산업도시로서 산업문화의 상징적 도시이다.

울산에는 국가지정 문화재 22개, 시지정문화재 84개가 있으며, 가지산 4계, 간절곶 일출, 강동 · 주전 해안 자갈밭, 대왕암 송림, 대운산 내원암 계곡, 무룡산에서 본 울산의 야경, 울산체육공원, 반구대, 신불산 억새평원, 작괘천, 태화강 선바위와 십리대밭, 파래소 폭포와 같은 울산 12경이 있다. 또한 2001년부터 울산 시티투어가 다양한 코스에 걸쳐 운영되고 있어 도시 이미지 개선을 통한 지역관광활성화에 기여하고 있다. 관광객들의 성향은 체류관광객이 아니라 경유관광객이 대부분이다. 울산은 풍부한 자연 · 역사 문화 및 산업 관광자원을 가지고 있음에도 불구하고 이를 경제적 자원화하지 못하고 있다. 울산의 권역별 특성과 관광개발방향을 보면, 도심관광권은 해양·산업관광권, 산악관광권, 역사 · 문화 관광권을 연계하는 울산의 거점지역으로서 자원개발적 측면보다는 관광객의 이용편의 및 지원에 대한 역할

강화가 요구되는 지역이다. 단위시설 개발 방향으로 중구는 관광정보지원 및 숙박시설 개발에 역점을 두고, 태화강지역은 시민친수공간, 문수지역은 체육 · 레저공간, 울산대공원지역은 시민휴식공간 및 도시상징시설을 개발하는 것이 바람직하다.

해양 · 산업관광권은 남구, 북구, 동구 및 울주군 일원을 포함하는 권역으로 해양자원과 산업관광자원이 분포되어 있다. 해양 · 산업관광권은 도시의 쾌적성, 주민복지 및 삶의 질을 높일 수 있는 여가공간으로 개발하여야 한다. 특히 해양·산업관광권은 산업체험과 역사·문화체험을 연계한 상품을 개발하고, 부산- 울산- 경주와 연계하는 관광벨트를 구축하는 방안을 마련하여야 한다.

산악관광권은 울산의 관광활동의 중심지역으로 대규모 관광수요를 창출할 수 있는 중점적 개발이 요구되는 지역이다. 산악관광권은 관광기능을 강화하기 위해 대규모 집객시설 및 숙박거점단지를 조성하고 자연자원을 활용한 자연친화적 생태자원의 개발과 산악모험을 소재로 한 차별화된 체험시설을 조성하여야 한다.

역사 · 문화 관광권은 선사유적의 중심지로서 보존적 측면과 교육적 측면이 강조되는 지역이다. 역사 · 문화 관광권은 문화유적지 주변에 관광시설 및 편의시설을 확충하고, 경주, 밀양과 연계한 신라문화 관광자원화가 필요하다.

울산의 4대 관광권의 개발전략으로는 첫째, 도시 이미지 제고를 위한 상징화 사업으로 울산관광의 상징적 공간으로 전망타워 건립, 지역이미지 표출을 위한 상징적 공간으로 장생포 고래 해양공원 조성 등이 필요하다. 둘째, 도시 휴식공간 차별화 사업으로는 남구 문화예술관 주변에 울산의 대표적 문화공간 조성, 울산동헌 및 소방서 일대에 울산 도심의 랜드 마크적 상징공간으로 젊음과 유행의 페스티벌 거리 조성, 도시민에게 휴식공간 및 자연생태 학습공간으로 태화강 생태공원 조성 등을 들 수 있다.

셋째, 해양관광자원 특화개발사업으로서는 울산시민의 휴식공간으로서 일산유원지 및 대왕암 공원 정비, 울산 동북부의 문화와 휴양이 중심이 되는 강동권 종합개발, 해양활동의 기능 강화와 남부해양권의 숙박거점 마련을 위해 진하 레포트 비치, 희망과 소원의 기원 장소로 간절곶 해맞이 공원 조성 등을 들 수 있다.

넷째, 산업관광자원의 상품화 전략으로서는 기존 산업자원을 연결하는 산업관광의 거점 개발로서 자동차 테마파크 조성이 요구된다.

다섯째, 산악휴양자원의 중점개발 전략으로서는 관광활동의 거점으로서 신불산 복합휴양단지의 집중개발, 차별화된 테마형 시설개발로 가족단위의 복합휴양위락 기능을 강화하기 위한 자수정 인타테인먼트 파크 조성 등이 필요하다.

여섯째, 역사유적의 문화관광자원화 사업으로서는 선사유적의 관광자원화를 위한 반구대 암각화 주변의 문화관광자원화 사업, 박제상 유적지 관광자원화 사업, 서생포 왜성복원을 통한 역사문화 탐방지 조성 등이 필요하다.

권역별 관광개발전략과 더불어 울산지역 관광진흥을 위해서는 첫째, 선택과 집중을 통한 관광상품을 육성하여야 한다. 기존의 관광자원을 면밀히 분석·평가하여 우선 추진사업을 선정하고 한정된 자원과 노력을 집중시켜야 한다. 둘째, 다원화·다양화하고 있는 관광성향과 보는 관광에서 참여하는 관광으로 변화하고 있는 트랜드를 반영하여 지역문화 중심의 자원개발 및 프로그램을 도입할 필요가 있다. 셋째, 각 권역별로 특성을 최대화시킬 수 있는 개발테마를 선정하고 경쟁력 있는 관광자원개발을 지속해 나가야 한다. 넷째, 선진관광시설 구축사업의 일환으로 네트워크에 접속할 수 있는 유비쿼터스를 관광안내에 적극 도입하여야 한다. 다섯째, 관광 패러다임의 변화, 관광형태의 세분화·다양화·전문화 추세에 맞게 전문 관광인력의 양성이 필요하다. 여섯째, 울산지역 여행업계의 구조적 취약성과 영세성을 극복하여 국제경쟁력을 갖춘 관광사업체를 육성하여야 한다.

제 22 장

유통산업

울산이 1962년 국가공업단지로 조성된 이래 오늘날에 이르기까지 제조업은 지역경제 뿐만 아니라 우리나라 경제성장을 선도해 왔다. 그러나 제조업과는 반대로 서비스산업은 상대적으로 매우 열악하다는 것으로 지적되고 있다. 본장에서는 울산의 유통산업의 발전추이를 1962년 울산이 시로 승격되고 공단이 조성된 이후부터 2009년까지 살펴보며, 우루과이라운드 WTO체제 출범에 따른 유통시장개방으로 유통환경이 크게 변화되고 있는 상황하에서 금후의 대응방향에 대해 검토해보고자 한다.

_제1절 시승격 이전의 울산지역 유통산업

1. 상업

1910년 한일합병을 전후하여 일본인들이 울산에서 상업을 경영하기 시작하면서 울산의 상업이 전통적인 것에서 근대적 상업으로 변모하기 시작하였다. 최초로 울산에서 상업을 경영하던 일본인은 松重淺太郎(Matsushige Sentaro)으로 1907년 옥교동에 2층 건물을 세우고 화양(和洋)잡화점을 경영하였다. 그 후 계속해서 다수의 일본인들이 근대적 상업경영을 하였는데, 당시 울산상인은 대부분 비료, 곡물을 비롯한 소규모 전통상업에서 벗어나지 못하였다. 1932년 오늘날 중앙시장 자리에 공익(상설)시장이 건립되면서 유지되어 오다가 8.15 광복 후 일본인들이 철수함에 따라 상가가 침체되었고, 1962년 울산이 특정공업지구로 지정되면서부터 상업이 다시 발달하였다.

2. 시장

시장(장터)은 예로부터 지역주민의 공동의 광장, 외지와의 문물과 정보교환의 장, 물건을 사고파는 유통의 장이었을 뿐만 아니라 유행을 불러일으키기도 하고 문명을 일깨우며 지식과 문화를 농촌으로 퍼뜨리는 매개의 장이기도 하였다. 오늘날처럼 백화점이나 할인점 및 슈퍼마켓과 같은 현대화된 상점이 없었던 울산도 오래전부터 시장(장터)이 형성되어 내려오면서 오늘에 이르게 되었다.

울산에 시장이 생긴 것은 1925년경으로 지금의 성남동 성남플라자 일대에 처음으로 5일장이 개설되었다. 그 이전에는 지금의 북정동 우체국 앞과 동헌 옆 성안동으로 향하는 길가, 그리고 구 제일중학교가 있던 복산동 등 길가 공터에 산발적으로 곡물, 청과, 생선, 포목, 농기구 등을 비롯한 일용품을 파는 상인들이 임의로 노점을 차리고 물건을 팔다가 1923년경부터 좀더 발전하여 현재 울산초등학교 정문 앞에서 성남·옥교 경계 네거리 주위까지의 길옆으로 상인들이 노점을 차리고 상행위를 하였다.

그러다가 불국사- 울산 간 철도가 개통되고 도로의 개설 등으로 시가지가 발전함에 따라 읍에서 시장개설을 추진하던 중 1925년경 조선 말기 강정(江亭)연못(蓮池)이었다가 저습지로 방치된 공터를 성남동(190번지)에 편입시키고 매립해 장터로 조성하였다. 종전까지 시가지 곳곳에 공터를 잡아 산발적으로 형성되었던 노점상인들도 새장터인 성남시장으로 집결하였다. 성남시장은 5일 간격으로 개설되는 정기시장으로 개장하게 되었으며, 일반잡화, 의류, 유기, 곡물, 철물, 농기구, 장작, 청과 등을 취급하였다. 그리고 이 시장 서쪽에 가축시장인 울산 우(牛)시장을 병설하였는데, 이 우(牛)시장은 영남지역에서도 손꼽힐 정도로 큰 시장으로 각 지역에서 이 우(牛)시장을 통해 동래, 김해, 대구로 연결되어 많은 가축의 매매가 이루어졌다. 한편 울산 5일 시장이 개설되기 3년 전에 현재 중앙시장 자리에 울산 상설 옥교시장이 개설되어 식료품, 어물, 청과 등 일상 생활필수품을 판매하였다. 그 후 1932년에 조선간이생명보험의 적립금 융자시책에 의한 자금을 융자받아 장옥을 확장, 신축하였으며, 당시 이 매일 시장은 「울산공익시장」으로 명명되었다.

울산에 매일시장이 처음 등장한 것은 옥교시장이고, 곧이어 방어진에 매일시장이 개설되었는데, 지금도 그 장옥은 어물시장으로 이용되고 있다. 이 외에도 언양, 남창, 호계 등지에는 1920년대를 전후하여 자연발생적인 시장이 정기적으로 형성되어 농수산물과 생활용품을 거래하는 시장기능을 해오고 있다.

이처럼 울산의 시장은 1925년경부터 발달하여 8.15 광복과 6. 25 전쟁을 거쳐 1962년 1월 정부가 울산을 특정공업지구로 지정하자 시세 확장과 인구증가로 종전의 시장형태로는 시민생활에 기여하기 힘들게 되어 시장의 현대화 작업이 지속적으로 이루어지게 되었다.

_제2절 울산지역 유통산업의 일반적 현황

1. 울산지역 도·소매사업체수, 종업원 및 인구의 변화 추이

<표22-1>은 도·소매사업법이 발효된 1968년부터 2009년 기간 동안 울산지역의 도·소매사업체수의 변화추이를 나타낸 것이다. 동 기간 중 인구증가를 보면, 전국은 1.6배, 울산은 4.5배, 각각 증가하였으나, 사업체수에 있어서 동 기간 중 도매사업체의 경우 전국은 17.1배 증가하였으나, 울산은 25.5배 증가하였다. 또 동기간 중 종업원수에 있어서는 전국이 18.0배, 울산은 20.4배 증가하여 울산의 증가가 크다.

울산의 도·소매 사업체수의 전국비중을 보면, 1968년 0.4%에서 2009년 2.0%로 증가하였다. 동기간 중 울산의 도·소매사업체의 종업원의 전국 비중은 0.36%에서 1.8%로 증가하였다. 울산의 도매사업체 종업원의 전국 비중을 보면, 1968년 1.1%였으나, 2009년 1.3%로 약간 증가하였다. 이를 동 기간 중 울산의 전국인구 비중(1968년 0.8%에서 2009년 2.2%로 증가)과 비교해 보면, 인구증가에 비해 도매업 종업원 증가속도가 매우 저조한 실정이다.

다음에는 도매사업체의 사업체당 종업원수를 비교해 보면, 울산의 도매사업체당 종업원 비중은 전국수준을 밑돌고 있다. 인구 1,000명 당 도매사업체수를 보면, 울산은 1960년- 1980년대에 걸쳐 도매업이 매우 저조하였으나, 1990년대 들어와서 도매업이 다소 활기를 띠기 시작하고 있지만, 아직까지는 전국평균 수준에 미치지 못하고 있다. 이같은 현상은 울산이 우리나라 최대의 공업단지이기 때문에 1960년 초부터 지역의 경제정책이 거의 공업화와 그 인프라 구축에 치중되었기 때문이다.

다음에 소매사업체의 경우를 보면, 1968년- 2009년 기간 동안 전국은 2.4배 증가하였으나, 울산은 12.3배 증가하였다. 동 기간 중 인구증가는 전국이 1.6배, 울산은 4.5배인 것과 비교하면 전국과 울산의 소매사업체 증가가 훨씬 크지만, 특히 울산의 소매사업체수 증가가 인구규모 증가에 비해 훨씬 높은 것으로 나타나고 있다. 동기간 동안 소매사업체의 종업원 증가를 보면 전국은 3.5배 증가하였으나 울산은 28.5배 증가하여 울산의 증가율이 전국 증가율보다 훨씬 빨리 증가하였음을 알 수 있다. 울산의 소매사업체의 전국비중은 1968년 0.4%에서 2009년 2.1%로, 울산의 소매사업체 종업원의 전국비중은 1968년 0.3%였으나, 2009년 2.1%로 크게 증가하였다.

다음에는 소매사업체의 사업체당 종업원수를 보면, 울산의 소매사업체의 경우는 도매사업체와는 달리 전국수준을 유지하고 있다. 인구 1,000명당 소매사업체수를 보면 울산의 소매업은 도매업보다는 훨씬 활기를 띠고 있으나, 2009년 전국수준에는 다소 미치지 못하고 있어 시민소득 증가에 따른 유통산업의 발전이 필요한 실정이다.

〈표22-1〉 울산지역 도·소매 사업체수 및 종업원수의 변화 추이

연도	도매업				소매업				인구(천명)	
	사업체수		종업원수(인)		사업체수		종업원수(인)			
	전국	울산	전국	울산	전국	울산	전국	울산	전국	울산
1968	13,193	134	55,405	631	264,100	1,110	456,862	1,215	30,833	249
1971	16,429	93	61,355	402	230,471	1,581	581,174	2,003	32,883	275
1976	20,260	56	93,679	104	393,651	2,732	693,459	2,759	35,849	385
1979	23,835	103	116,609	256	422,012	4,465	765,180	4,795	37,534	511
1982	45,568	293	173,156	1,239	542,458	6,478	945,778	11,116	39,326	593
1986	68,760	607	342,522	3,333	637,762	8,772	1,122,289	17,630	41,214	679
1991	125,852	1,463	629,768	6,035	716,790	11,023	1,424,435	20,451	43,296	858
1996	167,292	2,398	711,767	8,801	795,870	15,980	1,721,468	33,940	46,430	1,018
2000	189,452	2,895	798,471	11,117	727,233	13,960	1,694,746	31,820	47,977	1,044
2006	213,119	3,152	856,991	11,574	631,576	12,999	1,565,400	31,866	49,624	1,102
2009	226,228	3,414	997,652	12,889	635,508	13,689	1,628,687	34,615	49,773	1,114

자료: 울산시, 『울산통계연보』 각년, 울산상공회의소, 『울산경제현황』 각년.
경제기획원, 『총사업체통계조사보고서(도소매업편)』, 1987, 대한통계협회, 『총사업체통계조사보고서』, 1992, 통계청, 『사업체기초통계조사보고서』, 2001. 통계청 KOSIS.

2. 울산지역 유통시설 추이

<표22-2-a>를 보면, 울산의 유통시설은 1962년- 2009년 기간 동안 시장연면적은 시장은 6.4배 증가하였으며, 백화점은 1980년- 2009년간 46.8배 증가하여 백화점의 연면적이 크게 늘어났다. 그리고 매장면적은 1962년- 2009년 기간 동안 시장은 32.6배, 백화점은 1980년- 2009년 기간 중 22.8배 각각 증가하였다.

시장 동(棟)수를 보면, 1962년- 2009년 기간 중 1.7배 증가하였고, 백화점은 1977년 현대백화점 동구점이 최초로 개점되었고, 1980년- 2009년 기간 동안 주리원 백화점, 모드니 백화점과 올림푸스 백화점이 탄생하였다가 퇴출되었고, 1997년 현대백화점 울산점이 개점되었으며, 2001년 7월 롯데백화점 울산점이 개점되었다. 점포수에 있어서는 1962년- 2005년 기간 동안 시장은 4.9배 증가하였고, 백화점은 1980년- 2005년 기간 동안 7.7배 증가하여, 백화점 점포수가 단기간에 크게 증가하였다. 이는 울산시민들의 소득증대에 따른 소비패턴의 변화, 즉, 소비의 고급화·다양화·개성화 추세에 의한 것으로 보인다. 현재 울산은 현대백화점과 롯데 백화점이 복점형태를 취하면서 치열한 경쟁을 하고 있다.

〈표22-2-a〉 울산지역 유통시설 추이

단위: m², 개소

연도	시장연면적		매장면적		동수		점포수	
	시장	백화점	시장	백화점	시장	백화점	시장	백화점
1962	32,984	-	4,114	-	17	-	1,321	-
1965	40,530	-	4,919	-	19	-	1,321	-
1970	22,211	-	6,355	-	20	-	1,354	-
1975	24,397	-	12,609	-	21	-	1,938	-
1980	60,140	4,819	43,094	3,054	26	4	3,301	257
1985	59,708	27,601	60,775	20,739	47	6	3,558	664
1990	42,098	27,601	60,350	20,739	22	6	3,510	664
1995	100,689	79,108	79,567	44,882	32	4	5,041	1,380
2000	129,624	120,243	84,382	40,509	31	3	4,672	1,107
2005	188,725	230,048	130,208	69,516	40	3	6,487	1,985
2009	213,246	230,048	147,575	69,516	31	3	-	-

주: 정기시장은 제외

자료: 울산상공회의소, 『울산상공현황』, 『울산경제현황』, 『울산산업경제현황』, 각년.

1990년대 이후 새로운 형태의 소매업태로 급격히 증가하고 있는 대형 할인점의 경우는 <표 22-2-b>에서 보듯이 1998년 7월 메가마트 언양점이 대형할인점 업태로서는 처음으로 울산에 진출한 이래 2009년 말 현재 연면적은 13.3배, 매장면적은 20.5배 각각 증가하였고, 총점포수는 2개에서 17개로 늘어났다.

〈표22-2-b〉 울산지역 대형 할인점 추이

단위: m², 개소

연도	연면적	매장면적	점포수
1998	50,596	16,104	2
1999	72,994	24,133	3
2005	349,453	113,109	12
2009	575,628	330,292	17

주: 매장면적 3,000m² 이상

자료: 울산시 생활경제과 내부자료, 울산상공회의소, 『울산경제현황』, 『울산산업경제현황』, 각년.

3. 울산의 시장 현황

1) 울산지역 유통업체 현황

<표22-3>에서 울산의 유통업체는 총 63개소이며, 그 가운데 상설시장 29개소, 대형점 18개소, 정기시장 9개소, 무등록 시장 3개소, 백화점 3개소, 도매센터 1개소로 되어 있다. 총대지면적 중에서 대형점이 차지하는 면적이 49.4%로 가장 크고, 그 다음이 상설시장으로 26.6%를 차지하고 있다.

〈표22-3〉 울산지역 유통업체 현황

구분	총계	정기시장	상설시장	무등록시장	백화점	대형점	도매센터
업체수	63	9	29	3	3	18	1

자료: 울산시 경제정책과 자료

2) 정기시장

<표22-4>를 보면, 울산의 정기시장은 총 9개소인데, 8. 15 광복 이전에 개설된 것이 7개소이고, 광복 후에 개설된 것이 2개소이다. 광복 이전 1910년대 개설된 시장

은 언양시장(1915년), 남창시장(1916년), 덕하시장(1916년) 3곳이고, 1920년대에 개설된 시장으로는 호계시장(1922년) 한 곳이다. 그리고 1930년대 개설된 시장으로는 정자시장(1932년)과 웅촌시장(1932년) 2곳이고, 1940년대 개설된 시장은 봉계시장(1941년) 한 곳이다. 광복 후 1980년대에 태화종합시장(1982년), 덕신 제2시장(1992년)이 개설되었다.

〈표22-4〉 울산의 정기시장

단위: m²

명칭	소재지	개설	대지면적	시장연면적	매장면적
총계	9개소		34,091	8,059	12,534
언양시장	울주 언양 남부 340-22	1915	3,386	1,157	1,522
남창시장	울주 온양 남창 140-3	1916	11,236	1,646	6,440
덕하시장	울주 청량 상남 570	1916	6,725	278	678
호계시장	북구 호계동 869-1	1922	2,605	1,089	1,089
정자시장	북구 정자동 699	1932	644	146	146
웅촌시장	울주 웅촌 곡천 320-2	1932	1,813	-	70
봉계시장	울주 두동 봉계 570	1941	2,941	1,332	508
태화종합시장	중구 태화동 23-7	1982	1,329	965	635
덕신2시장	울주 온산 덕신 429	1992	3,412	1,446	1,446

자료: 울산시 경제정책과

3) 상설시장

① 중구

<표22-5>를 보면, 중구의 상설시장은 총 12개소이며, 1970년대 학성새벽시장(1974년), (중앙)전통골목시장(1974년), 우정시장(1976년), 역전시장(1978년), 구 역전시장(1978년) 등 5곳이 개설되었고, 1980년대에는 선우시장(1981년), 학성종합시장(1983년), 신울산종합시장(1984년) 등 3곳이 개설되었다. 1990년대에는 병영시장(1990년), 성남프라자(1992년), 울산시장(1997년) 등 3곳이 개설되었으며, 2000년대에는 울산중앙시장(2003년)이 개설되어 오늘에 이르고 있다.

〈표22-5〉 중구의 상설시장 추이

단위: m²

명칭	소재지	개설일	대지면적	시장연면적	매장면적
학성새벽시장	학성동 353-7	1974	13,980	11,570	11,570
(중앙)전통골목시장	옥교동 95-23	1974	11,563	7,828	20,035
우정시장	우정동 285-1	1976	2,743	2,854	2,114
역전시장	학성동 436-2	1978	2,661	1,894	1,503
구 역전시장	학성동 433-8	1978	7,693	5,129	5,434
선우시장	남외동 385-3	1981	2,634	3,433	3,179
학성종합시장	학성동 467-1	1983	1,984	1,604	1,453
신울산종합시장	반구동 100-1	1984	1,981	3,102	1,521
병영시장	남외동 257-1	1990	510	1,323	1,323
성남프라자	성남동 190-239	1992	3,085	12,056	6,402
울산시장	학산동 47-10	1997	2,205	8,908	5,961
울산중앙시장	옥교동 125-2	2003	4,085	16,663	5,554
총계	29개소	-	129,117	210,396	134,491

자료: 울산상공회의소, 『2011 울산산업경제현황』, 2011.

② **남구**

<표22-6>을 보면, 남구의 상설시장은 총 9개소이며, 1970년대 신정시장(1970년), 신정시장상가(1970년), 수암시장(1970년), 야음체육관시장(1970년), 수암시장상가(1970년), 야음시장(1976년), 야음상가시장(1976년) 등 7곳이 개설되었고, 1980년대에는 신정평화시장(1985년) 한 곳, 그리고 1990년대에는 울산산업공구월드(1997년) 한 곳이 개설되어 오늘에 이르고 있다.

〈표22-6〉 남구의 상설시장 추이

단위: m²

명칭	소재지	개설일	대지면적	시장연면적	매장면적
신정시장	신정1동 630-1	1970	1,033	1,647	1,530
신정시장상가	신정1동 618-16	1970	22,230	28,787	12,028
수암시장	야음동 689-1	1970	2,205	1,990	1,990
수암시장상가	신정동 854	1970	6,628	9,383	6,075
야음체육관시장	야음동 376	1970	9,893	10,762	4,807

야음시장	야음동 815-22	1976	2,181	5,229	3,149
야음시장상가	야음동 816-22	1976	8,902	16,041	4,022
신정평화시장	신정2동 1600-3	1985	1,198	2,417	1,577
울산산업공구월드	삼산동 1591-4	1997	5,756	21,509	17,207
총계	9개소	-	58,026	81,728	52,385

자료: 울산상공회의소, 『2011 울산산업경제현황』, 2011.

③ **동구**

<표22-7>을 보면, 동구의 상설시장은 총 6개소이며, 1970년대에는 전하시장(1978년), 남목시장(1978년), 동부시장(1979년) 등 3곳이 개설되었고, 1980년대에는 월봉시장(1980년), 동울산종합시장(1983년) 등 2곳이 개설되었으며, 1990년대에는 대송농수산물시장(1991년) 한 곳이 개설되어 오늘에 이르고 있다.

〈표22-7〉 동구의 상설시장

단위: m²

명칭	소재지	개설일	대지면적	시장연면적	매장면적
전하시장	전하1동 450-3	1978	1,265	2,031	1,790
남목시장	동부동 310-2	1978	958	613	406
동부시장	동부동 310-15	1979	1,507	2,276	956
월봉시장	화정동 640-17	1980	991	747	659
동울산종합시장	전하2동 661-7	1983	2,979	7,627	4,889
대송농수산물시장	화정동 171-4	1991	1,597	3,241	2,517
총계	6개소	-	9,297	16,535	11,217

자료: 울산상공회의소, 『2011 울산산업경제현황』, 2011.

④ **울주군**

<표22-8>을 보면, 울주군의 상설시장은 총 2개소이며, 1980년대에 언양종합상가시장(1988년)이 개설되었고, 1990년대에 덕신상설시장(1991년)이 개설되어 오늘에 이르고 있다.

〈표22-8〉 울주군의 상설시장

단위: m²

명칭	소재지	개설일	대지면적	시장연면적	매장면적
언양종합상가시장	언양 남부 124-2	1988	4,047	1,989	1,173
덕신상설시장	온산 덕신 1280-21	1991	2,169	3,794	2,329
총계	2개소	-	6,216	5,783	3,502

자료: 울산상공회의소, 『2011 울산산업경제현황』, 2011.

⑤ **무등록시장**

울산의 무등록 시장은 <표22-9>에서 보듯이 북구에 화봉종합시장, 신전시장, 매곡시장 등 3곳이 있다.

〈표22-9〉 울산의 무등록 시장

단위: m²

구분	소재지	대지면적	시장형태	주업종	구분
화봉종합시장	화봉동 448-2	864	복합건물	부식	상설
신전시장	염포동 194-1	1,041	골목시장	음식, 식육	상설
매곡시장	매곡동 587	987	일반상가	음식, 식육	상설
총계	3개소	2,892	-	-	-

자료: 울산상공회의소, 『2011 울산산업경제현황』, 2011.

⑥ **백화점**

울산의 백화점은 <표22-10>에서 보듯이 현재 3곳이 존재한다. 현대백화점 동구점은 1977년 8월에 현대쇼핑센터란 이름으로 개점하여 1985년 12월에 서울 압구정동 본점이 개점할 때까지 본점으로 사용하였다. 1990년대에는 현대백화점 울산점이 개설(1997년)되었으며, 2000년대에는 롯데백화점이 울산점이 개설(2001년)되었다. 현재는 현대백화점 2곳, 롯데백화점 한 곳 해서 총 3개 점포가 존재한다.

당초 1980년대에서 1990년대에 걸쳐 울산에는 지역 유통산업을 대표하는 3대 향토백화점(주리원, 모드니, 올림푸스)이 존재하였으나, 1990년대 IMF 외환위기시 경영위기에 봉착하여 부도에 의한 폐업이 이루어졌다.

중구에 위치한 주리원백화점은 1982년 11월에 개점하였다. 초창기에는 삼정이란 이름으로 설립되었으나 1984년 주리원으로 이름을 바꾸었으며, 또한 1998년 8월에 현대백화점 성남점으로 이름을 바꾸었다. 그러나 2001년 롯데백화점 울산점이 개점된 후 아울렛으로 바뀌었지만 결국 경영난으로 폐점하였다. 주리원 백화점은 폐점하기 전에 남구 신시가지 조성에 따라 남구지역의 시장 선점과 국내외 대형 유통업체들이 지역시장에 진출할 것에 대비하여 남구에 아트리움(현재 현대백화점 울산점)을 개점하였다. 주리원백화점은 미래경영에 대응하기 위한 시장선점 전략은 매우 유효하였지만, 국내 제조업체들처럼 성장위주의 전략에 초점을 맞추어 과도한 투자를 한 것이 IMF 외환위기 이후의 자금의 유동성 부족과 고금리로 인한 자금압박으로 경영상태가 악화되어 부도에 이르는 경영위기를 초래하였다고 볼 수 있다. 1998년 금강개발에 인수되고, 2000년 현대백화점 울산점으로 전환되어 주리원은 역사 속으로 사라졌다.

모드니 백화점은 1992년 11월 개점 이후 기존 주리원 백화점과 지역 유통업계의 양대 산맥을 이루며 견실히 성장해 왔다. 그러나 1997년 주리원백화점의 경영악화로 대형 유통망을 갖춘 금강개발에 팔려 현대백화점(성남점)으로 개점하면서 모드니 백화점의 고급 브랜드가 이곳으로 유출되어 모드니 백화점의 특성과 정체성을 잃게 되었으며, 1990년대 국내외 대형 할인점이 울산시장에 진출하면서 경쟁력면에서 뒤져 매출액이 크게 감소하였다. 또한 유통환경변화에 걸맞는 백화점 경영전략이 없었던 것도 경영위기의 원인으로 볼 수 있다. 이러한 이유로 재무구조가 부실하였고, IMF 외환위기 이후 자금압박에 견디지 못하여 부도에까지 이르는 경영위기를 초래하였다.

올림푸스 백화점은 1995년 5월 당시 지하 7층 지상 12층 연면적 3만 3,000여 m^2로 울산에서 가장 규모가 큰 백화점으로 개점하였으나, 건설회사에 건축비 320억원을 지불하지 못해 개장 8개월만인 1996년 1월에 도산하였다. 부도 이후 이 백화점은 법원으로 넘어가 9차례에 걸친 경매 끝에 1999년 의류업체인 이랜드 그룹 계열사 2001 아울렛에 인수되었으나 자금력 부족과 분양저조 등으로 다시 2002년 8월 (주)발해로 소유권이 넘어가고, 2002년 8월에 다시 현재 소유주인 (주)포엠으로 넘어가는 등 소유주가 다섯 차례나 바뀌었다. 올림푸스 백화점은 결국 우루과이 라운드 WTO체제가 출범하고 유통시장이 개방됨에 따라 국내외 대형 할인점의 울산진출에 따른 경쟁력 약화, 매출액 감소로 경영위기에 빠지게 되어 폐업하게 되었다.

〈표22-10〉 울산의 백화점

단위: m²

명칭	소재지	개설일	대지면적	연건축면적	매장면적
(주)현대백화점 동구점	남구 서부동 105-3	1977	10.177	25,820	13,546
(주)현대백화점 울산점	남구 삼산동 1521-1	1997	8,715	97,462	26,010
롯데백화점 울산점	남구 삼산동 1480-1	2001	20,090	106,766	29,960
총계	3개소	-	38,982	230,048	69,516

자료: 울산상공회의소, 『2011 울산산업경제현황』, 2011.

⑦ **대형점**

울산의 대형점은 <표22-11>에서 보듯이 총 18개소이며, 개설 연도별로 보면, 1990년대 울산산업공구월드(1997년), 메가마트 언양점(1998년), 롯데마트 울산점(1999년) 등 3곳이 개설되었고, 2000년대 들어서 메가마트 울산점(2000년), 홈플러스 울산점(2001년), 세이브존 울산점(2001년), 패션밸리(C-1020)(2002년), 홈플러스 울산남구점(2003년), 신세계 이마트 울산점(2003년), 디앤 아이(2005년), 뉴코아 아울렛 울산점(2006년), 롯데마트 진장점(2006년), 뉴코아 아울렛 성남점(2006년), 이마트 학성점(2006년), 홈플러스 북구점(2006년), 홈플러스 동구점(2008년), 진장동 하나로마트(2009년)가 각각 개설되어 오늘에 이르고 있다.

〈표22-11〉 울산의 대형점

단위: m²

명칭	소재지	개설일	대지면적	연건축면적	매장면적
울산산업공구월드	삼산동 1591-4	1997	5,756	21,519	10,356
메가마트 언양점	삼남면 교동리 619-61	1998	28,183	9,589	7,633
롯데마트 울산점	달동 833-1	1999	6,625	28,887	7,178
메가마트 울산점	진장 명촌지구 54B 1L	2000	32,917	13,147	9,823
홈플러스 울산점	복산동 100	2001	18,429	51,087	11,618
세이브존 울산점	삼산동 1377-8외 4	2001	8,766	37,032	10,997
패션밸리(C-1020)	신정동 1126-5	2002	1,325	9,701	3,354
홈플러스 울산남구점	야음동 789-91	2003	16,672	52,216	10,997
신세계 이마트울산점	삼산동 1646	2003	16,245	54,184	12,242
디앤아이	성남동 255-24	2005	1,742	21,945	9,294
뉴코아	달동 1360-3	2006	3,445	37,455	14,375

아울렛울산점					
롯데마트 진장점	진장동 유통단지 9B	2006	68,631	56,798	17,669
뉴코아 아울렛성남점	성남동 249-1	2006	1,923	10,614	10,674
이마트 학성점	학성동 349-15	2006	8,017	42,191	137,077
홈플러스 북구점	상안동 322-9	2006	13,357	41,007	8,471
홈플러스 동구점	일산동 577-16	2008	7,912	57,718	13,229
진장동 하나로마트	진장동 282-1	2009	83,428	30,548	30,548
총계	17개소	-	323,373	575,628	330,292

주: 대형점은 상시 가격파괴형으로 100% 직영형태로 운영되며 매장면적이 3,000m²이상인 업체

자료: 울산상공회의소, 『2011 울산산업경제현황』, 2011.

⑧ **도매센터**

<표22-12>에서 보듯이 울산에는 2009년 현재 도매센터로서 농산물 도매시장 한 곳이 있다. 농수산물 도매시장은 1990년 개설되었으며, 대지면적은 41,011m²이고, 연건축면적은 25,114m²이며, 매장면적은 13,256m²이다.

<표22-12> 울산의 도매센터

단위: m²

명칭	소재지	개설일	대지면적	연건축면적	매장면적
농수산물도매시장	남구 삼산동 904-10	1990	41,011	25,114	13,256

자료: 울산상공회의소, 『2011 울산산업경제현황』, 2011.

4. 전국 및 7대 도시의 도·소매업 현황

<표22-13>은 전국 및 7대 도시의 도·소매업의 사업체수 및 종사자수 현황, 산업내 비중 및 7대 도시 가운데 울산의 순위를 나타내고 있다. 울산은 사업체수, 종업원수 및 산업내 비중에 있어서 유통산업의 비중이 7대 도시 가운데 최하위를 차지하고 있다. 울산의 유통산업은 규모면에서 매우 영세하며, 지역산업에서 차지하는 중요성이 상대적으로 매우 낮다. 이러한 사실은 1962년 울산이 국가공업단지로 조성된 이래 지역경제정책이 주로 공업화추진과 관련된 것이었기 때문이며, 이는 결과적으로 과대한 제조업의 비중과 함께 현실적으로 울산의 산업구조의 문제점으로 나타나게 되었다.

〈표22-13〉 전국 및 7대 도시의 도·소매업 현황 비교(2009년)

단위: %, 명

구분	전국	서울	부산	대구	인천	광주	대전	울산	울산의 순위
사업체수	861,736 (100.0)	208,443 (24.2)	75,040 (8.7)	48,169 (5.6)	38,243 (4.4)	26,912 (3.1)	24,773 (2.9)	17,103 (2.0)	최하위
종업원수	2,626,339 (100.0)	792,686 (30.2)	213,360 (8.1)	133,685 (5.1)	111,529 (4.2)	79,625 (3.0)	74,640 (2.8)	47,504 (1.8)	최하위
업체당 종업원수	3.0	3.8	2.8	2.8	2.9	2.9	3.0	2.7	최하위
산업내 비중	15.6	19.0	18.0	17.4	14.1	16.3	15.9	13.9	최하위

주: 산업내 비중(%)= 도소매업 종업원수/산업 총종업원수

( )안은 전국 대비 비중임.

자료: 통계청 KOSIS

5. 울산의 유통산업의 특화 정도

다음에는 종사자수를 기준으로 한 입지상계수를 이용하여 7대 도시와 비교하여 울산의 유통산업의 특화정도를 측정해보기로 한다. 입지상계수(LQ)를 구하는 공식은 다음과 같다.

LQ= (울산지역 i 산업의 종사자수/울산지역 전산업의 종사자수)/
(전국의 i 산업의 종사자수/전국의 전산업의 종사자수)

LQ>1이면 울산지역 i 산업이 전국의 i 산업보다 상대적으로 특화되어 있다고 해석하거나, i 산업이 울산의 기반산업이라고 할 수 있다. <표22-14>를 보면, 울산의 도·소매업의 입지상계수는 7대 도시 중 가장 취약하다.

〈표22-14〉 7대 도시 도·소매업의 입지상계수(2009년)

구분	도매 및 소매업	도매 및 상품중계업	자동차 및 부품판매업	소매업(자동차 제외)
서울	1.2145	1.7538	0.9375	0.8818
부산	1.1556	1.1501	0.9688	1.1713
대구	1.1159	1.0185	1.1094	1.1801
인천	0.9033	0.6728	1.5312	1.0099
광주	1.0429	0.9224	1.2031	1.1105
대전	1.0173	0.9056	1.4531	1.0586
울산	0.7349	0.5244	0.7188	0.8740

자료: 통계청 KOSIS

6. 유통산업의 종사자 규모별 특징

<표22-15>는 울산지역 도·소매업자의 종사자 규모별 현황을 나타낸 것이다. 표에 따르면, 사업체수에 있어서 종업원 1- 4명 규모가 90.1%로 가장 많고, 5- 9명 규모 6.9%, 10- 19명 규모 1.9%, 20- 49명 규모 0.8%, 50명 이상 0.2%로 나타나고 있다. 종업원수에 있어서는 종업원 1- 4명 규모의 사업체 종사자가 57.1%로 가장 많고, 5- 9명 사업체 종사자 15.2%, 10- 19명 사업체 종사자 9.2%, 20- 49명 사업체 종사자 9.1%, 50명 이상 사업체 종사자 9.4%로 나타나고 있다. 따라서 울산지역의 유통산업은 매우 영세함을 나타내고 있다.

〈표22-15〉 울산지역 유통산업의 종사자 규모별 특징(2009년)

단위: 개소, 명, %

종업원 규모	사업체수	종업원수
계	17,103(100.0)	47,504(100.0)
1- 4	15,412(90.1)	27,120(57.1)
5- 9	1,179(6.9)	7,214(15.2)
10-19	333(1.9)	4,397(9.2)
20-49	142(0.8)	4,306(9.1)
50-	37(0.2)	4,467(9.4)

자료: 통계청 KOSIS

제3절 유통환경의 변화전망 및 발전과제

1. 변화전망

1996년부터 유통시장이 개방됨에 따라 유통환경이 크게 변하고 있다. ①WTO체제 하에서 시장개방에 따른 저가격·고품질 제품의 수입확대와 외국의 대형 유통업체의 국내진입 증가, ②소비심리 위축으로 인한 가격에 민감한 소비자의 증가, ③여성의 경제활동 증가에 따른 저빈도 대량구매경향과 쇼핑의 편의성 추구, ④승용차 보급률 증가에 따라 점포의 교외출점과 대규모 주차시설구비, ⑤인구의 외곽으로의 이전과 간선도로망 확충에 따른 점포의 교외출점 및 저가격경쟁의 심화, ⑥정부규제 완화에 따른 대기업 유통산업 진출 확대, ⑦좋은 품질에 대한 인식변화, ⑧해외여행 증가로 브랜드 제품에 대한 인식변화 등에 의해 본격적인 대형 할인점

시대가 도래할 전망이다.

따라서 울산지역의 유통산업은 대기업 유통업체와 외국의 대형 할인점이 지역시장으로의 진출로 경쟁이 심화되고 있는 가운데 기존의 유통업체들의 구조조정을 통한 경쟁력 강화가 시급한 실정이다.

2. 발전과제

1) 유통구조의 선진화

유통업체의 점포설립 및 영업활동 등과 관련된 규제개혁을 통해 업체간 경쟁을 촉진하고 민간의 자율성을 신장하여야 한다. 그리고 신업태의 설립촉진을 위한 저가부지 공급을 확대하고, 도매 배송업의 활성화를 통한 제조업의 물류기능을 아웃소싱할 수 있도록 유도하여야 한다. 전자상거래, TV홈쇼핑 등 통신판매의 활성화 기반을 조성하여 유통체계의 선진화를 추구하고, 중소유통업체의 경쟁력을 강화시켜 대기업과 균형발전을 이룰 수 있게 하여야 한다. 또한 소비자의 편의성에 부응할 수 있도록 유통시설을 현대화하고, 조직화·협업화 및 경영효율화를 추구하여 시장경제의 주체가 될 수 있도록 유통구조를 선진화하여야 한다.

2) 유통산업의 종합 정책개발

울산은 지난 50여년간 우리나라 경제성장의 견인차 역할을 담당해 왔다고 해도 과언이 아니다. 그 과정에서 각종 공해와 환경문제가 발생하였을 뿐만 아니라 기존 주력산업의 산업수명주기상 성숙기 및 쇠퇴기로 진입함에 따라 산업 자체의 경쟁력 약화로 인해 향후 도시경쟁력이 약화될 우려를 내포하고 있다.

따라서 21세기 도시경쟁력 및 시민들의 삶의 질을 향상시키기 위해서는 산업구조조정이 절실히 요구된다고 하겠다. 이러한 측면에서 울산의 유통산업은 도시경쟁력을 향상시킬 수 있는 주요 근원이 되므로 유통산업에 대한 새로운 인식이 절실하다고 하겠다. 따라서 관계당국은 지역사회 발전에 대한 유통산업의 기능과 역할에 대한 마인드를 제고하여 체계적인 유통정책을 수립·추진하는 것이 무엇보다 중요하다. 울산의 유통산업 현대화 및 경쟁력 제고를 위해서는 유통산업 경쟁력 제고를 위한 정책을 마련하여 장기적 안목에서 단계적으로 추진하여야 할 것이다.

3) 유통 전문인력 양성

최근 대형 외국유통업체와 국내 대형 유통업체들의 지역진출과 소비자 의식수준의 향상 등으로 과거에 비해 소비자의 욕구가 고급화·전문화·개성화·다양화되어

감에 따라 다양한 환경변화에 대응하여 경쟁우위를 가지기 위해서는 전문인력을 양성하여 전문적인 관리가 절실히 요청된다. 따라서 유통산업의 경영체질 개선을 위한 유능한 인재를 육성하기 위해서는 지정 연수기관을 통한 연수기회를 확대하고 나아가 역내 대학 평생교육원 등에 유통전문 과정을 개설하여야 할 것이다.

4) 권역별 상권 활성화

울산의 상권이 신도시개발·발전으로 남구로 이전되어, 중구는 기존상권이 침체하는 가운데 일부 상권이 북구로 이전되고 있어 상권위축이 가속화되고 있다. 북구는 새로운 상권의 재정립이 이루어지고 있고, 동구는 독자적인 상권을 형성하고 있다. 그리고 울주군은 지리적 여건으로 인하여 상권이 체계적으로 형성되지 못하고 있다.

따라서 각 권역별 상권의 특성을 살리면서 전체 울산지역의 유통기능을 균형적으로 개발하고 권역별 상권 활성화를 추진하여 경쟁력을 높여 나가야 한다. 권역별로 소비시장을 세분화하여 표적시장에 맞는 차별화된 제품 및 서비스를 개발하여 소비자 불만요소를 개선함으로써 각 권역별 상권의 경쟁력을 높여 나갈 수 있을 것이다. 다시 말해 각 권역별 상권은 핵심역량을 바탕으로 고객을 유인할 수 있는 특성화된 상권을 개발해야 한다.

5) 유통산업의 경영혁신

울산지역의 유통산업은 규모가 매우 영세하다. 향후 정보화와 물류기능 고도화에 적응하지 못할 경우에는 도태될 수밖에 없기 때문에 대형화·조직화·협업화 등의 방법을 통해 혁신적인 경영기법을 활용하여 합리적인 경영을 도모해야 할 것이다. 또한 울산의 유통산업은 전문성과 경영의식이 부족하여 합리적인 경영이 이루어지지 못하고 있는 실정이다. 최근 변화된 소비자 욕구수준에 능동적으로 대응하기 위해서는 경영합리화를 추구하여야 한다.

유통산업은 그 지역의 산업특성과 사회문화적 특성, 지역 소비자의 욕구 및 지역환경의 변화 등에 능동적으로 대응하지 못하면 생존할 수 없다. 즉, 주거생활의 변화, 소득의 변화, 시민개성의 변화, 라이프스타일의 변화 등 다양화된 환경변화에 능동적으로 대응하는 지역밀착형 유통전략을 펼쳐야 한다. 따라서 철저한 소비자 분석과 지역환경분석을 기초로 하여 울산지역에 보다 적합한 업태가 도입되어야 할 것이며, 더 나아가 지역에 걸맞는 토착화된 업태의 개발이 필요하다.

6) 중소유통업체의 경쟁력 강화

해외 대형 유통업체 및 국내 대기업의 유통산업으로의 진출이 확대되면서 중소유통업체들은 상대적으로 입지가 약화되고 경영위기에 처해 있다. 따라서 새로운 유통시장 환경에 적응하기 위하여 점포의 시설개선 및 대형화, 제품의 공동구매 확대, 매장 구성과 운영방식의 변화, 공동창고 건립 등 구조개선이 추진되어야 한다. 중소유통업체가 경쟁력을 갖기 위해서는 조직화·협업화 촉진을 위한 지원제도를 보강하여 규모의 경제를 실현하고 경쟁력 제고방안을 강구하여야 한다.

중소유통업체의 협업화 방법의 하나로 인접한 점포끼리 점포 공동화, 중소규모 점포의 집적화, 상점가 재개발 등을 통하여 협업화할 수 있게 지원해 나가고, 노후시설과 시설낙후로 어려움을 겪고 있는 재래시장 입점업체들의 시장재개발을 촉진하기 위하여 이와 관련된 토지이용 및 건축 관련제도를 개선하여야 한다.

나아가 중소유통업체의 장점인 근린편의성을 살려 지역 소비자에게 밀착시키고, 대형점에서 취급이 곤란한 상품 품목을 전문적으로 취급하는 점포의 차별화 전략도 모색하여야 한다. 영세한 유통업체들이 경쟁력을 향상하기 위한 방안으로 네트워크 POS(Point of Sales: 판매시점 정보관리)를 구축할 수 있도록 유통정보화를 위한 자금지원이 필요하다.

7) 전통시장 재개발 및 활성화

전통시장은 시민들에게 소비생활의 편의성과 유통산업의 발전에 중요한 기능을 담당해 왔다. 그러나 유통환경과 소비환경이 급변하면서 점차 그 기능을 상실하고 있다. 고급 브랜드를 선호하는 고객, 신용카드 및 현금영수증 거래의 증대, 쇼핑 이외의 휴식과 문화생활을 추구하는 고객의 증가로 전통시장의 매력은 감소하고 있다. 또한 시설의 노후화, 경영의 비합리성, 아파트 단지 개발에 따른 근린상가의 증대, 신업태의 등장 등으로 전통시장은 존립의 위협을 받고 있다.

울산의 전통시장은 울산의 유통문화와 가장 밀접한 관계를 맺어왔으며, 현재에도 시민들의 근린상업시설로서 중요한 기능을 하고 있을 뿐만 아니라 유통업에서 큰 비중을 차지하고 있다. 또한 미래에도 지속적으로 유통기능을 수행해 나가야 할 것이다.

따라서 전통시장의 경쟁력을 높이기 위해서는 상권구조 및 입지특성을 고려하여야 한다. 현재의 전통시장은 상권분석을 통하여 새로운 구조로 재편하여 육성하는 방안을 강구하여야 한다. 또한 전통시장의 입지특성에 따라 시장을 세분화하고, 시설 및 주변환경을 개선하여 효율적인 육성방안을 강구하여야 한다. 전통시장의 경쟁력을 제고하기 위해서는 시설의 현대화, 주차공간 및 화장실 확보, 교통의 편리성 확보, 서비스 개선, 문화공간 확보, 주변 환경 개선 등을 추진하여 기존의 전통시장의 낙후된 유통시설의 이미지를 쇄신하여야 한다.

8) 농수산물 도매시장의 정비 및 시설 확충

울산지역 농수산물 도매시장은 1990년 3월 개장한 이래 시설투자나 개·보수가 제대로 이루어지지 않아 이를 이용하는 시민들의 불편이 가중되고 있으며, 시장상인들도 열악한 환경에 대한 불만이 고조되고 있다.

현 농산물도매시장이 노후하고 대지가 4만 1,000m², 건물이 2만 2,640m²로 장소가 협소하고, 울산지역 전체 농산물 유통의 약 15- 20%에 불과하며, 울산농수산물 도매시장의 면적은 인구 110만 대비 0.037m²로 광주 0.13m², 대전 0.12m²보다 훨씬 작다.

농수산물 도매시장이 도매시장으로서의 기능을 제대로 수행하기 위해서는 기본적으로 시장기능에 맞는 면적을 갖추어야 한다. 이를 위해서는 농수산물 도매시장 남단에 미개발지를 활용하는 방안을 강구할 수 있을 것이다.

아울러 주차장의 재정비와 효율적 운영, 담장 정비, 폐수처리장, 보안 및 안내시설 등을 정비·확충하여야 한다.

9) 유통산업의 정보화

세계화·개방화에 따른 무한경쟁시대에 유통산업의 경쟁력 제고를 위해서는 초고속통신망의 구축 및 기존 통신망의 고속화 및 고도화 등 정보통신 인프라의 구축과 활용이 필요하다. 앞서 언급한 POS 시스템의 도입 촉진과 함께 도소매업의 EDI(Electronic Data Interchange: 전자문서교환) 시스템 및 VAN(Value Added Network: 부가가치 전산망) 체제의 구축과 판매 베이스 시스템 및 무선 데이터 통신 시스템을 구축하여 기업간 거래정보가 원활히 유통되고 정보를 공유할 수 있도록 하여야 한다.

따라서 해외 선진 유통산업과의 경쟁을 위해서는 유통정보화를 구축하여 운송수단, 매장, 물류시설 등의 효율성을 제고하여 울산지역 유통산업의 경쟁력을 높여나가야 할 것이다.

10) 물류체계의 효율화 및 확충

울산지역은 물류시설이 절대적으로 부족하여 고도의 물류서비스를 제공하기에는 매우 어려운 실정이다. 울산지역의 물류시설들은 도심에 입지하고 있어 교통 및 주차난이 가중되고, 그 기능이 원활하게 수행되지 못하고 있다. 또한 물류시설들을 이용하는 기업들은 과다한 물류비를 지출하고도 낙후된 물류서비스를 받고 있다. 따라서 이러한 문제들을 극복하기 위해 집배송단지, 도·소매단지, 창고단지, 기업물류센터, 복합화물터미널, 복합물류단지의 조성이 필요한 실정이다.

11) 유통산업의 전략적 제휴

울산지역 유통산업의 효율적 발전을 위해서는 상호 보완적인 유통업체간, 제조업과 유통업체간의 전략적 제휴를 통해 고객정보를 공유하고, 재고비·운영비 등을 최소화하여, 유통망의 낭비적 요인들을 제거해야 한다. 그리고 울산지역 유통업체가 갖지 못한 능력을 타지역 유통업체와의 전략적 제휴를 통해 획득하고 나아가 유통의 동반자적 발전을 도모하여 경쟁력을 확보하여야 한다.

제 23 장

무역

대외지향적·수출주도형 경제발전전략을 채택하고 있는 우리나라에서 무역은 경제성장의 90% 이상 기여하고 있다. 전국 항만 중 물동량을 가장 많이 취급하고 있는 울산항은 해외로부터 원자재 수입과 중화학공업의 완제품 수출에 있어서 크게 기여해 오고 있다. 본 장에서는 울산의 수출과 수입의 성장추이를 검토한다.

제1절 울산의 수출개요

1. 수출추이

<표23-1>을 보면, 울산의 수출은 1962년 전국 대비 0.5%였으나, 2009년에는 16.7%로 증가하였다. 울산지역의 수출은 금액면에서 보면, 1962년- 2009년간 233,861배 증가하였다. 또 동기간 울산의 수출증가(233,861배)는 전국(6,610배)의 증가보다 훨씬 높다. 현재 울산의 수출은 전국 2위이다.

〈표23-1〉 울산의 수출실적

단위: 천 달러, %

연도	전국(A)	울산(B)	B/A
1962	55,000	260	0.5
1965	175,000	1,752	1.0
1970	835,000	20,220	2.6
1975	5,003,000	320,864	6.7
1980	17,214,000	1,699,266	10.9
1985	26,442,000	5,426,336	21.8
1990	63,124,000	6,396,131	12.9
1995	125,058,000	14,905,000	11.9
2000	172,268,000	23,376,000	13.6
2005	284,419,000	45,182,000	15.9
2009	363,533,000	60,804,000	16.7

자료: 울산상공회의소, 『울산경제현황』, 1993.
울산상공회의소, 『울산산업경제현황』, 각년.
한국은행 울산지점, 『울산지역경제동향』, 각호.

2. 업종별 수출실적

<표23-2-a>에서 울산의 업종별 수출실적을 보면, 1990년에는 공산품 99.5%, 음식물 0.3%, 나무 0.2%를 차지하고 있다. 공산품 수출 중 88%가 중화학공업제품이고 나머지 12%가 경공업제품이다. 1983년- 1990년간 울산의 수출액은 1.6배 증가하였는데, 공산품은 1.7배 증가하였다. 공산품 중 중화학공업제품은 1.6배, 경공업제품은 1.9배 증가하여 경공업제품의 수출증가속도가 중화학공업제품보다 다소 빠르다.

〈표23-2-a〉 업종별 수출실적

단위: 백만 달러

연도	계	화학	기계	섬유	1차금속	비금속	음식물	나무	기타
1983	3,924	655	2,721	288	140	3	85	32	-
1985	5,426	889	4,049	276	169	-	11	25	8
1990	6,396	1,851	3,560	736	220	-	15	13	-

자료: 울산상공회의소, 『울산경제현황』, 1993.

<표23-2-b>에서 울산지역의 업종별 수출실적으로 보면, 2009년에는 기계 및 운수장비가 46.3%로 가장 많고, 그 다음이 광물성 연료 윤활유 및 관련물질(24.1%), 화학물 및 관련제품(16.8%), 재료별 제조제품(9.0%)의 순으로 나타나고 있다.

〈표23-2-b〉 업종별 수출실적

단위: 백만 달러

연도	계	비식용 원재료 (연료제외)	광물성연료 윤활유 및 관련물질	동식물성 유지 및 왁스	화학물및 관련제품	재료별 제조 제품	기계 및 운수장비	기타 제조 제품	달리분류 되지않는 상품및취급물
1992	9,124	521	1,528	162	681	1,480	4,122	528	102
1995	14,950	514	2,472	672	1.328	1,331	7,436	706	491
1998	17,289	-	5,124	483	1,462	1,002	6,429	1,272	1,517
2000	19,972	203	5,127	0.038	2,690	835	10,940	143	215
2005	45,182	553	10,792	0.88	7,924	3,272	22,385	92	108
2009	60,814	544	14,673	0.55	10.246	5,507	28,194	231	1,309

자료: 울산시, 『울산통계연보』, 각년.

3. 주요 품목별 수출실적

<표23-3>에서 울산의 주요 품목별 수출실적을 보면, 1980년- 2009년 기간 동안 석유화학이 237.1배로 가장 많이 증가하였고, 그 다음이 자동차(157.4배), 전자제품(118.2배), 선박(33.5배), 철강 및 구조물(7.3배) 순으로 나타나고 있다. 품목별 수출실적을 보면 1980년에는 1위 선박, 2위 철강 및 구조물, 3위 석유화학, 4위 자동차, 5위 전자제품의 순이었으나, 2009년에는 1위 석유화학, 2위 선박, 3위 자동차, 4위 전자제품, 5위 철강 및 구조물의 순으로 나타나고 있어, 5대 수출품목의 순위만 다소 바뀌었을 뿐이다.

〈표23-3〉 품목별 수출통관 현황

단위: 백만 달러

연도	계	자동차	선박	철강 및 구조물	석유화학	콘테이너	전자제품	기타
1980	1,430	73	464	236	106	-	16	535
1985	5,073	553	2,716	446	647	-	45	660

1990	5,920	1,425	1,380	205	1,006	716	437	751
1995	14,409	3,947	2,762	1,482	4,471	577	706	960
2000	23,376	5,871	3,188	383	9,381	192	1,261	3,100
2005	44,555	13,059	6,415	675	19,375	-	1,102	2,251
2009	59,359	11,494	15,530	1,728	25,132	-	1,891	3,416

자료: 울산상공회의소, 『울산경제현황』, 1993.
울산상공회의소, 『울산산업경제현황』, 각년.
한국은행 울산지점, 『울산지역경제동향』, 각호.

4. 대륙권별 수출실적 추이

대륙권별 수출추이를 보면 아시아, 유럽, 북미지역의 수출이 가장 높게 나타나고 있다. 보다 구체적으로 보면, 2002년에서 2009년 기간 동안 아시아, 중동, 중남미, 아프리카, 대양주지역으로의 수출은 증가하는 경향을 보이고 있으나, 유럽으로의 수출은 정체상태를 보이고 있고, 북미지역으로의 수출은 감소추세를 보이고 있다.

〈표23-4〉 대륙권별 수출추이

단위: %

연도	2002	2004	2006	2008	2009
아시아	39.4	45.8	45.2	46.0	43.1
중 동	3.9	4.5	4.8	7.8	9.8
유 럽	20.4	18.4	20.6	20.6	18.5
북 미	22.2	16,6	13.3	9.3	10.3
중남미	7.1	5.4	6.0	8.1	7.8
아프리카	3.5	5.4	6.3	4.6	4.3
대양주	3.3	3.6	3.6	3.4	6.1
기 타	0.2	0.1	0.1	0.0	0.0
합 계	100.0	100.0	100.0	100.0	100.0

자료; 울산상공회의소, 『울산산업경제현황』, 각년.

5. 국가별 수출

국가별 수출을 보면, 중국, 미국, 일본으로의 수출이 주를 이루고 있는 가운데 대중국 수출이 압도적으로 높다. 그 뒤를 이어 싱가포르, 홍콩, 독일로의 수출이 상대적으로 높은 편이다.

〈표23-5〉 주요 국가별 수출추이

단위: %

연도	2002	2004	2006	2008	2009
중국	13.1	19.7	18.3	17.1	16.7
미국	19.9	14.9	12.0	7.9	8.5
일본	9.1	9.5	8.1	6.4	5.1
싱가포르	3.0	1.6	2.7	5.2	4.8
홍콩	4.3	4.2	3.2	3.2	4.3
독일	1.9	1.5	2.5	2.8	3.8
영국	2.6	2.2	1.5	1.6	1.0
인도네시아	1.8	1.2	2.7	3.6	2.6
사우디 아라비아	-	-	1.2	1.8	1.8
쿠웨이트	-	-	0.3	0.0	0.2
캐나다	2.2	1.7	-	-	-
이틸리아	2.5	1.4	-	-	-

자료: 울산상공회의소, 『울산산업경제현황』, 각년.

_제2절 울산의 수입개요

1. 수입추이

울산의 수입은 원유 등 기초원재료 수입이 매년 큰 폭으로 증가하고 있기 때문에 높은 증가세를 보이고 있다. 1978년부터 1980년까지 울산 수입의 대 전국 비중이 크게 증가하여, 1980년에는 22%로 피크를 이루었으나, 그 후 점차 감소하여 1990년대에는 12%- 13% 수준을 유지하다가, 2009년 현재 14.7%를 보이고 있다.

〈표23-6〉 울산지역 수입의 대 전국 비중

단위: 백만 달러, %

연도	전국(A)	울산(B)	B/A
1978	14,972	2,230	14.9
1980	22,292	4,906	22.0
1985	31,136	5,298	17.0
1990	79,844	10,009	12.5
1995	135,119	17,685	13.0
2000	160,481	22,352	13.9
2005	261,238	38,443	14.7
2009	323,084	47,357	14.7

자료: 한국은행 울산지점, 『울산지역경제통계연보』, 각호.
통계청, 『한국통계연감』, 각년.
울산상공회의소, 『2010 울산산업경제현황』, 2010.

2. 품목별 수입추이

<표23-7>에서 2009년도 울산의 수입은 원유가 59.2%로 가장 비중이 크고, 그 다음이 화공약품 9.4%, 정광 8.6%, 시설기계류 4.1%, 철강재 3.9%, 전자제품 1.6%의 순으로 나타나고 있다. 1990년- 2009년 기간 중 수입신장액이 가장 큰 품목은 원유로서 동 기간 중 9.8배 증하였고, 그 다음이 정광(8.5배), 전자제품(7.3배), 화공약품(4.2배), 시설기계류(2.3배), 철강재(2.1배)의 순으로 나타나고 있다. 이는 우리나라의 경제성장에 따른 소득향상으로 에너지 소비가 증가하였다는 점과 또 우리나라에는 아직까지 에너지 다소비형 산업이 많이 존재한다는 것을 의미하기도 한다.

〈표23-7〉 품목별 수입현황

단위: 백만 달러

연도	계	원유	정광	화공약품	시설기계류	전자제품	철강재	기타
1990	10,009	2,868	478	1,073	827	102	856	3,858
1995	17,685	6,519	612	3,157	1,638	248	302	5,209
2000	22,352	13,724	990	2,501	983	666	478	3,010
2005	39,364	24,603	2,301	4,119	1,613	1,071	1,478	7,808
2009	47,276	27,978	4,078	4,461	1,921	743	1,826	1,961

자료: 한국은행 울산지점, 『울산지역경제통계연보』, 각호.
울산상공회의소, 『2010 울산산업경제현황』, 2010.

3. 대륙권별 수입

대륙권별 수입을 보면, 중동, 아시아, 유럽, 아메리카지역으로부터 수입이 높다. 특히 중동지역의 비중이 압도적으로 높은 것은 원유수입 때문이다.

〈표23-8〉 대륙권별 수입

단위: %

연도	2002	2004	2006	2008	2009
아시아	23.7	21.6	19.6	18.8	24.4
중동	46.7	51.0	55.3	62.8	53.6
유럽	10.5	7.7	6.0	7.0	8.1
북미	7.8	7.5	4.0	2.9	3.2
중남미	3.8	5.6	7.6	5.2	5.8
아프리카	2.4	3.2	3.5	0.2	1.3
대양주	5.0	3.2	4.0	3.0	3.5
기타	0.0	0.0	0.0	0.0	0.0
합계	100.0	100.0	100.0	100.0	100.0

자료; 울산상공회의소, 『울산산업경제현황』, 각년.

4. 국가별 수입

주요 국가별 수입추이를 보면 중동의 사우디 아라비아, 쿠웨이트, 그리고 인도네시아로부터 원유수입이 가장 많다. 그 다음이 일본, 중국, 미국, 독일로부터 수입이 많은 편이다.

〈표23-9〉 주요 국가별 수입추이

단위: %

연도	2002	2004	2006	2008	2009
중국	3.2	2.9	3.4	3.9	4.1
미국	6.2	6.2	2.9	2.1	2.4
일본	12.2	12.5	8.4	6.6	9.0
홍콩	0.0	0.0	0.0	0.0	0.0
독일	2.3	2.1	2.2	1.8	2.5

싱가포르	0.9	0.7	0.7	0.8	1.2
영국	0.8	0.8	0.3	0.4	0.5
인도네시아	3.7	1.7	2.7	2.6	5.1
캐나다	1.6	1.3	-	-	-
이탈리아	0.8	0.8	-	-	-
사우디아라비아	25.4	29.3	31.0	35.3	29.7
쿠웨이트	6.1	6.8	9.7	9.3	8.5

자료: 울산상공회의소, 『울산산업경제현황』, 각년
울산시, 『시정백서』, 2003, 2005.

제3절 무역수지

울산의 무역수지를 보면 연간 134억 4,700만 달러 흑자이고, 1일 무역수지는 3,684만 달러 흑자를 기록하고 있다.

〈표23-10〉 울산의 무역수지 현황(2009)

단위: 백만$

구분	1일	연간
수출	166.58	60,804
수입	129.74	47,357
무역수지	36.84	13,447

자료; 울산상공회의소, 『2010 울산산업경제현황』, 2010.

울산은 공업도시이면서 항만도시이다. 울산은 천혜의 양항인 항만을 갖고 있어 항만을 통한 수출입 물동량이 전국 2- 3위 수준이며, 광역시 가운데서는 1위를 유지하고 있다. 주요 수출품으로서는 석유화학제품, 자동차, 선박이 중심을 이루고 있으며, 수입품으로는 원유, 화공약품 및 정광이 중심이 되고 있다.

울산의 무역을 더욱 활성화시키기 위해서는 울산항이 공업항의 기능 외에도 상업항, 무역항 및 여객항으로서의 기능도 갖추어 나가야 한다. 2017년 완공을 목표로 하는 울산 신항만이 건설되면 울산항은 복합항만으로서 기능을 갖추어 환동해권은 물론 환태평양시대에 아시아·태평양의 중심항만으로 발전할 것이다.

금융업

지역경제 활성화를 위해서는 지역산업이 육성·발전되어야 하고, 지역산업의 육성·발전을 위해서는 지역금융의 활성화가 수반되어야 한다. 여기서는 울산지역 금융의 발전과정에서의 특징과 문제점, 그리고 금융활성화에 대해 살펴보고자 한다.

_제1절 울산지역 금융의 발전과정

1. 사금융시장

1) 원시적 개인 신용시장

차입자는 소비자금을 필요로 하는 가계나 공금융으로 부터 충분한 자금을 얻지 못하는 소상인, 소기업 및 농민들이었다. 자금공급자는 이질적이며, 비상업적인 대여자(친척, 지기 및 이웃)와 전당포 주인 등 그 지역의 상업적인 대여자로 구성되어 있었다. 비교적 참여자의 수로 보면 컸으나, 중요도는 가장 낮은 사금융시장이었다.

2) 계(契)시장

정기적으로 구성원으로부터 모아 만든 목돈(계돈)을 미리 정해진 순번(순번계), 낙찰(낙찰계) 또는 제비뽑기에 의한 순서에 따라 배분하며, 저축자로서 구성원은 기간이 길면 길수록(순서가 늦을수록) 보다 높은 수익률을 얻었다. 계시장은 매우 널리 퍼져있었지만, 그 규모는 측정이 불가능하다. 그러나 1959년, 1963년, 1971년 조사에 의하면, 조사대상 가구 중 각각 43%, 45%, 65%의 가계가 계에 가입한 것으로 나타났다.

3) 객주

객주는 주로 어촌에서 쓰이는 개인금융의 한 형태였다. 그들은 자기 자금으로 영세어촌가계에 시설 및 운전자금을 공급하였다. 부수업무로서 그들은 어시장에서「브로커」또는 수탁자의 역할을 수행하고 수산물장고를 운영하였다.

4) 서민금고

사설금융기관으로 상법상에는 회사로 등록되었고, 상호부금과 대출업무를 수행하였다는 점에서 일반 개인 대출업자와 구별되었다. 이들은 제한적이지만, 유통자금 동원체제와 공식적 대출절차를 갖추고 있었다. 소액대출업무에만 전념하였으며, 자본금과 상호부금으로 영세소도매상, 소서비스업체에 소비자금과 운전자금을 대출하였다.

5) 무진회사

무진은 다수의 개인구좌를 모아 하나의 '조(組)'로 결성하여 뭉돈을 마련하고 그 자금을 '조'의 구성원에게 공급하였는데 하나의 '조'는 12- 378인으로 구성되었다. 급부금(또는 대출금)은 3만- 5백만원 정도였다. 이 회사는 월례적인 입찰을 통해 급부금이나 대출을 받을 계약자수를 결정하였다.

상업적 무진은 원래 1901년 일본에서 생겨나 1912년 우리나라에 소개되었다. 그 후 무진은 급속히 증가하였는데, 가장 번창했던 시기는 한국전쟁 직후인 1954년- 1959년간이었다. 그 당시 '계'가 깨어지는 사례가 늘어남에 따라 무진을 선호하게 되어 무진이 증가하기 시작하였다. 이들 무진회사는 1962년 민간은행인 국민은행에 흡수되어 소비자와 영세기업을 대상으로 소액대출을 하였다.

2. 공적 금융기관의 등장

울산에 최초로 등장한 금융기관은 1907년 5월 30일 설립된 울산금융조합이었고, 1912년 울산금융조합 방어진 지점이 개설되었다. 그 후 1914년 2월 17일 상업은행 울산지점이 개점되었다. 그리고 일제 강점기에는 방어진에 어업이 성황을 이루자 금융기관의 필요성을 느껴 상업은행 방어진 지점이 개설되어 어민들의 영업자금 대출과 예금 등 수신업무를 담당하였다. 또한 금융조합도 농어촌 경제육성을 표방하고 주요 읍·면 소재지에 조합을 개설하였다.

8. 15 광복과 한국전쟁을 거쳐 1962년 2월 울산이 특정 공업지구로 선포되고 공업센터 건설이 이루어지면서 산업도시로 성장함에 따라 경제활동이 급격히 신장되고, 각 산업의 생산활동과 함께 인구증가와 여신고의 급증으로 금융기관이 지속적으로 신설되었다. 1960년대에는 농협중앙회 울주군 지부(1961년 7월 29일), 국민은행 울산지점(1963년 2월 1일), 한국주택은행 울산지점(1968년 10월 1일), 한일은행 울산지점(1969년 11월 24일)이 개설되었다. 1970년대에는 울산어음교환소(1970년 4월 1일), 조흥은행 울산지점(1971년 10월 1일), 울산시 수산업협동조합(1972년 8월 1일), 경남은행 울산지점(1973년 5월 1일), 한국산업은행 울산지점(1973년 5월 10일), 제일은행 울산지점(1973년 8월 1일), 한국외환은행 울산지점(1973년 12월 11일), 중소기업은행 울산지점(1977년 12월 21일), 서울신탁은행 울산지점(1979년 3월) 등이 각각 개설되었다.

1980년대에는 한국은행 울산지점(1980년 5월 27일), 신한은행 울산지점(1988년), 동남은행(1989년)이 개설 되었으며, 1990년대에는 대동은행, 대구은행, 부산은행, 장기신용은행, 축협, 하나은행 등이 개설되었다. 1997년 말 IMF 외환위기하에서 금융산업의 구조조정이 대대적으로 이루어졌고, 이로 이하여 경쟁력이 약한 대동은행, 동남은행 등 많은 금융기관들이 퇴출되었으며, 1998년- 2000년 초에 걸쳐 조흥은행과 강원은행이 합병하여 새로운 조흥은행으로 발족하였고, 한일은행과 상업은행의 합병으로 한빛은행이 탄생하였으며, 하나은행이 보람은행을 인수하여 새로운 하나은행으로 탄생하였다.

2000년대 들어서면서 국민은행과 주택은행이 합병하여 KB국민은행으로, 신한은행과 조흥은행이 합병하여 새로운 신한은행으로, 한미은행과 시티은행이 통합하여 한국시티은행으로, 한빛은행이 우리은행으로, 제일은행이 스탠다드 차트은행에 인수되어 SC제일은행으로 새롭게 탄생하였다.

한편 1970년대 들어 중화학공업에 대한 막대한 투자재원을 마련하기 위한 방안의 하나로 계(契), 무진(無盡) 등 지하자금을 양성화 하기 위해 1972년 8월 3일 대통령 긴급조치인 8. 3조치가 선포됨에 따라 울산지역에는 1981년 10월 28일 단기금융회사인 울산투자금융의 개설을 비롯하여 종합금융회사, 상호신용금고, 새마을금고, 신용협동조합 등 제2금융기관과 증권사, 보험사 등이 신설되었다. IMF 외환위기체제하에서 고려증권, 동서증권 등 증권사의 퇴출도 발생하였다.

제2절 울산지역 예금은행 점포추이 및 실물과 금융부문의 비교

1. 점포현황

울산지역 예금은행의 점포수는 <표24-1>에서 보는 바와 같이 1962년 공단조성과 시 승격 당시 점포수 5개에서 2009년 현재 143개로 28.6배 증가하였고, 비통화금융기관은 동기간 중 1개에서 108개로 108배 증가하였다.

그러나 인구 10만명당 금융기관 점포수를 보면 울산은 23.2개로 전국 평균 29.6에 못미치며, 타 광역시와 비교해 보면, 서울(34.5개), 부산(29.5개), 대구(29.2개), 광주(27.5개), 대전(25.1개)보다 적다. 다시 말하면, 울산지역은 제조업 근로자의 임금수준이 전국 평균의 1.6배 정도로 전국에서 가장 높은 도시이지만, 금융기관 점포수 등 금융인프라에 있어서는 6개 광역시 가운데 하위권 수준이다. 이같은 현상은 울산이 광역시 승격 이후 지역금융기관간 경쟁이 없어 생긴 구조적 문제이다.

〈표24-1〉 울산지역 금융기관 점포추이

연도	예금은행			비통화금융기관		
	시중은행	지방은행	특수은행	개발기관	투자기관	저축기관
1962	1	-	4	-	-	1
1970	2	-	6	-	-	10
1980	8	2	11	1	1	73
1990	24	18	15	2	3	112
2000	49	40	23	1	4	79
2009	63	45	35	1	-	107

자료: 울산상공회의소, 『울산경제현황』, 1993.
한국은행 울산지점, 『울산지역경제 동향』, 각년.

2. 실물부문과 금융부문의 비교

울산의 면적은 1997년 울산광역시 승격 이후 전국의 1.05%(1995년 울산시와 울주군이 도농통합하기 이전에는 울산시만의 면적은 전국의 0.18%였음)이다. 울산지역경제를 <표24-2>를 통해 그동안의 추이를 살펴보면, 인구규모는 1962년- 2009년 기간 동안 13.3배 증가하여 전국의 1.8배보다 증가율이 훨씬 높다. 이에 따라 동기간 중 대 전국 비중은 0.32%에서 2.24%로 증가하였다.

울산지역의 제조업 생산액은 1962년- 2009년 기간 중 69만 2,085배 증가하여 전국 수준(15,473배 증가)을 훨씬 앞섰으며, 전국 비중은 0.34%에서 14.92%로 크게 증가하였다. 수출실적도 동 기간 중 233,681배 증가하여 전국 수준(6,609배 증가)을 훨씬 능가하고 있다. 또한 동 기간 중 울산의 은행예금 역시 전국의 43,802배보다 훨씬 큰 115,842배 증가하여, 전국 비중이 0.25%에서 1.38%로 크게 증가하였다. 지금까지의 상황을 종합적으로 정리해보면, 울산의 경제규모는 1962년- 2009년간 매우 빠른 속도로 증가하여 울산지역경제의 대 전국 비중도 지속적으로 증가하는 추세에 있다.

〈표24-2〉 울산과 전국의 실물부문과 금융부문의 비교

연도	구분	인구	제조업생산액	수출	은행예금
1962	전국(A)	100	100	100	100
	울산(B)	100	100	100	100
	B/A(%)	0.32	0.34	0.47	0.25
1970	전국(A)	118	20,374	1,518	2,218
	울산(B)	187	35,272	7,777	3,667
	B/A(%)	0.51	5.81	2.60	0.42
1980	전국(A)	141	55,388	31,298	34,795
	울산(B)	401	1,968,091	653,461	145,889
	B/A(%)	1.12	11.90	10.90	1.06
1990	전국(A)	164	270,700	114,771	235,446
	울산(B)	804	7,136,682	2,460,000	1,273,333
	B/A(%)	1.59	8.70	12.90	1.36
2000	전국(A)	179	785,010	313,215	1,136,688
	울산(B)	1,228	28,539,580	8,990,769	5,040,111
	B/A(%)	2.18	12.20	13.60	1.22
2009	전국(A)	183	1,547,335	660,969	4,380,200
	울산(B)	1,325	69,208,500	23,386,154	11,584,222
	B/A(%)	2.24	14.92	16.72	1.38

주: 1962년=100으로 본 지수임.

자료: 울산상공회의소, 『울산상공현황』, 1993. 울산상공회의소, 『울산산업경제현황』, 각년

통계청, 『광공업통계조사보고서』, 각년, 통계청, 『한국통계연감』, 각년,

통계청, 『주요경제지표』, 각년, 한국은행 울산지점, 『울산지역경제동향』, 각호.

다음으로 실물·금융부문의 관계를 예금은행 대출과 제조업의 비중면에서 보면(<표24-3-a>), 울산지역 제조업의 부가가치는 2009년 전국의 9.5%를 차지하고 있지만, 예금은행 대출의 전국 비중은 1.5%에 그치고 있다. 울산은 실물부문에 대한 기여도에 비해 금융부문의 지원규모가 저조하다.

이를 서울과 비교하면, 서울은 제조업의 부가가치가 전국 대비 3.5%(울산의 36.8%)이지만, 대출의 전국 비중은 47.6%(울산의 28.2배, 부산의 7.2배)를 차지하고 있다. 울산은 대구에 비해서도 대출규모가 상대적으로 작다. 대구는 부가가치의 전국비중이 1.9%(울산의 19.9%)이며, 대출은 전국 대비 3.9%(울산의 252.0%)로 대구 역시 실물규모보다 훨씬 큰 대출을 받고 있다.

부산의 경우를 보면, 부산의 제조업 부가가치는 2009년에 전국의 3.3%를 차지하고 있다. 예금은행 대출의 전국 비중은 6.0%를 점유하고 있어 부산도 실물부문의 기여도에 비해 금융지원규모가 매우 크다. 한편 서울을 제외한 지방 제조업체는 부가가치가 전국의 96.5%를 차지하고 있음에도 불구하고 대출지원의 전국 비중은 56.7%에 그치고 있어 이는 서울로의 금융편중현상이 극심함을 말해 주는 것이다.

〈표24-3-a〉 예금은행 대출과 제조업 실세와의 비교

단위: 십억원, 개소, 인, %

구분	연도	업체수(A)	전국비	부가가치(B)	전국비	대출금(C)	전국비
전국	1980	30,823	100.0	11,856.6	100.0	12,204.4	100.0
	1990	68,690	100.0	70,775.1	100.0	74,028.6	100.0
	2000	98,110	100.0	219,424.6	100.0	310,804.0	100.0
	2009	58,377	100.0	376,404.4	100.0	953,505.2	100.0
서울	1980	7,652	24.8	2,193.1	18.5	7,863.9	64.4
	1990	17,506	25.5	8,212.3	11.6	38,584.6	52.1
	2000	18,401	18.8	14,620.3	6.7	147,874.0	47.6
	2009	5,097	8.7	13,197.5	3.5	413,183.5	43.3

지방	1980	23,171	75.2	9,663.5	81.5	4,160.5	25.6
	1990	51,184	74.5	62,562.8	88.4	35,444.0	47.9
	2000	79,709	81.2	204,804.3	93.3	162,930.1	52.4
	2009	53,280	91.3	363,206.9	96.5	540,321.7	56.7
부산	1980	3,651	11.8	1,317.6	11.1	1,055.3	8.6
	1990	7,066	10.3	5,426.4	7.7	6,286.7	8.5
	2000	8,983	9.2	7,257.4	3.8	18,581.1	6.0
	2009	3,826	6.5	12,557.0	3.3	56,980.8	6.0
대구	1980	2,807	9.1	661.3	5.6	525.8	4.3
	1990	4,819	7.0	2,536.9	3.6	3,891.5	5.3
	2000	5,983	6.1	6,458.3	2.9	14,104.1	4.5
	2009	2,871	4.9	7,144.3	1.9	36,858.4	3.9
울산	1982	329	0.8	1,790.5	10.0	156.1	0.8
	1990	592	0.9	6,337.0	9.0	872.3	1.2
	2000	1,324	1.3	22,961.9	10.5	3,598.0	1.2
	2009	1,254	2.1	35,850.9	9.5	14,625.2	1.5

주: (1)업체수, 부가가치는 2009년 이전은 종업원 5인 이상 업체의 통계이고, 2009년 수치는 종업원 10인 이상 업체 통계임. (2)『광공업통계조사보고서』에서 울산시, 울주군의 제조업 통계는 1982년부터 게재되어 있음.

자료: 통계청,『광공업통계조사보고서』, 각년, 통계청, 『한국통계연감』, 각년 울산상공회의소,『울산상공현황』, 각년, 울산상공회의소,『울산경제현황』, 각년

<표24-3-b>에서 먼저 업체당 대출금 비중을 보면 울산이 전국 평균이나 서울, 부산, 대구에 비해 낮은 것으로 나타나고 있으며, 대출의 대 부가가치비율도 전국 평균, 지방평균보다 낮고 타광역시보다도 낮다. 반면 업체당 종업원수와 업체당 부가가치는 울산이 압도적으로 높다.

〈표24-3-b〉 지역별 예금은행 대출과 제조업 실세와의 비교

단위: 십억원, 인, %

구분	연도	업체당 대출금 C/A	대출의 대부가가치비율C/B	업체당 종업원수	업체당 부가가치 B/A
전국	1980	0.40	103	65	0.38
	1990	1.08	105	44	1.03
	2000	3.17	142	27	2.24
	2009	16.33	253	42	6.44
서울	1980	1.03	359	58	0.29
	1990	2.20	470	27	0.47
	2000	8.04	1,011	15	0.79
	2009	81.06	3,130	26	2.59
지방	1980	0.18	43	68	0.42
	1990	0.69	57	50	1.22
	2000	2.04	80	30	2.57
	2009	10.14	149	44	6.82
부산	1980	0.29	80	87	0.36
	1990	0.89	116	52	0.77
	2000	2.07	225	21	0.92
	2009	14.89	454	33	3.28
대구	1980	0.18	80	50	0.24
	1990	0.81	153	34	0.53
	2000	2.36	218	21	1.08
	2009	12.84	516	33	2.49
울산	1982	0.47	9	267	5.44
	1990	1.47	14	214	10.70
	2000	2.72	16	100	17.30
	2009	11.66	41	111	28.59

자료: 통계청,『광공업통계조사보고서』, 각년, 통계청,『한국통계연감』, 각년, 통계청, KOSIS

울산상공회의소,『울산상공현황』, 각년, 울산상공회의소,『울산경제현황』, 각년.

예금은행 대출 중 제조업부문에 대한 대출을 전국과 울산을 비교해 보면, <표24-4>와 같다. 2009년 울산의 예금은행 대출 중 제조업 부문에 대한 전국 비중은 2.43%로 예금은행 총대출 중 울산의 비중인 1.5%보다는 높다. 동년 울산의 제조업 부가가치의 전국 비중 9.5%에 크게 미달하고 있다. 또한 제조업 부문 대출금의 대부가가치 비율은 전국이 52.2%인데 비해 울산은 13.3%로서 대출이 매우 저조하다.

〈표24-4〉 제조업 부문 예금은행 대출금의 전국·울산 대비(2009년)

단위: 십억원, %

구분	전국(A)	울산(B)	B/A
제조업부문 대출금	196,556.7	47,839	2.43
업체당 대출규모	3.36	3.81	113.4
대부가가치 비율	52.2	13.3	25.5

자료: 한국은행, 『조사통계월보』, 2010. 10, 한국은행 울산본부, 『2009울산경제통계연보』, 2010. 통계청, KOSIS.

제3절 울산지역 금융의 추이

1. 예금은행

1) 예금현황

<표24-5>를 보면, 울산지역 예금은행 예금의 대 전국비는 1962년 0.2%, 1970년 0.4%, 1980년 1.1%, 1990년 1.4%, 2000년 0.9%, 2009년 1.4%로 증가하였다. 1962-2009년 기간중에 예금증가는 전국(21,103.2배), 서울(19,473.2배), 부산(17,427.9배), 대구(23,644.8배)에 비해 울산의 증가(115,842.2배)가 훨씬 크게 나타나고 있다. 1962- 2009년 기간중 서울의 예금은행 예금의 전국비가 1962년- 1980년까지는 증가하였지만, 1980년 이후 그 비중이 감소하여 2009년 현재 53.6%를 차지하고 있으나 이는 역시 금융의 서울집중현상을 나타내고 있는 것이다.

〈표24-5〉 주요 지역별 예금은행 예금추이

단위: 십억원, 배, %

연도	전국	서울(비중)	부산(비중)	대구(비중)	울산(비중)
1962	36.5	20.7(58.1)	2.4(6.7)	1.1(3.1)	0.09(0.2)
1970	789.7	500.4(63.4)	80.0(10.1)	29.7(3.8)	3.3(0.4)
1980	12,421.9	8,067.6(64.9)	1,091.3(8.8)	521.9(4.2)	131.3(1.1)
1990	84,054.1	45,053.4(53.7)	7,082.3(8.4)	4,150.8(4.9)	1,146.0(1.4)
2000	404,660.9	209,820.4(51.8)	28,232.9(7.0)	18,227.5(4.5)	3,597.6(0.9)

2009		751,272.7	403,095.2(53.6)	41,827.0(5.6)	26,009.3(3.5)	10,425.8(1.)
규모증가	62-70	22.2	24.2	33.3	27.0	36.7
	70-80	15.7	16.1	13.6	29.7	39.8
	80-90	6.8	5.6	6.5	8.0	8.7
	90-00	4.8	4.7	4.0	4.4	3.1
	00-09	1.8	1.9	1.5	1.4	2.9
	62-09	21,103.2	19,473.2	17,427.9	23,644.8	115,842.2

자료: 경제기획원, 『한국통계연감』, 각년, 울산상공회의소, 『울산상공현황』, 각년, 울산상공회의소, 『울산경제현황』, 각년.

<표24-6>에서 종별 예금은행 예금현황을 보면, 울산의 요구불 예금의 비중은 1980년 40.6%에서 1990년 38.2%로, 2000년 13.2%, 2009년 14.4%로 감소추세를 보이고 있는데, 이는 전국적 추세와 비슷하다고 할 수 있다. 1980년- 2009년 기간 중 울산의 요구불예금 신장률(28.3배)이 전국(22.1배)보다 다소 높지만, 저축성예금의 증가율은 울산(114.3배)이 전국(77.7배)보다 훨씬 높다.

〈표24-6〉 종별 예금은행 예금 추이

단위: 십억원, 배, %

연도		전국			울산		
		총예금	저축성예금	요구불예금(비중)	총예금	저축성예금	요구불예금(비중)
1970		790	-	-	3	-	-
1980		12,422	8,557	3,845 (31.0)	131	78	53 (40.6)
1990		84,054	52,434	37,620 (44.8)	1,146	708	438 (38.2)
2000		404,661	360,605	44,056 (10.9)	4,536	3,935	601 (13.2)
2009		751,273	661,319	84,953 (11.3)	10,426	8,923	1,502 (14.4)
규모증가	70-80	15.7	-	-	43.6	-	-
	80-90	6.8	6.1	9.8	8.7	9.1	8.3
	90-00	4.8	6.9	1.2	4.0	5.6	1.4
	00-09	1.8	1.8	1.9	2.3	2.3	2.5
	80-09	60.5	77.7	22.1	79.6	114.3	28.3

자료: 한국은행, 『경제통계연보』, 각년, 한국은행, 『조사통계월보』, 각년 각호. 한국은행 울산지점, 『울산지역경제통계연보』, 각호, 울산상공회의소, 『울산상공현황』, 각년.

2) 대출추이

<표24-7>에서 보듯이 1962년- 2009년 기간 중 울산의 예금은행 대출은 146,250배 증가하여 전국(21,283.6배), 서울(21,188.9배), 부산(19,648.3배), 대구(14,176.1배)보다 훨씬 높게 나타나고 있다. 이에 따라 울산의 예금은행 대출의 대 전국비는 1962년 0.2%, 2009년 1.5%로 증가하였다. 이에 비하여 서울의 대 전국비는 1962년- 1980년까지는 증가하였으나, 1980년 64.4%를 피크로 2009년에는 43.3%로 감소하였다. 그러나 현재 상황하에서도 역시 예금은행 대출금은 서울에 집중되어 있음을 알 수 있다.

〈표24-7〉 주요 지역별 예금은행 대출 추이

단위: 십억원, 배, %

연도		전국	서울(비중)	부산(비중)	대구(비중)	울산(비중)
1962		44.8	19.5(43.5)	2.9(6.5)	2.6(5.8)	0.1(0.2)
1970		722	463(64.1)	62(8.6)	29(4.1)	2(0.3)
1980		12,204	7,864(64.4)	1,055(9.0)	526(4.3)	65(1.0)
1990		74,029	38,585(52.1)	6,287(8.5)	3,882(5.2)	872(1.2)
2000		310.804	147,874(47.6)	18,581(6.0)	14,104(4.5)	3,598(1.2)
2009		953,505	413,183(43.3)	56,980(6.0)	36,858(3.9)	14,625(1.5)
규모증가	62-70	16.1	23.7	21.4	11.2	20.0
	70-80	16.9	17.0	17.0	17.9	34.1
	80-90	6.1	4.9	6.0	7.4	1.8
	90-00	4.2	3.8	3.0	3.6	4.1
	00-09	3.1	2.8	3.1	2.6	4.1
	62-09	21,283.6	21,188.9	19,648.3	14,176.1	146,250

자료: 경제기획원, 『한국통계연감』, 각년, 한국은행, 『조사통계월보』, 2010. 12. 울산상공회의소, 『울산상공현황』, 각년, 울산상공회의소, 『울산경제현황』, 각년.

3) 산업 및 기업별 대출금

<표24-8>에서 산업별 대출금을 보면, 2009년 제조업 대출에서 울산(32.7%)은 전국수준(20.6%)보다 월등히 높다. 울산의 광업에 대한 대출(0.3%)도 전국수준(0.1%)보다 다소 높다. 반면 울산의 서비스업에 대한 대출(8.2%), 농수산업에 대한 대출(0.5%), 건설업에 대한 대출(2.9%), 도소매 음식숙박업에 대한 대출(7.1%)은 전국수준보다 낮다. 1990년- 2009년 기간 중 울산의 산업별 대출에서 큰 변화는 건설업,

서비스업, 농림수산업에 대한 대출이 대폭 감소하였으며, 제조업에 대한 대출도 다소 낮아졌다. 반면 기타 부문에 대한 대출(주로 가계대출)은 대폭 증가하였다. 2009년도의 경우 기타부문에 대한 대출 7,057.5십억원 중에서 가계대출은 5,855.3십억원으로 약 83%를 차지하고 있으며, 나머지 1,202.2십억원은 기타서비스업에 대한 대출로 17%를 차지하고 있다.

〈표24-8〉 울산 및 전국의 산업별 대출비율

단위: 십억원, %

구분	1990년		2000년		2009년	
	전국	울산	전국	울산	전국	울산
	금액	금액	금액	금액	금액	금액
계	74,028.6 (100.0)	872.3 (100.0)	310,804.1 (100.0)	2,419.9 (100.0)	953,505.2 (100.0)	14,625.2 (100.0)
농림수산업	7,373.5 (10.0)	45.4 (5.2)	21,640.0 (7.0)	128.8 (5.3)	15,053.4 (1.6)	76.2 (0.5)
광업	267.3 (0.4)	2.2 (0.2)	639.4 (0.2)	2.9 (0.1)	1,024.7 (0.1)	47.5 (0.3)
제조업	31,072.9 (42.0)	347.9 (39.9)	89,720.4 (28.9)	1,264.7 (52.3)	196,556.7 (20.6)	4,783.9 (32.7)
건설업	6,464.2 (8.7)	228.7 (26.2)	15,257.6 (4.9)	166.6 (6.9)	43,433 (4.5)	426.4 (2.9)
도소매음식 숙박업	5,319.0 (7.2)	74.2 (8.5)	30,560.2 (9.8)	392.6 (16.2)	89,321.8 (9.4)	1,038.3 (7.1)
서비스업	8,732.0 (11.8)	173.9 (19.9)	140,057.6 (45.0)	282.5 (11.7)	194,659 (20.4)	1,195.4 (8.2)
기타	14,799.8 (19.9)	-	12,938.9 (4.2)	181.8 (7.5)	413,456.6 (43.4)	7,057.5 (48.2)

주: 서비스업에는 전기, 가스 및 수도사업, 운수 창고 및 통신업, 금융보험 부동산업 및 용역업, 사회 및 개인서비스업 포함.

자료: 한국은행, 『경제통계연보』, 한국은행 울산지점, 『울산지역경제통계연보』, 각호.

또한 <표24-9>에서 울산지역 금융기관의 중소기업에 대한 대출비율을 보면, 1990년 56.6%에서 2000년에 61.3%로 증가하였으나, 2009년에는 53.3%로 감소하였다. 중소기업에 대한 대출은 주로 금융자금에 의해 대출되고 있다.

〈표24-9〉 울산지역 금융기관의 중소기업 대출동향

단위: 억원, %

구분	1990년	2000년	2009년
총대출금(A)	6,190	35,976	146,252
중소기업대출금(B)	4,940	22,416	77,913
금융자금	4,572	20,827	74,067
재정자금	300	1,589	3,846
국민투자기금	68	-	-
B/A	56.6	61.3	53.3

자료: 한국은행 울산본부, 『울산지역경제통계연보』 각년, 각호.

4) 화폐환수율

<표24-10>에서 1980- 2009년 기간 중 울산지역 화폐환수율(화폐환수/화폐발행 X 100)을 보면 전국수준이나 7대 도시, 도 및 전국 주요도시 가운데 가장 낮은 수준이다. 이는 지역에서 조성된 자금의 역외로의 유출이 크다는 것을 의미하기도 한다. 이같이 울산의 화폐환수율이 전국 최하 수준인 것은 울산이 우리나라 제일의 제조업 중심 도시라는 특성이 반영된 결과인 동시에 교육, 의료, 관광 등 인프라 부족, 전국 최고 급여수준, 다수의 외지인 근로자들의 소비행태 등이 주된 원인으로 작용하고 있다. 따라서 향후에는 교육, 의료, 관광 등도 적극적으로 육성하여 이러한 서비스들이 역내에서 이루지게 할 필요가 있다. 현재 울산시에서 추진 중인 2021 울산 중장기발전계획에 포함된 서비스산업 및 정주여건 개선대책(건강하고 풍요로운 문화복지도시, 인간존중 정주도시, 친환경 글로벌 생태도시 등)이 차질 없이 추진되면 화폐환수율도 높아질 것으로 기대된다.

〈표24-10-a〉 화폐환수율

단위: %

구분	1980	1985	1990	1995	2000
전국	93.6	97.5	91.0	91.7	103.9
서울	122.8	122.8	138.8	130.4	101.6
부산	87.2	94.1	85.7	93.7	116.4
대구	114.2	159.1	127.7	111.5	122.0
인천	62.6	64.7	50.8	83.7	149.3
광주	123.6	119.1	105.3	114.6	126.9

대전	135.1	127.3	103.4	125.4	140.0
울산	11.6	16.4	14.9	15.5	26.5
전주	94.5	102.6	99.3	93.9	111.9
목포	31.4	40.9	40.4	52.7	52.7
청주	56.4	54.2	62.8	62.1	70.0
춘천	83.8	92.9	73.5	95.0	99.1
제주	104.6	144.4	175.5	68.5	180.6

자료: 통계청, 『한국통계연감』, 각년.

〈표24-10-b〉 화폐환수율

단위: %

연도	전국	본부	강남 본부	부산	대전 충남	충북	강원	인천	제수
2005	95.4	106.6	60.7	83.6	149.1	47.0	95.9	95.7	195.3
2009	81.3	66.6	40.7	89.7	178.9	26.8	108.9	156.5	279.3

연도	대구 경북	목포	광주 전남	전북	경기	경남	강릉	울산	포항
2005	102.6	46.2	119.4	109.9	103.7	51.7	136.9	29.2	89.7
2009	95.0	97.2	98.2	86.3	126.5	51.2	138.6	26.5	89.8

자료: 한국은행, 『조사통계월보』, 2010. 12.

5) 예대율 추이

주요 지역 예금은행의 예대율 추이를 보면 울산은 1970년대(1973- 1977년 기간) 지속적으로 5회에 걸쳐 오버론(over loan) 현상이 있었으며, 서울도 5회, 부산은 2회, 전국적으로는 6회를 보이고 있다. 특히 대구의 경우는 10회이며, 1980년- 1985년까지 계속적으로 오버론 현상을 보였다.

<표24-11-a>에서 1980년- 2000년 기간 중 지역내에서 조성된 자금의 지역내 운용정도를 나타내는 예금은행 예대율(대출/예금X 100)을 보면 울산의 은행금융기관의 예대율이 전국 평균 수준이나 주요 도시수준보다 훨씬 낮은 것으로 나타나, 이는 동 기간 중 지역에서 조성된 자금이 역외로의 유출이 컸음을 나타내는 것이다. 그러나 <표24-11-b>에서 2005년, 2009년의 경우 울산의 은행금융기관의 예대율은 매우 높아져, 역외자금도 역내로 많이 유입되고 있는 것으로 나타났다.

〈표24-11-a〉 주요 지역별 예금은행 예대율 추이

단위: %

연도	전국	서울	부산	대구	인천	울산	전주	광주	대전	청주	춘천	제주
1980	98.2	97.5	97.2	100.7	81.7	49.4	120.6	92.9	90.8	108.7	85.9	90.9
1985	109.0	111.9	95.5	106.6	94.2	56.2	144.9	129.5	92.2	117.4	116.0	109.4
1990	88.1	85.6	88.8	93.5	87.0	65.4	89.6	88.0	76.0	94.9	72.3	75.4
1995	98.9	90.0	97.1	118.0	100.7	76.0	109.2	116.2	104.4	134.8	137.1	75.4
2000	76.8	70.5	65.8	77.4	90.7	73.9	95.2	73.4	57.0	85.1	88.7	92.4

자료: 한국은행, 『경제통계연보』, 각년, 한국은행 울산지점, 『울산지역경제통계연보』, 각호.

〈표24-11-b〉 주요 지역별 예금은행 예대율 추이

단위: %

연도	전국	서울	부산	대구	인천	광주	대전	울산	전북	충북	강원	제주
2005	109.2	94.1	115.7	115.2	145.8	123.8	96.8	106.5	109.2	111.4	107.4	116.4
2009	126.9	102.5	136.2	141.7	199.6	148.4	100.7	140.3	120.8	132.8	102.2	122.9

자료: 한국은행, 『조사통계월보』, 2010. 12.

2. 제2금융권

제2금융권 즉 비은행금융기관에는 단기금융을 전문적으로 취급하는 단기금융회사(종합금융회사), 보험사, 투자신탁(최근 자산운용회사로 명칭 변경), 신탁기능을 취급하는 시중은행 및 지방은행 등이 있다. 또한 중소기업 및 서민금융을 취급하는 저축은행, 신용협동조합, 농수협의 상호금융 및 새마을금고가 있으며, 은행기관과 증권시장의 사이의 자금의 흐름을 관장하는 증권금융회사, 시설대여를 하는 리스회사 등이 있다. 전술한 바와 같이 비통화금융기관은 1962년 시승격 당시 1개에서 2009년 현재 108개로 증가하였다.

1) 단기금융회사

단기금융회사는 비제도권 금융시장에서 유통되는 자금 즉, 사채를 제도금융권으로 흡수하여 양성화시킴으로써 기업 단기자금의 효율화 및 신용질서 확립에 기여하기 위해 설립되었다. 그 주요 업무는 어음발행, 매출, 할인에 관한 단기금융업무, 유가증권의 인수·모집 및 매출의 주선과 매매 등의 자본시장 업무, 단기재정금융의 인수·매출에 관련한 업무를 하고 있으며, 최근에는 신종기업어음(CP), 어음관리구좌(CMA) 등도 취급하고 있다.

울산의 단기금융회사의 여수신 추이를 나타내는 <표24-12>에서 1985년- 2009년간 수신실적을 보면, 1985년- 1995년간은 증가하였으나, 1995년 이후 감소추세를 보이다가 2009년에 다시 증가하였다. 울산의 전국에 대한 수신비중은 1985년- 1990년 기간 중에는 증가추세를 보이다가 1990년 이래 감소추세에 있다. 울산의 여신실적을 보면, 1985년- 2000년까지는 증가추세를 보이다가 그후 크게 감소하였다. 울산의 전국에 대한 여신비중을 보면, 1985년 이래 감소하다가 2000년에 증가추세를 나타내었으나, 2005년, 2009년에 다시 크게 감소하였다. 2009년 말 현재 울산의 수신실적은 전국의 1.43%이며, 울산의 여신실적은 전국의 0.08%를 보이고 있다. 그러므로 울산의 단자회사의 여수신비율은 5.35%를 나타내고 있다.

〈표24-12〉 울산의 단기금융회사의 여수신 추이

단위: 억원, %

연도	수신		여신	
	전국	울산(비중)	전국	울산(비중)
1985	32,386	609(1.88)	37,209	572(1.54)
1990	88,442	1,685(1.91)	105,275	1,371(1.30)
1995	112,948	1,884(1.67)	135,849	1,017(0.70)
2000	122,654	1,691(1.38)	69,307	1,478(2.13)
2005	102,675	1,494(1.45)	91,824	253(0.28)
2009	217,163	3,100(1.43)	194,513	166(0.08)

주: 1996. 7. 1까지는 투자금융회사였으나, 그 후 종합금융회사로 변경됨.

자료: 한국은행, 『경제통계연보』, 각년, 한국은행 울산지점, 『울산지역경제통계연보』, 각호. 한국은행, 『조사통계월보』, 2010. 12. 한국은행 울산본부, 『2009년도 울산지역경제통계연보』, 2010.

2) 자산운용회사(구 투자신탁회사)

자산운용회사는 일반 투자자들로부터 자금을 맡아 이를 증권에 투자하고 그 수익을 투자자에게 배분하는 것을 목적으로 설립된 금융기관이다. <표24-13>에서 울산의 자산운용회사의 수탁실적을 보면 1985년- 1995년까지 수탁고가 큰 폭으로 증가하였으나, 1995년 이후부터는 크게 감소추세를 보이다가 2009년도에 다시 크게 증가하였다. 자산운용회사의 투자자금은 지역에는 거의 여신이 일어나지 않고 있기 때문에 지역자금의 역외유출을 초래하는 요인의 하나로 지적되고 있다.

〈표24-13〉 울산지역 자산운용회사(구 투자신탁회사) 영업추이

단위: 억원, %

연도	수탁고	
	전국	울산(비중)
1985	52,255	309(0.59)
1990	266,360	2,097(0.79)
1995	637,359	6,004(0.94)
2000	1,048,037	251(0.02)
2005	101,093	29(0.003)
2009	253,271	33,254(13.13)

주: 2006년 1월 투자신탁회사가 자산운용회사로 명칭 변경.

자료: 한국은행, 『경제통계연보』, 각년,

한국은행 울산지점, 『울산지역경제통계연보』,각호,

한국은행, 『조사통계월보』, 2010. 12.

한국은행 울산본부, 『2009년도 울산지역경제통계연보』, 2010.

3) 저축은행(구 상호신용금고)

<표24-14>에서 울산지역 저축은행의 수신추이를 보면, 울산수신고의 대 전국비중이 1990년 이래 감소추세를 나타내고 있다. 울산여신의 전국 비중은 1985년-2000년까지는 증가추세를 보이다가 2000년 이후 감소추세를 보이고 있다. 2009년 현재 울산의 저축은행의 여수신비율은 124.66%로 높은 수준을 유지하고 있다.

〈표24-14〉 울산의 저축은행 영업추이

단위: 억원, %

연도	수신		여신	
	전국	울산(비중)	전국	울산(비중)
1985	27,654	69(0.25)	28,945	81(0.28)
1990	85,026	362(0.43)	95,814	357(0.37)
1995	256,818	736(0.29)	257,541	822(0.32)
2000	188,029	596(0.32)	157,010	743(0.47)
2005	372,894	297(0.08)	355,734	417(0.12)
2009	732,671	1,728(0.23)	645,349	1,881(0.29)

자료: 한국은행, 『경제통계연보』, 각년, 한국은행 울산지점 내부자료.

한국은행, 『조사통계월보』, 2010. 12.

한국은행 울산본부, 『2009년도 울산지역경제통계연보』, 2010.

4) 신용협동조합

<표24-15>에서 울산의 신용협동조합 수신고의 절대액은 1985년- 2000년까지 증가추세를 나타내다가 2005년도에는 감소하였고 2009년 다시 증가하였다. 울산의 신용협동조합의 수신고의 전국비중을 보면 1985년- 1995년 기간 중에는 증가추세를 보이다가 1995년 이후부터 감소하고 있다. 울산 신용협동조합의 여신고의 절대액은 1985년- 1995년 기간중 증가추세를 보이다가 그 후 감소하였고, 2009년 다시 증가하였다. 울산의 신용협동조합의 여신의 대 전국비중은 1985년- 1990년 기간 중에는 증가추세를 나타내다가 1990년 이후부터 감소추세를 보이고 있다. 2009년 현재 울산의 신용협동조합의 여수신 비율은 60.19%를 나타내고 있다.

〈표24-15〉 울산지역 신용협동조합의 여수신고 추이

단위: 억원

구분	1985년		1990년		1995년		2000년		2005년		2009년	
	전국	울산	전국	울산	전국	울산	전국	울산	전국	울산	전국	울산
수신	5,568	162 (2.91)	26,577	810 (3.04)	101,993	3,419 (3.35)	170,450	4,517 (2.65)	204,866	3,266 (1.59)	347,968	6,062 (1.74)
여신	6,568	165 (2.51)	26,865	933 (3.47)	85,565	3,373 (3.37)	102,203	3,292 (3.22)	135,467	2,224 (1.64)	229,154	3,649 (1.59)

자료: 한국은행, 『경제통계연보』, 각년, 한국은행 울산지점, 『울산지역경제통계연보』, 각호. 한국은행, 『조사통계월보』, 2010. 12.
한국은행 울산본부, 『2009년도 울산지역경제통계연보』, 2010.

5) 새마을금고

울산지역 새마을금고의 수신고는 <표24-16>에서 보듯이 1985년- 2009년 기간 중 지속적인 증가추세를 나타내고 있으나, 전국 비중은 1985년부터 2000년까지는 정체상태를 보이다가 2005년과 2009년에는 크게 증가하고 있다. 울산지역 새마을금고의 여신도 1985년- 2009년 기간 중 그 절대액과 대 전국비중이 지속적으로 증가하는 추세를 나타내고 있다. 2009년 울산지역 새마을금고의 여수신비율은 53.74%를 나타내고 있다.

〈표24-16〉 울산지역 새마을금고 여수신추이

단위: 억원, %

구분	1985년		1990년		1995년		2000년		2005년		2009년	
	전국	울산	전국	울산	전국	울산	전국	울산	전국	울산	전국	울산
수신	9,211	350 (3.80)	56,517	1,689 (2.99)	156,159	5,376 (3.44)	306,162	10,271(3.35)	458,435	18,502 (4.03)	681,659	34,649(5.08)
여신	9,841	286 (2.91)	47,598	1,305 (2.74)	114,920	3,516 (3.05)	148,203	3,106 (3.44)	251,206	10,079 (4.01)	383,241	18,620 (4.86)

자료: 한국은행, 『경제통계연보』, 각년, 한국은행 울산지점, 『울산지역경제통계연보』, 각호. 한국은행, 『조사통계월보』, 2010. 12.
한국은행 울산본부, 『2009년도 울산지역경제통계연보』, 2010.

6) 신탁회사(구 은행신탁계정)

<표24-17>에서 울산지역 신탁회사의 수신고는 1985년- 1995년 기간 중에는 증가추세를 보이다가 1995년 이후부터 2005년 기간 중에는 감소추세, 그리고 2005년-2009년 기간 중에는 다시 증가추세를 보이고 있다. 울산지역 신탁회사의 여신도 1985년 - 1995년 기간 중에는 증가추세, 1995년- 2005년 기간 중에는 감소추세, 그리고 2005년- 2009년 기간 중에는 다시 증가추세를 보이고 있다. 2009년 말 울산지역 신탁회사의 여수신 비율은 10.3%로 과거에 비해 매우 저조하다.

〈표24-17〉 울산지역 신탁회사의 여수신 추이

단위: 억원, %

연도	수신(A)	여신(B)	B/A
1985	247	75	30.4
1990	2,213	746	33.7
1995	12,553	4,247	33.8
2000	7,707	977	12.7
2005	4,136	164	4.0
2009	10,444	1,081	10.3

자료: 한국은행 울산지점, 『울산지역경제통계연보』, 각호.

7) 상호금융

<표24-18>을 통해 울산의 상호금융의 수신고와 여신고를 보면 1985년- 2009년 기간 중 지속적으로 증가추세를 보이고 있다. 2009년 현재 여수신비율은 70.9%로 2005년 이후 과거에 비해 매우 높아졌다.

〈표24-18〉 울산지역 상호금융의 영업실적

단위: 억원, %

연도	수신(A)	여신(B)	B/A
1985	564	288	51.1
1990	3,214	1,996	62.1
1995	9,557	6,076	63.6
2000	20,211	11,341	56.1
2005	33,609	24,053	71.6
2009	46,551	33,012	70.9

자료: 한국은행 울산지점, 『울산지역경제통계연보』, 각호.

8) 울산지역 제2금융권의 여수신 비율

<표24-19>를 통해 울산지역 제2금융권의 여수신비율을 보면, 1985년- 1990년 기간 중에는 감소추세를 보이다가 1990년- 1995년 증가추세로 돌아섰고, 1995년을 피크로 그 이후에는 대체로 감소추세에 있다. 2009년 말 현재 여수신 비율은 41.3%로 제1금융권(은행금융기관)에비해 저조한 실정이다.

〈표24-19〉 울산지역 제2금융권의 여수신비율

단위: 억원, %

연도	수신(A)	여신(B)	B/A
1985	2,310	1,473	63.7
1990	12,070	6,708	55.6
1995	39,768	27,462	69.0
2000	45,849	26,565	57.9
2005	61,333	37,522	61.1
2009	144,082	59,572	41.3

자료: 한국은행 울산지점, 『울산지역경제통계연보』, 각호.

지금까지 울산지역 제2금융권(비은행금융기관)의 여수신에 대해 살펴보았는데, 단자회사(종합금융회사), 자산운용회사, 신용협동조합, 새마을금고, 신탁회사, 상호금융은 정도의 차이는 있지만, 지역에서 조성된 자금을 역외로 유출시키고 있다. 그러나 저축은행은 지역 내에서 조성된 자금을 지역 내에 공급할 뿐만 아니라 역외자금까지도 역내로 유입시키고 있는 것으로 나타나고 있다.

제4절 울산지역의 자금사정

시중 자금사정을 반영하는 지표로서 어음교환고와 어음부도율이 사용된다. 어음교환액은 경제성장에 따른 상품거래의 증가와 상품거래의 신용거래 증가를 반영하여 장기적으로 증가추세를 나타낸다. 그러나 단기적으로는 계절적인 요인, 시중의 경기상태 및 금융정세에 따라 영향을 받게 된다. 특히 어음교환을 장수와 금액으로 파악할 때 1장당 교환금액은 일반적으로 경기가 호황일 때 대형화되고 불경기일 때 대형거래를 피하는 것이 통례이므로 소형화되는 경향이 있다. 한편 어음교환액 중 부도액의 비율인 어음부도율은 자금사정의 기준이 된다. 부도율이 높다는 것은 교환에 회부된 결재자금이 충분하지 못하다는 증거이다.

1. 어음의 장당 평균교환금액

<표24-20>에서 상거래의 규모를 나타내는 어음교환의 장당 평균 교환금액은 2009년의 경우 울산은 전국 평균 교환금액의 18.5%, 서울의 9.5%, 대구의 62.7% 수준에 그치고 있다.

〈표24-20〉 주요 지역별 어음의 장당 평균 교환금액 추이

단위: 천원

연도	전국	서울	대구	울산
1985	4,808	6,427	3,034	958
1990	5,423	8,370	2,818	942
1995	6,350	11,148	4,955	1,069
2000	6,219	11,568	3,454	1,336
2005	4,379	7,857	2,604	1,432
2009	8,476	16,443	2,504	1,570

자료: 통계청, 『한국통계연감』, 각년, 한국은행, 『조사통계월보』, 각호, 한국은행 울산지점, 『울산지역경제동향』, 각호.

2. 어음부도율

<표24-21>에서 1985년- 2009년 기간 중 울산의 어음부도율은 1985년- 1995년 기간 중에는 전국과 서울에 비해 매우 높았으나, 2000년에는 전국과 서울에 비해 낮게 나타나고 있다. 이는 IMF관리체제 하에서 기업의 구조조정으로 우리 경제가 매

우 어려움을 겪었지만, 울산의 경우는 타지역에 비해 자동차산업과 조선산업의 호황으로 별로 큰 타격을 받지 않았기 때문이다. 2000년 이후에는 다시 울산의 어음부도율이 전국평균과 서울 평균에 비해 높게 나타나고 있다.

〈표24-21〉 어음부도율 규모의 추이

단위: 배

구분	1985	1990	1995	2000	2005	2009
울산의 어음부도율/전국의 어음부도율	2.29	3.00	3.20	0.56	2.50	2.78
울산의 어음부도율/서울의 어음부도율	3.20	6.00	5.33	0.58	3.50	3.90

주: 전자결재액 제외

자료: 통계청, 『한국통계연감』, 각년, 한국은행, 『조사통계월보』, 각호,
한국은행 울산지점, 『울산지역경제동향』, 각호.

3. 요구불예금 회전률

자금의 유통속도를 나타내는 요구불예금회전률은 경제활동 및 시중자금사정의 기준이 된다고 할 수 있다. 즉, 유통속도가 빠르다는 것은 예금에 의한 지급액이 많아져서 그만큼 경제활동이 활발해진다는 것을 의미하며, 유통속도가 느리다는 것은 경제활동이 활발하지 못함을 의미하는 것이다.

또한 요구불예금회전률은 시중자금사정에 의해서도 영향을 받게 되는데, 시중자금이 핍박하면 회전률이 빨라지고, 자금사정이 양호하면 회전률이 늦어진다. <표24-22>를 보면 울산지역 요구불예금회전률은 전국의 요구불예금회전률에 비해 낮게 나타나고 있다. 이는 앞서 살펴본 바와 같이 울산의 제반 실물·금융상황에 비추어 울산지역의 경제활동이 상대적으로 그다지 활발하지 못함을 의미한다.

〈표24-22〉 울산 및 전국 예금은행의 요구불예금회전률 추이

단위: 회

연도	전국	울산
1985	27.8	16.3
1990	30.9	12.4
1995	40.2	12.3
2000	61.6	13.7
2005	21.8	7.8
2009	33.3	7.9

자료: 통계청, 『한국통계연감』, 각년,
한국은행 울산지점, 『울산지역경제동향』, 각호.
한국은행 울산본부, 『2009 울산경제통계연보』, 2010.
울산광역시, 『울산통계연보』, 2010.

_제5절 울산지역금융의 구조적 취약점

1. 지역금융의 저위와 금융의 중앙집중

울산지역금융의 비중은 2009년 말 예금은행예금의 전국 비중이 1.4%, 대출 1.5%로서 1962년 예금비중(0.2%), 대출비중(0.2%)과 비교해 보면 그 비중이 크게 증가하였으나, 문제는 아직도 전국 규모에 비해 비중이 매우 낮다는 점이다. 일반적으로 지역금융의 저위와 밀접한 관련을 가지고 있는 금융의 서울 집중현상은 1980년 이래 다소 시정되는 기미를 보이고는 있으나, 2009년 말 예금은행 예금의 53.6%, 대출의 43.3%, 비은행금융기관 금융저축의 약 50%가 서울에 집중되어 있다. 또 온라인을 통한 서울 집중현상도 비교적 높아 총통화량의 약 3/5 이상이 서울에서 유통되고 있어 실물경제활동과 기업의 관리능력에 있어서 매우 서울 지향적이며, 이는 곧 지방금융의 상대적 위축을 의미하는 것이다.

한편 제도금융 뿐만 아니고, 사채시장의 자금에 있어서도 금액이 크면 액수노출을 꺼리기 때문에 거의 서울로 유출된다. 더구나 지방에서 조성된 자금은 지방의 경제·사회발전을 위해서 사용한다는 목적으로 설립된 지방은행의 여건변화와 제도상의 제약으로 활동이 위축되고 있는데 비해 서울에 본점을 둔 전국 은행들은 지방금융시장을 서슴없이 잠식하고 있다. 즉 경제가 행정구역의 경계선을 지키며 움직이는 것도 아닌데 지방은행의 영업영역은 그 행정구역 내에 묶여 있다.

특히 1970년대부터 기업 본사의 지방이전과 공장의 지방분산이 추진되었음에도 불구하고 서울 편중도가 좀처럼 완화되지 않고 있는 이유는 공장은 지역에 소재하여도 금융은 주로 서울에서 이루어지고 있고, 또 그러한 시책들이 시행상의 제문제로 인해 별로 효과를 거두지 못하고 있기 때문이다. 한편 단자회사의 입장에서 보면, 대기업들이 대부분 본사를 서울에 두고 있는 만큼 서울의 단자회사들은 전국을 상대로 영업을 하고 있는 것이나 마찬가지인데, 이에 비해 지방의 단자회사들은 그 지역에서만 영업을 할 수 밖에 없는 불리함을 감수해야 한다.

2. 지방은행의 기능 저하

원래 지방은행은 지역의 유휴자금을 집대성하여 중소기업을 효율적으로 지원하기 위해 설립되었다. 그러나 그 동안의 금리인하와 금융자율화 추진 등 금융산업 변혁기를 거치면서 지방은행은 그 영업기반이 상당히 떨어졌다. 이에 반해 전국은행의 점포망은 계속 확장되고 금리면에서 유리한 저축은행, 신용협동조합, 새마을금고 등이 지방은행을 위협하고 있으며, 업무확대의 제약을 받고 있다.

이러한 지방은행의 기능약화는 경쟁력의 약화에도 원인이 있다. 그것은 국민경제의 발전에 따라 지역의 웬만한 기업들은 그동안 꾸준한 성장과정을 통하여 서울, 부산, 대구 지역 등 전국의 주요 지역으로 사업 및 거래범위를 확대해 왔다. 그러나 지방은행의 경우 거의 도내로 한정되어 있어 전국을 통한 온라인 취급의 불편으로 환기능 서비스가 떨어짐에 따라 지역의 일정한 규모 이상의 기업들은 지방은행과의 거래를 축소하고 시중은행과의 거래를 오히려 늘이고 있는 실정이다. 이 같은 이유로 결국 지방은행의 효율이 저하될 뿐만 아니라 코스트의 부담은 경영수지를 악화시키고 있다.

3. 환원금융체제의 미비

지역금융의 가장 큰 문제점으로는 환원금융의 악화를 들 수 있다. 서울과 지방간의 자금흐름은 서울은 대기업 본사 기능, 무역, 자금관리 기능을 확보하고 있으며, 전국의 유통·금융센터로서의 역할을 수행하고 있다. 그러나 지방은 서울 소재 대기업의 공장 내지는 대기업의 지방 하청·협력 중소기업으로서 생산기지로서의 기능만 수행하고 있을 뿐이다. 더구나 대기업의 자금수급이 서울 본사에서 이루어지고 있어 임가공료와 인건비를 제외한 모든 자금이 서울로 역류되고 있는 실정이다.

울산지역은 동남공업벨트에 입지하고 있어 대기업의 대규모 생산공장과 연계된 중소하청·협력업체를 확보하고 있다. 그러나 자금운용이 주로 서울 본사나 서울의 자금관리부서에서 이루어지고 있어 제조업부문의 지역자금 조성이 매우 어려운 실정이다. 또한 지역의 한정된 투자재원이 제2금융권을 통해 역외로 유출되는 현상을 빚고 있다. 제2금융권을 통한 지역자금의 역외유출현상은 금융자율화로 인하여 금융자산 보유형태가 다양화되고 있기 때문에 지역자금의 역외유출은 더욱 심화될 것으로 예상된다.

4. 외환업무 기능의 약화

울산에서 통관한 수출실적은 매년 크게 증가하고 있지만, 지역금융기관을 통한 수출환어음 매입실적(nego)은 매우 저조하다. 이는 지방의 수출업체들이 대부분 하청 임가공업체로서 수출에 따른 금융혜택을 받지 못하고 있음을 나타내는 동시에 지역의 상당수의 수출업체들이 수출금융을 비롯한 금융업무를 서울에서 수행하고 있으므로 수출에 따른 과실을 역외로 유출시키고 있다고 할 수 있다.

제6절 울산 지역금융의 활성화 방안

울산은 전국 최대의 산업도시, 최고의 근로소득 도시이지만, 금융 인프라는 광역시 가운데 최하위여서 소득의 역외유출이 심하다. 울산지역경제가 지속적으로 성장하기 위해서는 비제조업 특히 금융산업 육성을 통한 제조업과 서비스산업간 균형발전이 필수적이다.

1. 금융의 지방 분산화와 울산지역 기업금융지원센터 내지는 지역기반 금융기관 신설

지역경제력을 강화하고 국토의 균형 있는 발전을 도모하기 위해서는 무엇보다도 서울에 집중된 금융을 점진적으로 지방으로 분산화하고 실질적인 자유화를 기하여야 한다. 울산은 현재 우리나라 제1의 산업도시이며, 세계적인 산업도시로 발전하였다. 울산은 장차 동북아 오일허브로 발전한다는 계획을 가지고 있으며, 이 계획을 실천하기 위해서는 금융허브의 기능도 갖추어야 한다. 금융허브로서의 기능을 갖추기 위한 최우선적 과제로서 지역금융산업의 육성이 매우 시급하다.

이를 위해서는 기존의 전국 은행 본점의 지방이전방안을 강구하고, 지방 단자회사의 서울 사무소 영업규제를 완화하고, 울산과 같은 성장거점지역을 본점으로 하는 보험회사, 자산운용회사 등을 설립하여 지역금융시장을 육성함과 동시에 건실한 저축은행의 설치가 필요하다.

울산은 실물규모에 비해 금융규모가 너무 작아, 금융의 지방분권화나 지역경제의 균형있는 발전이 어렵다. 따라서 세계적인 산업도시이며, 동북아 오일허브, 금융허브로 발전계획을 갖고 있는 울산에는 장차 울산에 본점을 둔 은행 설립이 필요하며, 외국은행 지점도 설치되어야 한다.

울산에 본점을 둔 금융기관설립이 현시점에서 어려울 경우에는 우선 단기적으로 '울산지역기업금융지원센터'를 건립하여 운영하고, 중기전략으로 지역을 기반으로 하는 금융기관 설립과 금융전문인력의 육성이 필요하다.

기업금융지원센터는 중앙은행과 특수은행, 시중은행, 중소기업 유관기관 등이 공동 참여하여 기관별 특화기능을 기업에 일괄 서비스하는 곳이며, 울산광역시와 울산상공회의소가 공동 출자하여 설립하고, 참여기관으로부터 전문인력을 지원받아 운영할 수 있다.

2. 환기능의 강화

지방은행이 갖고 있는 제약조건을 보면, 국내적으로는 영업구역 제한, 국제적으로는 외국은행들의 거래제한의 경향이 있다. 지금까지 지방은행의 영업구역은 경제권을 중심으로 설정되지 않고, 단순한 행정구역 단위의 일부 지역에 국한되어 있는 실정이다. 그런데 이와 같은 사정은 경제성장과 KTX 개설로 인한 전국의 1일 경제권 실현에 따른 경제활동의 광역화로 인해 문제점을 발생시킨다. 따라서 경제적 교류가 빈번한 인접지역의 경우 지방은행 점포를 상호 교환하여 지방은행의 환기능을 제고하는 것이 바람직하다.

3. 환원금융체제의 확립

제2금융권, 시중은행을 통해 유출되는 자금을 환원하기 위한 제도적 방안마련이 필요하다. 특히 제2금융권을 통한 지역자금의 유출현상은 금융자유화의 실현으로 더욱 심화되고 있다. 따라서 제2금융권의 일부 기관에 대해서 자금의 역내 환류도를 제고하도록 하는 제도적 장치 마련이 시급하다. 즉, 환원기능이 미약한 생명보험회사, 자산운용회사 등의 금융기관은 지역에서 거두들인 수신분을 지방은행에 예치하게 하여 지역자금을 지역에서 사용할 수 있도록 하는 제도적 배려가 있어야 할 것이다. 또한 이들 예치된 자금의 일정 분을 지방 중소기업 대출재원으로 활용할 수 있도록 하는 방안도 모색되어야 한다.

그리고 저축은행, 새마을 금고, 신용협동조합 등의 지불준비 예치를 지방은행에서 받을 수 있도록 하고 이들 금융기관에 대해 지방CP, 지방회사채, 지방공공채를 일정 비율 인수케 하는 방안도 검토할 수 있을 것이다.

4. 금융편의시설의 지방 분산화

중앙에 편재되어 있는 금융 인·허가 업무, 금융경제단체, 각종 산업지원단체의 업무 및 단체의 지방 분산화가 요구되며, 지방경제연구단체의 설립이 필요하다. 금융기관의 신설·합병·해산과 금융기관의 지점, 대리점, 사무소 등 점포개발·이전 등의 인·허가권이 중앙에 있어 업무의 신속한 처리를 저해하고 있다. 업무의 신속한 처리와 편의를 위해 영향이 적은 지점, 대리점, 사무소 등은 자율화 내지는 지방으로 인가업무를 분산하여 업무에 효율을 기해야 한다.

5. 무역 및 외환기능의 강화

서울로 집중되는 금융비용을 낮추기 위해서는 지방 주요 도시의 무역기능을 강화해야 한다. 가령 현재와 같이 해외 바이어들이 주로 서울로 몰리는 상황에서는 무역담당 부서를 서울에 두지 않고서는 수출입 업무가 거의 불가능하다. 주요 정보의 대부분이 서울에 집중되고, 거의 모든 수출입 절차가 주로 서울에서 이루어지는 등 교역규모가 커져도 지역경제에는 별 영향을 주지 못하는 실정이다.

따라서 기업의 본사나 무역담당 부서 중 지방으로 이전 가능한 것은 과감히 분산시키고, 본사가 지방으로 이전되어도 그 기능을 충분히 발휘할 수 있도록 금융 및 세제상의 개편이 수반되어야 한다. 또 지방은행들이 시중은행에 비해 상대적으로 미흡한 외환업무의 강화를 위해서는 먼저 외환업무 취급점포망의 확대 및 해외 활동거점을 지점·사무소·현지법인 형태로의 진출을 모색하고, 다음에는 해외 바이어들이 지방에 머물면서도 수출입 업무가 이루어지도록 제반 여건을 조성해야 한다.

6. PB(Private Banking) 센터 설립

울산지역은 1인당 GRDP가 전국 1위이며, 제조업체 근로자들의 평균소득이 전국 근로자의 1.6배나 된다. 그러나 금융인프라는 타 광역시에 비해 열악한 실정이다. 따라서 우수 고객이라고 불리는 거액 예금 예치자의 자산(예금, 부동산, 실물자산 등)을 종합적으로 관리해 주는 PB 센터의 설치가 요구된다.

PB센터는 이미 2000년 이래 주요 도시에 설치되어 있으나 울산에는 없다. PB센터는 단순히 예금상품만 추천해 주는 것이 아니라 부동산 관리, 연금이나 보험 등의 가입이나 은퇴후 재산상속에 대한 설계 등 전방위에 걸친 자산관리를 해주기 때문에 고객의 개인비서와 같은 일을 한다.

관광산업

_제1절 관광산업의 효과

1. 경제적 효과

관광산업은 외화획득의 주요 원천이 되고, 지역소득의 증가, 고용의 창출, 국제수지의 개선 및 산업연관효과를 통한 지역발전 등 긍정적인 경제효과를 갖고 있다. 예를 들면, 미국의 관광산업의 수입은 자동차와 식품산업에 이어 3위를 차지하고 있으며, 관광산업은 의료사업을 제외하고 가장 큰 고용능력을 보여주고 있다. 관광산업은 석유, 자동차에 이어 3대 무역상품으로 부각하면서 그 중요성이 한층 증대되고 있다.

관광산업은 울산의 지역경제 발전을 위해서도 기대되는 유망산업이다. 21세기 울산의 발전을 위한 새로운 수입원이 바로 관광산업이다. 따라서 울산시는 지금까지 공업생산 주도적 도시의 이미지에서 탈피하여 사회문화적 인프라를 재정비·확충하여 시민들의 삶의 질을 개선하여야 함은 물론이고, 잠재하고 있는 관광자원을 적극적으로 개발하여 소득증대와 고용창출에 힘써야 한다.

2. 사회·정치 및 자연보호효과

관광산업은 한 지역이나 국가의 사회·문화적 영역에도 많은 변화를 초래한다. 즉 관광객 유치를 위한 사회구조의 변화뿐만 아니라 관광지의 지역주민과 관광객 간에 형성되는 상호 작용의 관계는 문화적 가치관의 변화에도 영향을 준다. 사회적 변화로는 관광객을 수용하기 위한 시설과 서비스의 기능확대와 인구의 밀집화 현상이 발생하며, 수입의 증대로 물질지향적이 된다. 관광은 주로 서비스 측면이 많아 여성들의 취업기회가 확대되어 여성들의 수입증대를 유도한다. 정치적 효과로서는 인적교류 증대를 통한 친선교류효과를 들 수 있고, 사회적 효과로는 여가기회의 제공과 사회안녕 유지, 새로운 체험을 통한 교육적 효과, 문화자원보존효과 등이 있다.

울산은 현대화의 상징인 산업도시로 알려져 있지만, 문화적으로는 아직도 미흡한 점이 많다. 울산은 도시화 초기부터 공업도시로 성장하여 다른 어느 도시보다도 세계적 이미지를 형성할 수 있는 가능성이 높은 도시이다. 오늘날은 고도화된 산업단지 그 자체가 문화적 가치를 내포하고 있다. 이러한 사회문화적 자원을 활용하여 문화교환을 적극적으로 추진함으로써 사회와 시민의식의 개방화가 이루어지도록 하여야 한다. 무엇보다 관광을 통해 서로 다른 문화를 비교하고, 상이한 문화에 대해 올바르게 이해하는 것은 문화의식의 세계화에 일조하며, 문화충격으로 야기될 수 있는 문제를 최소화하는데 기여할 것이다.

_제2절 울산의 관광객 추이와 관광자원 현황

1. 관광객 추이

울산은 동남으로 바다를 끼고 서북으로는 산악으로 형성되어 천혜의 자연관광 조건을 갖추고 있다. 뿐만 아니라 역사·문화 자원도 곳곳에 분포되어 있으며, 공업도시로서의 현대 산업문화의 상징적 도시이기도 하다. 이렇게 울산지역은 풍부한 자연·문화적 관광자원을 소유하고 있음에도 불구하고 이것을 경제적 자원으로 활용하지 못하고 있다. 따라서 울산시민의 여가와 휴가의 욕구를 충족시키지 못하였을 뿐만 아니라 외래 관광객을 유치할 수 있는 조건을 마련하지 못함으로써 관광산업의 경제적 효과를 기대하지 못하고 있다.

외래 관광객 유치에 있어 울산은 지금까지 경주와 부산을 방문한 관광객이 산업견학을 하기 위해 잠깐 머물다 가는 경유지로서 기능했을 뿐이다. 따라서 이제 관광수요를 연장시킬 수 있는 자연·문화적 관광유인책을 개발하여야 한다. 인구 114만명의 울산시는 풍부한 관광자원을 개발함으로써 대외 관광객 유치뿐만 아니라 울산시민들의 휴식과 여가 공간을 마련하는데 큰 의미를 부여해야 할 것이다.

<표25-1>에서 보는 바와 같이 1974년- 2009년 기간 중 울산의 관광객 증가율을 보면, 내국인 (60.9배)이 외국인(36.3배)보다 훨씬 높아 외래 관광객 유치노력이 절실하다. 울산은 산업관광, 해양관광, 산악관광 및 역사문화 관광자원을 골고루 갖추고 있다. 관광객들을 성향별로 보면, 체류관광객이라기보다는 부산과 경주를 거점으로 하는 경유관광객이 대부분이다. 그러므로 관광객수는 비교적 많은 편이지만, 경제적 효과를 기대하기는 미흡하다.

〈표25-1〉 울산의 관광객 추이

단위: 명

연도	내국인	외국인	계
1974	182,185	7,489	189,674
1980	449,423	9,513	458,936
1985	-	-	-
1990	550,003	12,351	562,354
1995	7,596,876	31,231	7,601,017
2000	6,441,549	133,639	6,575,186
2005	11,623,004	389,256	12,012,260
2009	11,112,808	271,744	11,384,552

자료; 울산상공회의소, 『울산공업30년사』, 1992.
울산상공회의소, 『울산경제현황』, 2001.
울산시, 『울산시 관광종합개발계획』, 1997
울산시, 『울산통계연보』, 각년

따라서 울산은 앞으로 외래 관광객과 체류관광객 유치에 주력해야 한다. 울산의 자연·문화·관광적 조건을 이용하여 산업체 견학이라는 1차적 목적에 이은 체류관광 유인책을 마련하여야 한다. 즉, 스위스의 경우 회의 관광(Conference Tourism)처럼 울산도 외국인 및 대외 산업시찰단의 겸목적 관광(Combined Tourism)을 적극적으로 추진해야 한다.

산업관광을 겸목적관광으로 유도하지 못하고 있는 실정은 울산시민 등 내국인에 대해서도 마찬가지이다. 1990년 이후 울산시의 산업견학을 목적으로 하는 관광객은 급증하고 있으나 울주군 지역의 자연·역사문화 관광은 오히려 줄어들고 있다. 또한 울주군 지역의 자연·역사문화 관광객은 외지관광객이기보다는 휴일과 주말의 휴가와 여가를 즐기는 울산시민들이 대부분이다. 따라서 울산의 관광산업에 대한 인식전환과 함께 체계적 관광정책실현으로 극복하여야 할 과제이다.

2. 관광자원 현황

1) 일반현황

울산지역의 관광관련 일반현황을 보면, 관광 숙박업소 8개 업체, 여행사 174개 업체, 관광편의시설 55개소가 있다.

〈표25-2〉 관광호텔 등록 현황

단위: m², 명

업체명	등록일	소재지	등급	연면적	객실수	종업원수
계			8개소		816	460
태화관광	1979	남구 신정1동 1406-6	일반	4,913	103	12
현대	1983	동구 전하동 283	특1	21,193	284	209
올림피아관광	1988	남구 신정2동 1128-1	일반	7,606	43	21
아마란스	2000	울주 상북면 덕현리 72-2	일반	2,088	35	4
롯데	2002	남구 삼산동 1480-1	특1	51.886	211	170
굿모닝	2002	동구 전하동 312-12	일반	6,171	75	29
아셈블 관광	2007	울주군 서생면 나사리 129	일반	2,462	30	13
블루오션뷰	2009	울주군 서생면 진하리77-12	가족	1,926	35	2

자료: 울산시, 『시정백서』, 2010

〈표25-3〉 여행업 현황

단위: 개소

구분	계	중구	남구	동구	북구	울주군
계	174	27	120	9	11	7
국내	80	13	53	4	5	5
국외	88	14	61	5	6	2
일반	6		6			

자료: 울산시, 『시정백서』, 2010

〈표25-4〉 관광객 편의시설업 지정현황

단위: 개소

구분	계	관광극장 식당업	외국인 전용 유흥음식점	시내 순환 관광업	관광 식당업
계	55	7	9	2	37
중구	10		4		6
남구	29	6	3	1	19
동구	8	1	2		5
북구	5			1	4
울주군	3				3

자료: 울산시, 『시정백서』, 2010

〈표25-5〉 관광호텔 이용객 현황

단위: 명, 천 명

이용객수			수입액		
계	내국인	외국인	계	내국인	외국인
174,247	94,853	79,394	37,142,575	21,274,829	15,867,746

자료: 울산시, 『시정백서』, 2010

2) 울산의 문화재

<표25-6>에서 보면, 울산의 문화재로는 국가지정문화재 22개, 시지정 문화재 84개가 존재한다.

〈표25-6〉 울산의 문화재

국가지정문화재						시지정 문화재			
국보	보물	사적	천연 기념물	중요 민속자료	등록 문화재	유형 문화재	무형 문화재	기념물	문화 자료
2	5	5	4	1	5	17	3	46	18

자료: 울산시 자료

3) 울산 12경

울산의 역사와 문화, 천혜의 자연경관 등 지역의 명소 12곳이 울산 12경으로 지정되어 관광객 유치에 많이 기여하고 있다. 울산 12경은 아래와 같다.

① 가지산 4계

가지산은 울산의 산 가운데 최고봉(해발 1,240m)으로서 태화강의 발원지이며, 우리나라 산 중에서 가장 먼저 일출을 볼 수 있고, 사계가 모두 아름다우며 한국의 100대 명산 중 하나이고, 비구니의 수련도장인 석남사가 유명하다. 특히 설경과 옥류동 계곡은 비경으로 손꼽힌다.

② 간절곶 일출

간절곶은 우리나라는 물론 동북아시아 대륙에서 해가 가장 먼저 뜨는 곳으로 매년 개최되는 새해 해맞이 행사에 많은 관광객이 찾는 곳이며 끝없이 펼쳐진 수평선과 동해안의 아름다운 절경을 한 눈에 볼 수 있는 곳이다.

③ 강동·주전해안 자갈밭

강동·주전해안 자갈밭은 동해안 청정해역과 보석처럼 아름다운 까만 밤자갈로 파도와 어우러져 절정을 이루고 있다.

④ 대왕암 송림

대왕암 송림은 신라 문무대왕비가 죽어서 호국룡이 되어 바다에 잠겼다는 전설을 간직한 곳으로 기암괴석과 1만 5천여 그루의 아름드리 송림, 동해안의 탁트인 푸른 바다 등 동해안에서 해금강 다음으로 아름답다는 절경이다.

⑤ 대운산 내원암 계곡

대운산 내원암 계곡은 깊고 맑고 청량한 계곡 속에 수려한 폭포와 한번 누워보고 싶은 반석들을 품고 있는 비경이며, 영남 제일의 명당이라고 알려져 있는 내원암이 있다.

⑥ 무룡산에서 본 울산공단 야경

무룡산에서 관망하는 울산공단 야경은 마치 보석을 뿌려놓은 것과 같이 아름다우며 울산이 한국의 산업도시로서의 긍지를 느낄 수 있는 역동성과 상징성을 가지고 있다.

⑦ 울산체육공원

세계축구계의 보석이라고 찬사를 받았던 문수축구경기장은 주변의 문수산, 남암산, 호수 등 자연경관과 어우러져 마치 한폭의 비경을 연출하며 시민과 관광객이 많이 찾는 명소이다.

⑧ 반구대

산세와 계곡, 기암괴석이 어우러진 절경으로 마치 거북 한 마리가 넙죽 업드린 형상을 하고 있어 반구대라고 하며 선사시대 유적인 국보 285호 반구대 암각화가 있어 오랜 역사와 최고의 경치를 자랑한다.

⑨ 신불산 억새평원

신불산은 울산에서 두 번째로 높은 산(해발 1,209m)으로서, 광활한 면적의 억새평원은 사자평과 함께 영남알프스의 대표적 억새군락지로서 매우 아름다우며 산림청이 선정한 한국의 100대 명산 중 하나이다.

⑩ 작괘천

수백평이나 되는 바위가 오랜 세월에 물살로 인해 움푹움푹 파인 형상이 마치 술잔을 걸어둔 것과 같다고 하여 작괘천이라고 하며, 사철 맑은 계곡물이 흐르며, 고려 충신 정몽주의 글읽던 자리와 언양지방 3. 1운동 중심지로서 역사성을 간직하고 있는 명소이다.

⑪ **태화강 선바위와 십리대밭**

태화강 상류에 위치한 선바위는 기암절벽과 백룡담이 어우러진 한 폭의 그림이며, 선바위를 시작점으로 자생하고 있는 태화강 십리대밭은 도심의 산소창고이자 철새들의 도래지로서 아름다운 풍광을 연출한다.

⑫ **파래소 폭포**

파래소 폭포는 15m 높이에서 떨어지는 폭포와 이로 인한 하얀 포말과 물보라는 보는 이의 탄성을 자아내며 배내골 깊은 계곡과 원시림이 어우러진 절경이다. 소의 둘레가 100m나 되며 소의 중심에는 명주실 한 타래를 풀어도 바닥에 닿지 않는다는 전설을 간직하고 있다.

4) 울산 시티투어

2001년 7월부터 운영하는 시티투어는 울산시의 역사, 문화, 관광지역 등의 관광자원을 활용한 코스를 마련하여 도시의 이미지 개선을 통한 지역관광 활성화에 기여하고 있으며, 현재 관광지정 상품으로 정착되었다.

특히 2009년 9월 중순부터 도심관광 명물인 2층버스 도입으로 시티투어 운영에 획기적인 발전을 가져왔으며, 이용객들의 꾸준한 증가로 울산관광의 기본 인프라로 자리매김하였다. 정기운행코스는 매주 화요일부터 일요일까지 운영하며 1층 버스는 생태환경탐방 Ⅰ·Ⅱ, 역사탐방, 문화체험탐방, 울산사랑 탐방을 주제로 하는 6개 코스가 있으며, 2층 버스는 평일 오전·오후 2회 주말 1회로 투어하는 3개 코스가 있다.

또한 신청인의 지정에 따라 울산 산업탐방, 옹기문화체험, 울산야경 등 맞춤투어 코스가 있으며, 서울, 제주지역 관광객 유치를 위해 항공사, KTX 등을 이용해 인근 도시와 연계한 맞춤투어 코스도 운영하고 있다.

_제3절 관광자원의 권역별 특성과 개발방향

관광의 가장 기본적 요소는 자연과 역사문화 그리고 위락시설이다. 그 외에도 오늘날은 자연조건을 이용한 온천휴양지와 수련원이 새로운 관광자원으로 개발되고 있으며, 앞으로는 이벤트사업도 각광받는 관광자원이 될 것으로 전망된다. 울산시는 1997년 『울산시관광종합개발계획』에서 울산지역을 5대 관광권역(중심도시권,

일산·정자권, 서생·온양권, 언양권, 두동·두서권)으로 나누어 개발한다는 계획을 세운 바 있으나, 2002년 『울산권관광개발계획』에서는 4개 권역(도심관광권, 해양·산업 관광권, 산악관광권, 역사·문화 관광권)으로 나누어 개발하는 것으로 하였다.

1. 도심관광권

도심관광권은 해양·산업관광권, 산악관광권, 역사·문화 관광권을 연결하는 울산의 거점지역으로서 자원개발적 측면보다는 관광객의 이용편의 및 지원에 대한 역할강화가 요구되는 지역이다. 공간구조별 특징은 <표25-7>과 같다.

〈표25-7〉 도심관광권의 공간구조의 특성

지역범위	자연환경	인문환경	관광자원	주변연계
◦중구 ◦남구	◦하천부지 ◦내륙부지	◦시가화구역 ◦공항 및 여객터미널 ◦시청 등 도심의 중심업무기능	◦백양사, 태화강, 호텔, 숙박시설, 쇼핑시설, 울산대공원, 축구경기장, 시립박물관, 충의사, 병영성 등	◦울산산업 비즈니스 관광객유치

자료: 울산발전연구원, 『울산권관광개발계획』, 2002.

도심관광권은 기존자원 이용간 단절형인 울산의 관광이용체계의 문제점을 극복할 수 있도록 해양·산업관광권, 산악관광권, 역사·문화 관광권간 관광자원의 네트워크화 및 시설이용의 벨트화와 같은 연계이용체계의 중심지 역할을 담당할 수 있는 울산관광의 거점지역으로 개발되어야 한다. 또한 이 권역에는 울산시민의 삶의 질을 높일 수 있는 차별화된 여가·휴식공간을 확충·개발하고, 관광거점지역으로서 관광객의 이용편의를 제고시킬 수 있는 관광지원시설을 체계적으로 정비·확대해 나가는 것이 바람직하다.

아울러 도심관광객을 대상으로 새로운 볼거리를 제공할 수 있는 쇼핑, 식음, 문화 등 도심내 테마관광자원을 개발하여야 하며, 부산과 경주를 연결하는 새로운 관광벨트의 중심축 역할을 담당할 수 있는 중심지역으로서의 기능을 강화해 나가야 한다.

도심관광권은 울산체육공원, 울산대공원, 태화강 생태공원을 연결하는 '체육·휴양벨트'를 구축하고, 지역주민을 위한 문화공간의 확충을 위해서는 도시공원을 활용하여 지역주민을 대상으로 하는 문화공간을 확충하는 동시에 특색 있게 조성된 기존시가지를 정비하여 '문화·젊음의 거리'를 조성하는 것이 바람직하다. 또한 쇼핑·식음시설 등의 관광기반시설을 확립하고, 체계적인 안내·홍보체제를 구축하여야 한다.

<표25-8>의 도심관광권의 단위시설 개발방향에서 보듯이 중구는 관광정보지원 및 숙박시설 개발에 역점을 두고, 태화강변지역은 시민친수공간으로 활용하며, 문수지역은 체육·레저공간으로 활용하고, 그리고 울산대공원지역은 시민의 휴식공간 및 도시상징시설을 개발하는 것이 바람직하다.

〈표25-8〉 도심관광권의 단위시설 개발방향

구분	개발방향
중구	◦주변자원의 원활한 연계이용을 유도하는 중심공간으로 조성 ◦관광정보지원 및 숙박시설개발
태화강변 지역	◦수변생태를 활용한 여가공간으로 조성 ◦시민친수공간으로서 문화·체육시설의 특화
문수지역	◦문수경기장을 중심으로 한 체육·레저공간으로 조성
울산대공원지역	◦도시생태공원으로서 시민의 휴식공간으로 조성 ◦도시 중심공원으로서 도시상징 시설 조성

자료: 울산발전연구원, 『울산권관광개발계획』, 2002.

2. 해양·산업 관광권

해양·산업 관광권은 <표25-9>에서 보듯이 남구, 북구, 동구 및 울주군 일원을 포함하는 권역으로 해양관광자원이 풍부하며, 내륙의 첨단산업을 중심으로 산업관광자원이 분포되어 있다. 강동의 정자해변, 신명해수욕장, 굼바우, 당사 몽돌해변, 용바위, 일산해수욕장, 대왕암 공원, 남목천 봉수대, 진하해수욕장, 간절곶 등 해양관광자원과 현대중공업, 현대자동차 및 SK 등 산업관광자원이 분포되어 있다.

해양관광자원의 경우 울산시민 및 인접 경주, 부산, 양산 지역주민들이 주로 이용하고 있으며, 당일 관광 위주의 시설이용의 특성을 지닌다. 산업관광의 경우는 현대중공업, 현대자동차, SK를 중심으로 연간 40만명 이상의 산업관광객이 울산을 방문하고 있다. 진하해수욕장과 간절곶의 경우는 부산·경남권 관광객의 비중이 높으며, 특히 간절곶의 경우 한반도에서 해가 가장 먼저 떠오르는 곳으로 알려지면서 최근에는 관광객이 지속적으로 증가하고 있다.

〈표25-9〉 해양·산업관광권의 공간구조의 특성

지역범위	자연환경	인문환경	관광자원	주변연계
◦남구, 북구, 동구, 울주군 온산읍, 서생면 일대	◦해양지역 ◦동해안 인접	◦대규모산업시설 ◦해안선을 따라 개발제한구역 지정	◦정자해변, 주전해변, 신명·일산·진하 해수욕장, 봉수 대, 현대중공업 현대자동차, 석유화학단지, 온산공단, 대왕암 공원, 간절곶, 서생포 왜성	◦경주권, 부산권 및 경남관광권과 연계

자료: 울산발전연구원, 『울산권관광개발계획』, 2002.

해양·산업 관광권은 도시의 쾌적성 향상, 지역주민의 복지향상 및 삶의 질을 높일 수 있는 여가공간으로 개발하여야 하며, 이를 위해서는 해양관광벨트(blue belt) 구축을 통해 관광상품으로서의 가치를 높여 나가야 할 것이다. 아울러 산업관광의 경우에는 단순한 산업견학이라는 경유관광에서 벗어나서 체험적 기능을 강화시키고, 연계상품개발을 통해 이용수요의 확대 및 체류관광의 형태가 될 수 있도록 산업관광자원의 상품화 전략을 수립하여야 한다. 또한 도심 내 상징화 사업으로 울산의 이미지를 홍보할 수 있는 랜드마크(land mark)를 개발하여야 한다.

해양·산업 관광권의 개발전략으로는 현대중공업, 현대자동차 및 SK 등의 산업체험과 반구대 암각화, 천전리 각석 등의 역사체험을 연계한 체류관광의 유도, 강동·주전·일산유원지를 연결하는 '해양관광벨트'의 구축, 그리고 도심권과 연계하여 장생포공원·처용암·개운포성지를 중심으로 도시 명소화 사업 추진, 서생포 왜성·진하해수욕장·간절곶을 연계하는 '테마벨트' 구상 등을 고려할 수 있을 것이다.

<표25-10>에는 해양·산업관광권의 단위시설 개발방향이 제시되어 있다. 강동지역은 주변지역 관광객 및 지역주민의 이용편의를 위한 관광기반시설의 기능강화가 이루어져야 하며, 주전지역은 이벤트 중심의 관광개발이 요구된다. 일산지역은 기존 유원지의 정비, 장생포지역은 고래, 처용 및 개운포성지 등 지역을 대표할 수 있는 상징적 공간으로 개발하고, 서생·진하지역은 울산, 부산 및 경남지역의 관광

객을 유치하기 위해 간절곶 해맞이, 진하해수욕장의 해양휴양기능 강화, 울산 온천유원지의 활성화, 서생포 왜성 등의 정비가 필요하다.

〈표25-10〉 해양·산업 관광권의 단위시설 개발방향

구분	개발방향
강동지역	◦경주권 관광체계와 연계된 북동부의 해양관문 ◦주변 관광객 및 지역주민의 이용편의를 위한 관광기반시설기능 강화
주전지역	◦강동지역과 일산지역을 연계하는 이벤트 중심 기능 강화
일산지역	◦지역주민의 휴식공간으로서의 기존 유원지 정비
장생포지역	◦장생포(고래), 처용, 개운포성지 등 상징적 공간개발
서생·진하지역	◦남동부 해양의 거점관광지구로 개발 ◦간절곶 해맞이 테마, 진하해수욕장 해양휴양기능 강화 ◦울산온천유원지 정비, 서생포 왜성 정비

자료: 울산발전연구원, 『울산권관광개발계획』, 2002.

특히 해양·산업관광권의 경우는 산업체험과 역사체험을 연계한 체험 배움의 특화된 관광상품을 개발하고, 경주지역에서의 관문기능(교통, 숙박, 정보 등)을 강화하여 주변지역과의 연계기능을 제고할 필요가 있다. 또한 부산 및 경주와의 차별성을 강조하면서 경남-부산- 울산-경주를 연결하는 관광벨트를 구축할 수 있는 방안 마련과 함께 울산의 대표적인 상징물을 중심으로 하는 상징공간 조성이 이루어져야 한다.

3. 산악관광권

산악관광권은 울산의 관광활동의 중심지역으로서 대규모의 관광수요를 창출할 수 있는 중점적 개발이 요구되는 지역이다. <표25-11>에서 보듯이 산악관광권은 가지산 자연공원과 신불산 군립공원 등 울산의 대표적인 산악관광자원이 집중적으로 분포되어 있는 지역으로 밀양·양산 등 인접 시·군과 자원을 공유하고 있는 상태이며, 밀양·청도·양산·부산 등지에서의 이용객이 많은 편이다.

산악관광권은 울산의 관광활동의 거점지역으로서 관광기능을 강화하기 위해 대규모 집객시설 및 숙박거점단지를 조성하고, 자연자원을 활용한 자연친화적인 생태자원의 개발과 산악모험을 소재로 한 차별화된 체험시설을 조성하여야 한다. 특화된 레저·휴양기반의 관광시설지구 개발과 함께 온가족이 즐길 수 있는 다양한 위락기능을 갖춘 가족휴양단지를 조성하여 역외로 유출되는 가족단위 관광객을 수용할 수 있는 기반을 갖추어야 한다. 또한 인근주변의 불교사찰과 석남사를 연결하는 불교문화 유적의 관광자원화를 통해 관광객의 다양한 욕구를 충족시켜 나가야 한다.

〈표25-11〉 산악관광권의 공간 구조별 특성

지역범위	자연환경	인문환경	관광자원	주변연계
◦울주군 상북면 삼남면 일대	◦산악지역 ◦온천지역	◦공원지역 ◦자연녹지 보전지역	◦가지산, 석남사, 신불산, 자수정 유원지, 언양온천, 작천정, 홍류폭포, 영남알프스, 배내골, 파래소폭포	◦밀양, 양산, 부산, 청도 등의 관광객 유치

자료: 울산발전연구원, 『울산권관광개발계획』, 2002.

이를 위해서는 가지산·백운산·간월산·신불산을 연결하는 ‘산악 생태벨트’의 구축, 주변의 양산 통도사·청도 운문사·밀양 얼음골 등 문화 관광자원과 연계한 관광벨트 조성, 자수정 유원지의 확충 및 정비를 통한 주민을 위한 주말형 위락공간 제공, 신불산 군립공원 집단시설지구의 체계적인 정비를 통한 ‘단기 체류형 복합휴양단지’ 조성 등이 고려될 수 있을 것이다. 산악관광권의 단위시설 개발방향은 <표25-12>에서 보듯이 체류형 관광지로서 자원간 연계기능 및 숙박기능 강화가 요구된다.

〈표25-12〉 산악관광권의 단위시설 개발방향

구분	개발방향
가지산 지역	◦자연생태 및 산악체험을 테마로 한 자연탐방기능 강화 ◦인근 불교사찰과 석남사를 연계한 불교 유적문화의 관광벨트화
신불산 지역	◦휴양과 휴식기능을 강화한 단기체류형 복합휴양단지 개발 ◦대규모 관광객을 유치할 수 있는 집객시설 개발
자수정 지역	◦가족단위 도시민을 위한 복합 휴양 및 위락기능 강화

자료: 울산발전연구원, 『울산권관광개발계획』, 2002.

4. 역사·문화 관광권

<표25-13>에서 보듯이 역사·문화 관광권은 최근 부각되고 있는 선사유적의 중심지로서 보존적 측면과 교육적 측면이 강조되는 지역이다. 역사·문화 광광권은 울산의 내륙으로 경주관광권과 접경을 이룬다. 서쪽으로는 선사시대 문화유산인 반구대 암각화와 천전리 각석이 있고, 북쪽으로는 신라시대 문화유산인 박제상 유적지, 은을암, 망부석, 치산서원 등 문화유적이 분포되어 있다. 남쪽으로는 무제치늪, 외고산 옹기단지 등의 관광자원이 풍부하다.

〈표25-13〉 역사·문화 관광권의 공간 구조별 특성

지역범위	자연환경	인문환경	관광자원	주변연계
◦울주군 두동, 범서, 삼동, 삼남, 웅촌, 청량, 온양읍, 언양읍 일대	◦내륙부지, 산악지역 생태보전자원	◦개발제한구역 자연환경보전지역	◦반구대 암각화 ◦박제상 유적지 ◦무제치늪 ◦대운산계곡, 선바위, ◦치산서원, 울산CC ◦외고산옹기단지	◦경주시 역사문화관광권, 고속도로 주변의 선사문화 연계

자료: 울산발전연구원, 『울산권관광개발계획』, 2002.

역사·문화 관광권의 개발은 국보 문화재인 반구대 암각화와 천전리 각석 문화유적지 주변에 관광기반시설 및 편의시설을 확충해 역사·문화 탐방형 관광자원으로 개발하고 경주지역의 관광객을 유도할 수 있는 마케팅 전략이 수립되어야 하며, 박제상 유적지의 관광상품화를 통해 경주 및 부산·경남지역과의 연계 이용체계를 구축해 나가야 한다. <표25-14>에서 보듯이 역사·문화 관광권의 단위시설 개발방향으로는 대곡 천전리 지역의 자연친화형 시설개발과 두동지역의 경주, 밀양과 연계한 신라문화의 관광자원화가 필요하다.

〈표25-14〉 역사·문화 관광권의 단위시설 개발방향

구분	개발방향
대곡·천전리지역	◦기존 자연상태를 활용한 자연친화적 시설개발 ◦암각화와 각석을 소재로 한 선사유적의 체계적 이해를 위한 문화·교육 공간개발
두동지역	◦경주 및 밀양과 연계한 신라문화의 관광자원화

자료: 울산발전연구원, 『울산권관광개발계획』, 2002.

_제4절 4대 관광권의 관광자원개발 방안

1. 도시 이미지 제고를 위한 상징화 사업

1) 전망 타워 건립

전망 타워는 울산관광의 상징적인 공간으로서 장기적으로 건립이 필요하며, 시설 내에는 전망광장, 송신소, 스카이라운지, Food Court, 전시관, 판매시설, 전망 카페, 간이음식점 등을 마련한다.

2) 장생포 고래 해양공원

장생포 해양공원은 울산의 지역 이미지 표출을 위한 상징적인 공간 및 지역주민의 휴식공간으로서 고래박물관, 고래 게이트, 고래상징물, 여객터미널, 접안시설, 다목적 운동장, 수변 상업시설 등을 조성한다.

2. 도시 휴식공간 차별화

1) 문화지구 조성

울산의 대표적인 문화공간을 조성하기 위하여 문화예술회관, 남구문화원, KBS 방송국, 달동 근린공원을 연결하는 문화지구를 조성하여 문화 이미지 연출을 위한 가로(街路) 디자인, 야외공연장 덮개 설치, 거리 조각공원 설치 등을 고려할 수 있을 것이다.

2) 페스티벌거리 조성

울산 동헌 및 소방서 일대에 울산 도심의 Land Mark적 상징공간을 마련하여 젊음과 유행의 거리로 조성한다. 이를 위해서는 진입부에 상징 조형물인 Land Mark 설치, 열린 문화 공간 등 이벤트 광장 조성, 가로(街路) 디자인, 차없는 거리 추가지정 등이 고려될 수 있을 것이다.

3) 태화강 생태공원 조성

도시민에게 휴식공간 및 자연생태 학습공간을 제공하기 위해 삼호지구에 조류학습원(생태 늪, 수변 관찰대 등), 태화지구에 자연학습원(탐수생태원, 탐방로 등), 삼호섬 지구에 습지관찰원(습지관찰장, 자연학습장, 자연관찰로 등)을 조성한다.

3. 해양관광자원의 특화 개발

1) 일산유원지 및 대왕암 공원의 정비 확충

울산시민의 휴식공간으로서 기능을 제고하기 위해 스포츠센터, 골프연습장, 수족관, 전시관, 수상공연장, 관망대, 호텔, 콘도미니엄 및 상가 등을 조성한다.

2) 강동권 종합개발

울산의 동북부지역을 문화와 휴양이 중심이 되는 해양문화 관광지구로 개발하며, 이를 위해서는 시립미술관, 이벤트 몰, 비치 돔, 외국인 커뮤니티 센터, 복합 비즈니스센터, 인터테인먼트 몰, Ocean-view 호텔, 콘도 미니엄 등을 조성한다.

3) 진하 레포트 비치

해양활동의 기능강화와 남부해양권의 숙박거점 마련을 위해 Sand Park, 마리나, 중저가 호텔, 야영장, 스포츠 콤플렉스 등을 조성한다.

4) 간절곶 해맞이 공원 조성

희망과 기원의 장소로서 가족단위 관광객 및 연수·수련객을 유도하고, 문화·예술을 테마로 한 볼거리를 제공하기 위해서는 해맞이 관광, 조각공원, 아트 캠프, 예술인촌, 어촌 박물관, 수련원, 테마 콘도미니엄 등을 조성한다.

4. 산업관광자원의 상품화 전략

기존 산업자원을 연결하는 산업관광의 거점개발로서 자동차 테마 파크를 조성하여 자동차 트랙, 정비숍, 자동차 박물관, 시뮬레이션장, 자동차 극장, 오토 플라자, 테마상가 등의 시설을 갖춘다.

5. 산악휴양관광자원의 중점개발

1) 신불산 복합휴양단지

관광활동의 거점으로서 관광자원의 집중개발이 필요하다. 등억지구는 온천 · 숙박시설 · 워터파크, 수남지구는 종합음식센터·유흥상업시설 · 먹거리 풍물장터, 작천지구는 중저가 호텔 · 콘도 · 승마클럽 및 토산품점 등을 각각 개발한다.

2) 자수정 인터테인먼트 파크

차별화된 테마형 시설개발로 가족단위의 복합휴양위락기능을 강화하기 위해서는 기존 자수정 유원지의 동굴관람시설, 민속학습시설, 숙박시설을 갖추고 어드벤처 랜드, 미니어처 파크, 에니멀 랜드(애완동물원, 동물게임장) 등을 갖춘다.

6. 역사유적의 문화관광자원화

1) 반구대 암각화 주변의 문화관광자원화 사업

현재 추진중인 문화관광자원화 사업을 반영하여 선사유적의 관광자원화를 추진한다. 이를 위해서는 진입로 확 · 포장, 주차장 확보, 선사문화 전시관, 원시문화 산책로, 설명 및 관찰 테크 등의 시설물이 설치되어야 한다.

2) 박제상 유적지 관광자원화 사업

유물전시관, 교육관, 잔디광장 및 기념광장 등의 휴식공간, 상가, 기념품 판매점 등을 갖춘다.

3) 서생포 왜성 문화관광 자원화 사업

서생포 왜성의 복원정비를 통한 역사문화 탐방지 조성으로 한 · 일 관광교류의 새로운 장을 열어나가야 한다. 이를 위해 왜성 복원, 천수각, 창표당, 망루대, 미니어처, 화계, 모형전시관, 박물관 등을 조성한다.

_제5절 관광진흥전략

울산시는 그동안 관광산업 육성을 통해 국제적 문화관광도시로 도약하고자 많은 노력을 기울여 왔다. 체계적이고 종합적인 권역별 관광개발계획을 수립하는 한편 지역의 우수한 관광자원을 선정하여 개발사업을 지속적으로 추진하여 관광개발 및 관광진흥의 토대를 착실히 구축해 왔다. 그러나 그동안 기울인 노력에 비해 가시적인 성과가 미흡한 편이며 따라서 향후 해결해야 할 과제도 적지 않다.

특히 투자재원 조달의 어려움으로 관광자원의 개발이 부진하였다. 그 결과 아직까지 국내·외관광수요를 흡인할 수 있는 전국규모의 관광시설이나 비교우위를 점할 수 있는 특화된 관광상품을 갖추지 못하고 있으며, 산업시설이나 자연·역사문화 중심의 관람형 관광자원에 의존하고 있는 실정이다.

또한 체류형 관광시설의 미비로 통과형 관광형태가 지속되고 있으며, 산업비즈니스형 관광객을 체류 관광객으로 유도하지 못하고 있다. 기존의 자연자원에 의존한 관광행태로 인한 2계절 집중형 관광행태도 시급히 개선해야 할 과제이다.

울산은 차별화된 산업관광자원과 양호한 해양·산악 환경에 다양한 역사·문화자원을 동시에 갖고 있으며, 최근 에코폴리스 울산, 태화강 생태공원화 및 수질개선사업 등의 실행으로 대외적인 도시 이미지도 많이 개선되었다. 관광교통측면에서는 2008년 울산- 부산간 고속도로가 건설되었고, 2010년 경부고속철도(KTX) 울산역이 설치되었으며, 2012년에는 동해 남부선 복선화, 울산-함양간 고속도로 개통 등 편리한 광역교통체계가 구축되면, 관광수요를 증대시킬 수 있는 잠재력이 매우 커질 것으로 예상된다.

여기에 주5일 근무제 정착에 따른 여가시간의 증대로 삶의 질 향상과 건강증진을 위한 레저, 스포츠 활동 및 단거리, 단기간의 국내·외 여행이 지속적으로 증가하는 동시에 휴가분산 확대로 숙박관광과 장거리 관광이 활성화되고 이에 따라 국내관광시장도 큰 폭으로 성장할 것으로 전망된다.

이러한 대내·외적 환경변화에 부응하여 관광산업이 지역경제활성화 및 지역균형발전의 선도적 역할을 다할 수 있도록 하기 위해서는 다음과 같은 부분에 역점을 두고 정책이 추진되어야 한다.

1. 선택과 집중을 통한 지역대표 관광상품 육성

울산은 다양한 관광자원을 보유하고 있음에도 불구하고 전국규모의 흡인력을 갖춘 울산만의 고유한 관광시설이나 관광상품개발은 미진한 편이다. 따라서 기존의 관광자원을 면밀하게 분석·평가하여 우선 추진사업을 선정하고 여기에 한정된 자원과 노력을 집중시켜야 한다. 구체적인 개발방법과 전략은 전혀 새로운 신규자원의 개발과 창출보다는 기존의 관광자원 중 충분한 경쟁력과 발전 가능성을 지닌 자원을 선별하고 창의적인 모티브, 소재, 주제, 프로그램을 도입하는 것이 바람직하다.

즉, 지역공간에 많은 관광시설을 채우는 방식은 여러 조건이 갖추어진 몇몇 경우에만 유효하므로 앞으로 지역관광은 경쟁우위요소를 발굴하고 이를 기반으로 창조적 아이디어를 첨가하는 창조형 사업 아이템으로 새로운 모델을 구축하여야 한다.

1) 산업관광자원의 특화

울산의 차별화된 관광자원인 산업관광자원의 특화를 통해 체험형 자원으로 육성하는 것도 하나의 방안이 될 수 있다. 울산의 현대중공업, 현대자동차, SK 등을 활용하여 공업문화파크, 산업관련 박물관, 전시관, 컬렉션, 산업체험센터를 유치하고 주요 거점지역에 산업테마거리를 조성하는 것 등이다.

2) 고래테마 관광사업의 특화

최근 장생포에 고래박물관 및 고래연구소의 입지로 고래를 테마로 한 전시·연구시설이 확충되었으며, 국내 유일의 고래잡이 유적지 및 고래관련 시설을 활용하여 고래와 연계한 관광상품을 개발하고 고래테마화의 요구가 증대되었다.

따라서 울산광역시는 고래를 테마화하여 차별화되고 다양한 관광체험시설과 프로그램 등 인프라를 구축하고, 고래에 대한 연구, 교육, 문화, 환경보전 활동을 동시에 추진하여 지속가능한 관광자원으로 활용하여야 한다. 적정지역에 아큐리움, 돌고래 쇼장, 관경선 선착장, 바다동물원, 고래사육장, 바다 전망대 등을 건립하고, 고래해체장 복원사업, 고래테마 연계 관광프로그램 등을 개발하는 것이 바람직하다.

2. 부산·울산·경남 및 경주와의 연계 관광체계 구축

부산, 울산, 경남에는 일본과 관련된 관광자원이 많이 산재하고 있고, 경주에는 역사 문화관광자원이 많이 존재하지만, 광역적 차원에서 이를 체계적으로 연계·개발하지 못하고 있다. 또한 부산, 울산, 경남, 경주는 대내외 관광홍보 등을 단독적으로 수행함으로써 관광의 다양성 확보라든지 규모의 효과를 확보하는 것이 부족하다.

부산, 울산, 경남, 경주에 있는 자치단체별 관광안내소에서 모두 부산, 울산, 경남, 경주의 관광안내를 할 수 있도록 한다. 이를 통해 관광의 다양성을 높이고, 소요경비를 절감할 수 있다. 공동관광안내소의 소요경비는 시도별 이용상태에 따라 4개 자치단체가 차등 분담한다.

아울러 현재 4개 자치단체가 각각 실시하고 있는 관광홍보를 공동으로 수행함으로써 경비절감, 다양성 확보, 규모의 이점을 확보할 수 있다. 국내외 관광홍보의 경우 부산, 울산, 경남, 경주가 공동부스를 만들어 공동홍보함으로써 상승효과를 창출할 수 있다.

다음으로 표적시장별 부산, 울산, 경남, 경주를 아우르는 관광루트의 공동개발이 필요하다. 주로 일본인, 중국인 등 주요 외국인 방문을 위한 광역관광루트의 공동개발을 추진하여야 한다.

3. 관광동향과 트랜드를 반영한 신관광 도입

다원화 · 다양화하고 있는 관광성향과 보는 관광에서 참여하는 관광으로 변화하고 있는 트랜드를 반영하여 지역문화 중심의 자원개발 및 프로그램을 도입할 필요가 있다. 먼저 울산에 소재해 있는 특유의 향토문화와 문화재를 적극적으로 발굴하고, 이를 근간으로 여러 유형의 관광객 특성에 부합하는 주제를 불어넣어 체험형 테마관광코스 및 문화관광을 상품화함으로써 새로운 관광매력이 창조될 수 있도록 하는 것이 시급하다.

또한 최근에는 자연생태환경에 대한 관심으로 지속가능한 관광개발이 요구되고 있음으로 영남 알프스, 태화강, 강동 · 주전 · 진하해변을 비롯한 지역 내 우수한 자연자산을 최소한의 편의시설만 갖추어 생태체험관광 상품화할 필요가 있다. 아울러 도농복합도시의 특성을 살려 주민들의 자율적인 참여에 의한 녹색관광, 농촌관광 등 새로운 형태의 관광상품으로 발전시켜 나감으로써 관광객 유인은 물론, 울산시민들의 삶의 질이 향상되고 도시 이미지가 개선될 수 있도록 해야 할 것이다.

4. 권역 특성을 고려한 테마 있는 체험관광 개발

울산지역은 인문환경 및 자연환경적 측면에서 볼 때 몇 개의 권역(산업형, 도심형, 해양형, 산악형, 역사·문화형)으로 나누어진다. 이에 따라 관광개발의 방향은 전체적인 관점에서 관광기능을 다변화하는데 중점을 두어야 한다. 각 권역별로 특성을 최대화시킬 개발테마를 선정하고 경쟁력 있는 자원개발을 지속해 나갈 필요가 있다.

먼저 산업관광권은 산재한 산업관광자원을 연계시킬 수 있는 관광코스의 개발과 이를 수용할 수 있는 집객시설의 연계방안을 마련하여 체류형 방문객의 활성화를 유도하여야 한다. 산업관광권은 다시 산업역사관광권, 산업체험 관광권, 산업상품 관광권의 3개 소권역으로 구분하여 특성화하는 방안도 고려할 필요가 있다. 산업역사 관광권은 달천철장 문화관광자원화사업, 산업경관지원 관광자원화사업(울산공단 야경)을 추진하며, 산업체험관광권은 산업테마거리 경관문화형성사업, City Tour 정류장(산업테마 정류장) 설치사업, 산업관광의 이미지 개선을 위한 아름다운 울산 이름찾기 사업 등을 실시하도록 한다. 산업상품 관광권은 외고산 옹기마을 문화관광자원화사업을 지원 육성하는 것을 들 수 있다.

도심관광권은 에코폴리스사업 추진과 함께 추진되어 온 관광기반시설을 중심으로 도심권내 네트워크 거점으로 가장 확장성이 뛰어나므로, 도심내 거점을 중심으로 각 부거점의 관광서비스지원단지로 육성하고 문화산업과 같은 지식기반 서비스를 매개로 도시의 활력을 높여, 21세기형 전략산업인 첨단문화산업의 중심공간으로 발전시켜 나가야 한다.

해양관광권은 관광목적지의 한계를 고려하여 대규모 관광도시와 연계한 개발구상을 수립하여 이를 통해 광역적인 이용수요를 확대하고 동해안 관광벨트와 연계한 특화된 해양휴양단지로 조성할 필요가 있다.

산악관광권은 산악지형과 산림, 기타 관광자원에 근거하여 리조트 및 자연휴양림, 모험관광 프로그램 등을 도입할 수 있다. 더불어 시민과 이용객의 편의를 도모하기 위한 편의시설의 양적 · 질적 개선을 통해 관광이용객의 이미지 개선 및 재방문을 유도하는 것도 매우 중요하다.

역사 · 문화 관광권은 잔존하는 많은 역사문화유적지와 선사시대의 유적, 신라의 불교문화, 처용문화제와 장생포 고래축제와 같은 다양한 지역축제에 잠재되어 있는 매력을 증대하여 부가가치를 창출함으로써 관광자원화를 유도해 나가야 한다. 또한 전술한 경주 및 인근 부산, 경남과의 연계성을 강화하고 타지역관광객을 지역내로 유입시킬 수 있는 관광루트를 개발하는 것도 필요하다.

5. 선진 관광서비스 구축

선진 관광기반시설 구축사업의 일환으로 유·무선을 가리지 않고 언제 어디서나 네트워크에 접속할 수 있다는 유비쿼터스(Ubiquitous)를 관광안내에 적극 도입하는 것이 시급하다. 그 이유는 울산의 관광환경 개선과 선진 관광 이미지 형성을 위해서는 실시간 온라인 관광안내 및 관광자원별 현장안내 네트워크 시스템 구축이 필수적이기 때문이다.

울산의 중요한 관광거점에 전용안내소를 설치하되 관광안내 터미널은 관광안내 시스템, 개인 휴대용 정보단말기 (PDA) 등의 장비대여 기능을 수행하는 곳으로 관광객이 집중되거나 울산의 관광객 접근의 게이트 역할을 하는 울산역, 태화강역, 고속버스 터미널, 시외버스 터미널, 울산공항 등에 설치하는 것이 바람직하다. 허브 부스는 무인관광 안내부스로 장비의 충전, 주변 안내책자 및 기타 장비 이용편익을 지원하는 기능으로 울산의 중요 관광권에 1개소씩 설치하여 관리·이용의 편리성이 제고되도록 하여야 한다.

관광안내소, 관공서, 홈페이지 일변도의 정책에서 잠재고객에 대한 공격적인 마케팅 전략의 일환으로 관광안내경로를 다변화하고 적극적으로 홍보할 필요가 있다. 관광홍보경로의 확대를 위해서는 무엇보다도 안내하고 자랑할 만한 관광상품이 우선되어야 하지만, 경로를 다변화하고 틈새시장을 확보한다는 차원에서 접근해야 한다.

6. 전문관광인력의 양성

최근 관광의 패러다임이 변화되고 관광형태가 세분화 · 다양화 · 전문화됨으로써 관광인력의 저변확대는 물론이고, 전문적인 인력양성이 관광발전에 필수요건이 되고 있다. 정부에서는 그린 투어리즘을 농정정책으로 채택하여 추진하면서 인재양성을 확대하고 있으며, 민간차원에서도 경영자교육에 힘쓰고 있다. 일본의 경우에는 여러 단체에서 인재양성을 하고 있으며, 이들을 중심으로 인적 네트워크를 이루고 있다.

이러한 추세에 발맞추어 울산에서도 '생태문화해설사', '레크리에이션지도자'와 같은 지역의 인재양성 프로그램을 적극 강구해야 한다. 초기에는 지방자치단체 및 지역 유관기관의 협조를 받아 외부 전문가를 초빙하여 자문과 지도를 받아 노하우를 습득하고 2단계로 실제 프로그램의 보조진행자로 참여케 함으로써 지역에서 필요한 인재가 육성될 수 있는 기회를 제공해야 한다.

또한 국제관광을 활성화하기 위해서는 무엇보다도 전문적 지식과 기술을 습득하고 직업의식이 투철한 우수한 인적자원이 필수적이므로 산 · 학 연계를 통해 다양한 관광관련 업종에서 근무하는 모든 지역관광종사원에 대해 정기적인 재교육이 필요하다.

7. 국제경쟁력을 갖춘 관광사업체 육성

현재 여행업을 비롯한 울산지역 관광업계가 국제경쟁력을 확보하기 위해서는 여행업계의 구조적 취약성과 영세성을 극복하는 것이 선결과제이다. 이를 위해서는 기존 관광업체의 자발적 참여에 의해 출혈을 최소화할 수 있는 구조조정 방법을 모색해야 하며, 영세업자간 합병, 영세업계의 대기업군 계열화 등의 방법이 논의될 수 있다. 더불어 울산지역 관광업계에 대한 행정적 · 재정적 · 세제상 지원이 확대될 수 있는 방안을 적극적으로 강구해야 한다.

동시에 지역관광업계도 독자적인 국내외 협력관계를 모색하고 경영합리화 및 차별적인 관광시장 전략과 마케팅전략을 구사하면서 경쟁력있는 관광상품을 국내외 업자와 공동 개발하는 방안을 강구해야 한다.

또한 울산이 국제적인 관광명소로 거듭나려면, 요식업계를 비롯한 울산지역 관광업계와의 정기적인 간담회나 경영자 교육, 관광종사원재교육, 강력한 행정지도 등을 통해 이들의 상도의식, 윤리의식 그리고 주인의식이 제고될 수 있게 해야 한다. 울산지역 관광업계가 차별적인 관광상품을 지속적으로 개발 · 생산 · 판매하기 위해서는 관광과 관련된 첨단기술(식음료기술, 숙박서비스 기술, 디자인 및 포장기술, 공간분위기 연출기술, 관광이벤트 행사기술 등)과 각종 사업정보들이 외부로부터 신속히 도입되고 배포 · 유통되도록 해주는 관광기술(Tourism Technology: TT)지원센터를 관 · 산 · 학 · 연 공동참여하에 운영할 필요가 있다.

제 26 장

에너지산업

일반적으로 경제성장에 의한 국민소득 증가에 따라 에너지는 점차 화석연료에서 청정연료(무공해 에너지)와 같은 환경친화적 고급에너지로의 전환이 일어난다. 울산의 민수용 연료의 변천과정을 보면, 1950년대에는 장작 등 땔감이 주 연료였고, 1960년대에는 장작 등 땔감과 함께 연탄이 연료로 사용되었다. 그러다가 1970년대부터 1980년대 말까지 연탄이 주된 연료로 이용되었다. 1980년대 말부터 1990년대 상반기까지는 석유가 주된 연료였으나, 1990년대 중반부터 오늘날에 이르기까지 가스가 주된 연료로 사용되어 오고 있다.

상업용 연료는 1980년대 초까지 석탄이, 그리고 1980년대 중반부터 석유가 주된 연료로 사용되다가, 1995년을 피크로 그 비중이 줄어들었고, 전력은 1990년대부터 이용도가 대폭 증가하였다. 가스는 1990년대 중반부터 매우 큰 폭으로 증가하면서 1990년대 후반기부터 전력을 앞지르고 있으며, 현재는 가스와 전기가 주된 에너지로 이용되고 있다. 따라서 본 장에서는 울산의 에너지 수급과 증가일로에 있는 에너지 수요를 충족시키기 위한 효율적인 공급방안은 무엇인가 살펴보고자 한다.

_제1절 전력

1. 개요

1962년부터 수차례에 결쳐 추진된 전원개발 5개년 계획의 성공적 추진으로 1978년 무제한 송전시대가 시작되었다. 2009년 말 현재 우리나라의 총발전설비는 74,404MW로 이는 1961년(367MW)에 비해 무려 203배 증가한 것이며, 연간 발전량도 1961년 17억 7,300만 kWh의 255배인 4,336억 4백만kWh로 증가하였다. 이에 따라 국민 1인당 전기소비량도 1961년에 비해 약 169배(7,961kWh)로 늘어났다. 그러나 경제성장과 소득증대에 따라 증가일로에 있는 전력수요에 대응하여 정부는 1996년부터 국내 민간부문의 발전사업 신규진입 및 외국인의 국내 발전사업 투자를 개방하는 한편 국내 전력기술 수준의 고도화를 지속적으로 추진하고 있다.

정부는 2009년 말 제5차 전력수급기본계획을 확정하여 공고하였다. 이 계획에 따르면 2024년 여름철 최대 전력수요가 현재 대비 약 25% 증가한 9,504만 kW까지 증가할 것으로 예상하고 발전설비에 49조원을 투자하여 총4,333만kW만큼 추가로 확보한다는 것이다. 정부는 이번 5차 수급계획(온실가스 감축을 위한 친환경 전원 확대 등을 감안해 수립한 실행전략)에서 국내 전체 전력 소비량이 연평균 1.9% 증가하여 2024년에는 5,516억kWh에 달할 것으로 예상하고 있다. 발전원별로는 원자력 14기(총 1,820만kW), 석탄 15기(1,209만kW), LNG(액화천연가스) 19기(1,224만kW) 등이 계획에 반영되어 안정적인 전력수급을 도모한다는 계획이다.

2. 원자력 발전

에너지의 90% 이상을 해외에 의존하고 있는 우리나라는 석유수급사정이 어려웠던 1970년대에 원자력발전기술을 도입하여 1978년 고리 원전 1호기 가동을 시작으로 원전사업을 본격 추진하여 2009년 말 현재 4개의 발전소의 총 20기(고리 4기, 월성 4기, 영광 6기, 울진 6기)의 발전기를 가동 중에 있다. 원자력발전의 설비용량은 17,716MW로 우리나라 전체 발전설비용량(74,408MW)에서 차지하는 비중이 23.8%이며, 국내 발전량의 31%를 차지하고 있다. 정부의 제5차 전력수급기본계획에 따르면, 2024년 발전원별 설비비중은 원자력이 32%로 2009년의 23.8%보다 대폭 상승되는 반면, 석탄(28%)과 LNG(21%) 비중은 소폭 감소할 것으로 전망하고 있다. 원자력 발전량의 비중은 2024년 48.5%로 2009년(31%)보다 약 17.5% 증가할 전망이며, 신재생에너지 역시 8.9%로 크게 증가하면서 석탄, LNG, 석유 등 고탄소 배출전원의 발전량 비중은 점진적으로 축소될 가능성이 클 것으로 전망하고 있다.

최근에는 경제발전에 따른 에너지수요의 증가와 화석연료사용으로 인한 지구 온난화, 산성비 등 환경오염이 국제적인 관심사로 대두되면서 원자력발전에 대한 중요성이 부각되고 있다. 전력수요가 증가하고 있는 국가들을 중심으로 원전건설을 지속적으로 확대 추진하고 있으나 안전성에 대한 일반 국민들의 불안감과 시민단체들의 반핵운동 등으로 원전사업추진에 많은 어려움을 겪고 있다.

원전시설의 안전문제는 방사능의 외부누출, 핵폐기물의 처리문제 등이 있다. 과거 미국의 쓰리마일 아일런드, 구소련의 체르노빌 원전사고, 최근 일본의 동일본대지진과 쓰나미로 인한 후쿠시만 원전의 방사능 누출사고 등 세계 각지에서 크고 작은 방사능 누출사고로 인명과 재산의 피해가 발생하여 원전의 안전성이 큰 문제로 부각되고 있다. 울산에도 울주군이 서생연안에 원자력발전소를 건설한다는 계획을 가지고 사업을 추진하고 있으나 일부 지역주민과 시민단체 등의 반발로 공사가 본격적으로 추진 시 난항이 예상된다.

3. 울산의 전력사업

울산에 처음으로 전기가 들어오기 시작한 것은 1921년 4월 25일 '울산전등회사'가 설립되면서부터이다. 이 회사는 울산에 거주하는 일본인들이 합자형식으로 출력 10kW의 발전시설을 설치하고 울산읍내에 국한하여 전력을 공급하였다. 당시 울산인구는 8천명에 불과하였으며, 송전지역도 그 일부에만 그쳤다. 그 당시 '울산전등회사'는 구 코리아나호텔 자리에 위치하였으며, 후에는 병영과 장생포까지 송전하였다. 그리고 방어진에는 1924년 9월 별도의 울산본부 전기회사가 설치되어 발전용량 20kW의 내연발전기를 설치, 전력을 생산하여 방어진 지역에 공급하였다.

그 후 1929년 10월 방어진에 있던 울산본부전기가 울산전등회사에 통합되면서 그 명칭을 '울산전기회사'로 개칭하였다. 2개의 전기회사가 하나로 통합되고 나서도 울산의 전기요금이 방어진보다 높게 징수되자 울산의 수요자들은 이를 전기회사 측에 항의하여 전기요금 인하를 요구하였다. 회사 통합 후 방어진 전기요금보다 비싸게 받은 액수만큼 환불조치할 것과 요금을 현행보다 30% 더 할인할 것을 요구하면서 울산번영회를 통해 전기회사에 항의하는 소동도 있었다.

당시 울산과 방어진, 장생포에는 일본인들이 상권을 거의 독점하다시피 했으며, 경제권 역시 그들이 좌우하고 있었다. 사기업이었던 '울산전기회사'는 설립된지 15년 후인 1936년 10월 '대구전기회사'와 합병되어 '대흥(大興)전기회사'로 개칭되었다. 1937년 3월 '남선합동전기회사'에 흡수되었으며, 8·15 광복 후에는 '남선전기회사'가 흡수, 운영하여 오다가 경성전기(1915년 9월 설립)와 조선전업(1943년 3월 설립) 3사가 1961년 7월 발족한 한국전력에 통합됨으로써 지역적으로 독립설치 운영되어 오던 우리나라의 전기회사는 1961년 7월 한국전력이라는 단일 전기회사로 재편되게 된 것이다.

현재 울산의 전력시설은 영남화력과 울산화력 등 2개의 발전소와 보조발전시설로서 가스 터빈발전소가 있다. 40만kW의 발전시설을 갖춘 영남화력은 지난 1966년에 건설되었고, 60만 kW의 발전시설을 보유한 울산화력은 1972년에 건설되었다. 3만kW 출력의 5기를 시설한 가스터빈 발전도 1964년에 건설되어 현재 울산에서만 생산할 수 있는 발전용량은 121만kW로서 전국 발전시설의 28%를 차지한다.

울산에서 생산되는 전력은 울산, 양산 등 울산공업센터와 인근 공장지역 및 일반수요에 공급되고, 그리고 영호남지역에 송전되고 있다. 지난 1962년 울산이 특정공업지구로 지정된 후 각종 기간산업체와 게열공장 등이 설립되면서 공업도시로 발전하면서 인구도 8만 5천명에서 2009년 말 현재 약113만명에 이르렀다. <표26-1>에서 보듯이 지난 50년간 울산이 우리나라 최대의 공업도시로 발전함에 따라 울산의 전력사용량은 국내 어느 도시보다 급격히 증가하였다.

〈표26-1〉 울산지역의 용도별 전력사용 추이

단위: GWh

연도	계	가정용	공공용	서비스업	산업용			
					계	농수산	광업	제조업
1962	1	-	-	-	-	-	-	-
1965	9	-	-	-	-	-	-	-
1970	762	-	-	-	-	-	-	-
1975	1,221	-	-	-	-	-	-	-
1980	2,428	69	4	43	2,312	1	3	2,308
1985	3,352	145	9	57	3,141	3	4	3,135
1990	6,610	331	43	131	6,106	15	9	6,082
1995	11,748	636	54	503	10,555	42	22	10,491
2000	17,143	722	97	1,106	15,218	60	12	15,146
2005	20,852	1,117	177	1,979	17,588	49	14	17,515
2009	24,682	1,299	228	2,847	20.327	66	23	20,238

자료: 울산상공회의소, 『울산경제현황』, 1993. 한국은행울산지점, 『울산지역경제통계연보』,
각년. 울산시, 『울산통계연보』, 2010.

울산은 전력사용에서 산업용 특히 제조업용의 비중이 압도적으로 높다. 1962년 공단조성 당시와 2009년을 비교해 보면, 총전력 사용량은 24,682배나 증가하였으므로 울산지역경제가 단기간 내에 급성장하였음을 보여주는 것이다. 또 <표26-2-a>와 <표26-2-b>를 통해 울산의 제조업용 전력사용을 보면, 1967년- 2009년 기간 중에 613배 증가하였다. 2009년의 경우 제조업종별 전력사용량은 석유화학, 제1차금속, 자동차, 조선·기계 및 기타, 섬유·의복의 순으로 나타나고 있다.

〈표26-2-a〉 울산지역제조업의 업종별 전력사용 추이

단위: GWh

연도	계	식료품	섬유 의복	나무 목재	종이 인쇄	석유 화학	비금속 광물	제1차 금속	자동차	조선기계 및 기타
1967	33	-	-	-	-	-	-	-	-	-
1970	757	-	-	-	-	-	-	-	-	-
1975	1,198	-	-	-	-	-	-	-	-	-
1980	2,428	-	-	-	-	-	-	-	-	-
1985	3,135	17	381	0.9	14	1,175	18	922	606	
1990	6,060	111	694	2	108	2,322	28	1,312	1,454	35
1995	10,491	134	683	17	156	5,699	44	1,436	1,326	996
2000	15,146	109	1,250	5	232	8,323	61	2,405	1,384	1,377
2005	17,515	93	1,071	7	270	9,666	86	2,940	1,867	895
2009	20,238	119	925	8	350	11,203	221	3,532	1,885	1,194

주: 1990년도에는 자동차에 조선 및 기계가 합산되어 있음.

자료: 한국은행 울산지점, 『울산지역경제통계연보』, 각년. 울산시, 『울산통계연보』, 각년.

〈표26-2-b〉 울산지역제조업의 업종별 전력사용 추이

단위: GWh

연도	조립금속 제품	기타기계 및 장비	사무용 기계	기타 전기기계	영상음향 통신장비	의료정밀 광학기기 시계	가구 및 기타	재생자료 처리업
2005	132	79	344	28	24	6	3	3
2009	182	118	377	61	40	16	9	3

자료: 울산시, 『울산통계연보』, 각년.

1) 발전 및 전력공급

<표26-3>에서 2006년- 2009년간 울산의 발전추이를 보면 발전설비는 3,400MWh로 일정하며, 발전량은 2007년 이후 감소추세를 보이고 있다.

〈표26-3〉 울산의 발전(發電)추이

단위: MWh

구분	2006	2007	2008	2009
발전설비	3,400	3,400	3,400	3,400
발전량	10,412	11,175	8,034	8,354

주: 2005년까지는 전국 수치만 수록되어 있고, 2006년부터 울산 자료 사용가능.

자료: 울산시, 『울산통계연보』, 각년.

2) 집단 에너지공급

울산공단지역의 집단 에너지공급시설은 우리나라에서 가장 성공적인 사례로 평가받고 있다. 울산석유화학공단에는 울산석유화학지원(주)에서 운영하고 있는 유연탄을 주원료로 하는 115MW의 열병합발전소가 가동되고 있다. 산업용 자가용 열병합발전은 14개 업체에서 27기, 발전용량 290MW에 달하고 있으며, 사용연료는 중유, 부생가스 및 폐열을 활용하고 있다.

〈표26-4〉 울산공업단지 집단 에너지공급 시설 현황

지역	사업주체	시설규모				최대 열부화 (천TOE /년)	연간 열부화 (천TOE /년)	에너지 절감량 (천TOE /년)	초기 열공급일
		발전기 보일러 용량 (t/h)	발전기 (MW)	보조 보일러 용량 (t/h)	증기 배관 길이 (m)				
울산석유화학공단	울산석유화학지원(주)	955	115	60	12,480	640	3,195	94	1972.7
온산공단	고려에너지(주)	175	43.5	60	4,614	209	358	34	1993.4

자료: 울산광역시 『지역에너지계획』, 1999.

제2절 석유

1. 개요

정부는 석유를 낮은 가격으로 안정적으로 공급하기 위해 기본적으로 국내 유가를 결정 · 관리하는 제도를 유지하여 왔다. 그러나 1980년대 한국경제의 자유화·개방화 추세 속에서 석유산업도 자율과 경쟁촉진으로 효율성을 높이고 개방에 대비해야 한다는 인식이 지지를 받게 됨에 따라, 1983년 이후 용제 · 항공유 · 납사 등 국민생활과 직접적인 관련이 적은 품목부터 단계적으로 가격자유화를 추진하여 왔다. 1994년 2월부터 유가연동제를 실시하였으며, 1997년 1월부터 유가의 전면 자유화를 실시하였다. 석유 1일 소비량을 보면, 2009년 말 현재 한국은 217만 5천 배럴로 미국(1,949만 8천 배럴), 중국(783만 1천 배럴), 일본(478만 5천 배럴), 인도(296만 2천배럴), 러시아(291만 6천 배럴), 독일(256만 9천 배럴), 브라질(248만 5천 배럴), 사우디아라비아(237만 6천 배럴), 캐나다(226만 1천 배럴)에 이어 세계 10위 수준이다.

2. 울산의 석유류 소비

<표26-5>를 보면, 1962년- 2009년간 석유류 총소비량은 188.6배 증가하였다. 휘발유는 157.5배, 경유는 425.7배, 등유는 33.9배 각각 증가하여 경유사용량이 가장 많이 증가하였고, 그 다음이 휘발유, 등유의 순으로 나타나고 있다. 2009년 석유류 총비량에서 휘발유는 35.0%, 경유는 59.3%, 등유는 5.7%를 각각 차지하여 경유의 소비량이 가장 많은 것으로 나타나고 있다.

〈표26-5〉 울산의 석유류 소비량

단위: kl

연도	계	휘발유	경유	등유
1962	3,770	1,580	990	1,200
1965	1,217	332	554	331
1970	13,650	1,608	2,858	9,184
1989	194,022	38,534	134,299	21,189
1990	300,681	52,840	157,911	33,130
1995	447,623	147,920	257,851	41,852
2000	730,823	234,502	348,009	148,312
2005	758,812	224,018	460,026	74,768
2009	710,975	248,831	421,457	40,687

자료: 울산시, 『울산통계연보』, 각년. 울산시, 『시정백서』, 각년.

제3절 석탄

1. 개요

석탄수요는 지난 1988년 2,564만톤을 피크를 보인 후 지속적으로 큰 폭으로 감소하고 있다. 이에 따라 1989년부터 비경제탄광을 폐광하고 경제탄광은 합리적으로 육성하는 석탄산업합리화시책을 추진해 왔으나, 생산감축보다 수요감소가 더 빠르게 나타나 만성적인 과잉공급현상이 지속되었다. 석탄수요 감소의 주요인은 민수용탄 소비의 급격한 감소에 따른 것으로 정부의 발전용탄 소비촉진을 위한 지속적인 노력에도 불구하고 금후에도 지속적으로 감소할 것으로 전망되며, 이에 따라 생산량 감축도 불가피한 실정이다. 그러나 석탄은 국내 유일의 부존 에너지자원으로 장차 남북통일이 이루어질 때, 북한의 에너지난 해소와 국제적 에너지자원의 수급 불안정에 대비하여 적정규모의 생산이 지속될 필요가 있다.

2. 울산지역의 연탄생산과 무연탄 수급실적

경제성장에 따른 소득증대로 지역주민들의 고급에너지의 선호경향이 뚜렷한 가운데, 대형건물의 청정연료사용의 의무화, 산업부문의 연탄사용 규제 등으로 인해 석탄소비는 울산뿐만 아니라 전국적으로 급격히 감소하고 있다. 석탄유통의 경우, 가정용연탄은 경주지역에서 도입되고, 산업용 유연탄은 수입에 의존하고 있다. 총 소비량의 약 77% 정도를 석유화학산업에서 소비하고, 나머지는 비철금속산업에서 소비하고 있다.

먼저 <표26-6-a>를 보면, 울산지역 연탄생산은 1988년까지는 증가하였으나, 1988년을 피크로 급격히 감소하고 있다. 이와 같은 사실은 <표26-6-b>에서 잘 보여주고 있다. 이 표에 의하면, 연탄소비량 추이에서도 울산지역의 연탄소비는 1970년대에 비해 1980년대 중후반에 증가하였으나, 1990년대 들어서면서 연탄소비가 급격히 감소하고 있다. <표26-6-c>에서 울산지역의 민수용탄의 수급실적을 보면, 1995년부터 2003년까지는 감소경향을 보이다가 2004년부터 증가경향을 보이고 있다. 그러나 2000년대 들어서 2006년을 피크로 감소추세에 있다. 울산지역 연탄 수급실적을 보면, 2009년도 수급량은 1995년의 52%에 불과한 실정이다. 이는 경제발전에 따른 국민소득 향상으로 연탄공급이 큰 폭으로 감소하고 있음을 나타내는 것이다.

〈표26-6-a〉 울산지역 연탄 생산량 추이

단위: 개

연도	생산누계		
	3.6kg	4.8kg	7.5kg
1978	62,190,556	-	87,423
1980	76,097,783	-	27,778
1985	498,920,780	90,840	159,394
1986	603,141,354	104,000	162,924
1987	637,087,815	86,250	-
1988	741,743,292	96,550	-
1989	96,274,193	2,200	-
1990	79,066,744	-	-
1991	58,358,483	-	-
1992	38,591,660	-	-
1993	19,591,660	-	-
1994	5,760,000	-	-

자료: 울산시, 『울산통계연보』, 각년.

〈표26-6-b〉 울산지역 연탄 입하량, 소비량 및 저탄량 추이

단위: 개

연도	수송량(입하량)	소비량	저탄량
1978	241,206	226,856	38,509
1980	280,482	276,933	63,190
1985	343,231	360,978	72,104
1986	400,378	376,013	97,496
1987	367,845	378,931	86,383
1988	370,366	376,806	79,943
1989	350,998	346,596	84,345
1990	271,447	284,641	71,151
1991	210,462	210,090	71,523
1992	121,770	131,730	61,543
1993	544	70,503	24,604
1994	-	8,707	-

자료: 울산시, 『울산통계연보』, 각년.

〈표26-6-c〉 울산지역 민수용탄(무연탄) 수급실적

단위: M/T

연도	1995	1996	1997	1998	1999	2000	2001	2002
수급량	15,879	10,176	5,590	3,175	4,302	4,250	3,466	3,717
연도	2003	2004	2005	2006	2007	2008	2009	
수급량	3,996	5,785	8,337	10,918	9,709	9,148	8,302	

자료: 울산시, 『시정백서』, 각년.

_제4절 가스

1. 도시가스 보급사업

국내에서 가스를 처음 사용한 것은 1909년 11월 3일 서울 용산에 소재한 '한일가스전기(주)'의 가동으로 석탄가스를 가로등용으로 공급한 것이 시초이다. 그 후 1935년 서울 마장동에 '경성전기(주)'의 석탄가스 제조시설 건설로 석탄가스를 취사용으로 공급하였다. 그러던 중 한국전쟁으로 시설의 대부분이 파괴되었다. 1960년을 전후하여 한전에서 석탄가스를 경무대에 공급한 적이 있었으나, 경제성이 없어 중단되었다.

정부는 1970년대 들어 도시가스사업의 타당성을 당시 상공부와 서울시를 중심으로 검토하였다. 서울시에 시험적으로 1972년 5월 용산구 이촌동에 액화석유가스(LPG) /공기(AIR) 방식의 설비를 완공하여 약 3000여 가구에 도시가스를 공급하던 중(1975년 11월 폐쇄) 동년 11월 14일 서울시 직영으로 강서구 염창동에 납사분해방식의 설비(5만m^3/일, 7000kcal)를 갖춘 후 도시가스사업을 본격적으로 공급(1983년 3월 서울도시가스에 매각)한 것이 우리나라에서 도시가스사업의 효시가 되었다.

1978년 12월 도시가스사업법의 제정·공포(법률 제 3133호)로 민영 도시가스회사 설립을 위한 기반이 마련됨에 따라 1980년 2월 민간기업인 '대한도시가스(주)'가 서울 강서구에 납사분해방식의 도시가스사업을 시작하였다. 이어 1982년 부산시에 '부산도시가스(주)'가 납사분해방식, 1983년에는 '삼천리도시가스(주)'가 LPG/AIR 방식에 의한 도시가스사업을 개시하는 등 2009년 현재 전국에 32개의 도시가스회사가 가스공급을 하고 있다. 그 중 26개 도시가스회사는 액화천연가스(LNG)를 도시가스로 공급하고 있고, 강원 및 안동시 지역의 6개 지방도시가스회사는 LPG/AIR 방식으로 도시가스를 가스사용자에게 공급하고 있다.

2. 에너지원별 소비구조의 변화

에너지원별 소비구조는 처음에는 가정 · 상업용 등 연료사용 구조가 지나치게 연탄 중심으로 편중되어 동절기 안전수급 측면에서 문제가 되었다. 게다가 연탄쓰레기 및 분진, 아황산가스 등에 의한 대기오염문제가 심각하게 대두되어 이에 대한 개선이 필요하게 되었다. <표26-7>에서 가정·상업부문의 에너지원별 소비구조의 변화를 보면, 석탄소비는 1985년까지는 증가하다가 동년 62.7%를 피크로 크게 감소하여 2009년 13.1%를 차지하고 있다. 석유소비는 2000년까지 증가하다가 동년 62.%를 피크로 감소추세를 나타내고 있으며, 2009년에는 54.0%를 차지하고 있다. 도시가스와 전력은 꾸준한 수요증가에 따라 증가추세를 나타내고 있다.

정부의 자료에 따르면, 가정·상업 부문에서 석유소비가 석탄소비를 앞지른 것은 1991년이다. 또한 전력소비가 석탄소비를 능가한 것은 1994년부터이다. 2009년 현재 우리나라의 가정 · 상업용 에너지소비의 순위는 석유가 가장 높고, 그 다음이 전력, 석탄, 도시가스의 순으로 나타나고 있다.

〈표26-7〉 가정 · 상업부문의 에너지원별 소비구조의 변화

단위: %

구분	1983	1985	1990	1995	2000	2005	2009
계	100.0	100.0	100.0	100.0	100.0	100.0	100.0
석유	19.9	19.4	40.4	59.9	62.5	56.6	54.0
석탄	58.6	62.7	41.0	5.1	13.2	13.1	13.1
전력	5.9	6.4	11.0	16.3	13.7	16.7	18.6
도시가스	0.2	0.4	3.5	15.6	8.4	10.8	10.7
기타	15.4	11.2	4.0	3.0	2.2	3.2	3.5

자료: 에너지경제연구원 자료

3. 울산지역 도시가스(LNG) 공급

1) 도시가스 공급

울산지역에 공급되는 도시가스는 1997년 5월 30일부로 원료가 액화석유가스(LPG)에서 액화천연가스(LNG)로 전환되어 공급되고 있다. 액화석유가스는 공기보다 무거워 가스가 누설되면서 바깥쪽에 고이는 반면, 액화천연가스는 메탄이 주성분이며, 그 비중이 0.65로 공기보다 가벼워 가스누설시 대기 중에 쉽게 확산되므로 폭발사고의 위험이 적다.

특히 폭발 최소농도가 기존 LPG에 비해 2배 정도 높아 안전하다. 또한 액화천연가스는 수송 및 저장을 위해 -162^{0}C로 냉각액화하여 그 부피를 1/600으로 줄인 초저온액체이다. 액화시 유화수소 등 불순물이 제거되기 때문에 기화된 액화천연가스는 불순물이 전혀 없는 무공해 연료라는 점에서 공급확대를 적극 추진하고 있다.

<표26-8>에서 울산지역 도시가스 공급시설 현황을 보면, 2009년 현재 본관이 370km, 공급관이 898km, 지역정압기 138개소, 전용정압기 341개소, 가스공사 공급(밸브)기지가 7개소로 2000년에 비해 각각 크게 증가하였다.

〈표26-8〉 울산지역 도시가스 공급시설 추이

연도	본관 (km)	공급관(km)		정압기(개소)		가스공사공급 (밸브)기지(개소)
		공급자	사용자	지역	전용	
2000	246	229	625	87	196	2
2006	318	715	980	130	237	4
2009	370	898		138	341	7

자료: 울산시, 『시정백서』, 각년.

<표26-9>에서 울산시 도시가스 공급실적을 보면, 1996년- 2009년 기간 중 도시가스 공급량은 9.2배, 공급세대수는 3.6배 각각 증가하였다. 2009년 현재 도시가스 공급량은 1,195,823천m^{3}이고, 공급세대수는 311,576세대로서 울산시 전체 세대(394,368세대)의 79%를 차지하고 있는데, 이는 1996년 43%에 비하면 보급률이 크게 높아졌다.

〈표26-9〉 울산시 도시가스 공급실적

단위: 천m³

구분	1996	1997	1998	1999	2000	2001	2002
공급량	129,881	237,350	351,000	395,000	511,219	592,893	703,356
공급세대	86,810	98,536	98,536	124,000	137,126	159,212	173,899
구분	2003	2004	2005	2006	2007	2008	2009
공급량	752,333	780,371	843,591	873,855	927,679	1,326,535	1,195,823
공급세대	201,966	217,860	243,059	257,787	267,774	294,891	311,576

자료: 울산시, 『시정백서』, 각년.

2) LPG 공급

LPG는 가정용(프로판)과 차량용(부탄)으로 대부분 사용되나, LNG 보급 확대로 취사, 난방용은 수요가 감소하고 있다. LPG는 사고율이 상대적으로 높기 때문에 사용시설은 안전하고 편리한 체적시설(음식점 등 업무용 건물은 2000년 12월 31일까지, 공동주택은 2001년 12월 31일까지, 단독주택은 2003년 12월 31일까지)로 전환되었다. <표26-10>에서 울산시의 LPG 공급을 보면 2000년- 2003년간은 증가하였으나, 2003년 이후에는 큰 변화가 없으며, 2009년 현재 10만 3,776톤을 공급하고 있다.

〈표26-10〉 울산시의 LPG 공급량

단위: 톤

연도	2000	2001	2002	2003	2004	2005	2006	2007	2008	2009
공급량	92,562	94,507	102,975	111,274	98,503	99,694	101,317	117,566	116,363	103,776

자료: 울산시 통계 DB.

4. 울산지역 가스 소비추이

<표26-11>에서 울산지역의 가스 소비를 보면 도시가스는 꾸준한 증가하는 추세를 보이고 있으나, 프로판가스는 1989년부터 1995년까지는 증가추세였으나, 1995년을 피크로 감소하고 있고, 부탄가스는 1989년에서 2009년까지는 증가추세를 보이고 있다. 1989년- 2009년 기간 중 도시가스 판매량은 79.0배, 프로판가스는 1.1배, 부탄가스는 5.9배 각각 증가하였다.

〈표26-11〉 울산지역 가스 판매량

연도	도시가스		프로판가스		부탄가스	
	판매소수	판매량(m^3)	판매소수	판매량(톤)	판매소수	판매량(톤)
1989	1	15,139	54	22,553	2	13,263
1990	1	24,391	54	25,631	2	15,522
1995	1	107.112	93	43,692	4	27,363
2000	1	511,219	100	30,407	17	61,460
2005	1	835,331	108	26,499	34	73,245
2009	1	1,195,823	108	25,083	38	78,693

자료: 울산시, 『울산통계연보』, 각년.

<표26-12>에서 울산시 도시가스 이용가구수를 보면, 1991년- 2009년 기간 중 8.1배 증가하였으며, 2009년을 기준으로 주택(가정용)이 96.2%를 차지하고 있고, 그 다음이 영업, 업무공공, 산업의 순으로 나타나고 있다.

〈표26-12〉 도시가스 이용가구 수

연도	계	주택	영업	업무공공	산업
1991	40,080	39,339	499	112	70
1995	76,691	75,940	580	105	66
2000	137,126	134,913	1,621	413	179
2005	248,739	241,179	5,889	1,457	212
2009	323,842	311,576	9,524	2,480	260

자료: 울산시, 『울산통계연보』, 각년, 울산시, 『시정백서』, 각년.

_제5절 태양열 에너지

태양열 에너지는 자원고갈의 염려가 없는 한 무한한 에너지원으로 환경오염이나 소음공해가 없을 뿐만 아니라 설치 및 유지 · 보수가 용이하고, 경제적이고, 반영구적이다. 또한 용량확장이 쉽다는 특징을 가지고 있다. 태양은 핵융합 반응에 의해 막대한 에너지를 방출하고 있는데, 지구상에 내리는 에너지량은 시간당 1,017kcal (약 1,014kWh)이다. 이 태양열을 직접 열로 이용하는 방법으로는 태양열이 복사하는 열에너지를 흡수하여 열기관과 발전기를 가동하는 태양열 발전, 태양열 시스템을 설치하여 태양열로 냉·난방할 수 있는 태양열 주택, 증가일로에 있는 가로등 수요에 부응하면서 병충해 억제와 대기정화작용 및 지구온난화 방지를 위한 태양광 가로등 등이 있다.

선진국의 태양열 에너지사업은 태양광 분야의 시장개척과 고용증대 및 에너지, 환경에 기여할 목적으로 국가 주도로 대규모 보급사업을 전개하고 있다. 이와 병행하여 중앙 및 지방정부, 전력회사, 공공기관 등에서 다양한 지원제도를 시행하고 있으나, 1997년 12월 '대체에너지개발 및 이용촉진법'이 발효되어 대체에너지 공급비율을 점차 늘여나갈 계획이지만, 아직까지는 대체에너지 시범사업 등의 형태로 정부 주도하에 부분적으로 수행되고 있다. 울산지역의 사업은 아직까지는 미미한 실정이다. 이 사업을 보다 확대·보급시키기 위해서는 선진국의 경우처럼 정부 주도로 대대적인 보급사업을 전개하면서 지방정부에 다양한 지원제도를 마련해 주어야 할 것이다.

_제6절 에너지의 효율적 공급을 위한 과제

1. 효율적 공급을 위한 과제

1) 에너지 안정공급기반 확충

울산지역의 전기소비량은 발전용량 대비 50% 수준을 유지하고 있어 여유률이 양호한 편이나 외부송전 및 공단 내 산업설비(기지) 증설 등에 따른 중장기 전력수급의 안정을 도모하기 위해 자가발전설비의 확충이 필요하다. 국내외 정세변화에 따른 석유류 수급불안을 해소하기 위해 석유류 비축 90일분 달성을 추진하여야 할 것이다. 아울러 석유수요의 경질화와 환경기준 강화에 대비하여 연 5%의 고도정제시설을 확충하여 중질유 탈황시설을 늘여야 한다.

2) 에너지 저소비형 사회로의 전환

에너지 다소비형 생산구조의 고착에서 탈피하기 위한 정부의 에너지가격 상향조정에 대비한 대응책을 강구하고, 가격규제 완화 및 정부개입 축소로 시장기능에 의한 자율적 가격형성을 촉진하되 세제 등으로 에너지소비의 사회적 비용을 충분히 반영하며, 에너지 절약 전문기업(ESCO) 등 신에너지산업 육성과 대체에너지개발을 촉진하는 한편 고효율 에너지 기자재의 시장보급을 확산하여야 한다.

3) 기후변화협약에 대응

온실가스 감축 의무부담이 국내경제에 미치는 영향이 최소화될 수 있는 적정 의무 부담방안을 수립하여 대처하여야 하고, 경차 보급확대 및 연비개선 등 수송부문 온실가스 저감을 추진하며, 에너지 절약 및 이용효율을 향상시켜야 함은 물론, 대체에너지개발에도 역점을 두어야 한다.

4) 에너지 사용의 안전관리

청정에너지에 대한 선호도 증가로 인해 전기·가스 안전사고와 관련 하여 도시가스 배관도면의 전산화, 노후 배관교체, 도심 소재 LPG 충전소의 외곽으로의 이전, 시설점검 강화 및 사고수습체제 완비 등이 필요하다.

2. 사업별 세부 추진사항

1) 공단 폐열 재이용사업

이 사업은 석유화학 공단 및 온산공단 내 사업체를 대상으로 공단 폐열 중 유효자원량을 산출하고, 활용기술의 시나리오를 선정하여 수요처에 최적 공급하는 방안을 도출하는 것이다.

2) 낙차를 이용한 소수력발전

이 사업은 대상을 회야 정수장, 온산 하수처리장 및 용연 하수처리장으로 하고, 회양정수장의 경우에는 원수 유입낙차를 이용한 전기를 생산하며, 온산·용연 하수처리장은 최종 방류수 낙차를 이용하여 전기 생산을 추진하는 방법을 고려할 수 있다.

3) 태화강 하천이용 열공급 시스템 설치

이 사업은 태화강 주변 상가 및 주택단지를 대상으로 하천수의 열 교환을 통한 축열시스템을 구축하고, 주변 지역 열공급(냉·난방) 시스템의 시나리오를 도출하는 것이다.

지금까지 살펴본 바와 같이 경제발전과 국민소득의 증가에 따라 전기·가스 등 청정연료, 무공해 에너지에 대한 수요가 증가하고 있고, 이와 함께 아직까지 뚜렷한 대체에너지가 없는 상황하에서 석유에 대한 수요도 증가일로에 있지만, 석탄에 대한 수요는 크게 감소하고 있다. 금후에도 지속적으로 에너지소비 증가에 대처하여

에너지의 안정공급기반을 확충하고, 에너지 저소비형 사회로의 전환 노력과 함께, 환경문제와 관련하여 에너지 절약 및 이용효율 향상, 대체에너지 개발에 역점을 두어야 하며, 아울러 에너지 사용의 안전관리에도 관심을 가져야 한다.

_제6편

첨단산업의 도입·육성

제 27 장

신소재산업

_제1절 신소재산업의 개념

신소재란 기존의 원료 또는 새로운 원료를 기초로 하여 새로운 제조공정과 가공기술을 응용하여 새로운 특성을 부여함으로써 기존 제품으로서는 만족시킬 수 없는 기능을 추가하여 고부가가치를 실현하는 소재를 의미한다. 신소재의 종류는 다음과 같이 분류할 수 있다.

신금속재료는 형상기억합금, 비정질금속재료, 초전도재료로 분류된다. 형상기억합금(shape memory alloy)은 대표적인 합금으로 티탄-니켈 합금이 있으며, 인공위성부품, 인공심장밸브, 감응장치 등에 쓰인다. 비정질금속재료(amorphous metal)는 비결정형 재료라고도 하고, 강도, 자기화 특성, 내마모성, 내부식성이 크며, 녹화헤드, 변압기 등에 쓰인다. 초전도재료(super conducting meterial)는 절대 0도에 가까운 극저온이 되며 전기저항이 0이 되는 성질을 지닌 합금으로 특징은 입력된 에너지를 거의 완벽하게 전달할 수 있다는 점이다. 통신케이블, 핵융합 등의 에너지개발, 자기부상열차, 고에너지 가속기 등에 이용된다.

비금속무기재료는 파인세라믹스, 광섬유, 결정화 유리로 분류된다. 파인세라믹스(fine ceramics)는 뉴세라믹스라고도 한다. 천연 또는 인공적으로 합성한 무기화합물인 질화물, 탄화물을 원료로 하여 소결한 자기재료이다. 내열성, 굳기, 초정밀 가공성, 점연성, 질연성, 내식성이 철보다 강하여 절삭공구, 저항재료, 원자로 부품, 인공관절 등에 쓰인다. 광섬유(optical fiber)는 빛을 머리카락 굵기에 불과한 수십 마이크로 메터의 유리섬유 속에 가두어 보냄으로써 광섬유 한 가닥에 전화 1만 2,000회선에 해당하는 정보를 전송할 수 있다. 결정화 유리(crystallized glass)는 유리 세라믹스라고도 하며 비결정유리로 된 유리를 기술적으로 결정화하여 종래에 없던 특성을 지니게 한 유리이다.

신고분자재료는 엔지니어링 플라스틱, 고효율성 분자막, 태양광 발전 플라스틱 전지로 구분된다. 엔지니어링 플라스틱은 금속보다 강한 플라스틱 제품으로 경량화를 지향하는 자동차, 전자전기 · 전기제품 등에 쓰인다. 고효율성 분자막(high efficiency separator)은 특정한 물질만을 통과시키는 기능을 지닌 고분자막과 같은 특수재료이다. 대양광발전 플라스틱전지는 p형과 n형 실리콘 단결정을 접합하여 만든 태양전지보다 더욱 발전, 변화효율이 높은 전지로 대량공급될 것이다.

복합재료는 바이오 센서, 복합재료, 탄소섬유강화 플라스틱, 섬유강화금속으로 구분된다. 바이오 센서(biosensor)는 생체에 적합한 의료용 신소재로서 인간의 5감을 가지는 것으로 산업용 로봇제어기술, 자동제어·정밀계측기 분야에 쓰인다. 복합재료는 두 종류 이상의 재료를 복합하여 고강도, 고인성, 경량성, 내열성 등을 부여한 재료이다. 유리섬유, 탄소섬유, 아라미드 섬유 등이 이에 속한다. 탄소섬유강화 플라스틱(CFRP: carbon fiber reinforced plastic)은 강도가 좋으면서도 가벼운 재료를 만들기 위해서 플라스틱에 탄소섬유를 넣어 강화시킨 것이다. 자동차부품, 비행기 날개, 테니스라켓, 안전 헬멧 등에 이용된다. 섬유강화금속(FRM: fiber reinforced metal)은 금속 안에 강한 섬유를 넣은 것으로 금속과 같은 기계적 강도를 가지면서 면도 가벼운 재료로 우주·항공분야에 이용된다.

신소재는 전자, 정보통신, 에너지, 우주항공, 의료, 자동차, 컴퓨터 등 첨단산업에 반드시 필요한 핵심소재이며, 신소재가 최종소비재가 아니고 첨단산업 등에 투입되는 소재라는 점을 고려할 때 신소재산업의 경제적 파급효과는 직접적인 효과보다 관련산업에 미치는 간접적인 효과 및 외부경제효과가 매우 큰 산업이라고 할 수 있다. 신소재산업은 기술축적과 연구개발이 함께 이루어져야 하는 지식집약형 산업이며 개발하는 데 엄청난 자금과 인력 및 연구기간이 소요되기 때문에 국가적 차원에서 적극적으로 지원하여야 한다.

_제2절 신소재산업의 현황 및 문제점

동해안 광역권은 강원도의 세라믹, 경북의 철강, 울산의 비철금속 등 전국 최대의 소재산업 집적지역으로 동해안 전체에 걸친 산업기반 활용, 연계 및 고도화가 가능한 지역이다. 연구기능을 강화하고 생산기반시설을 확충하여 신소재 연구협력체 구성, 공동연구 활성화 등을 통해 연구기반의 상호 연계를 확대하여 동해권 신소재 산업벨트를 구축하여야 한다.

그러나 현재까지 이 지역은 신소재산업기반은 갖추고 있으나 아직까지 신소재개발 및 상품화는 달성하지 못한 상태이다. 이러한 신소재산업을 강원도는 세라믹, 경북에는 철관련 신소재 및 울산광역시는 비철금속을 활용한 신소재를 생산하는 방향으로 구조고도화를 자체적으로 시행하고 있으나, 기업단위에서 이루어지는 신소재개발은 한계가 있기 때문에 정부 차원에서 신소재산업을 발전시키기 위한 지원방안을 강구하는 것이 필요하다.

동해안 지역에는 신소재로 정의되는 모든 제품을 생산할 수 있는 기반은 갖추고 있다. 신소재산업에는 여러 가지 종류가 있지만, 대체로 플라스틱, 유리섬유, 세라믹, 탄소제품, 합금철강, 표면처리 강재 및 달리 분류되지 않은 비철금속 제2차 제련 및 정련산업 등이 있다.

중장기적으로 볼 때 공동발전 및 협력 가능성이 높기 때문에 집중적인 투자가 필요하다. 동해권 3개 시 · 도가 서로 다른 성격의 신소재산업을 육성시키는 전략을 갖고 있지만, 공동 발전 및 협력 가능성은 있다. 특히 철과 비철금속 간에는 새로운 합금소재를 비롯한 여러 분야에서 공동발전 및 협력 가능성이 크다.

_제3절 신소재산업 발전의 기본방향

먼저 동해안 신소재벨트를 조성하여 기업 간 협력이 강화될 수 있는 인센티브 시스템을 제품화 단계 전에 구축하는 것이 필요하다. 이를 위해서는 강원, 울산 및 경북에 있는 신소재업체의 협력 및 연계가능성을 분석하는 것이 필요하다. 이 분야에 대한 연구 없이는 상호 협력시스템을 구축하기 어려운 상황이다.

둘째, 단계적 추진으로 하드웨어와 소프트웨어의 단계적 구축에 대한 로드맵을 사전에 구축하여야 한다. 단계적 접근을 통해 광역단체 간 사업이 가능한 지에 대한 검토와 세부시책을 수립하는 것이 필요하다. 그러한 측면에서 협력을 통한 신소재개발이 가능한 울산과 포항에서 신소재를 공동으로 개발할 수 있는 인프라를 구축하는 것이 필요하다.

울산에 소재하는 비철금속업체 간 연계가 부족하지만, 공동연구가 가능한 분야를 찾아 기업 간 협력연구를 가능하도록 하는 방법도 고려할 필요가 있다. 포항은 이미 포항제철을 비롯한 대기업들이 포항공대 및 RIST와 연계한 연구가 정착되어 있으므로 다른 광역시·도에서 이러한 협력관계를 이룩할 수 있도록 지원하는 것이 중요하다.

셋째, 초광역권 차원에서 대학의 연구자원을 활용하여야 한다. 울산지역에 소재하고 있는 기업들은 R&D 기능이 없기 때문에 대학이나 중앙정부의 출연연구소에서 연구기능을 맡고 있지만, 이 분야에 강점이 있는 포항공대를 활용하는 방안이 필요하다. 또한 포항제철을 비롯한 철 관련 업체와 비철금속업체 간 공동연구를 통해 신소재를 개발하는 것도 바람직하다.

넷째, 세라믹 분야에 대한 연구기능이 강화되어야 한다. 강원도는 세라믹(요업) 관련 신소재산업의 발전 가능성이 크기 때문에 정부소속 연구기관의 유치가 필요하다. 이처럼 세라믹 관련 연구는 기초연구에 속하기 때문에 중앙정부 혹은 지방정부의 재원지원이 필요하다.

_제4절 신소재산업 발전을 위한 사업구상

1. 사업의 필요성과 목적

고기능 신소재개발은 동해안 지역의 전략산업(가령 울산의 정밀화학 및 자동차 부품, 경북의 신소재 부품, 강원의 신소재 방재 등)과 연계성이 매우 높으며, 동 지역 산업발전 및 중장기 성장 동력의 핵심적인 역할을 하기에 충분하다.

정밀화학, 신소재, 자동차부품 분야의 기술개발 수요에 초광역적으로 대응하기 위해 동해안 지역 내 대학, 국공립연구소 및 민간 연구소 등을 대상으로 공동연구 개발 및 인적 교류를 지원할 필요가 있다.

2. 사업의 기본전략

지역산업전략과 연계된 소재기술을 공동으로 개발하는 것이 기술혁신 달성에 기여한다. 특히 지역에 구애받지 않고 해당 분야의 기술개발에 비교우위를 가진 권역 내 연구개발기관이 주관하여 관련 기술개발을 수행할 수 있도록 운영하여야 한다.

지역간 연계성을 높이기 위해 인적 교류 활성화를 지원하여야 한다. 분야는 다르더라도 전반적인 신소재분야의 연구현황과 미래상을 볼 수 있도록 인적교류 활성화에 최대한 지원하여야 한다.

연구협력이 가능한 방향에서 초광역 단위로 사업을 추진하고 재원확보가 사전에 필요하다. 공동연구개발사업은 조성과 더불어 집행에서 많은 어려움이 따를 것으로 예상되기 때문에 기업 간 공동연구개발에 참여하는 기업을 대상으로 찾고 그들이 기금조성에 어느 정도 기여하도록 해야만 성공가능성이 커질 것이다.

3. 주요 사업내용

소재기술개발과 관련하여 동해안지역 공동연구개발기금을 조성한다. 동해안권 3개 시·도가 모두 신소재를 전략적으로 육성할 산업으로 선정했기 때문에 공동발전을 위해서는 공동 R&D기금을 조성하는 것이 필요하다. 이 기금은 민간자본과 각 지방정부가 내는 재원으로 조성하고, 그 관리는 독립적인 주체가 담당하여 자금조달과 배분의 생산성을 높이는 방향으로 시스템을 구축하는 것이 바람직하다.

울산은 비철금속기업을 첨단 신소재 제품을 생산하는 쪽으로 정책방향을 잡고 있으며, 아울러 이 산업은 울산에서 주력산업 혹은 전략산업으로 선정되지는 못하였지만, 지연산업으로 육성할 계획이다. 아직까지는 저부가가치 분야 비철금속 제련에 집중되어 있는 울산 온산비철금속단지에 첨단 신소재를 개발하는 해외업체를 유치하는 전략을 구상해 보아야 한다.

울산신소재혁신센터를 건립하여야 한다. 범용소재 위주의 산업구조를 고부가가치 정밀·신소재산업 구조로 전환하고 연구개발분야의 협력 확대로 기술경쟁력 우위를 확보하도록 하여야 한다. 신소재혁신센터를 중심으로 기업, 대학, 연구기관의 연구인력과 시설을 상호 연계하여 비철신소재분야 핵심기술과제를 발굴하고 개발하여야 한다. 지역 비철신소재 및 연관기업의 수요 맞춤형 기술개발로 비철신소재 산업의 경쟁력을 제고하여야 한다.

제1차 지역혁신발전 5개년 계획(정밀화학산업 분야)의 고기능 소재개발 연구사업계획에 따라 고기능 비철합금 및 분말재료 개발, 비철금속 리사이클링 기술개발, 신기술(BT, NT, ET) 융합형 소재개발을 추진하여야 한다. 비철신소재 핵심기술개발에 기업이 참여할 수 있는 시스템을 구축하고 산학연 활동을 활성화하여 혁신이 일어날 수 있는 환경을 조성하는 한편, 러시아 등 기초기술에 앞서 있는 국가의 연구인력 확보방안을 강구한다. 신소재연구는 성과가 응용연구보다는 기초연구에 가깝기 때문에 단기간에 성과를 내는 데는 어려움이 많다. 따라서 중장기적 관점에서 성과를 내면서 기업이 필요로 하는 응용연구 분야에도 참여하여 단기적 성과를 내는 것이 필요하다.

강원지역에는 청정 동해안의 이미지에 부합하고 기존의 주력 산업을 대체할 수 있는 세라믹 신소재산업 및 방재산업 클러스터를 구축하여 환동해경제권 신소재 원료산업 거점화 및 지역산업의 성장 기반을 마련하여야 한다. 강릉과학산업단지에 세라믹 신소재산업 클러스터를 조성하여 신소재산업을 시멘트·석탄산업의 고부가가치 대체산업으로 중점 육성하여야 한다. 아울러 강릉에 신소재산업의 활성화를 위한 연구기능을 강화하기 위해 연구체제의 구축 및 광역적 연계 시스템을 구축하여 바이오 의료소재, 에너지소재 및 나노전자소재 중심의 강릉광역권 R&D 특구로 지정한다.

신소재산업 육성과 함께 동해시 북평산업단지 내 방재산업단지를 조성하여 지역의 자생적 지역혁신 시스템 구축 및 국내 방재산업의 활성화를 도모한다. 전체적으로 강릉은 연구와 생산기능을 갖춘 연구개발단지로, 북평산업단지는 세라믹 부품소재산업 집적지로, 삼척은 세라믹 신소재 원료집적지로 조성하여 이들을 연계하는 세라믹 신소재 산업벨트를 구축한다.

경상북도는 동북아 테크노센터를 건립하여 지역의 산업기술 정보를 제공하고, 특히 철강제품을 고부가가치의 신소재로 전환할 수 있는 연구 및 교류기반을 마련한다는 계획을 갖고 있다. 동북아테크노센터가 건립되면, 포항지역 테크노벨리와 연계된 산업기술종합지원센터로서 지역 첨단산업기술의 정보망을 구축하여야 한다. 주요 사업 내용으로는 철강소재산업역사관, 산업기술정보지원센터, 포항공대 Post-TIC, 첨단소재융합기술산업화지원센터, 동북아연합사무국, 국제회의장 등을 갖추어 명실상부한 신소재 관련 본부의 역할을 수행하여야 한다.

첨단소재융합기술산업화지원센터를 건립하여 기존의 산업기반과 과학기술체계의 결합을 통한 첨단산업화의 최적지이며, 기존 산업의 경쟁력 제고와 신산업 창출은 국가산업의 경쟁력 강화에 큰 도움이 될 것으로 보인다.

경상북도는 포항 첨단소재 R&D 특구를 조성하여 연구개발 및 산업화 추진으로 자생적인 과학 인프라를 가진 R&D 특구로 지정되도록 노력하고 있으며, 주요사업을 보면, 첨단소재 R&D 핵심거점 육성, 신기술개발·인력양성으로 신산업 창출기반 구축한다는 것이다.

제 28 장

신재생에너지 산업

_제1절 신재생에너지의 정의

신재생에너지는 신에너지와 재생에너지를 통틀어 부르는 말로 화석연료나 핵분열을 이용한 에너지가 아닌 대체에너지의 일부이다. 신에너지는 새로운 물리력, 새로운 물질을 기반으로 하는 핵융합, 자기유체발전, 연료전지, 수소에너지 등을 의미하며, 재생에너지는 재생가능한 에너지, 즉 동식물에서 추출 가능한 유지, 에탄올을 이용한 에너지부터 태양열, 풍력, 조력, 지열발전 등을 의미한다.

신재생에너지의 종류는 여러 가지가 있지만, 이것들의 대부분은 태양에서 온 것이다. 바람은 공기가 태양에너지를 받아서 움직이기 때문에 생기고 물의 흐름도 햇빛을 받아 증발한 수증기가 비가 되어서 내려오기 때문에 생긴다. 파도나 해류도 바닷물이 햇빛을 받아 온도차가 일어나기 때문에 생긴다. 나무도 광합성을 통해서 만들어지는 것으로 태양에너지가 변형된 것이다.

신재생에너지 중에서 태양에너지와 크게 상관없는 것은 조력과 지열이다. 조력은 조수를 이용하는 것인데, 조수는 달이 지구를 잡아당기는 힘에 의해서 생긴다. 지열은 지구 내부의 열로 인해서 생긴다. 신재생에너지 시스템은 다양한 기술을 포함하고 있으며, 현재에 이르러 상당히 다양해졌다. 일부 기술은 국제적으로 이미 성숙상태에 이르러 경제적으로 경쟁적이며, 다른 기술은 추가개발이 필요하다.

최근 경제성장에 따른 에너지수요의 증가와 화석연료 사용으로 인한 지구 온난화, 산성비 등 환경오염, 과거 미국의 쓰리마일 아일런드, 우크라이나의 체르노빌, 최근 일본의 동일본 대지진과 쓰나미에 의한 원전의 방사성물질 노출 등 원자력의 안전성 문제가 크게 부각되면서 국내외에서 신재생에너지(혹은 재생가능에너지, renewable energy)에 대한 관심이 고조되고 있다.

_제2절 한국의 신재생에너지 산업 및 시장규모

우리나라의 신재생에너지 제조업체는 2004년 46개 업체에서 2010년 215개 업체로 4.7배 증가하였다. 2010년 기준으로 전체 215개 업체 중 태양광 97개 업체(45%), 바이오 46개 업체(21%), 풍력 32개 업체(15%), 태양열 23개 업체(11%) 순으로 나타났다. 그 중 특히 태양광 제조업체는 2004년(10개 업체)에 비해 2010년에는 9.7배 증가하였다.

신재생에너지산업의 고용인원수를 보면, 2004년 826명에서 2010년 13,380명으로 16.2배 증가하였다. 신재생에너지원별 고용인원수를 보면, 2010년 현재 태양광·풍력산업 합쳐서 11,233명으로 전체의 84%를 차지하여 태양광과 풍력산업의 성장이 본격화되면서 높은 고용창출효과를 나타내고 있다. 특히 태양광 산업의 고용인원수는 2004년 160명이었으나 2010년 8,579명으로 2004년에 비해 53.6배 증가하였다. 풍력산업 고용인원수도 2004년 301명에서 2010년 2,654명으로 2004년 대비 8.8배 증가하였다.

신재생에너지산업의 매출액 규모를 보면, 2004년 1,461억원에서 2010년 8조 1,282억원으로 2004년 대비 55.7배 증가하였다. 신재생에너지원별 매출액 규모는 2007년까지는 전체 매출액의 50% 이상을 풍력산업이 차지하였으나, 2008년부터는 태양광산업이 주도하고 있다. 태양광산업은 2004년 매출액이 330억원이었던 것이 2010년에는 5조 9,097억원으로 2004년 대비 179배 증가하였다. 이는 국내 태양광산업의 급성장을 의미한다. 풍력산업의 경우 매출액이 2004년 1,010억원이었으나 2010년에는 1조 1,678억원으로 2004년 대비 11.6배 증가하였다. 바이오 에너지 매출액도 바이오 디젤의 자율적 혼합정책을 바탕으로 2004년 5억원에서 2010년 7,961억원으로 꾸준히 증가하고 있다.

신재생에너지 수출현황을 보면, 2004년 0.65억 달러였던 것이 2010년에는 45.8억 달러로 2004년 대비 70배 증가하였다. 신재생에너지 매출액 중 내수판매와 수출을 비교해 보면, 2004년에는 내수판매 대 수출비중이 49: 51이었으나, 2010년에는 35: 64로 변하여 수출산업으로서의 위상이 강화되고 있다.

2010년 기준 총수출액 중 태양광이 82.7%(37.9억 달러), 풍력이 17.2%(7.9억 달러)를 차지하여 태양광과 풍력이 전체 수출액의 99.9%를 차지하고 있다. 태양광 산업은 Value- change별로 산업 완성, 정부와 업계의 집중투자, 세계 태양광시장의 급성장으로 2004년 0.06억 달러에서 2010년 37.9억 달러로 2004년 대비 630배 증가하였다. 풍력산업의 수출은 타워, 단조부품 등 부품수출의 증가로 2004년 0.6억 달러에서 2008년 10.6억 달러로 크게 증가하였으나, 2010년에는 세계 풍력시장의 위축(2009년 38.6GW에서 2010년 35.8GW), 중국 내수시장(2010년 세계시장의 46%)을 기반으로 한 중국 풍력업체의 성장 등으로 인한 부품수출의 위축 등으로 2010년 수출액은 7.9억 달러로 다소 하락하였다.

투자를 보면, 민간기업의 신재생에너지 R&D 및 공장증설 등에 대한 투자액은 2007년 7,190억원에서 2010년 3조 5,580억원으로 3년간 5배로 증가하였다. 2010년 투자 중 태양광 산업이 81%, 풍력이 15%를 차지한다.

_제3절 동해안 광역권의 신재생에너지산업 현황과 문제점

동해안지역은 에너지생산의 집적지이다. 울산과 경북은 원자력발전소, 강원은 화력발전소가 있기 때문에 동해안지역은 우리나라 최대의 에너지 공급원이다. 원자력발전소는 안정성 문제가 있지만, 현재 지속적으로 증설하고 있는 상황이다. 에너지 공급원이 집적되어 있는 것을 이용하여 다른 각도에서 풍력, 태양열 발전단지를 만들어 보는 것도 가능하다고 본다.

동해안 지역은 원자력 발전소의 존재로 환경 및 안전상의 문제가 제기될 가능성이 높으므로 원자력보다는 환경친화형 에너지 생산기지를 세우는 것이 필요하다. 경주의 방사성 폐기물 처리장과 관련하여 동남해안지역은 원자력발전소 집적지라는 이미지를 탈피하기가 힘들 것으로 보인다. 이러한 이미지 구축은 관광산업과 1차산업의 발전에 큰 걸림돌이 될 수 있는데, 그 이유는 원자력발전소의 안전성이 문제가 되고, 원자력발전소에서 바다로 방류되는 온수가 수산물 생산에 영향을 주기 때문이다.

_제4절 신재생에너지산업 발전의 기본방향

화석 중심의 에너지원에서 친환경적인 신재생에너지로 전환을 점진적으로 추진하여야 한다. 오염을 유발하는 화석에너지에서 친환경에너지를 개발하고 확산하는 역할을 수행하도록 하여야 한다. 이를 위해서는 중앙정부가 시행하고 있는 에너지시티 사업을 동해안 지역에 적용할 필요가 있다. 에너지 특구 지정을 통해 한 도시 전체가 신재생에너지를 활용할 수 있는 에너지시티 개념을 도입한다. 지역별로 신재생에너지와 관련 기관을 갖고 있기 때문에 이를 활용한 특구 및 단지지정을 추진하여야 한다.

1. 신재생에너지산업 발전의 기본전략

신재생에너지산업의 기본전략으로는 첫째, 친환경 에너지 공급원을 확대하여야 한다. 신재생에너지의 생산량을 확대하여 이를 활용하는 수요층을 높이는데 주력하는 것이 급선무이다. 둘째, 풍력, 태양광 등 이미 검증된 새로운 에너지원을 확산하여야 한다. 풍력, 태양광 등은 이미 사업성이 있는 것으로 판정되었기 때문에 확산시키는 것이 중요한 과제이다. 셋째, 공장 및 원자력발전소의 폐열을 체계적으로 이용하는 방향에서 신재생에너지의 이용확대 가능성을 시험하여야 한다. 석유화학콤플렉스에서는 폐열이 많이 발생하기 때문에 이 열을 다른 공정이나 공장에서 활용하는 경우가 많으며, 이를 확산시키기 위해서는 일차적으로 기업의 책임이 있지만, 지방정부가 앞장서는 것이 필요하다. 쓰레기 매립장에서 나오는 메탄가스는 곧바로 에너지가 되기 때문에 광역시·도는 이를 활용하여야 한다.

2. 신재생에너지 산업 발전을 위한 주요사업

동해안 지역은 에너지 생산 최대지역이지만, 그 기반을 제대로 활용하지 못하고 있다. 특히 울산은 에너지원, 에너지 다소비형 공장. 에너지특성화 대학(국립 울산과기대), 에너지 관련 공공기관 등이 집적되어 있으며, 중구 우정 혁신지구에 에너지 관련 기관이 입주하기 때문에 에너지 특구로 지정하여 체계적인 지원과 발전이 필요하다.

울산에는 석유정제분야에서도 클러스터가 조성되어 있고, 강원도에는 대관령 지역에 풍력발전단지가 완공 중에 있으며, 경상북도에는 원자력발전소와 방사성폐기물처리장이 있고, 울산지역에는 원자력발전소와 화력발전소가 있다.

그리고 울산과기대는 에너지분야 특성화 대학으로 기본방향을 갖추고 있다. 이러한 신재생에너지의 R&D 기반을 활용할 수 있도록 신재생에너지 활용계획을 세울 필요가 있다. 신재생에너지 분야에서 새로운 사업기회가 주어지면 이와 관련한 고용이 창출된 것으로 보인다. 한국석유공사, 에너지경제연구원 등을 비롯한 에너지 관련 기관들이 울산 중구 우정혁신도시에 입주하기 때문에 산업기반과 함께 R&D기반이 모두 갖추어져 있으므로 에너지 관련 연구소, 연구단지 등과 중앙정부의 에너지관련 사업을 울산 에너지 R&D특구에서 수행하는 것이 바람직하다.

울산광역시는 이러한 인적·물적 기반을 활용하여 신재생에너지 R&D특구 지정을 위해 노력하여야 한다. 이를 위해서는 에너지에 관한 마스터 플랜을 수립하여 울산광역시가 명실상부한 에너지 R&D특구가 될 수 있도록 하는 노력이 필요하다. 울산지역에는 에너지 다소비형 산업인 석유화학산업, 비철금속산업 등이 주력 산업에 포함되어 있기 때문에 새로운 신재생에너지를 생산하고 활용하는 사업 추진이 시급히 이루어져야 한다. 울산은 우리나라에서도 유일하게 천연가스유전이 있는 곳이기 때문에 산업구조, 기반, 인력, 집적도 등에서 다른 도시보다 월등한 경쟁력을 갖고 있어 특구 지정을 통해 신재생에너지 발굴과 기존 에너지의 효율성을 높일 수 있는 계기가 될 것으로 보인다.

신재생에너지 기술개발 강화를 위한 울산 대체에너지 연구집적단지를 건설하고, 신재생에너지 성능평가센터를 설립하여야 한다. 자동차의 기술방향을 보면, 세계적인 추세로 보아 2020년 경까지는 하이브리드 자동차가 기존 자동차 시장에서 점유율을 높이는 방향으로 자동차 수요가 발생할 것이고, 그 이후 단계에서는 수소연료 전기자동차가 상용화에 들어갈 것으로 예상된다.

현대자동차는 하이브리드카와 수소자동차에 대한 기술력이 선진 자동차 생산국에 비해 뒤떨어지고 있는 상황이며, 따라서 대체에너지 연구집적단지에서 이상과 같은 기술과제를 처리하는 것이 필요하다. 현대자동차가 미국, 일본, 독일 등의 자동차 업체와 경쟁에서 도태되지 않기 위해서는 하이브리드카나 수소연료자동차 개발에서 프런티어 역할을 하는 것이 필요하다. 후발기업의 성장은 신제품이나 신공정을 얼마나 빨리 상용화시킬 것인가에 달려 있다.

석유화학산업에서는 이미 폐열을 이용하여 기존의 에너지 사용량을 줄이는 기술개발을 계속할 것으로 보이며, 이러한 기술도 울산 에너지연구 집적단지를 조성하는데 도움이 될 것이다. 에너지특구와 함께 에너지 연구를 할 수 있는 집적단지를 조성하여 화석연료 사용의 감소와 신재생에너지 생산을 증가시키는 것이 필요하다. 중앙정부에서 별도로 진행하고 있는 폐기물 발전, 폐열 이용사업, 바이오 매스 발전, 풍력발전 사업, 수소에너지 이용사업 등을 모두 포함하는 신재생에너지 연구 집적단지를 조성하여 새로운 에너지원을 찾고 친환경적인 산업 수도로 거듭나야 한다. 교토의정서 발효 이후 이산화탄소 발생량을 줄이는 정책이 세계적 차원에서 진행되고 있기 때문에 신재생에너지에 대한 연구는 필수적이 되었다.

울산 신재생에너지 성능평가센터를 건립하여야 한다. 에너지연구 R&D 집적단지 내 신재생에너지의 성능평가센터를 설립하여 어떤 에너지원이 더 효율적이고 친환경적인 지를 판단하는 기능을 하여야 한다. 신재생에너지 평가센터의 건립으로 화석연료와 원자력발전 위주의 기존의 에너지공급원에서 탈피하여 신재생에너지를 더욱 많이 사용할 수 있는 계기가 될 것이다.

신재생에너지에 대한 중앙정부의 인센티브만으로는 확대 시행은 한계를 갖고 있기 때문에 동 센터를 건립하여 가장 효율적인 에너지원에 집중투자 할 수 있는 근거를 마련하여야 한다. 신재생에너지 가운데 기술력이 뒤떨어지는 분야는 선진기업과의 교류와 협력을 할 수 있는 여건을 만들고, 지방정부 차원에서도 인센티브 제도를 도입하여 에너지기술이 획기적으로 발전할 수 있도록 한다. 품질인증제를 도입하여 신재생에너지를 사용하는 수요자가 만족할 수 있게 한다.

신재생에너지에 대한 공동연구 및 단지 활성화로 신재생에너지산업을 육성하여야 한다. 울산광역시, 경상북도 및 강원도가 신재생에너지 산업을 시범적으로 하고 있으므로 그것을 확대 발전시킨 솔라시티, 풍력발전 등 신재생에너지 공동연구 및 단지 조성이 필요하다. 원유가의 고공행진 추세로 인해 신재생에너지에 대한 수요는 계속 증가할 것으로 보인다.

울산, 경북 영덕, 강원도 대관령 및 태백지역에서는 풍력발전소 및 풍력발전단지를 운영 중이거나 설립계획에 있으며, 동해안은 바람이 많이 불기 때문에 태양광 혹은 풍력발전 추진이 가능한 지역이므로 지방정부가 개별적으로 추진하기보다는 신재생에너지 산업벨트 개념으로 공동연구 및 사업을 추진하는 것이 바람직하다.

친환경 에너지단지를 조성하여 관광단지 및 교육시설로 활용할 수 있다. 우리나라에는 아직 에너지를 주제로 한 관광단지나 교육시설이 없기 때문에 울산에 에너지 체험관 역할을 할 수 있는 인프라를 구축하는 것이 필요하며, 이것이 조성되면, 동남해안 지역은 원자력발전소 집적단지라는 이미지를 바꿀 수 있는 계기가 될 것이다.

태양열이나 풍력발전소에서 나오는 에너지를 한국전력에 판매하는 기능을 할 수 있는 그런 빌리지 조성이 필요하다. 한국전력에 판매하는 전략 외에 지역 단위로 태양열 에너지를 사용하는 가정이 늘어나도록 하여야 한다. 신재생에너지를 이용하는 그린 빌리지사업을 시범적으로 실시하고 있는 울산 북구 송정동의 실시 결과가 좋으면 다른 지역으로 확대 시행한다. 가정의 에너지원을 전환하기 위해 현재 실시하고 있는 중앙정부 차원의 지원 외에 울산광역시 혹은 해당 구, 군에서 자금을 지원하는 등의 인센티브 구조를 만들어 신재생에너지 그린 빌리지사업의 성공률을 높여야 한다.

울산, 강원도 및 경상북도는 그린 빌리지 사업을 한 곳에 지정하여 사업을 추진하여야 한다. 사업추진 시점부터 공동연구나 기술교류를 하는 것으로 정하여, 3지역에서 발생하는 지식을 공유하고, 이용하여 효율성, 생산성을 높일 수 있는 방안을 강구하여야 한다.

울산지역에는 석유화학산업단지와 비철금속산업단지가 매연, 악취 및 토양·해양 오염을 발생시키는 원인이 되고 있어 이 산업단지를 생태산업단지로 조성하는 방안을 추진해 오고 있다. 생태산업단지(EIP: Eco Industrial Park)는 자연생태계를 모방하여 단지 내 기업간 네트워킹을 통해 오염물질 무배출(Zero Emission)을 지향하는 미래형 산업단지이다. 기업이 배출하는 부산물과 폐기물을 다른 기업의 원료 및 에너지로 재자원화하는 신재생에너지 산업 육성을 통해 산업단지의 청정화 뿐만 아니라 자원 및 에너지 절감효과도 기대할 수 있다.

친환경 자동차와 2차 전지산업

자동차의 배출가스에는 일산화탄소, 질소산화물, 탄화수소, 입자상 물질(particular matters: PM), 오존, 이산화탄소, 아황산가스, 알데히드 과산화 질산아씰(PAH), 다환방향족탄화수소 등이 있어, 대기환경과 우리 인체에 악영향을 미치고 있다. 따라서 전세계적으로 자동차 배출가스 규제에 나서고 있다.

제1절 친환경 자동차와 2차전지

친환경자동차는 지구환경의 오염을 방지하기 위해 기존의 화석연료의 사용억제와 온실가스의 배출감소를 목적으로 하는 자동차를 의미한다. 현재 전세계적으로 상업판매 중인 자동차는 하이브리드차(HEV: Hybrid Electric Vehicle), 프러그 인 하이브리드차(Plug -in HEV), 전기차(EV) 등 3종류가 있다. HEV는 주동력원으로 내연기관을 사용하면서 전기모터를 병용하는 차이고, PHEV는 주동력원으로 전기모터를 사용하면서 내연기관을 병용하는 차이며, EV는 전기모터만을 사용하는 차이다. 내연기관을 통해 온실가스를 배출하는 HEV 및 PHEV보다 모터로 운행되어 온실가스 배출이 없는 EV가 보다 진보된 형태이다.

〈표29-1〉 친환경 자동차의 종류 및 특징

<table>
<tr><th rowspan="2">차종</th><th rowspan="2">연료</th><th colspan="3">핵심부품</th><th rowspan="2">특징</th></tr>
<tr><th>엔진</th><th>모터</th><th>전지</th></tr>
<tr><td>HEV</td><td>화석연료</td><td>○</td><td>○</td><td>○</td><td>·30km미만 저속주행시 전기모터로, 고속주행 시 내연기관 작동
·제동시 모터가 운행을 멈추고 전지를 충전</td></tr>
<tr><td>PHEV</td><td>전기</td><td>○</td><td>○</td><td>○</td><td>·주로 모터를 사용하여 운행하다가 배터리가 방전 된 후부터 내연기관이 작동
·전지는 외부전원을 이용하여 충전</td></tr>
<tr><td>EV</td><td>전기</td><td></td><td>○</td><td>○</td><td>·내연기관은 없고 전기를 이용하여 모터구동
·전지는 외부전원을 이용하여 충전</td></tr>
</table>

2010년 현재 HEV 4종, PHEV 1종, EV 9종 등 총 14종의 친환경 자동차가 출시되었으나, 2011년- 2013년 간 HEV 22종, PHEV 10종, EV 21종 등 출시 차종이 큰 폭으로 증가할 것으로 전망되고 있다. 이에 자동차업체들은 친환경 자동차시장에서 경쟁에 뒤처지지 않기 위해 비슷한 시기에 신규모델을 출시하고 있다.

자동차산업은 각국의 기간산업이므로 친환경 자동차산업으로 패러다임 전환시 국가간·산업간 판도에 큰 영향이 예상된다. 자동차산업은 세계적으로 매출액이 1조 달러, 1천만명 이상의 종업원을 고용하는 제조업으로서 국가의 경제성장에 주도적인 역할을 한다. 철강, 기계 등 전통산업 뿐만 아니라 정보기술, 에너지, 환경 등에도 생산유발과 기술파급효과가 큰 산업이다.

친환경 자동차로의 패러다임 변화는 내연기관 위주의 자동차산업에서 뒤처진 주체들에게 입지변화를 도모할 수 있는 기회이다. 미국은 일본, 유럽 등에 빼앗겼던 자동차산업의 주도권을 회복하기 위해 EV에 대한 강한 육성의지를 표명하고 있으며, 2015년까지 EV 100만대를 공급하면서 연방정부의 차량 전부를 친환경차로 교체한다는 방침을 세워놓고 있다. 중국도 내연기관 기반의 기존 자동차산업에 진입하는 것은 한계가 있다고 판단하여 EV를 정책적으로 지원하여, 전기차 발전계획을 통해 향후 10년간 150억 달러를 투자할 계획이다. GM, 닛산 등은 세계시장 선점을 위해 Volt, Leaf 등 신모델을 먼저 출시하였다.

기존 자동차산업에 대한 의존도가 높은 업계의 저항도 예상된다. 현재 자동차산업에서 우위에 있는 업체들은 EV로 이동을 원치 않을 가능성이 있으며, 친환경 자동차산업 확대시 휘발유 수요감소, 자동차부품 및 소재의 변화로 관련 업체들의 저항도 예상된다. 그 예로 미국의 경우 1996년 GM이 양산형 EV인 EV1을 생산하고

서도 정유업계, 자동차 및 부품업계 등의 저항으로 판매가 중단되기도 하였다.

자동차업체와 전지업체들 간 협상력 우위 확보를 위한 경쟁이 예상된다. 전지는 친환경 자동차의 성능, 가격 등에 영향을 미치는 핵심부품으로 기술수준과 투자비 등 진입장벽이 높다. 파트너쉽이 체계화되지 않은 자동차-전지업체 간 이해관계로 충돌이 발생할 우려가 있다.

2차전지는 한번 사용 후 폐기하는 1차전지와는 달리 충전과 방전을 통해 재사용이 가능한 전지이다. 초기에 니켈-수소전지가 채택되었으나, 모바일용, 친환경 자동차용 2차전지시장에서 에너지 밀도, 전압 등이 우수한 리튬 이온전지가 대세를 이루게 되었다. 작동원리는 전기화학적 산화-환원 반응을 통해 발생하는 이온의 이동으로 전기를 발생시키고 그 반대과정으로 충전되는 원리이다. 리튬 이온전지의 경우 음극에 있던 리튬이 빠져나와 전해질과 분리막을 통해 양극으로 가는 현상이 방전이며 그 반대가 충전이다.

친환경 자동차의 가장 핵심적인 요소인 화석연료 사용감소 및 온실가스 배출억제는 2차전지를 통해 구현할 수 있다. 그러나 1회 충전당 내연기관에 버금가는 주행거리와 속도, 빠른 충전시간, 안전성 및 가격하락 등을 실현하는 것이 과제이다.

_제2절 리튬 이온 전지시장의 성장과 실용화 향상의 요건

1. 모바일용은 한국과 일본이 선도, 자동차용이 신시장으로 부상

현재 모바일용 리튬 이온전지 시장은 일본과 한국이 양강 구도를 형성하고 있으며, 중국이 추격하는 양상이다. 2009년 현재 일본의 산요, 소니, 파나소닉 등 일본업체의 점유율이 40% 대로 높았고, 삼성 SDI, LG화학 등 한국업체가 31% 대로 2위를 차지하고 있다. 2011년 1분기에는 삼성SDI가 일본의 산요를 제체고 점유율 1위를 차지하고 있다. 장기적으로 리튬 이온 전지시장의 주도권은 친환경 자동차용을 누가 선점하느냐에 따라 결정될 전망이다.

향후 친환경 자동차용은 기본의 모바일용보다 성장성이 클 것으로 예상된다. 시장창출 과정에서 기업간, 업종간 제휴, JV 등 협력이 활발할 것으로 예상된다. LG화학은 현대차, GM 등 메이저 자동차업체와 납품계약을 체결하였다. 중국의 완성차 업체인 BYD는 리튬 이온전지부터 EV까지 자체적으로 수직계열화를 통한 원가경쟁력과 기술확보로 중국시장에서 영향력을 확대하고 있다.

미국의 A123은 GE, 퀄컴 등의 투자를 받은 벤처기업으로 미국, 유럽 자동차업체들과 제휴하였다. 일본에서는 AESC, Blue Energy 등 일본 내 전지업체와 자동차업체 간 JV가 활성화되고 있다. SB Limotive, JCI/Saft 등 자동차 부품업체와 전지업체 간 JV를 통해 협력하고 있다.

〈표29-2〉 전지업계의 제휴·협력 현황

형태	전지업체	전지업체 지분구성 및 제휴현황
전지업체 자체역량에 의한 제휴	LG화학(한)	·현대차, GM 등에 납품계약 체결
	BYD(중)	·BYD에서 수직계열화를 통해 전지도 직접 생산
	A123(미)	·GM, BMW 등에 납품계약 체결
전지업체간 인수합병	산요(일)	·파나소닉이 인수
전지-자동차 업체 JV	파나소닉 EV 에너지(일)	·도요타(자동차) 60%, 파나소닉(전지) 40%
	AESC(일)	·닛산(자동차) 51%, NEC(전지) 42% 등
	블루에너지(일)	·혼다(자동차) 49%, GS 유아사(전지) 51%
	리튬에너지(일)	·GS유아사(전지) 51%, 미쓰비시 자동차(자동차) 15% 등
전지-자동차 부품업체 JV	SB Limotive	·Bdsch(자동차부품, 독) 51%, 삼성 SDI(전지, 한) 49%
	JCI/Saft	·Johnson Cotrols(자동차부품, 미) 51%, Saft(전지, 프)49%

자료: 업계자료

2. 친환경 자동차에 대한 수요증가로 2차전지에 대한 우호적 여건조성

고유가, 온실규제 등으로 친환경 자동차산업의 니즈는 증가하고 있다. 내연기관차의 연비향상만으로는 각국의 연비규제를 맞추기 어려워 친환경 자동차의 판매확대가 요구되고 있다. 유럽의 연비규제는 차량 중량에 따라 이산화탄소 배출량의 규제치가 차등 적용되는 방식이며 자동차 업체별로 합산하여 패널티를 부과하고 있다. 업체마다 차종별로 이산화탄소 배출량을 측정하여 규제치를 초과한 배출량을 당해 판매대수에 곱하여 초과하는 이산화탄소 당 벌금을 부과하고 있다. 경차 위주로 판매하는 Fiat, Renault 등은 연비 규제치에 근접해 가고 있으나 BMW, Benz 등 중형차 위주의 업체들은 규제기준에 크게 미달하고 있다. 국가별로 친환경차에 대한 보조금 지급으로 시장수요 확대를 유도하고 있다. 미국은 대당 7,500 달러, 일본은 30만엔을 지원하고 있다.

컨설팅 기관의 친환경 자동차 구매관련 설문조사 결과는 우호적이나, 시장확대를 위해서는 가격과 성능부분의 개선이 요구된다. 엑센추어가 세계 13개국 7,000명 이상을 대상으로 한 설문조사 결과를 보면, 60%가 다음 차량 구매시 EV 구매를 고려하겠다고 응답하였으나, 구매 의사자 중 상당수가 1회 충전시 400Km 이상 주행을 희망하며, 기존 내연기관차보다 경제적이어야 함을 강조하였다. 소비자들은 친환경차에 대한 관심은 높으나 실제 구매를 위해서는 기존 내연기관차와 동등한 수준의 가격과 성능을 기대하고 있는 것으로 나타났다.

리튬 이온전지는 친환경 자동차의 가격과 성능에 절대적으로 영향을 미친다. 1990년대 도요타, 혼다 등에서 HEV개발시 안정성이 높은 니켈 수소전지가 채택되었으나, 최근에는 리튬 이온 전지가 대세를 이루고 있다. 리튬 이온전지는 에너지 밀도에서 니켈 수소전지의 2배, 작동전압에서는 3배 정도 높은 성능을 가지고 있다.

〈표29-3〉 2차전지의 유형별 성능 비교

특성	니켈 수소전지	리튬 이온전지
에너지밀도(Wh/kg)	50- 70	100- 150
작동전압(V)	1.25	3.60
자가방전(%/월)	30	5
안전성	높음	낮음
충전가능횟수	1,000	1,200

자료: 업계자료

그러나 친환경자동차의 안전성에 관하여 향후 수년간 검토가 필요하다. 리튬 이온전지는 충격과 고온에서 폭발하는 경우가 있어 모바일용에서도 리콜사태 등 문제가 발생하고 있다. 친환경 자동차용에서는 사고시 생명과 직결되는 경우가 많아 모바일용보다는 높은 수준의 안전성이 요구된다.

최근까지 리튬 이온전지의 높은 가격으로 인해 친환경 자동차의 판매가격 및 전지 교체가격도 높게 형성되었다. EV인 닛산 Leaf의 리튬 이온전지 가격은 18,000달러로 전체 차량가격 32,780 달러의 55% 수준이다. HEV 리튬 이온전지 가격은 전체 차량가격에서 차지하는 비중이 5- 10%이나 사고나 고장 등으로 교체시 비용 부담이 큰 편이다. 현대차의 HEV인 아반테 LPi 하이브리드에서 리튬 이온전지 가격은 120만원대로 자동차 가격의 6%로서 기존 내연기관차의 납축전지 가격 대비 높은 편이다.

주동력원이 내연기관인 HEV를 제외한 EV, PHEV는 주행거리, 충전시간 등 사용 편의성의 획기적인 개선이 요구된다고 하겠다. EV의 주행거리는 1회 충전시 150km 내외이고 충전시간도 급속은 30분, 저속은 5시간 이상 소요된다. 따라서 주행거리 연장을 위해서는 에너지 밀도의 개선이 필요하다.

제3절 전지 소재별 개발동향 및 시장현황

1. 리튬 이온 전지의 주요 소재

HEV의 가격하락과 EV의 주행거리, 가격, 안전성은 리튬 이온 전지의 소재개발에 좌우된다. 양극재, 음극재, 분리막, 전해질 등 리튬 이온전지의 핵심 4대 소재가 전지의 가격과 성능에서 차지하는 비중이 절대적이다. 리튬 이온 전지의 재료비에서 4대 소재가 차지하는 비중이 70% 이상으로 양극재 30%, 분리막 25%, 전해액 9%, 음극재 8% 수준이다. 2009년 현재 4대 소재의 세계시장 규모는 총 2.56조원이며, 2015년에는 6.60조원으로 성장이 예상된다.

〈표29-4〉 4대 소재의 시장규모 예상 추이

단위:억원

연도	계	전해질	분리막	음극재	양극재
2009	25,600	5,000	7,000	4,300	9,300
2015	66,000	13,000	16,000	11,000	26,000

자료: 업계자료

〈표29-5〉 리튬 이온 전지의 4대 소재별 기능

단위: %

소재	구성 물질	재료비	국산화율	기능
양극재	금속 산화물	32	88	·전자를 받아 양이온과 함께 자신이 환원되는 소재 ·화학적인 안정성, 높은 에너지밀도 요구
음극재	흑연 계통	8	1	·산화되면서 도선으로 전자를 방출하는 소재 ·저흡착/방출 전압 및 충전방전시 작은 부피변화 요구
전해질	유기 용매	9	82	·양극과 음극의 이온이동을 가능케 해주는 매개체 ·높은 이온 전도도, 타 전지재료와 호환성 요구
분리막	PE PP	25	50	·양극과 음극간에 존재하는 다공성막 ·두 전극간 전기적 단락을 막고 이온전달의 통로제공

주: 재료비는 하이브리드차용 리튬이온전지 기준임, PE는 폴리에틸렌, PP는 폴리플로필렌임.

자료: 업계자료

2. 양극재 시장

양극재는 리튬이온 전지의 재료비에서 차지하는 비중이 30% 이상으로 가장 높고 에너지 밀도, 안정성 등에도 영향을 주는 핵심소재이다. 양극재의 개발방향은 고안정성, 저가격화이며 구조에 따라 올리빈계, 스피넬게, 층상계로 구분되며, 안전성 순으로는 올리빈계, 스피넬계, 층상계 순이나 금속산화물의 장단점을 감안하여 용도 및 업체별 특성에 따라 선택할 수 있다.

모바일 기기용 양극재로는 리튬 코발트 산화물($LiCoO_2$, LCO)이 사용된다. LCO(리튬 코발트 산화물)는 저장용량이 크고 충방전특성이 우수하나 코발트(Co)가 비싸 가격경쟁력이 떨어져 친환경자동차용으로는 사용이 어렵다. 또 코발트는 매장지가 콩고, 쿠바 등에 집중되어 있어 정치적 상황에 따라 가격변동성이 크다.

양극재는 국내시장이 크고 국산화율이 높은 소재이다. 2010년 양극재시장은 총 42,000톤이며 한국이 41%인 17,200톤으로 가장 많이 소비하였고, 그 다음이 일본, 중국, 대만, 미국의 순으로 나타나고 있다. 현재까지는 친환경자동차용 양극재보다는 기존 모바일 기기용 시장이 커서 LCO의 비중이 높은 편이다. 한국의 경우 LCO와 NMC(니켈, 망간, 코발트)의 비중이 대등하며 향후에는 NMC의 비중이 커질 것으로 기대한다.

양극재는 국산화율이 높고 국내업체는 엔앤에프, 에코프로, 코스모화학 등이 생산 중이다. 엔앤에프는 TFT-LCD(박막 트렌지스터 액정 디스플레이)의 부품인 백라이트 유닛 및 양극재 생산업체로서 전체 매출에서 양극재가 차지하는 비중은 78%로 높다. 국내시장 점유율은 1위, 세계시장 점유율도 12%로 3위이며, NCM(니켈 코발트 망간)계 양극재를 생산하고 있다. 에코프로는 양극재와 환경소재를 생산하는 기업으로 양극재의 매출비중이 70% 수준이다. 국내 양극재업체 중 유일하게 전구체(양극재의 원료)를 생산하여 원가경쟁력을 확보하였으며, 주로 NCA(니켈 코발트 알루미늄), NCM(닉켈, 코발트, 망간)계를 생산하고 있다. 코스모화학은 2010년에 새한 미디어를 합병하여 분체 제조기술을 바탕으로 양극재 산업에 진입하였다.

3. 음극재 시장

음극재는 재료비 비중이 약 8%에 불과하며 원가절감 측면보다는 용량, 출력, 안전성 등 성능향상을 위해 개발 필요성이 높은 소재이다. 요구 특성은 높은 에너지 밀도, 안전성, 충방전에 따른 부피변화 최소화 등이다. 초기 음극재로는 리튬 금속을 사용하였으나, 충방전시 표면에 이물질이 생기는 문제로 전지수명이 단축되어 화학적으로 안정한 탄소계 소재로 대체되었다.

음극재는 국내 업체 진출이 부진한 분야이다. 2010년 세계 음극재 시장규모는 4,400억원이며, 그 중 70% 이상을 일본과 중국업체들이 점유하고 있다. 흑연계가 전체 시장의 99%를 차지하고 있으며, 천연흑연과 인조흑연의 비율이 53: 47로서 저가 소재인 천연흑연의 사용량이 점차 증가하고 있다.

천연흑연은 매장량이 풍부한 중국이, 인조흑연은 설비와 기술을 보유 중인 일본이 주도하였으나, 최근 日立(히타치)化成(일), BTR에너지(중) 등은 인조흑연과 천연흑연을 모두 생산하고 있다.

음극재의 국산화율이 1%대로 타소재에 비해 낮은 이유는 사용되는 흑연계에 대한 기술과 원가경쟁력 부족이 원인이다. 국내 업체들이 흑연을 수입하여 가공하는 것은 원가경쟁력이 없는 데다 수백억원대 투자가 요구되는 고온 소성로와 관련기술도 필요하다. 최근까지 국내 음극재 업체들은 대부분 흑연을 일본이나 중국에서 수입하여 2차 가공하는 수준에 머물고 있다. 최근 음극재 시장에 진입한 국내업체들은 흑연계가 아닌 저온탄소계를 타겟으로 준비 중이며 금속복합계에 대한 연구도 진행 중에 있다. 포스코켐택이 LS엠트론의 음극재사업을 인수하여 음극재 생산을 준비 중이며, GS칼텍스도 일본의 JX NOE와 합작하여 시장에 진입하였다. 일진전기, 휘닉스 피디아, 삼성SDI 등은 금속복합계에 대해 연구 중이다.

〈표29-6〉 음극재 특성 및 개발현황

성분	용량 (nAn/g)	밀도 (Wh/cc)	안전성	내용
인조흑연	360	1.99	낮음	·日立화성, 日本카본 등 일본업계가 장악 ·일본도 가격 때문에 천연흑연 포함
천연흑연	365	2.02	낮음	·모바일 기기용에 주로 적용 ·흑연 매장량이 풍부한 중국업체들이 주도
저온탄소계	235	1.07	좋음	·저가형으로 개발하기 위해 연구진행 중 ·HEV용 리튬이온전지에 적용증가 추세
금속복합계	500<	2.13<	낮음	·에너지밀도가 흑연계 대비 2-3배 수준 ·가역용량 감소로 전지수명이 단축되는 단점
산화물계	160	0.53	매우 좋음	·출력특성과 안정성 우수 ·에너지밀도가 흑연계 절반수준

4. 분리막 시장

분리막은 재료비 비중이 25%이며, 친환경 자동차용 리튬 이온전지의 에너지밀도, 출력밀도, 수명특성, 안전성, 가격 등 모든 부분에 영향을 미치는 소재이다. 분리막의 요구물성은 안전성, 두께, 기계적 강도 등이 있으며 물성별로 상반되는 특성이 있어 적정선을 찾는 것이 중요하다. 분리막의 두께가 얇아지면, 전지 내에서 차지하는 부피가 줄어 에너지밀도를 늘릴 수 있으나 강도가 약해져 안전성이 떨어진다.

〈표29-7〉 분리막 요구 특성

항목	내용
화학적 안전성	·전기화학적 반응 및 열화가 발생되지 않아야 함
두께특성	·두께를 줄여 부피를 최소화할수록 전지의 에너지밀도를 높임
기계적 강도	·파열을 통한 전지의 폭발을 방지
젖음성	·전해질과 잘 융합되는 것이 필요
열수축	·전지 내부 온도상승으로 인한 분리막 변형 방지
기공폐쇄	·온도상승시 폭발을 막기 위해 분리막의 기공이 폐쇄되어야 함

분리막 소재로는 폴리에틸렌(PE), 폴리플로필렌(PP) 필름이 사용 중이나 최근 친환경자동차용에는 세라믹 코팅 제품의 적용도 증가하고 있다. 폴리에틸렌, 폴리플로필렌 소재는 고온에서 안전성이 떨어지고, 기계적 강도가 약하여 이를 개선하기 위해 세라믹 코팅기술이 개발중에 있다.

세라믹 코팅은 PET 필름 위에 Al203, SiO_2 등 무기물을 코팅하는 방식으로 내열성, 기계적 강도에서 유리하다. LG화학은 세라믹 코팅기술을 자체개발하여 친환경자동차용 분리막에 적용 중이다.

분리막시장은 일본과 미국이 주도하는 가운데 국내업체가 점유율을 확대 중이다. 세계 리튬 이온전지 분리막시장은 2010년 기준으로 8,500억원대이며, 업체별 점유율은 旭日(아사히) 케미칼(일) 28%, 토넨(일) 26%, Celgrad(미) 24% 순이다. 분리막시장은 일본, 미국업체들이 대부분을 차지하고 있으며, 국내에는 SK에너지가 후발주자로 점유율을 높이고 있는 추세이다. 메이저 전지업체와 수급관계에 있는 분리막 업체의 점유율이 높은 편이다. 아사히 케미칼은 산요, 토넨은 소니의 사용량의 대부분을 공급하고 있다.

국내의 분리막 업체로서는 SK에너지, 씨에스텍 등이 있으며 LG화학, 삼성SDI도 자체 기술을 개발 중이다. SK에너지는 2005년 11월 첫생산에 들어가 현재 시장 점유율 8%대를 유지하고 있다. 분리막의 국산화를 50% 수준까지 끌어올린 것으로 평가되며, 2012년까지 6,7호기를 완공하여 1억 7,800m^2 규모의 생산설비를 갖출 계획이다. 씨에스텍은 SK에너지에 이어 국내에서 두 번째로 분리막 개발에 성공하였다. 2011년 말까지 생산규모를 4,000m^2로 증설할 계획이며 중국 모방일용 2차전지 업체와 100만 달러 규모의 공급계약도 체결하였다. LG화학 등은 세라믹 코팅기술을 개발하여 친환경 자동차용으로 적용 중이며 향후 분리막 시장에 진입도 검토 중이다.

5. 전해질 시장

전해질은 전지 내 리튬 이온의 이동통로로서 수명, 안전성 등에 영향을 미친다. 전해질은 리튬염을 유기용매에 녹인 후 첨가제와 혼합한 형태이다. 리튬 이온전지의 전압이 4.2V로 높아 수용성 물질은 전기분해되어 유기 용매를 사용 중이며, 유기용매는 열안전성이 낮으나 대체할 물질이 없는 상태이다.

리튬염은 LiPF4, LiAsF6, LiCLO4, LiPF6 등이 있으며, 리튬 전도도와 안전성이 우수한 LiPF6가 주로 사용되고 있다. 유기용매는 에틸렌 카보네이트, 디메틸 카보네이트 등의 혼합액이 주로 사용된다. 친환경 자동차용 및 모바일용에서 폭발에 대한 안전성을 향상시키기 위해 고체 전해질에 대한 관심도 증가하고 있다. 전해질을 겔(Gel)상태로 만든 고체전해질은 누수액이 없어 안전성이 높고 리튬 전도성도 높다.

전해질 시장은 연간 5천억원 이상이며, 국산화율이 80% 이상으로 국내업체들의 시장점유율이 높은 편이다. 업체별 시장 점유율을 보면, 국내업체인 파낙스이텍이 1위이며, 이어서 우베, 미쓰비시, 토미야마 등 일본업체와 후성, 테크노 세미컴 등 한국업체들이 강세를 나타내고 있다.

파낙스이텍은 2009년 1월 제일모직의 전해액 사업부를 양도받아 시장에 진입하였고, 국내업체인 후성은 전해질의 핵심원료인 LiPF6를 국내에서 유일하게 생산하고 있으며, 세계에서 3번째로 개발하여 생산하고 있으며 2010년 300억원의 매출을 올린 바 있다. 테크노 세미켐은 국내시장 30%, 세계시장 10%를 차지하는 글로벌 4위 업체로 2010년 전해질 매출은 355억원을 달성한 바 있다.

전해질 재료의 40%를 차지하는 LiPF6은 향후에도 대체소재가 없어 업체들의 증설이 지속될 것으로 전망된다. 후성은 2011년 3분기에 2,000톤까지 증설할 예정이며, 관동전화, 스텔라 등 1,000톤 이상 생산규모를 가진 업체들도 증설을 추진 중에 있다.

제4절 전망과 과제

1. 자동차산업의 패러다임 변화 전망

장기적으로 친환경 자동차의 성장은 피할 수 없는 대세로 변화에 대한 준비가 필요하다. 친환경 자동차산업은 환경오염, 화석연료 고갈 등 다양한 문제를 해결할 수 있는 대안으로 자동차산업 뿐만 아니라 인류의 삶을 바꿀 수 있는 패러다임의 변화이다. 휴대폰, LCD, 디지털 미디어 등 삶의 질을 높일 수 있는 산업들은 기술개발과 가격하락을 통해 기존 산업을 대체하였듯이 친환경 자동차산업도 동일한 흐름을 보일 것으로 기대된다. HEV는 기존 내연기관차와 경쟁, EV는 세컨카, 공공차량 등 서브 마켓을 중심으로 점차 시장을 확대할 전망이다.

국내에서는 소나타와 소나타 HEV의 가격차이가 300만원대로 좁혀져 최근 소나타 10대 중 1대꼴로 HEV가 판매되고 있다. 미국의 경우 2008년 기준으로 가구당 2.28대의 차량을 보유하고 있어 세컨카의 수요가 예상되는 가운데 한국도 2007년 기준으로 가구당 보유 대수가 1대를 넘어섰다. 1일 평균 이동거리가 100km 이내인 미국 국민 상당수에게 EV의 짧은 주행거리가 단점으로 부각되지 않아 세컨카로 구매가 가능하다. 중국은 2012년까지 상하이, 베이징 등에 각각 1천대씩 전기택시 운행을 계획하고 있다. 친환경 자동차산업은 연비규제, 보조금 지급, 인프라 투자 등 정책변수의 영향이 커 경제침체 등으로 각국 정부의 지원이 감소할 경우 시장 확대의 걸림돌로 작용할 가능성도 있다.

2. 효과적인 발전 전략 수립

국내 리튬 이온전지 소재산업의 육성을 위한 관련 업체간 전략적 협력이 필요하다. 친환경 자동차산업의 개발은 자동차, 전지, 유틸리티, 소재 등 관련 업체들이 서로 협력하지 않으면 주도권을 놓칠 가능성이 있다. 전지의 성능과 가격에 가장 큰 영향을 주는 소재개발을 위하여 국내 업체간 협력이 필요하다. 세계적인 전지기업과 기술을 보유하고 있는 미국 리튬 이온전지의 경쟁에서 뒤쳐진 것도 업계의 협력 부족 때문이다. Energizer, Duracell 등 세계적인 전지기업과 기술은 보유하고 있으나 협력할 수 있는 전자업체들의 대부분이 일본과 한국에 있어 산업의 흐름을 놓친 것이 원인이다. 단기간에 리튬 이온전지의 에너지밀도, 출력 등 성능의 개선은 어려워 저가소재개발로 가격하락을 유도하는 전략도 유효하다.

친환경 자동차의 초기 시장확대의 관건은 주행거리, 충전시간 등 성능보다는 경제성 확보를 위한 차량가격이 중요하다. 친환경 자동차의 차량가격에 가장 큰 비중을 차지하는 리튬 이온전지의 가격이 하락할 경우 니치(틈새)시장 위주로 시장확대가 가속될 기능성이 있다.

4대 핵심소재 이외에도 기타 부품·소재산업에도 관심과 투자를 확대하여야 한다. 친환경 자동차용 리튬 이온전지의 경우 안전성, 성능 등의 문제로 부품·소재의 교체가 쉽지 않아 초기 제품개발 시부터 컨소시엄 구성 등으로 개발에 참여하는 것이 중요하다. 부품·소재산업은 대부분 중소기업들이 많아 정부차원의 지원책도 필요하다.

소재산업의 원료가 되는 천연자원에 대한 장기적인 확보전략을 수립하여야 한다. 리튬, 코발트, 망간 등 리튬 이온전지 핵심소재 원료들에 대한 장기적인 확보전략을 수립하여야 한다. 대부분 국내에서 생산되지 못해 경쟁이 심화되고 시장이 확대될수록 가격과 수급에 문제가 발생할 소지가 있다.

다양한 비즈니스 모델을 통한 리튬 이온전지의 시장확대 가능성을 검토하여야 한다. 국가별, 산업별, 기업별로 친환경 자동차산업에 접근하는 전략이 상이하여 시장별 특성에 따른 차별화된 비즈니스 모델 구축이 필요하다. 친환경자동차 판매시 전지는 리스형식으로 판매하여 초기 차량의 판매가격을 낮추는 방식도 고려하여야 한다.

정밀화학산업

_제1절 정밀화학산업의 정의 및 특성

1. 정의

정밀화학산업은 석유화학산업 등으로부터 생산되는 기초화학제품을 합성하여 추출한 원제를 합성·가공하여 섬유, 자동차, 전기·전자, 반도체 등 타 산업에서 필요로 하는 제품을 생산하는 가공형·중간형 화학산업으로 대표적인 소재산업이다.

정밀화학산업은 자본·지식·기술 집약적 화학산업으로서 중소기업 형태로도 전문화가 가능한 성격을 갖고 있는 고부가가치산업이며, 특히 타 산업에 핵심소재 및 부자재로 사용되어 연관산업의 고기능화, 고부가가치화에 기여하고 있다.

2. 특성

1) 부가가치적 특성

정밀화학산업은 기술수준에 따른 부가가치율의 변화가 급격한 산업이다. 가령 나프타 1드럼이 연료로 쓰일 경우에 비해 합성수지로 변환되면 약 4배의 부가가치

상승을 보이나, 정밀화학 제품으로 변환되면 10- 1만 배의 부가가치 상승을 유도할 수 있다. 따라서 일정 수준의 기술축적 없이는 자체개발이 곤란한 생산형태를 보이는데, 개발초기 단계에는 기초기술에 의한 노하우 확보에 주력하다가 양산단계에 들어서면 scale- up을 위한 기술축적이 필요하게 된다.

2) 선도산업으로서의 특성

정밀화학산업은 타 산업의 주요 원·부자재로서 관련 산업의 품질 고급화와 부가가치 제고 및 신상품 개발에 결정적 영향을 주는 산업이다. 가령 자동차산업에서는 향후 최대 기술과제인 경량화, 공해방지 대체연료 개발 등 다양한 부문에서 화학기술이 선도하고 있다. 전자산업에 있어서도 1차 기술격차인 부품기술에서는 세계 최고수준에 있지만, 2차 기술격차인 소재기술의 경쟁력 확보는 화학기술의 연구개발 성과에 달려 있다. 섬유산업에서도 품질고급화, 신상품개발을 위한 중요한 요소가 화학공업의 기술수준에 의해 좌우된다.

3) 생산설비의 특성

생산설비 형태 및 업계 경쟁구도면에서 정밀화학산업 설비는 전형적인 제품 중심형이며, 소량 다품종 형태에 맞는 유연성 높은 중소규모의 설비로서 독립형(batch)이 많고 전체적인 수준에서 탄력적 운용이 가능한 형태로 구성되어 있다. 대표적인 화학산업인 석유화학산업은 콤비나트형 산업이며, 자본집약적 대규모 장치산업으로서 규모의 경제에 의한 이득을 추구해야 하므로 대량생산설비가 유리한 반면, 정밀화학은 다품종 소량생산체제의 대표적인 기술집약적 산업으로 시장규모가 작아 초기시장 확보가 중시되는 산업이다.

4) 기술적 특성

정밀화학산업은 지식·기술 집약형 산업으로서 중소기업 형태로도 전문화가 가능한 고부가가치 산업이며 염료, 안료, 도료, 접착제 등 다양한 품목을 타산업에 핵심소재로 제공하여 연관산업의 고기능화·고부가가치화에 기여하고 있다. 개별 제품마다 독특한 기술적 차별화가 이루어지고 있고, 기술 상호간의 유사성이 적어 모방생산이 어려우며, 제품 수명주기가 짧아 지속적인 기술 및 연구개발투자, 그리고 과학적 노하우의 축적이 경쟁력의 관건이다. 따라서 선진국(구미, 일)의 기술 및 세계시장 독점 경향이 매우 큰 산업이다.

5) 대표적 성장산업으로서의 특성

최근들어 IT, BT, NT 등 이른바 신성장산업군과 연계에 따른 융합기술 출현으로 말미암아 정밀화학산업의 범위를 점차 확대 및 다양화시키고 있으며, 미래첨단산업의 구현을 위한 '가교산업'으로서 정밀화학산업의 역할이 증대되어 가고 있다.

6) 산업 입지적 특성

선진국의 경험으로 볼 때, 정밀화학산업의 특성상 기초과학연구 및 경영 노하우의 축적과 관리가 가능하며 기술습득이 용이한 대학 및 연구소 근처에 집적화되어 조성되는 특성을 보이고 있다.

3. 정밀화학산업의 분류

1) 생산량 및 차별성에 따른 분류

정밀화학산업은 통상적으로 양적인 측면에서 대량 소품종, 저부가가치 화학산업인 Commodities Chemicals에 대응하여 소량 다품종, 고부가가치산업으로 Fine Chemicals로 불리고 있다. 이는 다시 질(차별성)적인 측면에서 협의의 Fine Chemicals와 고도의, 또는 독자적 기술이 강조되는 Speciality Chemicals로 분류할 수 있다.

협의의 Fine Chemicals는 의약 혹은 농약 원제 및 중간체 등과 같이 제품 혹은 성능상 차별성이 상대적으로 낮고 합성기술 위주의 화학제품으로서 통상 순수화합물 상태로 구성된다. 이에 반해 Speciality Chemicals는 제품 및 성능의 차별성이 높고 배합기술 위주의 화학제품으로서 원제품 또는 복합물질로 구성된다.

오늘날에는 기술의 고도화 및 특성화, 고부가가치 창출력 등의 개념이 확산되는 한편으로 건강 및 웰빙에 대한 수요가 크게 증가하면서, Speciality Chemical 분야에 대한 관심이 높아지고 있다.

〈그림 1〉 정밀화학산업의 위치 및 연관산업

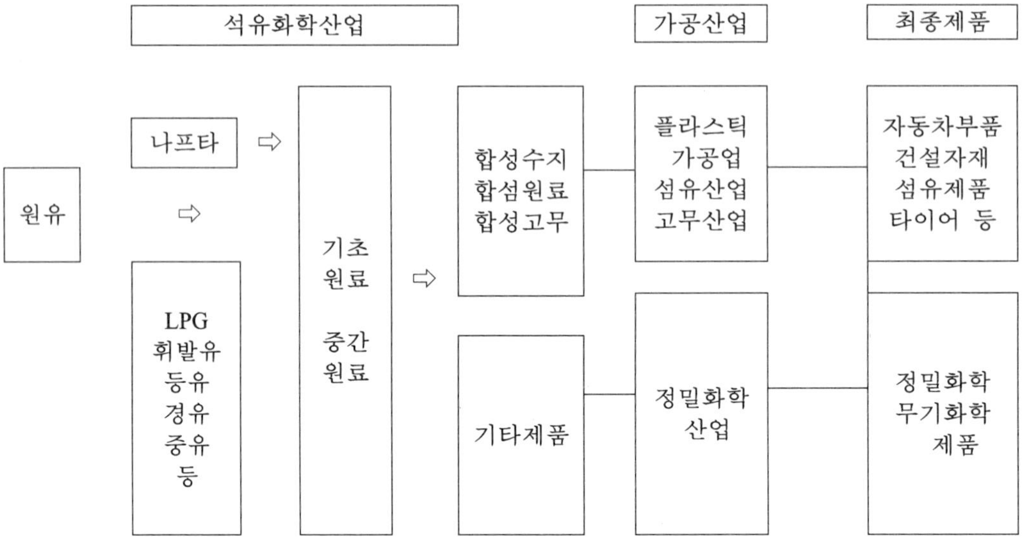

정밀화학산업 분야	전방연쇄효과
의약	국민보건 및 후생에 기여
염료, 안료	섬유, 식음료, 건축, 선박, 자동차산업 등
도료, 잉크	건설, 자동차, 조선, 전기전자, 기계산업 등
화장품, 향료	국민보건, 식음료, 연초, 의약산업 등
계면활성제	섬유,건축, 식품, 종이, 피혁산업 등
접착제	금속, 플라스틱,목재, 자동차, 전기전자산업 등
사진융합물	전기전자, 의료, 인쇄산업 등
농약	농업

2) 목적에 따른 분류

정밀화학산업을 그 목적에 따라 분류하면, 국민 후생 및 보건에 기여함을 목적으로 하는 생리활성 및 life care 화학산업, 광통신 · imaging 및 기능성 colloid(교질) 등 신기술 융합현상에 따라 사회적 · 산업적 needs에 부응하기 위한 기능성 화학산업으로 대별된다. life care 화학산업은 그 자체가 최종 소비제품인 화합물로 의약 · 화장품 · 농약 · 기타 생리활성화 물질 등을 의미한다. 기능성 화학산업은 전지, 반도체, 환경, 통신 등 신기술산업에 응용되는 고기능성 산업으로 포토닉, 전지소재, colloid 소재 등 각종 첨단화학소재 등을 포함한다.

2) 제품에 따른 분류

정밀화학산업은 통상적으로 의약, 염 · 안료, 도료 · 잉크, 화장품 · 향료, 계면활성제, 접착제, 사진용 화합물, 농약제품 등을 통칭하며 기타 신물질로서 파인 세라믹, 2차전지 제품 등을 포괄한다.

_제2절 정밀화학산업의 경쟁력

1. 기술경쟁력

국내 정밀화학산업은 범용제품 및 일부 원제의 생산기술은 선진국 수준에 도달해 있지만, 가장 핵심적인 기술인 신물질 창조 및 고품위 formulation 기술 등 신제품 개발에 필요한 능력은 기술적 기반이 매우 취약하다. 한편 정밀화학의 기술개발은 기술도입과 도입기술의 개량을 바탕으로 범용제품 위주로 추진되어 왔으나, 선진국의 핵심기술이전 기피에 따른 핵심기술 자체 확보의 중요성이 높아짐에 따라 1990년대 들어 업계와 정부에서 활발한 연구개발 활동을 전개하고 있다. 국책연구소를 비롯하여 업계에서는 의약품, 농약, 염 · 안료, 촉매 등의 연구조합을 결성하여 특정 연구개발사업에 참여하고 있으며, 자체 연구개발투자도 수행하고 있는데 지금까지 의약 및 농약 등 몇가지 분야에서 성과를 거두고 있다.

국내 정밀화학의 기술수준은 미국 정밀화학 기술수준을 100으로 볼 때 국내 기술수준은 의약 60, 소재 60, 염·안료 77 등으로 아직은 저조한 편이다. 제품관리기술인 제품수준 평가, AS부문, 제품용도 평가 등의 면에서도 경쟁력이 매우 취약하다.

〈표30-1〉 미국과 한국의 부문별 기술수준(미국=100)

의약	화장품	염 · 안료	촉매	화학소재
60	60	77	15	60

기업의 경쟁규모도 대부분 영세한 규모로서 대표적 연구개발 집약산업인 정밀화학산업의 특성을 반영하지 못하고 있다. 정밀화학산업의 대표적 부문인 의약의 경쟁력을 경쟁요소별로 보면, 기술개발, 정보화, 표준화 등의 수준은 선진국의 60-70%, 아웃소싱은 80%, 그리고 디자인 및 품질관리는 약 90% 수준에 도달해 있는 것으로 평가된다.

2. 가격 및 비가격 경쟁력

가격 및 비가격경쟁력 측면에서도 국내 정밀화학산업은 선진국에 비해 상당히 열위에 있다고 볼 수 있는데 고부가가치 제품으로 분류되는 의약품의 경우 수출가격이 미국의 50- 60 수준에 있으며, 기타 정보화, 표준화 등의 경쟁력에서 선진국의 절반 수준에 불과하다.

〈표30-2〉 정밀화학산업의 가격 및 비가격 경쟁력 평가(미국=100)

경쟁력	가격	정보화	표준화	품질관리	아웃소싱
지수	50- 60	55	50	55	55

3. 울산의 정밀화학산업

울산의 정밀화학산업은 사업체수에서 1.6%로 석유화학(1.2%), 석유정제(0.4%), 비료(0.2%) 및 화학섬유(0.1%)보다는 많다. 종사자 기준으로는 정밀화학이 2.3%로서 석유화학(4.7%), 석유정제(3.4%)보다는 낮지만, 화학섬유(1.9%), 비료(1.0%)보다는 많다. 전국 화학산업구조와 비교할 때, 정밀화학을 제외한 모든 화학산업이 울산에 집적되어 있다. 그러나 울산이 집중적으로 육성할 계획인 정밀화학산업은 전국 비중이 3.3%로 제조업 전체(4.2%)보다 낮은 것으로 나타났다.

울산의 정밀화학산업 구조를 종사자 기준으로 보면, 염료·안료(45%), 기타(26%), 도료·잉크(16%) 순서로 높고, 전국은 의약(40%), 기타(11%), 염료·안료(7%) 순서로 높아 다른 양태를 보이고 있다. 특히 지식기반형 고부가가치 산업으로 향후 고성장이 예상되는 의약·농약 및 화장품의 비중이 매우 낮은 편이다. 정밀화학산업 세부업종의 전국 비중을 보면 특화 측면에서 연료·안료만이 제조업 비중(4.2%)을 상회하고 있고, 나머지 업종은 집적되어 있지 않다.

4. 문제점

석유화학 등 범용화학 제품에 비해 상대적으로 기술집약적이고 부가가치가 높은 정밀화학 소재가 화학산업에서 차지하는 비중은 생산액의 25.5%, 부가가치 창출의 33.8%에 불과하여 선진국의 60- 80%보다 현저히 낮다.

정밀화학산업의 제품화 기술은 선진국과 경쟁 가능한 수준이나 원제·중간체 핵심기술, 신물질 · 신소재 창출 및 산업화를 위한 안전성 검색 등 기반 기술은 매우 낮은 수준으로 고부가가치 시장확보에 주요 장애요인이 되고 있다.

예를 들어 유기합성기술 및 외국에서 농·의약 원제를 도입하여 제품화하는 제제기술은 선진국과 거의 대등한 수준이나 표지화합물 합성, 스크리닝, 안전성 검색 등 기반기술은 뒤지고 있으며(미국의 65% 수준), 사진용 화합물, 촉매 등의 기술수준은 선진국의 20%(촉매의 경우는 7%)에 불과하다.

향후 잠재적 기술수준을 나타내는 지표인 매출액 대비 연구개발투자비의 비중도 선진 다국적 기업의 5- 20%에 비해 국내 기업은 2- 4%로 낮은 수준이다. 한편 환경관련 국제규제가 강화되고 화학물질에 대한 유해성 및 안전성에 관한 검증·관리에 대한 규제 등이 증대되고 있으나, 이러한 국내외 여건변화에 대한 기업의 정보수집 및 대처능력이 미흡하여 표준화, 품질관리 분야에서도 선진기업들에 비해 열위에 있다.

제3절 정밀화학산업의 SWOT분석

1. 기회 및 위협

기회	위협
·정밀화학제품 수요의 고성장화 · 다양화 ·화학기술의 첨단기술(IT, BT, NT, ET)과의 복합화, 융합화에 따른 신화학시대의 도래와 신기술개발기회의 확대 ·국내 화학산업의 구조변화에 따른 투자기회 확대: 범용분야(석유화학, 무기화학)의 성숙화와 투자부진으로 정밀화학에 대한 투자기회 증대	·시장개방의 가속화: 선진 다국적기업 진출에 의한 자립성장의 위협 가능성 ·화학기술 혁신 개발경쟁의 가속: 선진기업의 기술개발 가속화에 따른 국내외 기업간 기술격차의 상존 및 확대 가능성 ·선진국 위주의 기술규제, 환경규제 강화

2. 강점 및 약점

구분	강점	약점
기초 기술	·정부의 강력한 드라이브 정책 ·국민의 높은 교육수준에 따른 질 높은 인적자원보유	·기초연구 기피 -핵심 원천기술 미확보로 대외경쟁력 약세 ·장기적인 기초 연구환경 미흡 -업체구조의 영세성과 기술개발 투자 능력 부족
응용 기술	·다년간 축적된 다양한 연구개발 노하우 보유 -범용제품 및 일부 원제 생산기술 수준은 선진국 수준	·모방 기술개발 위주의 연구개발로 핵심기술 기반 취약 -고품위 배합·가공, 신물질 창조기술
생산/ 마케팅 기술	·범용제품의 생산기술 축적에 따른 산업화 활용기술보유	·제품관리 기반기술 취약으로 경쟁력 저하 ·협소한 국내시장에 따른 내수한계
시설 및 장비	·정밀화학 관련 인프라구축을 위한 정부지원 ·스크리닝, 안전성, 신뢰평가센터 등 공공인프라시설 보유 및 운영	·업체의 영세성으로 관련 고급 인프라 시설 보유 미흡
인적 자원	·국민의 높은 교육수준에 따른 질 높은 인력자원보유 ·근면하고 성실한 국민성	·미래에 대비한 첨단분야 우수 인력확보의 불균형 우려 -화학산업 및 이공계 기피 현상 ·현장경험이 풍부한 전문인력부족

3. 시사점

우리나라의 정밀화학산업은 발전단계상 성장단계에 위치하고 있어 양적으로 고성장을 지속하고 있고, 폭넓은 생산기반의 구축과 생산기술을 축적하여 범용제품 및 일부 원제의 생산기술은 선진국 수준에 도달하였다. 그러나 핵심원료 부문(중간재)의 수입의존도가 높고 신물질 창출 등 원천기술과 핵심 기술인력의 부족과 업체규모의 영세성으로 인한 기술개발 투자 능력 등의 부족으로 기술 후진성 및 만성적 무역적자를 지속하고 있다.

최근 시장개방화의 가속화, 화학기술혁신 개발경쟁의 가속화, 그리고 선진국의 기술 및 환경규제의 강화 등 환경변화는 우리나라 정밀화학산업의 지속적 발전과 질적 고도화에 위협요인으로 작용하고 있다. WTO, DDA 협상에 따른 무역 및 투자장벽 완화는 선진 다국적 화학기업 진출에 따른 발전 가능성을 갖는 반면, 취약한 국내 기업들의 자립성장에 위협요인으로 작용하고 있다. 또 최근 선진국들의 기술변화는 화학기술과 생명공학, 정보기술의 접목, 나노기술, green chemistry 등 보다 고도의 신화학기술로 이행하고 있고, 또 선진국의 기술 및 환경규제로 국내외 기업간 기술격차의 확대 가능성이 상존하고 있다.

그러나 우리나라 정밀화학산업은 높은 수요증가를 토대로 성장단계를 지속하고 화학기술과 첨단기술(IT, BT, NT, ET)과의 융합화 추세로 기술개발의 여지가 확대될 수 있다는 점, 그리고 국내 화학산업의 구조변화에 따른 투자기회의 확대 등 발전의 기회도 충분하다. 특히 석유화학, 무기화학 등 범용 화학분야의 성숙화와 투자부진 양상은 상대적으로 고성장·고부가가치 분야인 정밀화학에의 투자동기를 확대할 것으로 기대된다.

우리나라 정밀화학산업의 발전 가능성을 평가하면 양적 측면에서는 높은 수요성장을 바탕으로 생산 및 수출의 고도성장을 지속할 것으로 전망된다. 그러나 기술발전과 산업구조의 고도화, 그리고 무역적자의 완화 등 질적 발전 가능성은 약점 극복, 위협요인에의 효과적 대처, 그리고 기회요인의 효과적 활용이 관건이 될 것이다.

특히 질적 발전 가능성은 효율적 기술개발 시스템의 구축, 기술인프라 구축 및 기술인력의 양성 혹은 확보, 정부의 적극적 기술개발 지원 등 기술개발 관련 소프트 웨어적 측면과 화학산업의 구조변화에 따른 정밀화학에의 투자동기 및 역량을 얼마나 잘 결집하느냐에 따라 크게 좌우될 것으로 보인다.

제4절 국내 정밀화학산업의 발전 가능성 및 경제·사회적 영향

1. 정밀화학산업발전의 촉진 및 장애요인

정밀화학산업의 발전 촉진 요인으로는 구조변화에 따른 투자기회 확대, 다양한 연구경험 및 노하우 축적, 정부의 R&D지원 강화 등을 들 수 있고 이로 인한 산업의 고성장이 이루질 경우, 향후 10년 후에는 세계 정밀화학시장의 3%를 점유할 것으로 기대된다.

반면 장애요인으로는 선진국의 견제와 개도국의 추격으로 nut-cracked 현상에 처할 위험성과 R&D투자 감소, 환경규제 등을 들 수 있으며 장애요인이 촉진요인보다 우세할 경우, 국내 정밀화학산업의 경쟁력은 약화되고 저성장에 머물 우려가 있다. 따라서 위기 및 장애요인들에 적절히 대처하고 촉진요인들을 활성화시켜 선순환구조를 가져올 수 있는 구조정착에 힘써야 한다.

2. 발전 가능성

현재 국내 정밀화학산업은 성장단계에 있으며, 향후에도 선순환 구조가 정착된다면 신기술의 발전과 고부가가치화의 추구로 고성장을 지속할 전망이다. 최근 정밀화학소재가 IT, 자동차 등 수요산업 경쟁력의 원천으로 대두되고 있다. 범용제품의 성숙화에 따라 석유화학 등 화학 대기업 중심으로 정밀화학산업에 대한 관심이 증대되고 있다. 예를 들면, LG화학, 제일모직, SK 케미칼은 전자정보용 소재시장에 진입하였고, SK, 한화석유화학은 의약품 제조에 진입하였다.

전자정보소재 등 일부 분야의 경우 국내 산업의 성숙으로 노력 여하에 따라 단기간에 가시적 성과를 보일 수 있다. 범용제품 및 일부 원제 생산기술은 선진국 수준이며 다양한 연구 노하우 및 전문 인력이 축적되어 있다고 볼 수 있다.

3. 경제·사회적 영향

국가 사회·문화적으로 통합 정보 가전제품의 출현과 건강문제의 근본적 해결 등으로 삶의 질 향상에 기여하게 될 것이다. 신기술(BT, NT)과 융합하여 새로운 가능성을 보유한 화학물질의 보급이 가능하여 관련 산업 제품의 고부가가치화와 신규 수요창출, 내수 경제의 안정화를 기대할 수 있다. 양방향 TV 내장 개인 컴퓨터, 고성능 휴대용 개인 단말기, 화상 전화기 등 고기능의 가전제품 출현으로 새로운 디지털 문화시대가 도래하게 될 것이다. 효과적이고 저렴한 질병치료를 통해 인간수명이 급격히 연장되면서, 노인층의 사회활동이 새로운 시각과 의미에서 고려되고 활용되는 사회·문화적 환경이 조성되고 있다. 수출증대 및 수입대체효과, 기술료 경감 등이 가능하여 국내 제조업의 산업화 촉진 및 활성화가 가능할 것이다.

제5절 정밀화학산업의 중장기 전망

1. 국내 정밀화학산업 전망

국내 정밀화학산업은 전체 석유화학산업 내에서 상대적으로 고부가가치를 창출하여 비교적 고성장세가 유지되고 있다. 현재까지 정밀화학산업은 연평균 7%대의 성장률을 유지하여 왔으나, 고부가가치화와 생산성 향상으로 인해 2012년까지 연평균 12.5%의 비교적 높은 성장세를 나타낼 것으로 전망된다.

특히 정밀화학산업 내에서도 의약품, 화장품, 촉매 등 첨단분야의 성장세가 높을 것으로 기대되고, 생산공정별로는 중간재의 기술발전과 신물질 창출 능력의 제고로 산업 내 고부가가치화 및 국제경쟁력이 크게 진전될 것으로 보인다. 또한 현재는 미미한 수준에 머물러 있는 생물분야의 급속한 발전으로 화학산업에 차지하는 생명공학 분야의 비중은 크게 증가할 전망이다.

한편 기술혁신 시스템의 구축, 국내·외 기업간 전략적 제휴 등으로 효율적인 기술개발 전략이 성공적으로 이루어질 경우 수출도 향후 연평균 14- 15%의 성장세를 보일 것으로 예상되며, 세계시장 점유율은 현재 1.8% 수준에서 2.5- 3.0% 수준까지 상승할 것으로 전망된다.

〈표30-3〉 국내 정밀화학산업의 전망

	2001	2005	2007	2012	연평균증가율 (2001- 2012)
생산(조원)	20.9	26.5	42.4	76.4	12.5
수출(억$)	18.2	24.6	42.3	83.2	14.8
세계시장 점유율 (생산기준, %)	1.8	1.9	2.2	2.5-3.0	-
기술수준(%)	60	65	80	90	-

2. 세계 정밀화학산업 전망

세계 정밀화학산업의 시장규모는 향후 연평균 5% 증가하여 2013년에는 1조 7,550억 달러 수준에 달할 것으로 전망된다. 선진 다국적 기업들은 범용제품에 대한 수요증가세 둔화 및 경쟁력 약화에 따라 신물질·신소재 창출을 위한 연구 및 투자를 가속화하고 있는 바, 신물질의 창출에는 많은 시간과 막대한 자금이 소요되나, 개발에 따른 파급효과와 부가가치가 매우 높아 지속적인 투자와 함께 국제적인 제휴연구도 더욱 활발하게 추진될 전망이다.

향후 정밀화학산업은 기존의 화학기술 응용단계를 넘어 IT, BT 등과 접목하여 새로운 개념의 제품을 생산하는 첨단산업으로 발전할 것으로 기대된다.

〈표30-4〉 세계 정밀화학산업의 전망

단위: 억 달러

품목	1997	2000	2003	2008	2013	연평균 증가율
의약	3,073	3,700	4,500	6,200	8,542	6.6
농약	302	330	360	410	460	2.7
염·안료	210	225	244	283	328	2.8
화장품	980	1,087	1,240	1,628	2,137	5.0
접착제	147	170	197	250	317	4.9
계면활성제	111	127	139	160	180	3.1
첨가제	348	403	467	541	627	3.7
촉매	85	96	108	131	159	4.0
사진용 화합물	600	608	620	636	652	0.5
도료	230	257	274	318	369	3.0
전체	7,900	9,190	10,680	13,690	17,550	5.1

_제6절 울산지역 정밀화학산업의 발전 과제

1. 정밀화학 기술혁신 인프라 구축

정밀화학산업은 대표적인 연구개발 집약산업으로 기술력 확보가 산업육성을 위해 선결되어야 할 과제이다. 정밀화학산업의 수요형태도 범용 및 저급품에 대한 수요 신장세는 둔화 혹은 감소하고 있는 반면, 고급 및 고기능성, 친환경성 제품에 대한 수요는 급격하게 증가하고 있어 선진국에서는 신물질 · 신소재 창출을 위해 연구 및 투자를 가속화하고 있는 실정이다.

그러나 울산지역 정밀화학산업은 주로 범용 완제품 위주의 생산구조이며, 업체가 영세하며, 기술개발 투자능력이 부족할 뿐만 아니라 지역의 기술혁신 여건 및 인프라가 열악한 상태에 있다. 완제품 위주의 생산구조 속에서 원제 및 중간재 원료의 60- 70%를 수입에 의존하고 있다.

정밀화학산업의 가장 핵심적인 기술인 신물질 창출 및 고품위 혼합기술 등 신제품 개발에 필요한 기술적 기반이 매우 취약하여 전반적인 기술수준은 선진국 대비 약 60% 수준이다. 또한 기업규모가 대부분 영세하여 기업의 평균 연구직 비율이 약 6- 8%로 미국의 25%, 일본의 19%에 비해 매우 낮은 수준이다.

한편 울산지역 차원에서 테크노파크 조성 추진 및 정밀화학지원센터를 운영하고 있으며, 한국화학시험연구원 영남분원, 화학연구원 울산지원센터 유치를 완료하는 등 울산지역 정밀화학산업의 기술혁신 인프라 노력이 진행 중에 있다. 정밀화학산업 육성을 위한 기술력 확보와 지속적인 기술력 제고 노력을 더욱 강화하여 정밀화학산업의 기술혁신 인프라를 구축할 필요가 있다.

사업의 주요내용으로는 기업지원(정밀화학센터), 시험평가 · 인증(화학시험연구원), 창업보육(테크노파크) 등과 연계한 화학혁신단지가 완성되어야 하고, 화학연구원 울산 지원센터를 울산분원으로 확대 개편하고, 국내외 관련 연구기관을 유치하여야 하며, 화학연구원 울산분원 혹은 정밀화학지원센터에 신화학실용화센터를 설립 · 운영하여야 한다.

2. 첨단 융합형 신화학 혁신기술개발

울산지역 정밀화학산업의 기술로드맵 작성을 완료하였으나, 이와 연계하여 울산지역 정밀화학산업 기술개발 외연확대와 정밀화학업체의 기술력 제고를 위한 지원이 수반되어야 한다. 첨단 화학소재 공급기지화 및 차세대 스페셜리티 케미칼 산업을 집중 육성하고 정밀화학과 연계한 NIBT(NT+IT+BT) 첨단 융합기술개발을 선도하여야 한다. 이 과정에서 선택과 집중을 통해 고부가가치 미래 화학산업으로 글로벌 경쟁력을 확보하고 지역경제를 지속적으로 견인할 수 있도록 차세대 신화학 혁신기술을 개발하여야 한다.

주요 사업으로는 화학산업 고도화 및 지역특화 정밀화학 기술개발, 첨단 반도체 디스플레이용 공정 및 화학소재개발, 수소용 연료전지 화학소재개발, 선진융합화학기술(IT+BT+NT)개발, 미래 생리활성 분자소재개발 등 첨단 신화학기술개발 및 첨단기술 국제공동개발 등이 있다.

3. 전문인력 양성

대표적인 기술 및 연구개발 집중산업으로서 정밀화학산업의 기술변화가 급속도로 진행 중이다. 이에 대해 기업 및 산업 차원에서 신기술 개발은 물론 신기술 습득과 활용력이 기업 및 산업 성장에 매우 중요하다. 이런 측면에서 정밀화학 기업체 임직원의 신기술 교육 등을 통해 산업인력 전문성 제고와 글로벌 경쟁 역량 강화가 필요하다. 그러나 울산지역 기업체의 영세성 등으로 신기술교육 투자에 한계가 있기 때문에 현장산업인력의 신기술 전문성 제고를 위한 정부나 지방자치단체 차원의 지원을 추진하여야 한다.

주요 사업으로는 전국적으로 구축된 부품소재 특화센터 및 산업체 교육서비스를 최대한 활용하고 지역 산업체 수요에 맞는 실무인력을 양성·지원하며, 대학의 소재 및 공정분야 재학생들에게 교육비 지원을 통한 정밀화학, 정보전자 등 기초 및 응용교육현장 전문인력을 양성하여야 한다. 또한 울산지역 대학과 연계한 정밀·신화학인력 양성교육 및 산학연 협력 교육을 실시하고, 화학산업 혁신주체 및 동종이종산업간 정보교류를 확대하며, 첨단화학현장 맞춤형 인력교육 및 산업전문인력 재교육과 더불어 국제교류에 의한 인재양성 및 기술개발 지원 등을 들 수 있다.

4. 신화학전문대학원 운영

정밀화학산업의 전략적 육성과 정밀화학지원센터, 화학시험연구원, 정밀화학 Inno-Biz 증가 등 화학혁신 인프라 확충에 따라 전문인력 양성 및 교육기관의 필요성이 증대되고 있다. 특히 대표적인 연구개발 및 기술집중산업인 정밀화학산업 연구개발 활성화를 위해 고급인력공급이 절실하나 울산지역 내 고급인력양성기관과 양성시스템이 매우 열악한 상태이다. 특히 화학산업의 기초 기반기술인 신소재 분야의 지역내 전문 연구인력도 매우 취약하다. 주요 사업으로는 울산지역 대학 내에 신화학전문대학원을 설립하고 정밀화학 및 융합화학분야 대학원 전문과정을 설치한다.

5. 울산촉매연구원 설립

석유화학산업 및 정밀화학산업은 촉매가 경쟁력을 결정하는 핵심요소이다. 독일, 미국, 일본 등과 같은 선진국은 앞선 촉매기술을 활용하여 석유화학산업의 경쟁력을 유지하고 있으며 정밀화학산업의 경쟁력을 확보하고 있다. 한편 촉매연구현황을 보면, 카이스트와 포항공대를 중심으로 촉매연구가 간헐적으로 이루어지고 있으나 소규모 단위의 한계를 벗어나지 못하고 있으며, 연구자간의 네트워크 형성도 부재하여 개별 연구자의 단위에서 벗어나지 못하고 있는 실정이다.

일반적으로 촉매연구는 아직 우리나라가 접근하기 어려운 분야이지만, 화학산업의 앵커시설로서 향후 어려움이 가중될 것으로 예상되는 울산화학산업의 경쟁력을 강화하고 울산의 미래를 공고히 하기 위해 울산촉매연구원은 필수적인 시설이다.

주요 사업으로는 기초촉매연구, 산업용 촉매개발, Bio촉매개발, 환경촉매개발, 제조공정개발 및 촉매분석 등이 있으며, 중소 정밀화학기업이 필요로 하거나 촉매관련 연구자가 필요로 하는 촉매를 모아 놓고 연구 및 기업지원활동을 수행하는 「촉매은행」의 운영도 요구된다.

제 31 장

환경산업

_제1절 환경산업의 개념

환경산업은 1960년대 이후 등장한 신종산업부문이다. 환경산업은 그 정의나 범위, 분류체계가 아직 명확하게 정립되어 있지 않다. 국가마다 필요에 따라 환경산업의 범위를 다르게 정하여 분류하고 있고, 도시화와 산업화의 진전으로 환경산업은 날로 세부업종으로 분화되고 광범해지는 추세이다.

일반적으로 환경산업은 환경오염실태를 측정하고 오염물질 배출을 방지하거나 낮추거나 오염상태를 개선하는데 투입되는 모든 재화와 서비스를 말한다. 이것은 협의의 환경산업으로 오염물질의 사후처리와 관련된 산업, 즉 대기오염, 수질오염, 토양오염, 폐기물, 소음 · 진동 등을 방지하거나 저감하는 자원 및 에너지의 소비와 오염물질 배출을 최소화하는 청정기술분야도 환경산업에 포함시키는 경향이다. 이에 따라 OECD에서는 협의의 환경산업에 대기, 수질, 토양, 폐기물, 소음·진동 등과 관련된 환경피해를 측정, 예방, 제어 또는 복원하기 위한 재화나 서비스 그리고 오염 및 자원사용을 최소화시키는 청정기술을 포함하는 광의의 개념으로 정의하고 있다.

국내의 경우 「환경기술개발 및 지원에 관한 법」 제2조에 의하면, '환경산업은 환경의 보전 및 관리를 위해 환경기술을 응용·활용해 환경시설 및 환경측정기구 등을 설계·제작하거나 환경기술에 관한 서비스를 제공하는 산업'으로 규정하고 있다. 이외에도 환경기술부문 및 상하수도 분야에서 엔지니어링 활동주체가 영위하는 산업, 생물자원의 보호·증식과 관리를 위한 기술을 사업화하여 오염되거나 훼손된 환경의 보전 및 복원을 주로 하는 산업, 환경오염의 사전예방·저감기술 또는 오염유발억제제품의 기술개발 등을 응용·활용하거나 환경시설 및 환경측정기기를 설계·제작 또는 설치하는 산업과 이와 관련하여 환경기술에 관한 서비스를 제공하는 산업 등을 포함하고 있어 점차 광범위해지고 다양해지고 있다.

_제2절 주요국의 환경산업 현황 및 전망

1. 기후변화 대응 분야에 집중투자

다국적 금융회사인 HSBC는 2009년 상반기에 주요 선진국들의 녹색뉴딜 투자를 분석한 보고서를 발표한 바 있는데, 이 보고서에 따르면 각국의 녹색 뉴딜 규모는 4,460억 달러에 이르는 것으로 조사되었다. 이는 각국이 경기부양을 위해 계획하고 있는 재정지출의 15.3%에 이르는 엄청난 규모이다. 이 가운데 중국의 투자규모(2,010억 달러)가 가장 크고 미국의 녹색 뉴딜정책(1,170억 달러)이 뒤를 잇고 있다. 우리나라(310억 달러)는 EU(250억 달러)와 독일(140억 달러), 일본(120억 달러)보다 투자규모가 큰 것으로 집계되었다.

나라마다 중점을 두고 있는 투자분야는 다르지만, 대부분의 나라에서 기후변화 대응과 관련되는 부문에 집중하고 있다. 중국은 전체 투자의 약 절반 정도(987억 달러)를 철도망 확충에 힘쓸 계획이고, 미국과 EU, 일본 등은 투자의 상당액을 에너지 효율이 높은 건물 리모델링에 투입할 방침이다.

2. 주요국의 환경산업 현황과 전망

녹색 뉴딜정책의 효과가 가시적으로 나타나기 시작한 2010년부터 전세계 환경산업의 신장세가 눈에 띌 것으로 예상된다. EBI(European Bioinformatics Institute)에 의하면, 세계 환경시장은 1993년 4,400억 달러에서 2000년 5,400억 달러로 연평균 약 3%씩 증가한 것으로 나타났으며, 2010년에는 7,800억 달러로 2000년부터 10년간 연평균 약 4%씩 증가하고 있다는 것이다. AT커니는 2010년 세계환경시장 규모를 8,600억 달러, 2015년에는 1.1조 달러 규모로 증가할 것으로 추정하고 있다. 실제로 세계 각국의 환경시장 규모 발표자료들을 보면, EBI의 실적 및 추정치를 상회하고 있어 전세계 환경시장 규모는 시장 예측기관들의 전망치를 넘어설 것으로 보인다.

세계 환경산업을 분야별로 보면, 폐기물과 상하수도 분야의 시장이 각각 전체시장의 약 40%씩을 점하고 있어 양대 산맥을 형성하고 있다. 다만, 기존의 환경산업 시장분석에서는 신재생에너지나 새로운 환경산업 영역이 제외되어 있어 광의의 환경산업으로 확대해 보면, 전 세계 환경시장 규모는 이미 2조 달러를 넘어선 것으로 추정된다.

탄소시장은 아직 환경산업 시장에는 포함되지 않지만, 향후 성장 가능성이 가장 큰 시장 가운데 하나이다. World Bank에 따르면, 세계 탄소시장은 2003년 3.3억 달러 규모였던 것이 2005년에 10억 달러, 2006년에 30억 달러로 증가하였으며, 2007년에는 640억 달러로 본격적인 시장이 형성된 후 2008년에는 1,260억 달러로 두 배 증가하였고, 당분간 매년 두 배 이상씩 성장할 것으로 전망된다. 전 세계적으로 탄소시장은 초고속 성장을 거듭하고 있는 셈이다.

세계 최대 탄소권 배출시장인 유럽기후거래소(ECX)의 배출권 선물 거래량은 해마다 큰 증가세를 보이고 있고, 주로 현물이 거래되는 프랑스 블루넥스트(Bluenext)의 거래량 역시 큰 폭으로 증가하는 추세를 보이고 있다. 이 두 거래소는 미국 시카고 기후거래소(CCX)와 유럽 에너지거래소(EEX), 노르웨이 Nord Pool 등의 거래물량까지 흡수하여 급성장세를 보이고 있다.

미국과 유럽이 양분하고 있는 환경시장에서 일본과 중국 등 아시아 국가가 급성장하고 있는 것도 최근의 특징 중의 하나이다. 중국 환경보호부는 11차 5개년 계획(2006- 2010년) 기간에 약 1.4조 위안을 환경보호 분야에 투자하였고, 12차 5개년 계획(2011- 2015년) 기간에는 전기 대비 약 2배가 넘는 3.1조 위안을 투자하겠다는 계획을 밝히고 있다. 이 계획에 따르면, 중국의 환경산업 시장규모는 2005년 2,800억 위안에서 2007년 7,900억 위안으로 성장하였고, 12차 5개년 계획 기간 동안 15%의 성장률을 보여 연간 1조 위안 이상으로 시장규모가 확대할 것으로 전망하고 있다. 한편 일본정부는 2009년 12월 개최된 ‘성장전략책정회의’에서 2020년까지 환경산업 분야에서 140만명의 고용을 창출하고, 환경산업을 50조엔(5,500억 달러) 이상의 시장으로 육성할 방침이라고 밝힌 바 있다. EBI에 의하면 현재 일본의 환경시장 규모는 1천억 달러 규모이다.

3. 한국의 환경산업 현황과 전망

EBI에 의하면, 우리나라의 환경시장 규모는 약 8.5억 달러(8.1조원)로 전 세계 환경시장의 1.1%를 차지하고 있다. 그러나 환경부의 환경산업 통계조사에 의하면, 국내 환경시장은 약 39조원으로 EBI 추정치의 약 5배에 이르고 있다. 이는 통계대상의 차이 때문인 것으로 보이는데, 세분화된 통계자료를 제시하고 있는 환경부 자료를 근거로 살펴보면, 국내 환경시장은 매우 빠른 성장세를 보이고 있다.

환경부 통계는 OECD의 9개 세부항목 가운데 5개 항목을 대상으로 통계를 작성하고 있는데 이 가운데 대기오염 통제 기기 생산, 폐수처리 건설 및 폐기물 처리 서비스의 비중이 매우 높은 것으로 나타나고 있다.

지난 10여 년간 우리나라의 대기질은 전 세계적으로 성공적인 사례로 거론될 정도로 괄목할만한 성과를 냈기 때문에 향후 이 분야의 성장세는 다소 주춤할 것으로 예상되는 반면, 향후 정부의 저탄소 녹색성장 정책에 따라 4대강 사업과 관련한 물 산업, 폐기물 에너지화와 관련한 폐기물 분야의 급성장이 예상된다.

제3절 울산지역 환경산업의 SWOT 분석

1. 기회요인

1) 친환경 도시개발에 관한 욕구 증대

경제적 합리성만을 추구하는 개발정책에 대한 시민들의 부정적인 견해가 높아지는 반면, 쾌적한 자연과 생활환경을 보장받는 친환경적 도시개발에 대한 관심이 증대되고 있다.

2) 환경개선을 위한 국제적 노력

그리고 무역과 환경의 연계 및 기후변화 협약, 생물다양성 협약 등 국제협약과 관련된 환경규제 강화로 인해 지속적인 경제성장을 위해서는 환경보전이 필수적인 선결사항이라는 패러다임이 부각되고 있다.

2. 위협요인

1) 환경 부하량 대비 중앙정부의 지원부족

울산이 국가산업단지에 위치한 관계로 지속적인 오염물질 발생 및 환경피해의 잠재성이 높음에도 불구하고 환경개선을 위한 중앙정부의 예산지원이 부족하여 종합적인 행정추진에 어려움이 있다. 전국의 24개 폐기물 최종처리업체 중 울산에 입지하고 있는 업체수가 8개소로 33%를 차지하고 있지만, 중앙정부의 폐기물 관리법상 울산광역시가 제어할 수 있는 방안이 없다.

유해화학물질 배출의 경우, 환경부 유해화학물질배출조사(Toxics Release Inventory: TRI) 결과에 근거하면, 전국 총배출량 30천톤/년에서 18%인 5.5천톤/년이 울산에서 배출되고 있다. 특히 발암물질 다량배출지역으로 울산이 선정되었지만, 중앙정부 차원의 개선대책과 예산지원이 부족하다.

2) 그린벨트 규제완화에 따른 자연환경 파괴

최근 개발제한구역의 전면 재조정으로 인한 지역개발욕구에 따른 난개발 사태의 위험성이 존재한다. 환경권, 재산권, 개발권에 대한 이해 당사자 간의 갈등이 심화되고 있다.

3) 경제논리에 밀리는 환경보전정책

또한 경제위기 등 국내외의 어려운 경제여건으로 인해 기업체의 환경분야 투자 감소와 정부의 환경 기초시설 사업추진의 지연 등이 나타나고 있다. 정부나 지방자치단체가 추진하는 환경기업 인센티브 정책 같은 경제 유인책이 실제적인 효과를 얻지 못하고 지도단속과 같은 규제 일변도의 환경정책이 추진되고 있다.

최근 기업활동의 활성화라는 명분으로 각종 환경규제가 완화되고 있다. 「기업규제 완화 특별조치법」에 담겨있는 공업단지 공공녹지 확보기준 완화, 오염배출 시설허가제에서 신고제로 전환, 그리고 환경부가 추진 중인 자동차 제조사의 배출가스 저감 이행계획서에 관한 정부 경제관련 부서의 서명거부 종용 등이 있다.

3. 강점

1) 풍부한 자연환경

도농복합도시로 도시와 농촌이 연결되는 쾌적한 생활환경의 기반이 조성되어 있으며, 해안과 접해 있는 도시여건으로 오픈 스페이스의 확보가 용이하다. 예컨대

1인당 공원 지정면적은 국내 7대 도시 중 가장 높은 수준이다. 풍부한 자연환경을 배경으로 국가 산업단지를 생태적인 관리개념으로 접근시킨다면 향후 생태산업도시(Eco-industrial city)이면서 환경모범 도시로 발전할 잠재성이 높다.

2) 시민의 환경의식 고조

울산시민들은 산업도시인 울산의 열악한 환경개선에 정책적인 우선 순위가 주어져야 한다고 생각하고 있다. 환경문제를 등한시하는 정부정책이나 시책에 비판적인 견해가 강하여 자발적인 시민 환경보전운동이 일고 있어서 그 성과가 기대된다.

4. 취약점

1) 환경정보분야 인프라 부족

환경기술을 개발하고 환경문제를 해결하는 전문가 집단이 울산대학교, 보건환경연구원, 울산대학교 내 환경기술개발센터 그리고 울산발전연구원으로 제한되어 다른 시·도에 비해 상대적으로 부족한 수준이다. 시민들의 환경개선욕구에 부합할 수 있는 체계적인 환경정보 시스템의 확충이 필요하다.

2) 환경기초시설의 부족

낮은 등급인 현재의 환경지표를 개선할 필요가 있다. 울산의 하수보급률(62%)은 서울(98%), 부산(73%), 대구(96%), 인천(84%)에 비해 낮다. 현재 운행 중인 울산 관내 하수처리시설의 고도시설 부족으로 하천이나 해양의 오염부하가 증가하고 있는 실정이다.

3) 울산에 집중된 폐기물 처리시설

전국 폐기물발생 및 처리현황을 보면, 전국 24개 폐기물 최종처리 업체 중 8개소가 울산에 있고, 총매립면적의 26%가 울산에 있어 전국 최고수준이다. 폐기물 매립은 침출수, 악취 등 2차 환경오염문제를 발생시킬 수 있는 개연성이 높아 환경오염 부하를 가중시키고 있다.

사업장 폐기물 처리시설은 울산광역시 이외의 타지역 사업장 폐기물이 상당량 처리되고 있다. 따라서 이에 대한 울산시민들의 정서가 부정적이며, 장기적으로 심각한 환경문제를 유발시킬 수 있다. 또한 외부의 폐기물이 울산으로 유입·처리됨에 따른 폐기물 이송차량의 도심권 통과와 이로 인한 인구 집중 지역 누출사고 가능성 등으로 시민들의 생활환경에도 부정적인 영향을 주고 있다.

_제4절 울산의 환경산업의 비전, 현황 및 문제점

1. 울산의 미래 환경비전

울산은 산업도시와 열악한 생활환경이라는 이미지 연결고리를 가지고 있다. 따라서 시민들의 환경피해의식을 불식시키고 산업도시이지만 환경적으로 건전한 도시로 발전하기 위해서는 새로운 도시 이미지의 창출이 절실하다. 울산의 이미지 변신을 위해서는 각종 지표 중 UN에서 지정하는 환경도시 지표와 수준을 달성하고 이와 동시에 국내외 환경모범도시로 인정받을 수 있는 유엔환경회의(UNEP)의 "글로벌 500 환경상"을 획득하는 구체적인 실천계획이 필요하다.

울산광역시는 2021울산의 모습을 "푸른 환경 맑은 도시 울산"으로 정하여 환경보전에 힘쓸 계획이다. 구체적으로는 첫째, 환경모범도시 건설이다. 효과적인 환경오염 저감 노력과 지속적인 환경개선으로 UN지정 환경도시, UNEP 글로벌 500 환경상을 받은 국내외 환경모범도시로 발전한다는 것이다. 둘째, 생태산업도시이다. 무분별한 개발로 훼손된 자연환경을 복구하고 생태적 가치가 있는 지역을 보존하며, 국가산업단지를 생태적으로 조성 관리하여 생태산업도시로 발전한다는 것이다. 셋째, 자원순환형 도시이다. 도시의 환경부하를 최소화하고 오염유발요인의 발생과 배출을 억제하는 재활용, 자원화, 그리고 감량화가 확립된 자원순환형 도시로 발전한다는 것이다. 넷째, 환경정보도시 건설이다. 환경오염의 자료수집과 분석, 그리고 체계적인 대응이 신속하게 이루어지는 환경정보체계(environmental information system)를 갖춘 도시로 발전한다는 것이다.

2. 울산의 환경산업의 현황과 문제점

환경산업은 제조업과 서비스업이 결합된 대표적인 지식기반산업으로 향후 울산은 물론 세계적으로 미래 신산업으로 부상하고 있다. 울산은 자동차, 조선, 석유화학 등 기존산업과 함께 환경산업을 울산의 미래 전략산업으로 육성하려 하고 있다. 울산지역의 순수 환경사업체는 112개사이며, 잠재적인 환경기술인협회 소속사(133개사)까지 포함하면 245개사에 달한다. 지역환경산업은 지역 제조업 생산의 0.6%, 종사자 기준으로는 2.4%를 차지하고 있다. 울산공단내 기업체에서도 2002년 이후 지금까지 2조 2000억원 규모의 환경기술관련 투자를 하는 등 환경산업시장이 크게 성장하고 있다. 특히 울산은 중화학공업이 집적을 이루고 있어 환경과 관련된 수요가 막대한 데다 향후 비용 효율적이며 높은 기술수준의 환경산업체를 필요로 하는 수요가 클 것으로 예상된다.

여기에다가 수소의 공급이 원활한 울산지역에서 수소에너지 산업의 육성이 미래 신성장동력으로 기대되고 있다. 울산지역으로 이전할 10개 공공기관 중 에너지 관련 공공기관 4개(한국석유공사, 에너지관리공단, 에너지경제연구원, 한국동서발전)도 포함되어 있어 전국 어느 도시보다 환경산업의 성장 잠재력이 높다.

울산지역 환경산업의 문제점은 우선 지역 산업구조와의 연계성 부족을 들 수 있다. 폐기물의 수집 및 운반, 재활용 분리수거 등 단순 노동집약형 업종의 비중이 65%를 웃도는 저부가가치형의 영세한 산업구조이기 때문이다. 환경산업체의 연구개발 능력도 취약하다. 연구인력 뿐만 아니라 자본력이 취약한 환경산업체가 대부분이어서 자체적인 연구개발 기능을 수행하기 어려운 실정이다. 영세한 환경산업체의 기술개발 제고를 위한 공공부문에서의 적극적인 지원이 요구되는 것도 이 때문이다. 고급기술정보의 접근성도 부족하다. 환경산업체는 기술정보를 주로 관련 협회 및 조합, 동종 업체, 수요업체 등으로부터 수동적으로 입수하고 있는 것이 대부분이다. 정보력이 취약한 영세업체에게는 정보접근의 장벽이 무척 높다.

제5절 울산지역 환경산업의 전망 및 발전방향

대표적인 융·복합산업인 환경산업은 정부에 의해 IT 및 BT와 더불어 3대 유망산업으로 지정되었음에도 불구하고 IT 및 BT에 비해 국내 산업발전이 상대적으로 저조한 실정이다. 특히 IMF 외환위기 이후 우리나라의 총무역수지가 흑자를 유지하고 있는 데 반해 환경산업 분야는 전반적으로 선진국에 비해 아직 경쟁력이 열위에 있으므로 무역은 상당한 적자구조를 나타내고 있을 뿐만 아니라, 오히려 심화되는 추세여서 총무역수지 흑자를 크게 잠식하고 있는 양상이다. 이는 환경산업에 대한 지원제도가 효율적이지 않을 뿐만 아니라 그 지원의 규모 역시 아직 미미한 실정이기 때문이다. 따라서 국내 환경산업의 경쟁력을 제고시키고 수출산업으로서 입지를 공고히 할 수 있는 법 제도적 측면의 각종 지원제도 개선이 시급한 상황이다.

그리고 쾌적한 환경과 웰빙에 대한 관심이 고조되면서 세계 각국이 환경규제를 강화함에 따라 환경산업이 21세기 유망산업으로 부상하고 있어 우리 정부도 환경산업을 미래 전략산업으로 육성하여 국내 환경개선과 경제발전에 기여하기 위해

체계적인 지원방안 및 발전전략을 추진하여야 한다. 또한 환경산업의 투자확대에 의한 튼튼한 내수기반을 구축하여 성장산업으로 육성하고 궁극적으로는 기술자립화를 달성함으로써 수출산업으로 성장시키는데 그 기본방향을 설정하여 발전전략을 수립해야 한다. 환경산업 육성을 위한 구체적인 전략은 다음과 같다.

1. 환경산업 기술혁신 및 지원인프라 구축

울산은 높은 환경수요로 많은 환경투자가 이루어지고 있지만, 지역환경업체들의 규모 및 매출액은 미미한 수준이다. 환경분야 전문기업은 부족하고 상당부문 대기업이 자체적으로 해결하고 있는 실정이다. 특히 지역에서 환경산업으로 분류되고 있는 업체는 주로 폐기물 처리업체들이 대부분이다.

환경산업의 성장 가능성은 높지만, 지역의 기술경쟁력은 극히 취약한 실정으로 향후 산업발전을 도모하는 데는 한계가 있다. 향후 성장 가능성이 높은 환경산업의 지역내 산업기반을 구축하고 집중 육성할 필요가 있으며, 환경산업의 기술경쟁력 강화를 위한 전폭적인 지원이 요구된다.

주요 사업으로는 에너지산업을 포함한 에너지·환경산업으로 육성하는 것이 바람직하다. 환경산업의 발전을 위해서는 에너지산업과 연계성 강화가 필요하며, 이를 위한 에너지·환경산업 종합지원체제를 구축하여야 한다. 이를 통해 환경산업의 기술인프라 구축을 위한 지원체제 구축과 기술력 확보를 위한 기술협력사업을 추진하여야 한다. 그리고 환경·에너지 연구집적단지를 조성하여 국내외 관련 전문연구기관을 유치하여야 한다.

2. 환경분야 산업기반 조성 및 강화

울산은 국내 최대 규모의 석유화학공단이 자리잡고 있어 환경관련 투자가 높은 수준으로 이루어지고 있다. 중화학공업은 상대적으로 많은 환경수요를 유발하는 특징을 보인다. 특히 석유화학업체들은 상대적으로 오염물질 배출량이 많기 때문에 오염물질 배출량을 줄이려는 투자가 지속적으로 이루어지고 있다. 많은 투자로 인해 환경관련 고기술 적용 노동력이 풍부하며, 이러한 노동력들은 타 지역에 비해서 경험 및 기술면에서 우수한 편이다.

울산의 환경산업은 성장 가능성은 높지만, 아직까지 산업기반은 취약한 실정으로 환경산업의 기반강화를 위한 지원이 요구된다. 지역 환경업체의 대부분이 폐기물 처리업체로서 기술수준이 낮고 시장규모도 크지 않다. 시장규모의 확대를 통한 환경산업 기반의 조성 및 강화가 요구된다.

주요 사업으로는 국내외 환경 전문기업을 유치하여 지역 환경산업의 기반을 강화하며, 지역환경 활성화를 위한 창업보육센터를 설립하고 활성화하여 창업 및 보육 등을 체계적으로 지원하다. 또한 해외시장 개척을 지원하여야 한다. 국내 환경업체의 해외진출을 위한 지원전략으로서 해외개발원조 등의 프로그램을 지역 차원에서 추진한다. 친환경 에너지 교육체험관을 설립하고, 제조업 내 친환경 소재사용 제고를 통한 산업기반을 조성한다. 친환경소재에 대한 정보수집 및 제공, 각국의 환경규제 등에 관한 전반적인 정보의 제공 및 애로사항 해결을 위한 지원체제를 구축하고, 친환경 소재사용 기업에 대한 각종 혜택을 부여한다.

3. 환경산업 핵심기술 개발

국내 환경기술의 수준은 선진국 대비 상대적으로 낮게 평가되고 있는데, 사후 처리 기술은 상대적으로 높은 수준이나 친환경적인 산업구조로의 전환을 위해 필수적인 청정기술력 수준은 아직 미흡하고, 태양열 및 바이오 에너지의 경우에 비추어 본 우리나라의 신재생에너지 기술력 또한 선진국 대비 미흡한 수준이다.

울산지역 환경산업은 기술경쟁력 강화를 위한 여건은 충분한 데 비해 환경산업의 주요 핵심적인 기술개발은 극히 저조한 실정으로 핵심기술개발사업이 필요하다. 울산은 환경 관련투자가 높은 수준으로 이루어지고 있으며, 인적 자원의 질적 수준도 높은 편이다. 그러나 핵심 기술개발은 활발하게 이루어지지 못하고 있다. 기술개발을 위한 제도적 지원이 미흡하여 제도적 지원의 강화가 요구된다.

주요 사업 내용으로는 지역내 환경산업의 기술개발 촉진을 위한 지원체제 구축이다. 이를 위해서는 핵심기술개발사업 지원 등 환경산업의 각종 기술개발을 위한 지원체제를 구축하고, 해외 환경관련 신기술의 검토 및 도입과 관련한 각종 정보의 수집 및 제공 등 신기술 개발 및 지원에 관한 지원과 기술개발을 위한 제도적 지원이 강화되어야 한다.

산학 연계 기술개발 프로그램의 활성화에 대한 지원이 필요하다. 기업과 대학 및 연구소가 연계한 기술개발 프로그램의 활성화를 유도하여야 한다. 애로기술개발을 위한 기술지원 프로그램도 운영되어야 한다. 기업에서 해결하기 어려운 기술적 문제를 대학 및 연구소 등에서 참여하여 해소하며, 각종 기술지원 등을 하는 프로그램을 운영하여야 한다. 아울러 해외투자의 적극적인 유치가 필요하다. 환경산업 관련 고기술력을 보유한 해외투자의 적극적인 유치로 지역 내 기술력을 강화하여야 한다.

4. 환경분야 전문인력 양성

국내 환경인력 공급을 확대하기 위해 환경 관련 학과 졸업생수를 연평균 20%씩 증가하여 인력공급이 수요를 3배 이상 초과하는 인력과잉현상이 발생하고 있으나, 정량적인 인력 공급증가에 비해 질적인 측면에서 인력공급은 부족한 실정이다. 환경분야에 실질적으로 필요한 물리 화학, 기계, 토목 등 기초과학 및 공학관련 졸업자의 환경산업으로의 유입률이 저조한 실정이다.

울산지역에서 양성 및 배출되고 있는 환경산업 관련 인력도 부족한 실정으로 향후 환경산업의 발전을 위해서는 전문인력의 양성이 무엇보다 중요하다. 특히 기술전문인력이 부족하므로 이들 인력의 양성이 필요하다. 또한 향후 환경산업의 성장이 가속화되는 시점의 인력수요에 대비하여 인력 공급방안 마련이 필요하다.

주요사업으로는 환경·에너지분야의 우수 전문인력 양성을 위한 전문대학원의 설립 및 운영이 필요하다. 환경 및 에너지 관련 우수 연구소의 설립 및 유치가 이루어져야 하며, 환경분야 전문 인력 양성 프로그램의 개발 및 운영과 환경산업 관련 우수 인력 양성을 위한 인턴쉽 프로그램의 개발 및 운영이 필요하다.

참고문헌

경제기획원, 『광공업통계조사보고서』, (서울: 경제기획원, 1970).

경제기획원, 『총사업체통계조사보고서(도소매업 편)』, (서울: 경제기획원, 1987).

경제기획원, 통계청, 『한국통계연감』, (서울: 경제기획원, 통계청, 각년).

김세원·안세영, 『산업정책론』, (서울: 박영사, 1996).

대한석유개발공사, 『대한석유개발공사 15년사』, (서울: 청사문화사, 1994).

대한통계협회, 『총사업체통계조사보고서』, (서울: 통계청, 1992)

류장수, 『노사정협의회 발전방안』, 노사정위원회·지역노사정협의회 TFT, 2004.

박삼옥, 『경제지리학』, (서울: 아르케. 1999).

박경진, 『수출상품의 가격형태 및 비교우위 구조분석』, (서울: 무역연구소, 2002. 8).

산업연구원, 『한일 FTA가 부품소재산업에 미치는 영향과 대책』, (서울: 산업연구원, 2005. 6).

산업연구원, 『한국산업의 발전 비전 2020』, (서울: 산업연구원, 2005).

산업연구원, 『조선산업의 환경변화와 한국의 경쟁력』, (서울: 산업연구원, 2007. 7).

산업자원부, 『2015 산업발전 비전과 전략』, (서울: 산업자원부, 2006)

산은경제연구소,『2008 한국의 산업: 자동차』, (서울: 산은경제연구소, 2008. 12).

산은경제연구소,『국내 자동차 부품산업의 성장과 경쟁구조의 변화』, (서울: 산은경제연구소, 2009. 4).

오원철, 『한국형 경제건설』(4권), (서울: 기아경제연구소, 1996).

오원철, 『박정희는 어떻게 경제강국을 만들었나』, (서울: 동서문화사, 2006).

울산건설국, 『울산도시계획기본조사보고서』, (울산: 울산시, 1963).

울산광역시, 『울산통계연보』, (울산: 울산광역시, 각년).
울산광역시, 『시정백서』, (울산: 울산광역시, 각년).
울산광역시, 『지역에너지계획』, (울산: 울산광역시, 1999).
울산광역시, 『울산중장기발전계획』, (울산: 울산광역시, 2002. 12).
울산광역시·강원도·경상북도, 『동해안 광역권 발전계획』, 2006. 6.
울산광역시 시사편찬위원회, 『울산광역시사』 (산업편), (울산: 울산광역시, 2002).
울산광역시 시사편찬위원회, 『울산광역시사』 (사회문화편), (울산: 울산광역시, 2002. 6).
울산광역시 지역혁신협의회, 『울산광역시 생산자서비스업 육성방안연구』, (울산; 울산광역시 지역혁신협의회, 2006. 12).
울산광역시, 『울산광역시 10년』, 2007.
울산광역시, 『2021 새로운 울산의 비전- 울산중장기발전 수정계획』, 2007. 9.
울산광역시, 『울산통계연보』, (울산: 울산광역시, 각년).
울산발전연구원, 『울산권관광개발계획』, (울산: 울산발전연구원, 2002).
울산발전연구원·울산지역혁신연구회, 『울산지역 노사관계 혁신방안』, 울산지역혁신연구회 제2차 심포지엄, 2004. 5. 28.
울산상공회의소, 『울산상의 20년사』, (울산: 울산상공회의소,1984).
울산상공회의소, 『울산공업 30년사』, (울산; 울산상공회의소, 1992).
울산상공회의소, 『울산상의 30년사』, (울산: 울산상공회의소, 1994).
울산상공회의소, 『울산기업체 총람』, (울산: 울산상공회의소, 2003. 2. 1).
울산상공회의소, 『2005 울산경제현황』, (울산: 울산상공회의소, 2005. 10).
울산상공회의소, 『울산상공현황』, 『울산경제현황』, 『울산산업경제현황』, (울산: 울산상공회의소, 각년).
울산상공회의소, 『울산산업의 성장과 미래발전방향』, (울산: 울산상공회의소, 2005. 1)
울산시, 『울산시사』, (울산: 울산시, 1987).
울산시, 『울산통계연보』, (울산: 울산시, 각년).
울주군지편찬위원회, 『울주군지』, (울산: 울주군지편찬위원회, 2002. 4)
사단법인 한국석유화학공업협회,『한국석유화학공업 10년사』, (서울: 한국석유화학공업협회, 1977).
상공부, 『자동차산업백서』, (서울: 상공부, 1988).
이원덕, 『21세기 노사정 협력강화 방안』, (서울: 노동연구원, 2000).

이항구·조철, 『세계자동차업체들의 발전전략분석과 한국자동차산업의 진로』, (서울:산업연구원, 2001. 2)
장병익, 『울산지역경제론』, (울산: UUP, 2006).
장병익, 『울산지역 제조업의 구조개선방향』, 울산발전연구원·울산대학교 사회과학대학, 『울산산업구조의 장기적 개편방향』, (울산; 울산발전연구원·울산대학교 사회과학연구소, 2001. 10. 7).
장병익, "상업 및 서비스계획", 울산상공회의소, 『2000년대 공업도시 울산』, (울산: 울산상공회의소, 1990).
장병익, "울산지역금융의 문제점과 활성화 방안", 울산상공회의소, 『2000년대 공업도시울산』, (울산: 울산상공회의소, 1990).
장병이, "지역주력산업의 지속적 발전을 위한 여건조성", 한나라당 울산광역시당, 『지방자치시대의 울산광역시 발전을 위한 정책토론회』, 2006. 4. 26.
조선은행조사부, 『조선경제연보』, (서울: 한국학진흥원, 1948).
주식회사 유공, 『유공 20년사』, (울산: 주식회사 유공, 1983).
지식경제부, 『2008 업무보고자료』, (서울: 지식경제부, 2008. 3).
지식경제부, "수출입동향" 보도자료, 2009. 3.
통계청, 『한국표준산업분류』, (서울: 통계청, 2000).
통계청, 『사업체기초통계조사보고서』, (서울: 통계청, 2001),
통계청, 『2005년 산업총조사』, (서울: 통계청, 2005).
한국산업은행, 『한국의 산업』(상), (서울: 한국산업은행, 2002).
한국석유공사, 『석유화학보고서』, (서울: 한국석유공사, 2006).
한국은행, "우리나라 대표기업과 세계 주요기업의 경영성과 비교", 2005. 3
한국은행 울산본부 홈페이지
한국은행 울산지점, 한국은행 울산본부, 『울산지역경제동향』, 『울산지역경제통계연보』, (울산: 한국은행 울산지점, 한국은행 울산본부, 각년, 각호).
한국은행, 『조사통계월보』, (서울: 한국은행, 각년, 각호).
한국은행, 『경제통계연보』, (서울: 한국은행, 각년).
한국자동차공업협동조합, 『자동차산업편람』, (서울: 한국자동차공업협동조합, 각년 각호).
한국자동차공업협회, 『통계로 본 자동차산업 50년사』, (서울: 한국자동차공업협회, 2006).
한국조선공업협회, 『한국의 조선산업』, (서울: 한국조선공업협회, 2005. 3).

한국자동차공업협회, 『자동차공업편람』, (서울: 한국자동차공업협회, 각년).
해양선박연구소, 『우리나라조선공업발달사』, (서울: 해양선박연구소, 1978).
허영도·강종렬, 『울산시광역시의 산업발전 방향』, 울산대학교·한국지역학회, 『21세기를 향한 울산광역시의 도전과 기회』, (울산: 울산대학교지역개발연구소·한국지역학회 공동세미나, 1997. 10).
현대그룹 문화실, 『현대 50년사』(상), (서울: 현대그룹, 1997)
현대미포조선주식회사, 『현대미포조선 25년사』, (울산: 현대미포조선주식회사, 2000).
현대자동차주식회사, 『도전 30년, 비전 21세기』, (서울: 삼문인쇄주식회사, 1997. 12. 1).
현대중공업(주), 『현대중공업사보』, (울산: 현대중공업주식회사, 1989. 10).
현대중공업(주), 『현대중공업사』, (울산: 현대중공업주식회사, 1992)
홍성원·김정홍·사공묵, 『한국·미국·일본 자동차부품공업 분업체계의 비교연구』, (서울: 산업연구원, 1987).
China Tech News, 『중국산업 및 산업기술경쟁력 정보구축 산업기술기반조성에 관한 보고서(3차년도 중간보고서: 비철금속)』, (서울: China Tech News, 2006).
ダイヤモンド社, 「週刊 ダイヤモンド社」, (東京：週刊ダイヤモンド社, 1985. 1. 5).
Automotive World, http://automotiveworld.com
Chrysler, "Restructuring Plan for Long Term Viability" , 2009. 2. 17.
Clarkson, *Worldshipyard Monitor*, 2009. 3
Clarkson, *Worldshipyard Monitor,* 2009. 4.
Consumers Union, *Consumer Reports,* 2008. 10
GM, "2009-2014 Restructuring Plan", 2009. 2. 17
Interbrand, *Best Global Brand,* 2009.
J. D. Power & Associates, *2009 Vehicle Dependability Study*, 2009. 3
J. D. Power & Associates, http://jdpower.com
Ward'd Auto, http://wardsauto.com
http://www.nso.go.kr
http://www.ebn.co.kr
http://cafe.naver.com/parkhero/71
http://www.koshipa.or.kr/biz/biz_dev.jsp
공정거래위원회, http://www.ftc.go.kr
기아자동차, http://www.kia.co.kr
東レ經營研究所, 『産業經濟』, 2004. 7.

일본경제산업성, http://www.meti.go.jp
자동차부품산업진흥재단, http://www.kapkorea.org
한국무역협회, KITA. net DB
한국산업은행, http://kdb.co.kr
한국석유화학공업협회, http://www.kapia.or.kr
한국자동차공업협동조합, http://www.kaica.or.kr
한국자동차공업협회, http://www.kama.or.kr
한국철강협회, http://www.kosa.or.kr
현대자동차, http://www.hyundai-motor.com
화학경제연구원, http://www.chemlocus.co.kr